尋找二二八失蹤的宋斐如

藍博洲 著

病床心事有誰知？
二十餘年未息時。
華姐志貞成白骨，
斐兄英烈竟沉屍。
——陳文彬

目錄

序曲　失蹤

一九四七年三月十一日。下午兩點左右。一輛車牌號碼〇二〇三九，車前玻璃窗上貼著七十三號特別通行證的黑色轎車，急駛到台北市新生南路一段一四五巷二十一號門口便停了下來。油火未熄。車門突然打開。六個便衣特務急竄而出，直接衝入屋內，不由分說便把曾任教育處副處長與《人民導報》社長的宋斐如架上車，揚長而去。

在歷史的迷霧中，宋斐如也如同王添灯等台灣士紳一般，從此一去不回。[1]

1 宋區嚴華〈為氏丈夫突被扣押二月餘不明下落陳明一切請查明開釋由〉，頁二—三，一九四七年五月廿二日。

第一章

從殖民地台灣到亂都北京

（一九〇二年七月—一九二五年九月）

宋斐如，本名宋文瑞，祖籍福建同安，日據初期的一九〇二年（光緒廿八年，民前九年）八月十一日（農曆七月初八）申時，誕生於台南廳文賢里大甲庄二五二番地（今台南市仁德區）農家。是父親宋源與母親張氏朱的六男。

在日本殖民統治下，殖民地的孩子宋文瑞從小便喝著家鄉的清泉，呼吸著充滿稻香的空氣，並且在農閒時聆聽著父老傳述乙未以來先輩們的英勇抗日事蹟，也聆聽了農人們哀訴著生活的悲慘際遇，從而有了強烈的民族意識與關懷工農的社會意識。[1]

一、不願做日帝臣民的殖民地孩子

一九一五年八月，宋斐如家鄉附近的噍吧哖（後來改名為玉井）爆發了以余清芳、江定為首的抗日事件，日軍出動山砲鎮壓，屠殺庄民無數，並且拘捕了一千多人。至此，台灣漢族民眾反抗日本占領的武裝行動告一段落。通過武力鎮壓，日本帝國在台灣漢人社會的殖民統治基本上鞏固了，經濟剝削的目的也得以逐步展開。

事實上，宋斐如的青少年時期，也就是台灣人民在日帝鐵蹄下苦度的艱難歲月。一九三五年元旦，他在《東方雜誌》第卅二卷第一號發表的〈生活大轉變期的片段回憶〉記下了殖民地孩子沉痛的遭遇：

> 無情的社會關係在我少年的天真的學習時期就為我刻下一個「民族界限」的烙印，這裡我所表現的當然是被壓迫的民族的一分子，並且表現在一切的方面。我們在操場上，教室內，乃至公共娛樂場中，常聽到一句最刺耳的罵語：Chiankoro——清國奴。「清國奴」的學業成績，雖占第一名，仍不得當正班長，頂好也不過給一個沒有許可權的副班長。尤其是在被壓迫的民族的一分子和他們的大國民打架的時候，

這種民族界限更加表現得顯明，無論我們怎樣有理，結果還是被派個不是。我們的打架鬧到學校當局那裡去評論的時候，常得到的判詞，就是：「清國奴」總喜歡搗鬧打架。在那天真的無猜的學園中，照例，階級的差別也同樣分得很顯明。照普通的習慣法，高級生是大哥，而低級生是小弟弟：大哥可以在各方面管束小弟弟，尤其是班長更有這種權柄。但是被壓迫民族一分子的我們就沒有這種特權。有一次我因為干涉一個低級生的不規則舉動，終於打起架來，鬧到學校當局那裡。結果，學校所下的判詞是：日本人是大國民，所以無論是怎樣的低級生，還算是大哥；支那人是低等民族，所以不管是高級生或班長，依然是小弟弟，小弟弟只有聽從大哥的命令，不能管束大哥。

民族的界限在天真的純潔的學園中尚且表現得如此顯明，其他的方面更不用說了。這種情形給與幼稚的純潔的腦筋以多大的刺激和痛苦！

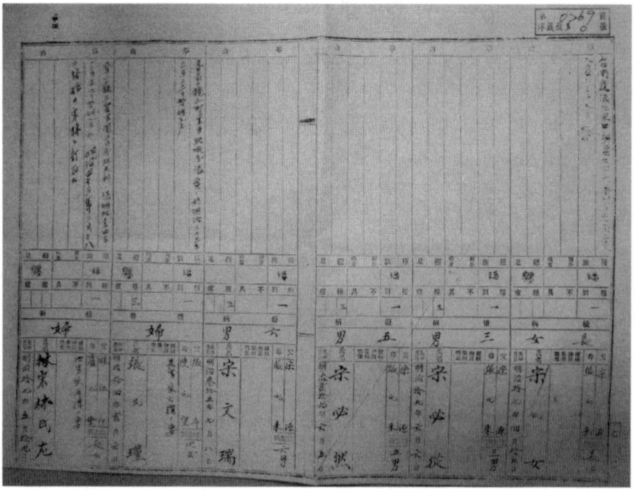

宋斐如與父母親的戶籍謄本。

1 宋亮〈台灣《人民導報》社長宋斐如〉，收入中華全國台灣同胞聯誼會編《台灣同胞抗日五十年紀實》（北京：中國婦女出版社，一九九八年），頁三九八。

一九一九年一月四日，台灣總督府公布《台灣教育令》，確立對台灣人的教育方針及學制。除了醫學校和國語學校（即師範學校）之外，殖民地台灣的青少年在公學校畢業後，可以就讀的學校就是一九一七年設立的私立台灣商工學校（今台北開南高級商工職業學校）。這所學校是日本東洋協會台灣支部為了「向南洋發展」而在台灣總督府協助下創立的官民合辦的「實業學校」，日本學生和台灣學生兼收。第一屆招收商科和工科各四十名學生。第二屆商科招八十名，工科仍招四十名。[2]

宋斐如北上報考了私立台灣商工學校商科並被錄取，成為該校第二屆學生。一九二二年三月畢業。這時，少年以來民族歧視積累的「不平的苦痛的情緒」所培養的「景慕祖國」的情懷，終於讓他「毅然離開」那教育他已逾十多年的社會而「回到祖國」。[3]

二十五年後的一九四七年二月八日，宋斐如在對台灣三民主義青年團幹部訓練班學員演講〈台灣心理建設問題〉時特別提到，因為日本帝國主義對台灣的殖民統治「都是採用離間民族的毒辣政策，就是把台灣一切和祖國隔離開來，不但地方隔絕了，就是對人民思想、文化，和祖國都斷絕了關係。所以在日人的教科書中，中國地理只講到很簡單的一小部分，而且還加上許多曲解蓄意挑撥離間，比如對中國稱『支那』，這就是含有蔑視的意思。又叫中國為『大陸』，『大陸』兩字的意思，明明是說中國不是一個『國家』，乃是一個區域，無意中否認了中國有國家的存在。還有，日本人平日提到中國問題，總是說中國遍地土匪，人民多抽鴉片、賭錢等等不好聽的話。……所以一般人民都受了欺騙，以致對中國印象不好。我在過去沒有到過內地時，也有同樣的感覺，後來到了北平，見到北平是個多麼美麗的都城，從此才知道日人所講的不是事實，而是欺騙我們的。」[4]

這樣，即使在軍閥統治的北京，自稱是福建同安人的宋斐如，也終於不必再當日本殖民帝國的屬民了。

二、考入北大預科乙組

一九二二年，剛剛經歷過「五四運動」洗禮的北平，雖然是「美麗的都城」，卻還處於政治混亂的歷史階段。

四月廿八日至五月五日，直奉戰爭爆發，奉軍失敗，張作霖被迫退回關外，直系軍閥控制了北京中央政權，吳佩孚成為北洋軍閥的首要人物。[5]

五月十四日，吳佩孚通電徵求恢復舊國會意見。長江上游總司令孫傳芳首先贊成，請黎元洪復職。同日，前身為京師大學堂的北京大學校長蔡元培與胡適等人在《努力周報》第二期發表宣言：〈我們的政治主張〉，希望「好人」過問政治，實現一個「好人政府」。八天後，蔡元培又列名梁啟超等人的通電，贊成恢復舊國會；孫傳芳電請徐世昌、孫中山一同引退。六月初，徐世昌離開北京，蔡元培及北京學界勸孫中山下野。六月十一日，黎元洪重任總統。九月，主張「好人過問政治」的王寵惠正式組閣，人稱「好人內閣」。[6]

就在所謂「好人政府」期間，早年留學日本，辛亥革命後加入國民黨，曾任眾議員、參議員的湖南湘潭人彭允彝（一八七八—一九四三），在湖南謀官未得，希望黎元洪替他在內閣謀得一席，於是勾結眾議院議

2 蘇薌雨〈祖國廿五年回憶錄〉，收入蘇薌雨、葉榮鐘、洪炎秋《三友集》（台中市：中央書局，一九七九年六月初版），頁三—四。
3 前引宋斐如〈生活大轉變期的片段回憶〉。
4 一九四七年二月廿三日《人民導報》。
5 翟作君、蔣志彥《中國學生運動史》（上海：學林出版社，一九九六年五月第一版第一刷），頁八七。
6 郭廷以《近代中國史綱》（香港：中文大學出版社，一九八九年第三版第四刷），頁四八〇—四八一。

長、副議長，誣陷王寵惠與財政總長羅文幹貪汙受賄，致使王寵惠內閣倒台。十一月，黎元洪為了爭取湖南的支持，以便拉攏西南，加強自己的地位，任命由湖南軍閥趙恆惕保薦的彭允彝為教育總長。

北洋政府教育部隨即公布新學制，基本上模仿美國「六三三制」，規定：小學六年，中學分為初級三年、高級三年共六年，大學四至六年。

一九二三年一月，北大學生上書黎元洪，指出「彭允彝乃一鄙卑政客，早已見惡於國人，他既無教育知識，又缺辦學經驗，當此教育革新之期，豈能勝此重任」。北京國立八校廣大師生從此展開了「驅彭運動」。一月十七日，北大校長蔡元培「目擊時艱，痛心於政治清明之無望，不忍為同流合汙之苟安；尤不忍於此種教育當局之下，支持教育殘局，以招國人與天良之譴責」，憤而辭職。北大及北京學界又掀起了大規模的「挽蔡運動」。這樣就自然形成為「驅彭挽蔡運動」。

一月十九日和一月廿四日北京學生兩次請願失敗後，中共北京區執行委員會在李大釗領導下，按照該黨二大（一九二二年七月）制定的反帝反封建的革命綱領，將北京學潮的鬥爭引向根本推翻軍閥統治的高度。三月十五日，在上海召開的第四次全國學生代表大會恢復了全國學生聯合會總會，明確提出反帝反封建的學生運動新方針，至五月份，學潮便向建立和發展組織方面轉化。[7]

就在學生打破五四以來的沉寂，愛國運動重新高漲的一九二三年七月，宋斐如通過嚴格的考試，考入北大預科乙組。與他一同考入北大預科乙組的台灣學生，還有出身彰化鹿港傳統文人家庭，從小在家跟拒用日語的秀才父親洪棄生（一八六六—一九二九）學漢文的洪炎秋（一八九九—一九八〇）。洪炎秋晚年回憶說：「在此以前，北大雖有十來個台灣學生，不過都是以僑生身分入學的，到這一年，才有四個台灣學生正式投考，到了考試時，有兩位因為準備不充分，沒有參加，只有我和宋文瑞（斐如，光復時任教育處副處長）君有始有終，入場考完，在這一場數千投考者要爭取兩百個名額的劇烈競爭考試中，我和宋君居然雙雙考上。」

他又說，「當時北大本科分為文、理、法三科，預科則分為甲、乙兩組，甲組升入理科，乙組則任由選擇，升入文、法兩科，不過只要得到學校的許可，這個界線是可以打破的。」[8]

北大的修業期限為預科兩年，本科四年。在蔡元培校長的安排下，預科的講師都是北大教授的精華，例如：哲學系主任陳百年教「哲學概論」，中文系主任馬幼漁教「國故概要」；公民課分政治、法律與經濟三部分，分別由政治系主任周鯁生、法律系主任王世杰和經濟系主任馬寅初授課。另外，預科兩年之間必須接受學生軍的訓練。學生軍一律穿中山服，分學科與術科兩種，學科由蔣百里與黃膺白兩位先生分別擔任講演；術科由白鵬飛擔任教官，每周一、三、五操練三次，每次一個半小時，早晨六時至七時半。

宋斐如在北大預科期間，因病休學了一年，一九二六年才進入本科法學院經濟系就讀。[9]他在「北京大學預科修了時，對於將要升入的系別就費了相當的思量，也曾請教過師長和朋友。最初想入經濟系，但緣臭錢味太重，整天以數目字為對手，以打算盤為工作，未免無聊。繼想入哲學系，又以哲學雖為各種科學（包括自然科學和天文科學）的結論，但又嫌太過空洞，抽象不切實際，許多哲學家往往因為解決人生和宇宙的一個問題，花費一生還得不到結論，悲觀自殺的人也不少。法律系呢，太古板；政治系呢，根本就沒有獨特的課程。最後選學經濟系，以為它比較實際而有內容。」[10]

北大本科法學院設在北河沿，包括政治系、法律系與經濟系；文學院設在沙灘，包括哲學系、中國文學

7 前引翟作君、蔣志彥《中國學生運動史》，頁八八—九八。
8 洪炎秋《又來廢話》（台中：中央書局總經銷，一九六八年六月二版）「代序」，頁十二。
9 前引宋亮〈台灣《人民導報》社長宋斐如〉，頁三九八。
10 宋斐如〈學生深造的第一步——延平學院演講紀錄〉，一九四六年十一月十日《人民導報》。

系、外國文學系、歷史系與教育系；理學院在馬神廟，設有數學系、物理學系、化學系與地質學系。[11]

一九二五年，魯迅應北大學生會之邀，為北大二十七周年寫了一篇題為〈我觀北大〉的紀念文章提到，「據近七、八年的事實看來」，北大的校格有兩個特色：「第一，北大是常為新的，改進的運動的先鋒，要使中國向著好的，往上的道路走……第二，北大是常與黑暗勢力抗戰的，即使只有自己。」因此，他認為，「北大究竟還是活的，而且還在生長的。凡活的而且在生長者，總有著希望的前途。」[12]

宋斐如也認為，北大之所以「在世界上很有聲名」的原因，「就是因為當時校長蔡元培先生，廣大包容，提倡學術自由研究的風氣，聘請世界各國學者教授來講學，不論何種思想，不論什麼黨派，共產主義者也好，社會主義者也好，無政府主義者也好，國家主義者也好，只要對學術界有貢獻的，都聘來擔任教授，如蘇聯盲詩人愛羅先珂，美國教育家杜威、羅素，都是當時北大的名教授，因此北大造就了許多人才。」[13]

在北大經濟系就讀期間，宋斐如曾經跟隨進步教授陳豹隱，學習了日本進步教授河上肇的馬克思主義經濟學。[14]因此，他「最後決定的經濟學對象，卻與最初決定者不同，而是包括政治、社會，及法律等部門的廣義經濟學，即所謂政治經濟學（Political Economy）」。[15]

陳豹隱（一八八六—一九六〇）是《資本論》第一個中文版譯者，原名陳啟修，出生於四川省中江縣，一九〇五年留學日本，先後就讀東京一高預科、東京一高、東京帝大法律系政治科，一九一五年在東京帝大結識李大釗，共同參加反對袁世凱接受日本「二十一條」的鬥爭，一九一七年被聘為北京大學教授，擔任政治門研究所（後改為政治學系）主任，講授憲法、統計學、財政學、現代政治等課程，並擔任政治課演習課指導教師。一九一九年支持學生五四愛國運動，並在《新青年》馬克思主義研究專號上發表〈馬克思的唯物史觀與貞操問題〉。一九二二年被北京大學馬克思學說研究會聘為《資本論》研究組導師。一九二三年領導「驅彭挽蔡」運動，十月到莫斯科東方大學進修，十一月由蔣介石、沈玄廬介紹加入中國國民黨。一九二四年三月先後到德國、法國、荷蘭、比利時等國考察並在德國結識朱德，十二月回到莫斯科繼續在東方大學學習並加入中國共產黨。一九二五年八月回到北京，仍任北京大學教授，先後為政治學系開設現代政治、統計學、新俄法制及政治等課程，擔任政治演習課指導教師，並為經濟學系開設經濟政策課。[16]

河上肇（一八七九—一九四六）最初研究資產階級經濟學，後來才逐漸轉向馬克思主義。一九〇七年到京都帝大講授經濟學和經濟學史。一九一七年出版《貧乏物語》，包括上篇：〈有大多數人是貧窮的〉、中篇：〈何以大多數人是貧窮的？〉及下篇：〈如何根治貧窮？〉，對資本主義社會貧富兩極分化的現象，作了具體深刻的揭露，並試圖從分配上探求其產生的原因，同時企圖用抑富濟貧的方法來作為解決的途徑。經過俄國十月革命和日本一九一八年「米騷動」的影響才逐步認識到：社會分裂為利害相反的兩大階級，不能從抑富濟貧入手來根治貧窮，而要尋求從根本上治療貧窮的道路；同時提出不僅要有議論社會問題的自由，而且要有從事實際運動的自由。一九二八年告別京都帝大，結束長達二十一年的「京都時代」，投入「無產者運動」（無產階級運動）的實踐，成為一個不折不扣的馬克思主義戰士。

---

11 前引蘇薌雨〈祖國廿五年回憶錄〉，頁九。
12 原載一九二五年十二月十七日《北大學生會周刊》創刊號；轉引《魯迅全集》（北京：人民文學出版社，一九九一年第五刷）第三卷，頁一五八。
13 宋斐如〈台灣心理建設問題〉，一九四七年二月廿三日《人民導報》。
14 前引宋亮〈台灣《人民導報》社長宋斐如〉，頁三九八。
15 前引宋斐如〈學生深造的第一步——延平學院演講記錄〉。
16 劉會軍《陳豹隱》（吉林大學出版社：二〇〇九年），頁二六九—二七五。

顯然，宋斐如也像許多同時代的進步知識分子一般，不可免地受到河上肇的啟蒙與影響吧。[17]

三、北大的台灣同人

針對僑居地中等學校畢業的華僑學生，北大訂有入學優待辦法，也就是舉行英語和中文（一說國、英、數三科）的簡單考試，及格者錄取為預科特別生；在兩年之內，特別生有兩次機會參加夏季大學招考一年級新生的入學考試，及格者改為正式生，不及格者改為旁聽生。[18] 一九二二年，台灣的特別生有蘇薌雨（一九〇二－一九八六）和宋斐如等四名；他們都是私立台灣商工學校第二屆畢業生。一九二三年，台灣的特別生有私立台灣商工學校第三屆畢業的蘇紹文（一九〇二－一九九六）與王民寧（一九〇五－一九八三）。後來，蘇薌雨等四人都通過新生入學考試成為正式生，蘇紹文與王民寧修畢預科後便到日本進士官學校。這樣，留在北大的台灣學生就寥寥無幾了。[19]

一九二五年，宋斐如看到某報登載教育部的「一等部員（？）」王悅之氏的談話提及：「台灣學生之留學於北京者十餘人。內僅二、三人，受部之推薦，得以正式入於北京大學，然亦太無理，何則。英、漢文及他諸學科，皆不相聯絡。欲入北京大學者，須經過小學中學高等中學，是其順序。若以台灣公學校畢業生，而云入學於彼校者，豈有此理。此不過騙騙父母之金錢，到北京漫遊而已。」[20]

王悅之，本名劉錦堂（一八九四－一九三七），台中樹仔腳人，一九一四年台北國語學校師範專科畢業，留學東京美術學校西畫科，一九二〇年六月畢業後到北平，為第一個考入北大當僑生的台灣學生，後來拜國民黨要人王法勤（字勵齋，一八六九－一九四一）為義父，改名王悅之，一直居住於西拴馬樁王公館，幫助王法勤從事地下工作。[21]

宋斐如認為「台灣遠離北京有幾千里，台灣人士到北京遊歷者寥寥。遊歷北京且曾實地作種種調查者，更無幾。故台灣一般人之於北京各界莫從切實知曉——不止常人莫從知曉，即受過相當教育者與夫理應洞悉世界情形之新聞記者，亦黑暗然，凡所登載，亦不過耳食而已。」而王悅之的「此節談話，於台灣學生之北京留學前途消長攸關」。所以他便「不耐緘默」，於九月廿五日午後三時寫就題為〈王悅之氏之謬談與北大台灣同人〉的反駁文章，「略而言之」，寄投東京謝春木（謝南光）主編的《台灣民報》，並於同年十一月一日該報第七七號刊登。

首先，宋斐如反駁說：「北大台灣同人，只就十三年（一九二四年）截算，亦已有十二人——或正式考入，或受華僑特別考試」；儘管「華僑特別考試，雖與正式考，稍有出入，亦非王氏之所謂『受部推薦』者。乃正正堂堂按該校之入學規則入學者也。」接著，他說：「北大之正式入學考試，乃鐵面無私之入學考試委員會，用神不知鬼不覺之試卷匿名法舉行者。自蔡元培先生長斯校以來，不但教育部無從周旋，即大總統、太上大總統之三鞠躬九叩頭，亦未聞曾錄取任何推薦生。」也就是說，姑且不論人數是否真如王氏所云「僅二、三人，得以正式入於北京大學」，事實上，以他的理解，這「二、三人」也必須通過「北大之正式入學考試」，而不是所謂靠教育部「推薦」就可入學。他知道，這種論證，「在信仰權威萬能的台灣人士中」，必定會有

---

17 一九四六年十一月十日《人民導報》。
18 前引蘇薌雨〈祖國廿五年回憶錄〉，頁九。洪炎秋《又來廢話》代序，頁十二。
19 前引蘇薌雨〈祖國廿五年回憶錄〉，頁十。
20 轉引宋文瑞〈王悅之氏之謬談與北大台灣同人〉，原載《台灣民報》第七七號（東京：一九二五年十一月一日），頁一一。
21 洪炎秋〈楊肇嘉回憶錄序〉，收入洪炎秋《忙人閒話》（台北市：三民書局，一九六八年八月初版），頁五五。謝里法〈劉錦堂。台灣最早的留日油畫家〉，收入謝里法《台灣出土人物誌》（台北市：前衛出版社，一九九二年六月十五日台灣版第三刷），頁六八。

週刊

臺灣民報

大正十四年十一月一日發行

第七十七號要目

當局的衛生施設

一九二五年十一月一日《台灣民報》第七七號封面。

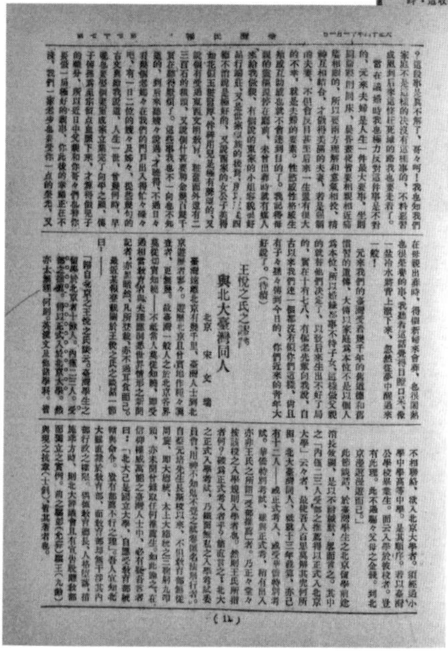

王悅之氏之謬談與北大臺灣同人

北京 宋文瑞

一九二五年九月廿五日午後三時脫稿的〈王悅之氏之謬談與北大台灣同人〉。

懷疑者反駁說：「北大是國立大學，自應受教育部統轄與命令。豈有部薦不行之理。」因此就舉例說明「北大雖直隸於教育部，而教育部卻無權干涉其內部行政」，「偶值教育總長，人格墮落、措施乖方時，則北大評議會且有宣告脫離教育部而獨立之實例。前之驅彭（允彝）驅王（九齡）與現之抗章（士釗）[22]皆其著者也。」他認為，「王氏係教部之一等部員（？）若已知某某受部推薦，得以正式入北大，則應知其確定數目，而曰『二、三人』，其遁辭可想見也。」至於王氏又說「然亦太無理，何則。英、漢文及他諸學科，皆不相聯絡。」這不過反映「其前後之矛盾，於理不通」。畢竟，「教育部為一國最高教育行政機關」，哪有「欲推薦學子」卻「不慎重權衡其學識高博」，選擇「足以與該校相聯絡者」，「反而孟浪作為，推薦不得其人」，並且抱怨說「然亦太無理，何則……」。

宋斐如擔心，正當台灣一般人對北京留學界懷疑的時候，王悅之的這半截談話會使後進裹足不前，因此希望「吾台人士考諸事實而深察之」。然而，他並沒有完全抹煞王悅之談話的重要部分。他指出，正當「一般人對北大懷鬼胎——或曰北大程度不及日本高小，或曰北大皆錄取小學畢業生——是非之論，百出無窮之際」，王悅之所云「欲入北京大學者，須經過小學中學高等中學」的說法，對於矯正是非，有不小的功勞。

最後，針對一般台灣人「對北京留學界，猜疑莫定，眾難塞胸」的情形，宋斐如抱著「願一般人士踴躍前進，切實研究北京各界之情形以至中國各界之情形」的希望，總括了北京留學界的情形說：「北京留學界中，黑者自黑，而白者自白，抱滿腔熱血，兢兢業業者，自是抱滿腔熱血，兢兢業業，放蕩漫遊者自是放蕩漫遊，誠不可同日語，亦各時各地所不能免者也。」因此，他「希望一般父兄，毋因噎而廢食，毋因有放蕩

22 王九齡（一八七九—一九五一），一九二五年任段祺瑞執政府教育總長。章士釗（一八八二—一九七三），一九二四年任段祺瑞執政府司法總長，王九齡辭職後兼任教育總長。

漫遊幾輩子，遂一筆勾消其兢兢業業者。有志留京之遠抱學子！其深察之！阻止子弟來京留學者，亦可以已矣！」[23]

23 前引宋文瑞〈王悅之氏之謬談與北大台灣同人〉，頁一一一—一一二。

第二章

文章救國生涯的展開

（一九二七年三月—一九三〇年十月）

如果說，一九二五年在《台灣民報》發表的〈王悅之氏之謬談與北大台灣同人〉，是宋斐如公開發表的第一篇議論文章，那麼，他在北京就學期間投入的《少年台灣》的創刊與編輯、寫作活動，則是他自覺地以文筆從事反帝、反封建的文化啟蒙與鬥爭生涯的開始。

一、創辦主編《少年台灣》與反殖民譯論

洪炎秋在前引收入一九六八年八月初版《忙人閒話》的〈楊肇嘉回憶錄序〉（頁五五）回憶說：「民國十三年，北大同學宋文瑞（後改名宋斐如，曾任台灣省教育處副處長）看到了東京的台灣留學生發刊《台灣青年》，搞得有聲有色，認為北平的台灣學生也該辦一個刊物，來響應他們，於是發起發刊月刊《少年台灣》，由他主編，叫我和張我軍為基本執筆人。」

事實上，《台灣青年》創刊於一九二〇年七月十六日，一九二二年四月十日改為《台灣》。另外，從各種出土史料看來，《少年台灣》的創辦時間應是一九二七年。洪炎秋的說詞，應為記憶有誤。

宋斐如發起發刊月刊《少年台灣》的事情，很快就通過《台灣民報》傳回台灣本島。一九二七年二月六日發行的該報第一百四十三號第五頁，刊載了一則題為〈少年台灣將出現〉的報導，首先說明宋斐如等人創刊《少年台灣》的目的：

> 北京台灣留學生蘇維霖（薌雨）、洪炎秋、宋文瑞、張我軍、吳敦禮等四、五個人，以為現在台灣各種社會的政治的實際運動正在盛行，倘若台灣人的思想沒有改造一下，實在很難收效。然而台灣人的思想的改造方面，卻沒有多少人去下手，長此以往恐非台人之益，故特糾合同志，將於研究餘暇，作些文章給台灣人看，冀於台灣人思想，收若干改造的效力。他們又以藉他人的刊物發表文章，太不方便了，故

自己非有一種刊物不可，於是決定發刊一種月刊雜誌，名曰「少年台灣」。

接著，這篇報導也說明工作進度與遇到的困難，並徵求經濟的奧援：

唯經濟一層，大有問題，他們現已各向自己的朋友們要求經濟的援助，倘這一方面得順手進行，該「少年台灣」第一期於二月中旬或下旬將送到台灣人的眼前了。現通信處暫定「北京宣外永光寺中街九號張宅」。聞他們的經濟，亟待援助，凡同情於他們的工作，而願予以經濟的援助者，無任歡迎云。

三月十五日，醞釀兩三個月後，這本三十二開本，載文十篇，共二十九頁，每頁正文分上下兩欄用鉛字直排的《少年台灣》創刊號，終於通過一個星期的積極進行，正式出刊。雜誌社的通訊處設在北京東城操場大院六號。定價：連郵費每期一角、全年一元。

《少年台灣》的〈發刊詞〉強調該刊的兩個目的：「第一是要為台灣人添一個思想知識的交換機關，第二是要為台灣與祖國間添一個交涉的橋梁。」最後，該刊主編又再通過〈編輯餘言〉解釋「《少年台灣》出現的動機」而宣稱：他們既不為名，也不為利，「為的是自己表現，要把那鬱積在胸中的話發洩出來，使自己覺出一點爽快，也使聽的人覺出一點爽快。」所以，「我們無論如何，是要把我們所想說的話說出的……只要每月的印刷費不缺乏，《少年台灣》是必定遵期繼續在世間出現的。」[1]

據洪炎秋說，當時，《少年台灣》的幾名同人，蘇薌雨為北大哲學系三年級學生，洪炎秋為北大教育系

1 《少年台灣》創刊號封面及頁一、二八、二九。秦賢次先生惠贈影本，謹此致謝。

二年級學生，吳敦禮為北大政治系一年級學生，張我軍則為北京私立中國大學國學系一年級學生，主編宋斐如則為北大經濟系一年級的學生。

宋斐如除了負責《少年台灣》的編務之外，在創刊號，也以筆名「奔流」發表〈敬神嗎？民族自殺！〉，批判日本殖民統治者歷經慘殺、恫嚇、高壓的手段之後，改而利用台灣人民迷信的弱點，採取「拜神政策」的殖民統治手段。

首先，宋斐如描述客觀現象而寫道：「台灣民眾，自古來沾染迷信的毒素頂深。信神諂鬼的習俗，風行全島。祀神祭鬼的行為，已成為一般社會的病態……然而這種病態，在往昔只發現於民眾社會……想不到近年來，統治台灣的官吏，尤其是總督，竟然肯下賤輕駕，出拜城隍，上供媽祖。氣象一轉變竟被傳為美談；因為御用新聞報紙善能替他們宣揚傳布。因此民眾信仰神鬼的心理，愈深切；從而祀神祭鬼的病態，愈瀕於危篤。」

接著，宋斐如客觀推論台灣總督之所以跟著祀神祭鬼的三種動機：第一是尊敬鬼神前身的賢聖英烈。對此，他質疑說：「神鬼的前身賢聖英烈，那一個比得上文聖孔子、武聖岳武穆？為什麼不拜文聖、武聖，不祀文廟、武廟，反來上供城隍小鬼呢？」因此，他認為「他們的本意不在此，不用多贅也就明白了。」第二是諂媚神鬼庇佑他們升官發財。然而，這些統治階級的官吏們「都已受過科學的洗禮」，應該深切懂得「幸福並不是因諂神而可以得來的，災禍也不是因媚鬼而可以消除的」，不可能像「一般的愚百姓」那樣「愚罔」。

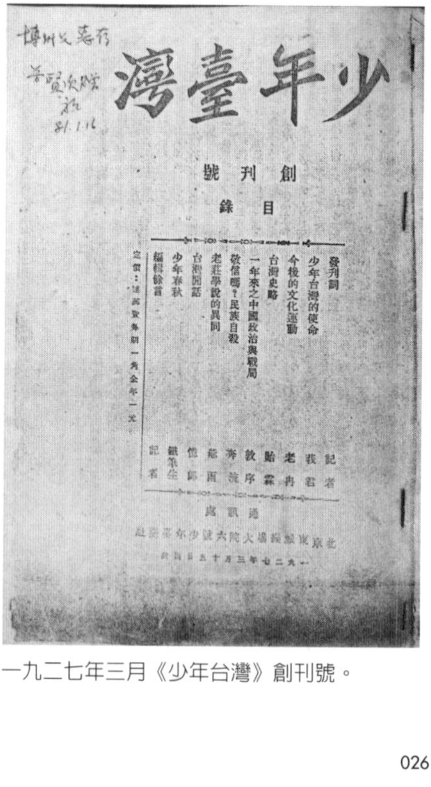

一九二七年三月《少年台灣》創刊號。

既然一、二兩項的假設都不合理，那麼，他們的「拜神」行為就「是種手段，而不是目的」了。

緊接著，宋斐如就殖民主義的本質，分析了他們之所以採取這種手段的目的。他指出，帝國主義經營殖民地的根本目的，在於通過徵稅等各種手段，榨取殖民地的財富，以及移植過剩人口、調節本國人口的密度。殖民地台灣的這些大小官吏們，為了達成他們統治與經營的職能目的，自然不得不採用各式各樣的愚民手段，使得被統治者「馴馴然安於現狀」，進而維持「殖民地的社會平靜，甚至入於病態」，從而「任憑其本國人民宰割，榨取膏血，肉吃盡血喝淨，進而咀嚼骨頭，然後其治績乃大顯著」。因此，在「慘殺的」、「恫嚇的」、「高壓的」等強硬手段都用過之後，面對已經「受世界新潮流的洗禮」而要求「自由平等」基本人權的台灣人民，殖民地台灣的統治官吏「自然而然地要看風勢，變更其本來的面目，改用軟索捆人、暗箭殺人的手段。」所以，「拜神手段」便「應運而生」。他們「認清台灣社會的病理」，「利用台灣人民迷信的弱點」，帶頭祭拜神鬼，大力倡導「拜神政策」，進而達到「愚民」成效，強化絕大多數無知的台灣民眾「聽天由命」的順民心態，泯滅反抗精神，從而鞏固殖民統治。

宋斐如在指出殖民官吏們「醉翁之意不在酒」的拜神動機之後，接著又究析了台灣民眾祈神祭鬼的兩種動機：迷信心理是主要的，娛樂心理是副從的。他同時指出「信神諂鬼的誤謬與其弊害」，並且進一步強調：「迷信鬼神的弊害，若滋長擴大必能使民族墮落退化。獨立自主的國家變成殖民地；人民淪為殖民，淪為奴隸。既成的殖民永久為奴隸，為刀下肉。」

最後，宋斐如感慨地寫道：「台灣島民，傻頭傻腦地只知道『求丁、求福、求延壽』，卻沒留心到搬走台灣財貨、榨取台灣民眾的膏血的總督們『明修棧道，暗渡陳倉』的政策。丁、福還沒求到，壽命還沒延得，恐怕自身的肉，已經被人吃盡了；自己的血，已經被人喝淨了；三百六十多萬的死命，已被制於無形中了。」他沉痛地指出：「總督們的拜神並不是出於敬意，而是手段。是政策，是用以暗制三百六十餘萬台灣人民的死命的愚民政策。腦筋頑固的老百姓以及士紳士們若不早些醒悟，痛快地改除去一切的迷信，則淪為更苦慘的奴隸，變成刀下肉，『民族自殺』的終局必可立待。」因此，他急切地呼籲「多數的頑固同胞」趕快醒悟，除去迷信的弱點，成為身心健全的人，這樣，統治者的愚民政策自然歸於無用。同時他也「更熱烈地希望以先覺者自負的人們，竭力於文化運動的人們，謀民族解放的人們，在各方面直接多做些這類的工作，提醒頑民的弱點，以養成健全的民族無病的社會！」

《少年台灣》前後共發行了約一年之久。創刊號刊行後即「寄贈各方，出了八、九期，因為經費短絀，稿源缺乏，臨瀕停刊，正好彰化的施至善先生來北平（京）遊歷，認為停刊可惜，捐贈大洋百元，因而得以繼續出版數期，只以當時在北平（京）的台灣學生過少，籌集印費十分困難，寄到台灣又

一九二七年春，宋斐如（立左二）與《少年臺灣》同人張我軍（坐中）、洪炎秋（坐右）、吳敦禮（立左）、蘇薌雨等。

常被沒收，無法達到目的，只好任它夭折了。」[2]

一九四六年八月卅一日，宋斐如在《人民導報》發表「為紀念記者節而作」的〈報人的使命〉一文也提到：「二十多年前北京在張作霖軍閥統治下，華北是一片黑暗，報界自也無光明可言，我們幾個學生朋友創辦《新台灣》，反對這種黑暗的統治（當時我用的筆名叫做「奔流」），坐了兩夜的警察局冷板凳，幸而沒有掉了腦袋。」顯然，他所說的《新台灣》應該就是《少年台灣》的筆誤。

宋斐如的國民性批判，不僅僅是針對殖民地台灣的鄉親而已。在他眼裡，生活在「美麗的都城」的祖國大陸同胞，狀態相同。他在前述〈生活大轉變期的片段回憶〉寫道：

> 那時候在我腦子裡所描想的祖國正是一個天堂，北京、上海等地方必定是極樂世界，同胞對人接物必很親切而溫存，尤其是對於從海外回來的同胞必更加優待。然而回來之後所遇著的一切，所受到的一切，和腦海中所描想的完全是兩樣，我的懷疑和失望從上陸的剎那即已開始。第一個映入眼簾的印象，就是一個擾攘紊亂沒有秩序的社會。這不但是人群特別擁擠的碼頭如此，凡是公眾集合的場所幾乎沒有一處是例外。其次，感受到的就是嫉視和冷酷的人情。不管是新認識，或是舊相知，不管是朋友，或是親戚，不管是外人，或是家人，好像人與人相互之間毫無半點兒熱氣。大街上及生人集合場中，人之視人猶如防備扒手，常懷戒心。住久了，經驗也多些了，覺察出來：大多數人皆富於利己心而缺乏公德心，曾子之所謂……「為人謀而不忠乎？與朋友交而不信乎？」只是一部分沒落士大夫的口頭禪。個人與個人之交相往來，似乎只有一個個人的不斷鬥爭，取而代之的祕訣。據說，山西大同人皆將自己庭院打掃得十

---

2 前引洪炎秋〈楊肇嘉回憶錄序〉，頁五八。

分清潔，而骯髒東西則全部棄於大街上。這種大同式的社會現象，恐怕全國到處都是。

最初，我遇到這種情形，十二分的難過，因而失望，由失望而灰心，由灰心而憤恨。但久而久之，興奮的神經也漸麻木不仁了。現在遺留下來的，只是追想和疑惑——雖說有時還在悲憤。追想我十多年來的生活的變幻，在追想中詳加比較、推敲、檢討。比較和檢討的結果，得到一個疑惑：若說中國是個封建社會或半封建的社會，一般的人情應該比資本主義社會的人情，要溫存親熱些。若說中國是個資本主義的社會，社會的秩序和治安應當不至於紊亂到這步田地，糟到這步田地。我近年來精神全用在這個疑惑的解答上，各方面探求的結果，得到一個答案，就是：「中國到底是一個殖民地性的國家！」

於是，在《少年台灣》之後，宋斐如開始運用所學，通過翻譯或撰寫一篇篇相關文論，展開「反殖民」的思想鬥爭。據他的兒媳梁汝雄女士統計，在主編《新東方》之前，還在北大求學的他在各種期刊發表了如下文章：

一九二八年：十一、十二月，《三民半月刊》第一卷第六、七期，分上下兩篇，刊發崛江歸一〈日本的滿蒙經濟政策〉譯文。

一九二九年：三月，《三民半月刊》第二卷第二期，刊發高橋龜一〈日本資本主義的現狀及其歸趣〉譯文。五月，《三民半月刊》第二卷第六期，發表〈「精工業化」救不了日本的產業病〉。七月廿五日，《東方雜誌》第廿六卷第十四期，刊發未署名原著者的譯文〈高畠素之的資本主義功過論〉。九月，《三民半月刊》第三卷第一期，刊發〈生產的意義及其轉變過程〉與社會政策時報譯文〈生產費遞增及遞減的法則與保護貿易主義〉；《北新》第三卷第十六期，刊發堺利彥〈家族、私有財產及國家的起源〉譯文。十月，《三民半月刊》第三卷第三、四期，先後刊發安部磯雄〈美國的繁榮及其原因〉譯文與〈太平洋會議的世界性〉。十一月，《三

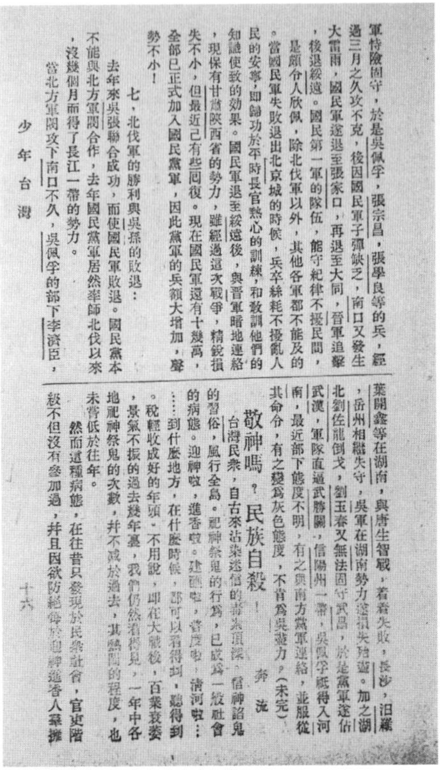

軍恃險固守，於是吳佩孚，張宗昌，張學良等的兵，經過三月之久攻不克，後因國民軍子彈缺乏，南口又發生大雷雨，國民軍遂退至張家口，再退至大同，晉軍追擊，後退綏遠。國民第一軍的隊伍，能守紀律不擾民間，是頗令人欣佩，除北伐軍以外，其他各軍都不能及的。當國民軍失敗退出北京城的時候，兵卒絲毫不擾亂人民的安寧，即歸功於平時長官熱心的訓練，和教訓他們的知識使致的効果。國民軍退至綏遠後，與晉軍暗地連絡，現保有甘肅陝西省的勢力，雖經過這次戰爭，精銳損失不小，但最近已有些回復。現在國民軍還有十幾萬，全部已正式加入國民黨軍，因此黨軍的兵額大增加，聲勢不小！

七、北伐軍的勝利與吳孫的敗退：

去年來吳張聯合成功，而使國民軍敗退。國民黨本不能與北方軍閥合作，去年國民黨軍居然率師北伐以來，沒幾個月而得了長江一帶的勢力。

當北方軍閥攻下南口不久，吳佩孚的部下李濟臣，

少年台灣

葉開鑫等在湖南，與唐生智戰，着着失敗，長沙，汨羅，岳州相繼失守，吳軍在湖南勢力遂損失殆盡。加之湖北劉佐龍倒戈，劉玉春又無法固守武昌，於是黨軍遂佔武漢，軍隊直逼武勝關，信陽州一帶，吳佩孚祇得入河南，最近部下態度不明，有之與南方黨軍連絡，並服從其命令，有之變爲灰色態度，不肯爲吳盡力。（未完）

敬神嗎？民族自殺！

奔流

台灣民衆，自古來沾染迷信的毒水頂深，信神諂鬼的習俗，風行全島。祀神祭鬼的行爲，已成爲一般社會的病態。迎神啦，進香啦，建醮啦，普度啦，請河啦……到什麼地方，在什麼時候，都可以看得到，聽得到。稅輕收成好的年頭，不用說，即在大嚴後，百業衰萎，景氣不振的過去幾年裏，我們仍然看得見，一年中各地祀神祭鬼的次數，并不減於過去，其熱鬧的程度，也未嘗低於往年。

然而這種病態，在往昔只發現於民衆社會，官吏階級不但沒有參加過，并且因欲防絕每於迎神進香人羣擁

十六

奔流（宋文瑞）《敬神嗎？民族自殺！》。

民半月刊》第三卷第五、六期，先後刊發〈民國以來中國經濟的概況〉與〈日本政黨的股份公司化〉。十二月，〈現代需要供給的調節〉載《東省經濟月刊》一九二九年第十二期；摘自大山郁夫《政治的社會基礎》的〈政治思想中的理想主義和理智主義的陷阱〉（與鄭應瑞共譯）載《三民半月刊》第三卷第七、八期；《三民半月刊》第三卷第八期同時刊發了E. Varga〈一九二九年第一季的世界經濟概要〉譯文。另外，本年還有一篇譯自《經濟學的實際知識》一書的〈現代經濟組織的基本制度〉，載《東省經濟月刊》第五卷第八期。

二、東方問題研究會與《新東方》雜誌

據宋斐如的兒子宋亮〈台灣《人民導報》社長宋斐如〉一文所載，宋斐如在北大就學期間就與北京大學經濟系學生鄭侃（？—一九四三）、《村治月刊》編輯兼民國大學教師呂振羽（一九〇〇—一九八〇）、大量刊載和宣傳普羅文學作品的《晨報》副刊主編譚丕模（一八九九—一九五八）、《三民半月刊》主編鄧梅羹等創辦「青年出版合作社」，計畫譯著馬列主義的書稿。後來，已經開始運用馬列主義研究中國歷史和

社會的翦伯贊（一八九八—一九六八）也加入該社。這個陣容，非常進步而堅強，日後的成就也極大。例如，呂振羽，參加過中國社會性質和社會史問題論戰，後來被譽為「中國馬克思主義歷史學的開拓者和奠基人」。譚丕模，是著名的中國文學史、思想史研究專家，中國最早用馬克思主義觀點和方法研究中國文學史的學者之一。鄧梅羹，一九三二年由北平神州國光社出版《資本主義與世界殖民問題》與《中國文學史綱》，一九三五年前往東京帝國大學大學院研究。

這段期間，宋斐如等人結識了北方左聯的發起人和組織者之一的北平燕京大學外文系女學生楊剛（一九〇五—一九五七，原名楊秀征，後又改名楊繽，一九二八年加入中國共產黨）；經常為報刊撰寫抨擊時政與表達愛國主義思想的文章，在學生中影響很大的北大學生自治會主席夏次叔（一九〇四—一九三八）；以及曾由國民黨政治顧問鮑羅廷介紹，前往蘇聯莫斯科中山大學第五班學習的朝陽大學教師兼北平北新書局編輯劉思慕（一九〇四—一九八五）。

一九三〇年一月，宋斐如等「青年出版合作社」的同仁於是又擴大與楊剛、劉思慕、夏次叔等組織東方問題研究會，創辦《新東方》月刊，以探索解放東方弱小民族，謀求獨立自強為己任。

《新東方》創刊於一九三〇年元旦，北平新亞洲書局發行。既然強調是「新」的，當然在主觀意願上是想與既有的《東方》雜誌有所區別吧。

《東方》雜誌，一九〇四年三月十一日在上海創刊，商務印書館編輯出版，聲稱「以啟導國民，聯絡東亞」為宗旨。一九一一年第八卷第一期起進行「大改良」，逐漸成為現代型綜合性刊物。民國初年鼓吹「東方文明」，宣揚封建倫理，受到《新青年》的批評。五四運動後再次改革，特闢「世界新潮」、「讀者論壇」等專欄，刊登多種學派學說，也登進步文論。一九四八年十二月停刊，先後歷時四十五年，共出四十四卷，是中國近代刊行時間最長的大型綜合性刊物。[3]

月刊《新東方》創刊最初由北京的新亞洲書局編輯部編輯出版。當時「東方問題研究會」還在籌組階段。但是，從第一卷第五、六、七期合刊開始，就改由「東方問題研究會籌備會」、「東方問題研究會」編輯出版。同年（一九三〇年）十月二日發行的《新東方》第一卷第十期刊載了該研究會的成立宣言。宣言說：「東方問題研究會」認為「東方民族的解放應為全人類解放的前提」，而該會的目的因此是「為了達成東方民族之解放，研究東方社會之種種問題，提供實際行動之指針」。宋斐如在前述〈台灣心理建設問題〉一文也提到，東方問題研究會的組織目的在於「聯合東方被壓迫民族，如印度、安南、緬甸、馬來亞，以及朝鮮、台灣等地人民起來反對帝國主義的壓迫」。因此該會也有來自上述各國的會員，其中包括一九三二年在上海刺殺日本司令官白川大將和日本公使重光葵的朝鮮志士尹奉吉。[4]

據統計，一九三〇年期間，宋斐如在《新東方》發表的有關「東方問題研究」的文章至少包括以下諸篇：一月，創刊號，〈東方各民族的轉動及其現狀〉，署名「沉底」。三月，第一卷第三期，山川均〈日本帝國主義鐵蹄下的台灣〉譯文，署名「蕉農」；〈印度問題之史的考察與印度解放運動〉，署名「沉底」。八月，第一卷第八期，滿川歸太郎〈安南獨立運動的研究〉譯文，署名「蕉農」。九月，第一卷第九期，泉哲〈阿拉伯人和猶太人的衝突〉譯文，署名「沉底」。十一月，第一卷第十一期，〈日本帝國主義支配下滿廿年的朝鮮〉，署名「沉底」。[5]

3 劉和平主編《中國近現代史大典》（北京：中共黨史出版社，一九九二年六月第一版第一刷），頁六二一。
4 宋斐如〈中韓兩民族的關聯性〉，《人民導報》日文版，一九四六年一月二十一—廿四日。
5 梁汝雄、張雅芳整理〈宋斐如著作年表〉，收錄於深圳台盟主編《宋斐如文集》卷五（北京：台海出版社，二〇〇五年十月），頁一六〇八—一六一〇。

同年九月一日，東方問題研究會編輯「蕉農」所譯山川均〈日本帝國主義鐵蹄下的台灣〉，並改題為《台灣民眾的悲哀》，以「宋蕉農譯」之名，由北平的新亞洲書局刊行單行本。

山川均（一八八〇—一九五八）是日本社會主義活動家，一九〇六年參加日本社會黨，第一次世界大戰後於一九二〇年參與組織日本社會主義同盟，一九二二年參加建立日本共產黨，後因提倡解黨主義和合法主義，作為右傾機會主義的代表被批判後脫黨。[6] 一九二六年五月在日本《改造》月刊上發表〈弱少民族之悲哀〉，揭露日本殖民統治下台灣民眾被壓迫的生活實況，並於十二月以《殖民政策下之台灣》為名，由布勒布斯出版社正式出版單行本。

《台灣民眾的悲哀》包括序言（許地山序與譯者序）、正文（約兩萬字）與書後（署名「沉底」，近兩萬字）。該書〈綱要〉總結說：「日本資本壓迫台灣人愈有效力，愈能促進台灣民族階級分化，且於台灣民族的民族主義帶上階級問題的性質。」

一九三〇年一月十八日，許地山（一八九三—一九四一）執筆書序云：「台灣割讓給日本已經三十多年了。我們住在中國本部底人注意台灣同胞底生活底恐怕很少。這個原故多半是因為關於台灣事件底論文，報章雜誌罕有紀錄，所以一般人無從知道他們最近的景況。加之中國本邦的事情太多，許多人雖知道，卻沒得工夫去注意他們，間或談到台灣同胞底生活，只是付之一嘆。中國現在的光景，自顧還有些來不及，何況能夠顧到三十多年前放棄了底姊弟們？」他認為，「中國人暫時不能顧及，也難相責。不過不要把願意知道台灣近況底心和對於台灣人在異族統治底下底苦況底注意消滅了。台灣人今日所受底壓迫，是住在中國本部底同胞所給底，換一句話說，他們是中國同胞遣送他們到異族統治底下去受苦底。假使當時割了遼東或別的省分給日本，那些地方底人民也將和台灣人一樣地受壓迫，受摧殘，受非人的待遇。我們不要忘記漢族底子孫有一部分已做了別族底奴隸，做了所謂被征服的劣等民族，做了亡國奴！這一部分中底最大部分便是台灣人！羞恥和悲憤應當時常存在住在中國底任何國民底心裡。」他強調，「蕉農君譯日本山川均這篇論文，使人明瞭現在台灣人底狀況，日本人統治台灣的殖民政策」，「簡單地說就是發展日本人在台灣底勢力和利益，和排擠中國血統底台灣人，使他們不能在台灣生活下去。」「這種政策三個手段，就是經濟、政治、教育，三方面底絕對支配。」[7]

一九四六年五月十一日，宋斐如以台灣省長官公署教育處副處長的身分，應邀在省訓團發表題為〈我們要溶化在一起〉的精神講話時提到：「記得二十年前，我曾寫一本小冊子，書名是《台灣民族運動史論》，許地山先生（許南英先生的嗣哲）為我寫了一篇序言，他在序言裡說：『台灣和祖國原是一家人，好像兄弟一樣，一時因為家庭經濟困難，把小弟弟賣給別姓去，表面上算是脫離了家庭。這小弟弟在別姓管轄之下，受了很多痛苦，可是他的哥哥應該不會忘記他弟弟的痛苦的』。」[8]他所說的《台灣民族運動史論》應該就是《台灣民眾的悲哀》。

一九三〇年一月廿八日，宋斐如在書寫《台灣民眾的悲哀》「譯者序」交代自己翻譯此書的動機時也說：「台灣自從甲午年割與日本以來，本國同胞對於台灣問題簡直是不過問的。彷彿是父母因為一時窮債的迫逼，把老二賣給別姓，老大就拿他當『外人』看待。事實上老二——台灣也只是替遼東的老二做了犧牲品，形式上就變成外國人，亡國奴罷了。」他認為，「萬一這篇論文能在麻木不仁的同胞的腦中印上一點兒老二的苦

6 《世界歷史辭典》（上海：辭書出版社，一九八六年四月第一版第二刷），頁二六—二七。
7 轉引褚靜濤〈宋斐如編譯台灣民眾的悲哀〉，收錄於氏著《國民政府收復台灣研究》（北京：中華書局，二〇一三年七月），頁一四五—一四六。
8 一九四六年五月卅一日，《人民導報》。

狀的痕跡，或在別的方面提醒了老大的積極覺悟，奮鬥圖強，那末，年來我們所流的熱淚也算得到多少的代價了。」[9]

事實上，《台灣民眾的悲哀》對於想在殖民地台灣與朝鮮的現況中尋求反日素材的大陸革命家與知識人，起到了宣傳殖民地台灣人民被壓迫、被剝削的慘況之作用。這樣，中國本土的學校教科書中的反日教材裡面也才出現了台灣。

三、隔海聲援霧社起義

一九三〇年六月，宋斐如北大畢業。據其遺留的一份履歷表所載，他於同年七月至一九三一年六月年擔任北大教授。宋區嚴華〈為氏丈夫突被扣押二月餘不明下落陳明一切請查明開釋由〉寫道，北大畢業後，宋斐如即由北大預科時代的學生軍術科教官白鵬飛介紹而任教北大。

白鵬飛（一八八九－一九四八）是中國現代行政法學家和法學教育家，字經天，又號擎天，廣西桂林人，先後就讀蔡松坡創辦的陸軍測量學校（桂林）與梧州兩廣化工學堂，取得東京帝國大學碩士學位後於一九二四年歸國，先後擔任江蘇無錫國學專科學院與上海江蘇民眾教育學院教授、暨南大學校長，後因支持學生運動遭CC特務騷擾而北上北京，受聘於朝陽大學、民國大學、清華大學和北京大學，教授行政法，並向學生灌輸進步思想，備受學生歡迎。[10]

九月二十日，北大校長蔣夢麟簽發給宋斐如畢業證書：「學生宋文瑞係福建省同安縣人現年二十九歲在本校經濟學系修業期滿成績及格准予畢業」。

十月廿七日，當海峽對岸家鄉的霧社賽德克族馬赫坡社（今廬山）頭目莫那．魯道（一八八〇－一九三〇）領導族人抗日蜂起時，遠在北京的宋斐如隨即在《新東方》雜誌第一卷第十一期〈時事述評〉欄刊載了一篇署名「蕉」的〈「德化政策」下的台番暴動〉，從日本支配者標榜的「德化政策」立論，從而批判了殖民當局宣傳的「德化政策」，隔海聲援。

宋斐如首先揭露帝國主義殖民地經營的目的在於「經濟的剝削」，而其剝削的方法主要通過「光明的榨取」與「祕密的積蓄」並行；日本帝國主義對殖民地台灣的經濟剝削「也莫不循此軌道」。就霧社少數民族而言，任意而頻繁地徵用人伕，工資卻壓到最低，就是「光明的榨取」。為了經營日人資本家的水電工事而強迫他們移住，剝奪他們的財產，更是赤裸裸的「祕密的積蓄」。他認為，「番人也是人，衣食住皆不可稍缺。勞動的報酬過少，則生活窘困；常被徵用人伕，則本人及家族的生活失去保障。況且強迫他們離去久住的故鄉而他徙——自然遷入生活資料更不可靠的深山，生性頑固不願喬遷的番人，自然不能堪忍。不平則鳴，強壓則反抗，人之通性也。莫怪……霧社全部番人……志皆在必死，更是事理的當然歸宿。」接著，他就以尖銳言辭批判標榜「德化」的日本當局，不但動用大批兵馬滅絕霧社少數民族，而且「竟然誇示武威，謳歌勝利」，「實為文明國家之恥辱」。他同時引用日本《中央公論》十二月號「我們不能不在世界公義之前痛切感覺羞恥」的〈卷頭言〉，質疑「素以世界一等國，東亞文明國自傲的人們」又「該如何來自我解嘲呢？」最後他指出，在日本殖民當局標榜的所謂「一視同仁」、「醇化融合」、「引誘善導」、「撫順」、「德化」等口號統治下，台灣民眾的「冤聲布於全島」，而且時有革命、暴動之舉，無論它怎樣掩飾，這種「優良的

9 前引褚靜濤〈宋斐如編譯台灣民眾的悲哀〉，頁一四四。

10 白壁〈愛國主義學者白鵬飛〉，中國人民政治協商會議全國委員會文史和學習委員會編《文史資料選輯》合訂本（北京：中國文史出版社，二〇一一年六月第一版第一刷），第一〇一輯，頁一一〇—一一一。前引劉和平主編《中國近現代史大典》，頁八四五。

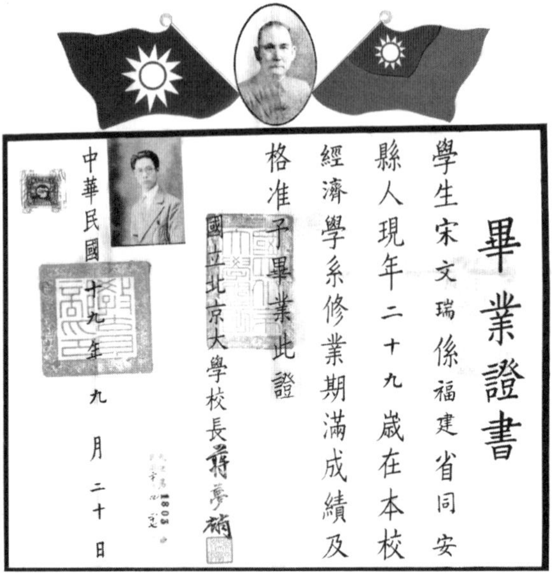

一九三〇年宋斐如北京大學畢業證書。

成績」，必定「永久留在世界的報紙上，印在關心被壓迫民族者的腦海裡」。[11]

一九三一年六月，也許是為了全力投入《新東方》的編寫工作吧，宋斐如辭去了北大教職。與此同時，《新東方》「周年紀念特刊」又刊載了一篇宋斐如翻譯，以筆名「牛山」發表的，東京帝國大學法學部出身的河野密（一八九七—一九八一）與河上丈太郎（一八八九—一九六五）合寫的霧社事件現地視察報告——〈霧社事件的真相〉（原載一九三一年三月號《改造》，原題〈台番暴動的真因〉）。

誠如魯迅在一九二七年為「廣東台灣革命青年團」成員張秀哲（張月澄，一九〇五—一九八二）翻譯的《勞動問題》（原名《國際勞動問題》，日本淺利順次郎著）寫序時的自我批判所言：一九二六年，張我軍在北京遇見魯迅時曾經對他抱怨說：「中國人似乎都忘記了台灣了，誰也不大提起。」魯迅聽了以後，「當時就像受了創痛似的，有點苦楚；但口上卻道：『不，那倒不至於的。只因為本國太破爛，內憂外患，非常之多，自顧不暇了，所以只能將台灣這些事情暫且放下……』但正在受苦中的台灣青年，卻不將中國的事情暫且放下。他們常望中國革命的成功，贊助中國的改革，總想盡些力，於中國的現在和將來有所裨益，即使是自己還在做學生。」[12] 就當時的客觀狀況而言，大多數的知識分子也許因為忙於大陸本土的多難國事，對於在中日甲午敗戰後被犧牲的台灣近況，似乎無能也無暇給予關心。因此，《新東方》能夠在霧社蜂起之後立即在宣傳戰線上隔海響應，也就更屬難得了。

就此而言，宋斐如顯然起了非常關鍵的作用。正因為有過這樣的實踐經驗，一九四四年四月，他以台灣革命同盟會執委兼常委的身分在重慶大力推動「台灣光復運動」時，又在《大公報》發表〈論台灣的革命戰略〉中特別強調指出：

> 反對異族統治而日益組織化的台灣「番族」，誰都不可否認的，是台灣革命的一支相當強大的生力軍，但是為要使她不被統治者所利用，而能夠早一刻爭取團結到革命陣營來，那末，這很明顯的就只有趕快高舉起無分階層並無分民族、種族的革命統一的旗幟，來作鮮明而強有力的號召。[13]

四、評介矢內原忠雄《帝國主義下的台灣》

據統計，九一八事變之前，宋斐如在《新東方》發表的文章至少還有以下諸篇。

一九三〇年：一月，第一卷創刊號，〈日本金解禁與中國〉，署名「沉底」。七月，第一卷第五、六、七期合刊，〈日本帝國在遠東的情勢及其前途〉，署名「沉底」。十月，第一卷第十期，〈評〈矢內原忠雄〉

---

11 前引《宋斐如文集》卷二，頁三四四—三四六。

12 魯迅〈寫在《勞動問題》之前〉，前引《魯迅全集》第三卷，頁四二五。

13 前引《宋斐如文集》卷二，頁三七四。

《帝國主義下的台灣》〉，署名「沉底」。十一、十二月，第一卷第十一、十二期，〈日本無產政黨研究〉，署名「蕉農」；〈日本資本在台灣的發展〉（編譯），署名「永瑞」。

一九三二年：一月，第二卷《周年紀念特刊》，〈日本新內閣前途的暗淡〉與〈日本帝國主義的危機〉，署名「沉底」。[14]

這裡，應該著重談一下〈評《帝國主義下的台灣》〉這篇書評。

《帝國主義下的台灣》是一九二九年岩波書店出版發行，有關日本帝國主義殖民台灣的新書，原著者矢內原忠雄（一八九三—一九六一）。一直到今天，矢內原忠雄的《帝國主義下的台灣》都是認識日據台灣史的必讀之書。從發表的時間來看，宋斐如的〈評《帝國主義下的台灣》〉應該也是該書出版以來台灣讀書界的第一篇書評吧。

宋斐如的這篇書評一共四段，因為「篇幅有限」，寫得不是很長。首先，他簡單評介了已經出版的、「不算不多」的有關「台灣事情」或「台灣問題」的中日文書籍。中文的有：署名漢人的《台灣革命史》、彭子明的《台灣近世史》、商務印書館出版的《台灣》，以及連雅堂所著的《台灣通史》等等。他認為，《台灣革命史》與《台灣近世史》只是「小冊子」，而且內容「過於淺薄簡單」，敘述彷彿流水帳。《台灣》的內容雖然「較為詳細」，但敘述「依然不出此套，缺欠科學的解剖。」日文著作雖然「汗牛充棟，舉不勝舉」，但是，在內容上依然存在著「不是過於陳舊，就是純粹的統計材料」的缺失；在敘述上也存在著只是「局部的解釋」或「戴著民族差別的有色眼鏡」的不夠「科學的說法」。所以，大多不大適合讀者用來理解殖民地台灣的全貌。

宋斐如說，在他所知的範圍內，「研究台灣問題最適用的書籍」，包括連雅堂的《台灣通史》，以及伊能嘉矩的《台灣文化志》、山川均的《台灣民眾的悲哀》，以及矢內原忠雄的《帝國主義下的台灣》。他認為，

「《台灣通史》是從文化方面敘述台灣歷史的一部漢文佳作」。伊能嘉矩的《台灣文化志》則是「解剖日本統治前的台灣問題的大作」，一共三卷，篇幅達三千頁，敘述範圍包括「歷史、地理、經濟、政治、宗教、教育、人種、民種、學藝等等」，書名是「出版者規定的」，作者「本人有意題為《清國治下的台灣》」。《台灣民眾的悲哀》雖然只是一本小冊子，但卻把握了「台灣問題的真髓，從經濟，政治及教育三方面，敘述日本對台灣民眾的壓迫、榨取和愚化，簡明而扼要，其措辭之勇氣和立論之公平，且在《帝國主義下的台灣》之上。」然而，也是因為「篇幅有限」，這裡只能介紹《帝國主義下的台灣》。

《帝國主義下的台灣》由「帝國主義下的台灣」與「台灣糖業帝國主義」兩篇構成。宋斐如首先從「長處」方面指出，「本書的要點，在於解剖日本統治後的台灣的經濟發展，自其時間性說，實在可與解剖日本統治前的台灣的《台灣文化志》，合成姊妹作。」他又強調，殖民地台灣的特殊情況是，日本帝國主義對台灣的經濟要求決定了統治台灣的各種政策，所以本書百分之八十以上的篇幅在剖析經濟發展的部分，誠如著者在序言所云：「本書是以經濟為中心的台灣社會發展的科學的分析」，不只是「歷史事實的敘述」而已，而是「歷史問題的解剖和說明」。

宋斐如接著介評了第一篇「帝國主義下的台灣」的內容與要點：第一章，日本的領有台灣。敘述台灣的發見，各國與台灣的關係，列強對台灣的爭奪，以至中國割讓台灣歸由日本殖民統治為止。第二章，台灣的資本主義化。第三章，教育問題，敘述台灣殖民教育及其他教育施設。第四章，政治問題，敘述台灣的各種殖民政治的施行。第五章，民族運動，敘述日本統治下的台灣民族運動。他總體認為，在敘述上，第一章含有以下三種意思：最初發現台灣的雖是西班牙，但是日本卻更早與台灣發生關係。日本並不是無償得到台灣。

14 前引梁汝雄、張雅芳整理〈宋斐如著作年表〉，頁一六〇八—一六一一。

台灣即使不為日本所領有也必淪於其他列強之手。第三、四兩章，對殖民地台灣教育與政治的「不合理的苛政」，「言之不詳」，且語「多含混」，不像山川均的《台灣民眾的悲哀》說得那麼痛快淋漓。他說，這或許是因為矢內原忠雄對教育問題「外行」和「身充官立大學的教授」，因而「不便多說或不便說得透徹」。第五章的民族運動部分，因為著者認為日據初期台灣民眾的「暴力革命」沒有多大意義，所以敘述得很簡單，到了「後期的近代式的合法的民族或民眾解放運動」，才「應用科學的方法」，從「經濟方面」剖析，雖然在「民眾黨的軟化」部分存在著不批判日本政府的「小缺點」，「但是大體上還可以說是公允」。至於「本篇最重要的」第二章，「也是本書最精彩的部分」，因此就作了「詳細的介紹」。

宋斐如說，《帝國主義下的台灣》的第二章「台灣的資本主義化」，包括土地問題、權度及貨幣制度、資本家型的企業、財政與資本主義、階級關係及台灣在日本帝國主義的地位等六節。總的來說，「本章是在敘述或解剖：日本採用人工的手術，將舊時封建式的台灣，割治整理成為資本主義型的台灣，並且培育扶助它的健全生長，至於在日本帝國主義占了相當重要的地位。」他指出，要將一個社會的封建式的生產關係資本主義化，首先要確定「生產工具的私有權」，並且要從「生產工具」（勞動資料）最重要的土地所有權的確立開始。而矢內原在這一章剖析日本「資本主義化」台灣的過程如下：

首先，通過實行土地調查[15]及林野調查與整理[16]，確定土地所有權，然後依照殖民目的，在可能的範圍內剝奪台灣人原有的土地所有權給與日本人。接著，依照日本內地延長主義，逐漸將台灣的度量衡[17]及貨幣制度[18]與日本內地的制度統一。再接著，利用關稅政策[19]驅逐在台灣的外國資本，從而讓日本資本在台灣發展起來，並且盡快達到可以向外進出的獨占資本階段。台灣的資本主義化過程，又因為日本政府經營事業而占有種種所有權，增加了日本政府的財政收入。但是，隨著台灣的資本主義化，造成土地和資本兼併或集中，也就逐漸形成資產階級與無產階級，地主與佃農或農業勞工對立的社會結構。而且，因為台灣的殖民地性質，階級對立大體上又以民族的形態表現。也就是說，大資本家以及擁有廣大土地的製糖會社都是日本人。這是台灣階級關係的特殊性。

最後，宋斐如也指出，矢內原在本書剖析的台灣的資本主義化對日本帝國主義的四個有利於：第一，有利於日本的資本移動。投入日本資本，吸收台灣民間的資金，再轉投資日本內地及外國。第二，有利於日本的商品移動。殖民地台灣既可銷納日本內地的商品，又可供給日本食糧和原料。第三，有利於日本的人口移動。殖民地台灣可以消納日本內地的移民，從而解決日本內地因資本缺乏和經濟關係而產生的人口問題。第四，有利於日本的財政價值。殖民地台灣產業發展的利潤大部分落入日人資本家的錢袋，日本政府通過對日人資本家徵稅，間接從台灣得到財政幫助。

第二篇，專論日本統治後台灣糖業的發展。宋斐如認為，這是因為矢內原忠雄強調「蔗糖業的歷史即殖民地的歷史」，而砂糖製造業是台灣最主要的產業，所以它的內容與要點包括：

第一章，糖業與殖民地。日本經營台灣殖民地首先注意到台灣最適宜栽種甘蔗，製糖業向來也是台灣民眾重要的收入來源，未來也有無限的希望。

---

15 一八九八年七月公布〈台灣地籍規則〉及〈土地調查規則〉，九月成立台灣土地調查局；一九〇一年五月公布〈土地徵用規則〉。

16 一九一〇年十月公布〈台灣林野調查規則〉，一九一一年四月一日實施。

17 一九〇一年五月實施〈台灣度量衡條例〉；一九〇二年元旦，市場使用新度量衡制；一九〇三年四月禁用舊度量衡器；一九〇六年五月實施台灣度量衡規則。一九一三年四月一日公布。

18 一九〇四年七月一日改革幣制；一九〇九年三月廿四日禁止銀幣進口。

19 一九一三年四月一日公布〈台灣國稅徵收規則〉。

第二章，台灣糖業的獎勵。日本統治前，台灣的製糖業因生產工具落後，製造規模並不很大；一九〇二年六月十四日，殖民當局公布〈台灣糖業獎勵規則〉，規定種種獎勵辦法，極力使台灣的製糖業發展為新式的製造工業。

第三章，台灣糖業的資本主義發展。細分為「新式工場的勝利，混合企業形態，地域的發展，糖業聯合會，販賣及金融，卡笛兒（卡特爾）內部的爭霸，糖業帝國主義，利潤的源泉地，蔗農，及農民組合」等十節。也就是說，通過種種獎勵辦法，新式的機器製糖工場取代了舊式的「糖廍」；新式的製糖業日漸發達[20]，並向縱橫兩方面膨脹擴大[21]，儼然形成自蔗園經營至運輸、販賣等等聯繫在一起的「混合企業形態」——Konzern（康采恩，多種企業集團）。為了避免同業間的惡性競爭，採用「糖業地域制度」（原料採收區域制度），將台灣劃成幾個區域，分割給各個製糖會社獨占（在指定區域內非經政府許可不得設立糖廍或糖場）；各個製糖會社管轄區域內的甘蔗禁止外運，只能提供製糖廠使用。台灣糖業的資本雄厚，足以併購或壓倒其他產業（例如改水田為蔗園），且其背後又有政治權威強迫農民栽種甘蔗，或以半沒收的形式收買甘蔗（蔗農先向製糖會社借貸耕作資金，但蔗價任由廠方決定），形成「台灣糖業帝國主義」。但是，「哪裡有壓迫，哪裡就有反抗」！台灣糖業帝國主義統治下的蔗農組織了農民組合（例如一九二五年六月二林農組成立），蔗農與製糖會社的爭議從此層出不窮（例如一九二五年十月二林事件）。宋斐如強調，「本書不設勞動組合的專項討論，而設蔗農與農民組合二節，可見在帝國主義下的台灣殖民地，農民運動是比勞動運動占更大的重要性的，這也是本書特到的長處」。因此，他認為這一章是本篇裡頭最重要的部分。

第四章，台灣糖業的將來。蔗糖優於甜菜糖，再以地質和氣候的適宜，台灣糖業將來的發展未可限量。

宋斐如評論說，台灣糖業發展所產生的利潤，台灣民眾不但無法沾潤，反受其害，這是我們討論台灣糖業時不能忽視的問題。台灣人所經營的舊糖廍，現在已完全為新式製糖會社撲滅。台灣人經營的新式製糖會社，也只有林本源製糖會社和新興製糖會社。但一九〇九年五月成立的林本源製糖會社自始就在日本人實權管理之下，到了一九二七年二月終被鹽水港製糖會社合併，名實完全歸隸於日人資本家。新興製糖會社雖然名為陳中和（一八五三—一九三〇）一家經營，但其經營實權仍握於台灣銀行系統的日人資本家手裡。此外，糖業發達的結果，水田改成蔗園，使得台灣民眾在農業經營上及米商經營上蒙受很大的損失。要而言之，台灣糖業發達所產生的利潤，盡為日人資本家所獨占，台民反倒因此蒙受不利。這一點，是殖民地產業發展所帶來的特質，也是我們研究殖民地經濟時不可忽略的，而本書著者也未輕易放過。

最後，宋斐如也略述了本書的「兩點短處」。第一，結構上的缺點。他認為本書雖題為《帝國主義下的台灣》，可實際上「帝國主義下的台灣」只是其中一篇之名目而已；「台灣糖業帝國主義」卻與它平等，齊立一篇。另外，約占全書一半篇幅且又極其重要的「台灣資本主義化」，只是其中一章，而與「日本的領有台灣」及言之不詳的「教育問題」、「政治問題」等章並立。這些都是本書形式上的缺點。第二，立論的一些缺陷。他指出，著者是日本人，又是東京帝國大學教授，討論日本的殖民地，難免有些不敢放言的地方。例如，著者在「日本領有台灣」的一章表態說「台灣原是中國的殖民地，日本領有了台灣，無異由中國取得一塊本與中國毫無關係的土地」；又謂「日本與台灣發生關係在中國與台灣發生關係之先」。他強調，根據史籍，中國與台灣發生關係遠在隋朝。中國之經營台灣並未視之為殖民地（經營榨取的泉源），尤其後來獨立為一省，更可想見。

20 一九〇〇年台灣製糖會社成立；一九〇四年台南製糖會社成立；一九〇六年明治製糖會社成立；一九〇九年新竹製糖會社成立；一九一〇年帝國製糖會社成立。

21 一九一〇年十月台灣砂糖聯合會成立。

總之，宋斐如認為「本書是一種新鮮材料，解剖方法合於科學的良好作品。雖有微小的缺點，如能加以修改，實是一部研究現代台灣最合宜的著作。」他同時預告說，東方問題研究會「已經採用編譯的方法，著手於移植的工作」。同時針對本書的「兩個缺點」，「參以自己的意思」，「打算在體裁（結構）方面，分為第一篇緒論（將日本的領有台灣，台灣的教育問題，台灣的政治問題，及台灣的民族運動包括於此篇），第二篇台灣的資本主義化，第三篇台灣糖業帝國主義」。[22]

可惜的是，這本編譯之作似乎沒有能夠完成出版。

22 前引《宋斐如文集》卷五，頁一三六五—一三七三。

第三章

對九一八與上海事變的反思

（一九三一年九月－一九三二年四月）

在「東方問題研究會」期間，宋斐如不但通過寫稿嚴厲地揭露帝國主義的侵略行徑，甚至，平常與人往來，大部分時間也都是縱談國事，暢談革命道理。然而，不斷左傾的《新東方》的言論，在軍閥橫行的日子裡，自然常常會觸犯到統治者與外國帝國主義者的利益而被壓制。為了躲避當局的追捕，他必須常常搬家。可每到一地，他總是不畏艱險伏案疾書，針砭時事。[1]

一、難忘的九一八

一九三〇年七月，宋斐如在《新東方》第一卷第五、六、七期合刊「殖民問題專號」發表〈日本帝國在遠東的情勢及其前途〉，從日本資本主義發展的歷史過程，析述日本帝國主義勃興的經濟、戰爭和外交的三個條件，並且通過日本「人口的極度膨脹，國內資源的缺乏及產業發展的停頓」等三種原因，經濟地解釋了日本帝國主義向外侵略的必然性，從而站在國際主義「解決東方全體問題的立場」指出：因為制度的問題而停頓的日本經濟，除了改採和資本主義相對稱的「社會主義」經濟制度之外，恐怕是沒有別的出路了；「然而日本社會主義革命的成功，固須倚靠日本有志者的努力，還要看中國革命成功的程度如何。」他強調：「假使中國革命不能在正當的方面，完成相當的成功，則日本帝國主義者所醉心的中國大陸的經營，尤其是滿蒙地方的經營，還可以充當日本帝國存在的支柱，充當日本帝國主義者的續命湯，這樣一來，本已迫切的日本社會主義革命，也……喪失其客觀的革命條件，而其現狀再往下延長……中國革命所以不能早日成功，大半也是因為被壓迫在帝國主義者之下，不能盡量如意活動。日本民眾如能在其國內，牽制日本帝國主義者（自然是軍閥、官僚及其爪牙），使其不壓迫中國的施設，摧殘中國民眾的活動，則中國革命也可以早些成功；因而日本的社會主義革命，也可以早日成功。」因此，他極力呼籲日本與中國的民眾「為著東方全體被壓迫民眾的解放」而團結起來，把革命加倍努力地幹下去。[2]

然而，歷史的進程顯然不可能按照宋斐如的主觀願望那樣發展，日本資本主義發展的客觀規律還是決定了日本走向侵略中國的帝國主義道路。

一九三一年九月十八日晚上十時二十分，日本關東軍在瀋陽北郊製造柳條湖事件，突然襲擊北大營中國駐軍營房，並在南滿鐵路沿線向中國軍隊展開全面攻擊。九一八事變由此爆發。當晚，東北軍電請南京當局處置辦法。南京復電「日軍此舉不過尋常尋釁性質，為免事件擴大，絕對不准抵抗」。由於蔣介石的不抵抗政策，日軍勢如破竹，至十九日晚，瀋陽、長春及南滿鐵路沿線的重要城市四平、撫順、安東、本溪、營口、吉林相繼淪亡。在日本軍部、內閣的支持下，關東軍有恃無恐，向北滿、遼西擴大侵略。[3]

難忘的九一八！從那個時候起，一大片富饒的國土淪陷了，千百萬的東北（日本謂滿蒙地區）人民也不得不流浪他鄉，在寒冷的雪夜中唱著〈流亡三部曲〉：

流浪、流浪。
哪年，哪月才能夠回到我那可愛的故鄉？

面對日本帝國主義發動的侵略戰爭，中國歷史也進入局部抗戰階段。九月廿二日，中共中央發表〈反對

---

1 前引宋亮〈台灣《人民導報》社長宋斐如〉，頁三九八。
2 前引《宋斐如文集》卷四，頁一〇三五—一〇八八。
3 解力夫《抗日戰爭實錄》（石家庄市：河北人民出版社，一九九二年），頁八九一。胡德坤、羅志剛主編《第二次世界大戰史綱》（武昌：武漢大學出版社，二〇〇五年），頁三三—三四。

日本帝國主義侵略中國的宣言〉，提出「組織東北游擊戰爭，直接給日本帝國主義以打擊。」廿五日，東北民眾抗日救國會在北平成立。接著，北平、上海、長沙、開封、杭州、廣州等地各界民眾，陸續舉行抗日救國大會，要求政府出兵抗日。[4]

流亡的東北人民悲憤的呼聲，緊緊揪住了飽嘗故土淪陷之苦的宋斐如的心。他想，故鄉尚未光復，東北卻已經陷入敵手了。在雪夜中，他竟因為思鄉而失眠了。[5]但是，他終究不是只會徒然感傷流淚，乃至於空喊愛國口號的人。他相信「沒有革命理論就沒有革命行動」，「必須有相當豐富而深刻的理論修養和經過無數次的艱難的實際鬥爭，才有正確認識成功的希望。因為如果沒有革命的理論修養，就不能瞭解和把握客觀現實的發展規律。同時，如果沒有把握客觀的規律，也就不能有正確的主觀行動，而就會必然的變成盲目的空洞的行為。」[6]為了讓更多的國人對東北事件的本質有更深刻的理解，他於是蒐集了各種相關材料，及時地寫了幾篇相關的評論文章。

一九三一年十二月，《新東方》月刊針對九一八事變以來的遠東局勢製作了「最近遠東問題專號」。在這卷專號上，宋斐如一共發表了〈東北事件的經濟解釋——日本經濟的衰落與東北事件〉（署名「蕉農」）、〈東北事件與帝國主義戰爭〉（署名「沉底」）與〈東北事件與日本社會革命〉（署名「劍華」）等三篇專論。通過這三篇文章，我們可以理解宋斐如對當時形勢的看法。[7]

二、對九一八的經濟解釋

誠如宋斐如在一九四六年十一月六日向台北延平學院的學生演講〈學生深造的第一步〉時強調：「政治動向要決定於經濟條件」、「以正確的經濟學為基礎，運用正確的經濟眼光，和正確的科學方法，去瞭解一切的社會現象，政治動向……及其振作的方法，才能得到合理的解決。」他從「經濟解釋」出發，分別探討

星期論文
學生深造的第一步
——延平學院講演紀錄——
宋斐如

一九四六年十一月十日《人民導報》刊載宋斐如〈學生深造的第一步——延平學院演講記錄〉。

了東北事件反映的日本經濟的衰落、帝國主義戰爭與日本社會革命之間的政治經濟關係。

在〈東北事件的經濟解釋——日本經濟的衰落與東北事件〉的「引言」，宋斐如開宗明義強調看待問題的態度說：「自從九一八連三接四的『東北事件』發生以來，我國同胞莫不憤激填胸，積極籌畫對付的方法。但凡欲籌畫對付某種事件的方法，第一步須先認清該事件的發生原因。這正和治病之先診病而後開方，是同一道理。東北事件的發生原因固有種種，而經濟的原因確是最主要的、最根本的原由，故自經濟上來解釋東北事件的發生。」他認為，日本雖然是當時世界政治舞台上與英、美鼎足稱雄的三大強國之一，卻是個「內容非常空虛，基礎並不穩固」、「外強而中乾」的帝國主義「大怪物」；只要能闡明「日本帝國經濟的衰落」與「東三省豐富資源的引誘」的經濟原因的曲折，「即可明白東三省所以被蹂躪於日本帝國主義鐵蹄下的原由」。然後，他就逐節從「日本經濟的衰落、最近一般的經濟

4 前引解力夫《抗日戰爭實錄》，頁八九一。
5 前引宋亮〈台灣《人民導報》社長宋斐如〉，頁三九九。
6 宋斐如〈論台灣的革命戰略〉，前引《宋斐如文集》卷二，頁三七七—三七八。
7 宋斐如另有相關佚文：〈日本果非侵外則不能存立嗎？〉、〈反抗日本帝國主義的根本方法〉。

恐慌、農村的恐慌、日本殖民地（台灣與朝鮮）膏血的涸渴、日本向外侵略的必然性、東三省適當日本侵略的第一線、東三省與日本糧食問題、東三省與日本生產原料、東三省與日本投資及商品市場」等幾個正面和背面的觀點，以具體的各項數據說明：「一方面日本的經濟危機日益急迫，現已由工商業蔓延於農業經濟，他方面東三省具有充分的經濟價值，可以充當食料及原料的供給泉源，可以充當資本及商品的銷納場所，並且可以充當所謂『大陸經營』的媒介物。於是，日本帝國主義的魔手伸向肥嫩而柔軟的東三省，乃有十二萬分的必然性。」與此同時，他也指出轟動世界的「東北事件」之所以不發生於過去任何時候，而偏偏發生於一九三〇年九月十八夜的四項必然性的近因：「第一、日本殖民地問題的急迫；第二、列強向東省的積極進出；第三、中國經營鐵路的壓迫；第四、中國內部統一的威脅。」[8]

三、批判「帝國主義戰爭」即將爆發論

一九三一年十月八日，日軍飛機轟炸張學良地方政權指揮部所在的錦州。因為這樣，十三日，國際聯盟理事會由繼任主席法國總理白理安（Briand）在巴黎召開會議；十六日，不是國聯成員的美國政府也派遣代表參加會議。一時之間，世界輿論樂觀地認為日本一定會對進一步侵略中國有所顧忌。[9]

國聯的消息傳到國內以後，一般人也都於驚慌失措之餘自我安慰地斷定：所謂「第二次世界大戰」（「帝國主義戰爭」）即將爆發，從而引頸期待英、美、法、義等其他帝國主義國家，對日本加以有效的武力制裁或變形的經濟制裁，阻止日本帝國主義的進一步侵略。[10]對此，宋斐如清醒地通過〈東北事件與帝國主義戰爭〉一文批判了這種無異於「空中樓閣」的通俗論調。他認為，世界第二次大戰是否立刻爆發，也就是「英美法等帝國主義者，果能因為帝國主義夥伴的日本侵略了東三省，而驟然向之宣戰」的問題，首先決定於「世界的情狀」、「世界一般的經濟情狀」、「由經濟關係反映出來的世界政治現勢」，以及「英美法等帝國主義

者本國的情狀」等幾個重要因素。尤有更重要的先決因素是：「英美法等帝國主義與東三省的關係如何？英美法等帝國主義和日本夥伴，有無共同的敵人？其間的關係又是怎樣？」因此，他強調：「在未深切考究過這些種種問題以前，遽即斷定帝國主義間的火併——帝國主義戰爭，有立刻爆發的可能性，我們實在不敢相信，不敢共鳴。這種論調未免過於通俗；我們對於這種俗論，只能以批判的態度來作一番的考究。」

宋斐如接著批判地詳細考究了以下幾個問題：「帝國主義戰爭論」主要從「道義上」、「法律上」和「利害關係上」的立論根據；列強在東北的利害關係；列強本身的現勢（德國全身不遂，英國的危機深化，法國的繁榮動搖）；世界恐慌與美國等等。然後，他指出：基於帝國主義列強在東北的利害關係及其本身的經濟恐慌兩種原因，帝國主義戰爭在當下不可能發生。除此之外，他強調：「還有一個更根本的原因，就是帝國主義者所共同『希望』的繼續繁榮。由於這個希望，產生了下列幾種『必要』：避免帝國主義者自殘的必要；抑制本國社會革命爆發的必要；反蘇俄戰線齊一的必要；共同榨取殖民地民眾的必要。」儘管如此，他認為「將來的戰爭，必將採取另外的形式表現出來，或以壓迫民族與被壓迫民族的戰爭形式，或以被壓迫階級與壓迫階級的戰爭形式。在這種辯證法的轉變當中，東北事件……將來必定孕育更大的變化，也是我們應加注意的。」因此，他希望廣大的中國「民眾不要和當局的一部分人陷於同樣『不識事務』的弊病，專向國聯或更有力量的美國哭訴」；同時憂心忡忡地建議說：「我們現在急應進行的，只是對付將來更大變化的『準備

8 前引《宋斐如文集》卷四，頁一〇八九—一一一九。
9 吳秀峰〈國際聯盟處理日本帝國主義侵略中國事件的經過〉，中國人民政治協商會議北京市委員會文史資料委員會編《文史資料選編》第二輯，頁五〇—五八。
10 宋斐如〈上海事變的檢討〉，前引《宋斐如文集》卷一，頁六—七。

工作』。請大家睜開眼睛，看看現在國際情勢何等的緊張！國內政治又是何等的混沌！而民眾的昏迷和狹隘意識的衝動，尤使我們不寒而慄！」最後，他呼籲國人：

覺悟吧！
認清我們的敵人！
認清我們的朋友！
我們要利用時機，
從改造東方運動中改造世界！[11]

四、東北事件與日本社會革命的成敗

宋斐如的〈東北事件與日本社會革命〉則再次強調：日本的「大陸經營」與社會革命的成敗實有正相反的密切關係，所以此次東北事件與日本現階段社會革命的關係密切。他同時提醒努力打破日本資本主義經濟現狀的日本無產運動領導者與無產群眾：壓抑榨取他們的日本資產階級，現在又為擴充「支持日本資本主義經濟的台柱」而嗾使他們擁護非他們所有的「日本在滿的特殊權益」。但是，擁護或擴大日本在滿的特殊權益，只能鞏固「支持日本資本主義經濟的台柱」，只能削弱日本現階段社會革命的客觀勢力。他同時警告說，日本侵占東三省成功之日，即日本資本家地主階級彈冠相慶之時；日本資本家地主階級彈冠相慶之日，也即日本無產群眾抱頭大哭之時。[12]

五、上海事變的爆發與檢討

形勢的發展果然如同宋斐如在〈東北事件與帝國主義戰爭〉的推測那樣不幸而言中了。國聯處置東北事件的中日問題的態度，不但沒有引發一般人期待的所謂「第二次世界大戰」（「帝國主義戰爭」），反而「慫慂」日本帝國主義敢於在僑居外人最多，帝國主義的商品集散場，外國軍備完全的淞滬地帶，再次發動侵華戰爭。

為了轉移世界各國的視線，以有利於日本在東北建立偽滿洲國傀儡政權，一九三二年一月十八日，日本特務在上海製造了「日蓮宗和尚」事件。廿八日夜，日本駐上海海軍陸戰隊以此為藉口，採取迅雷不及掩耳的手段，向閘北中國守軍發動突襲，製造了一二八事變。事變發生後，駐守閘北的第十九路軍在總指揮蔣光鼐和軍長蔡廷鍇的指揮下奮起抵抗，擊退了日軍的第一次攻勢。二月二日，日本迅速增派海軍第三艦隊與陸軍第九師團等部隊投入上海作戰，並於十一日發動第二次攻勢，但又被十九路軍擊退。十八日，日軍發動第三次攻勢；十九路軍與第五軍（軍長張治中）一同抵抗，激戰兩晝夜後將其粉碎。三月一日，日本當局派出兩個師團組成的上海派遣軍，利用艦隊砲火和航空母艦飛機的掩護，發動第四次攻勢，向上海腹地推進。在優勢日軍的攻擊下，中國守軍逐漸不支而被迫撤出上海，退守嘉定、黃渡一線。這樣，在蔣介石政府忙於對中國工農紅軍發動第三次圍剿，卻對日軍的侵略實行不抵抗的政策下，「一二八」抗戰以失敗收場。

日本當局認為，上海是國際都市，不迅速結束上海作戰，就會招致西方大國一致譴責，在國際上陷於孤

---

11 前引《宋斐如文集》卷二，頁四八九—五〇二。

12 前引《宋斐如文集》卷三，頁八三四—八六八。

立。此外，日本國策的重點在滿蒙（東北）方面，因而決定在戰況有利的情況下迅速結束上海作戰，於是在美、英、義等國和國聯的調停下，不失時機地同意與中國談判停戰。

就在中日雙方舉行停戰談判期間的四月十五日，宋斐如寫完〈上海事變的檢討〉一文，署名「沉底」，發表於同月刊行的《新東方》第三卷《二周年紀念特刊》。[13]〈上海事變的檢討〉包括：引言、上海事變的認識、上海事變的經過、國聯怎樣處理上海事變、上海事變中中國的損失、日本侵華的實際收穫等六個小節。

在「引言」，宋斐如開宗明義指出，廿七日，國聯的中國調查團乘奧其達亞號自法國起程，消息傳到東方不久，「日本在上海的暴動就發作了」。原本為「中日和平及遠東和平」而來的國聯調查團，反而成了「導引戰爭暴亂之神」。因此，他認為，從上海事變的經過、性質與帝國主義各國對事變的措置，可以斷定：上海事變發生的「總根源」是「諸帝國主義的關係」。

接著，宋斐如在「上海事變的認識」一節批判道，「上海事變發生於諸帝國主義的慫恿」，但上海事變與東北事變的性質根本不同。上海是英、美等帝國主義的勢力範圍，不像東北，向來即為日本帝國主義勢力範圍。日本侵占東北，英、美等國「始終裝聾作癡，充其量也不過假裝干涉，恫嚇日本對他們讓步，使他們也在東北染指。制裁的辦法都是滑稽而空洞的實地調查。」他認為，「嚴格地說來，國聯之派遣調查團來華考察，醉翁之意並不在酒，不在於考察日本侵占中國的情狀，而是在於考察日人所宣傳的『非近代式國家的紊亂狀況，以為進行『變相共管』的張本。諸帝國主義者的這種態度和意向，日本當局觀察得很清楚，透徹地明白。」他強調，「要而言之，上海事變的根本性質，一方面日本願為其他帝國主義當『獵犬』，他方面諸帝國主義也樂用日本為他們的獵犬。」

因此，在「國聯怎樣處理上海事變」一節中，宋斐如清醒地提醒國人說：「諸帝國主義意向總匯處的國際聯盟，對於弱小民族、被壓迫民族，是『合夥打劫』的。」他指出，「固然，有時夥伴之間會發生分贓不均引起衝突的事相，但是這種不均自然會趨於『均』，即真有多少不均，打劫的夥伴們絕對不會替『贓的所有主』抱不平，或竟為他出力。」

最後，在「日本侵華的實際收穫」的結語，宋斐如語重心長地質疑日本帝國主義的侵華罪行說：「日本侵華的投資額算已絕大了。然而日本軍閥對此絕大侵華的投資，究竟獲得了什麼報酬？世界上各部分人類的怨謗嗎？占世界全人類四分之一的中國民眾的痛恨嗎？日本軍閥侵華的實際報酬，除非我國任何當局甘心屈辱，簽訂不利的條約外，恐怕不會得到什麼。」[14]

五月五日，中日雙方歷經多次會談之後，最終簽訂了《淞滬停戰協定》。[15]

---

13 前引胡德坤、羅志剛主編《第二次世界大戰史綱》，頁六七—六八。

14 前引《宋斐如文集》卷一，頁三一—三六。

15 前引胡德坤、羅志剛主編《第二次世界大戰史綱》，頁六九。

第四章

在馮玉祥身邊講學的歲月

（一九三二年七月—一九三五年六月）

在二十世紀三〇年代，《新東方》與海內外三百三十餘家進步刊物進行過交換，是我國甚有革命影響的刊物。除了固定的月刊之外，另外還出版了周年紀念特刊（一九三一年）、二周年紀念特刊（一九三二年）及國聯調查團報告書批判特刊（一九三二年）。從該刊所載的各篇論稿看來，作者大致包括從國民黨左派到馬克思主義者的立場。他們共事的基礎在於「支持和鼓吹東方被壓迫民族的反帝運動」。但是，值此國難當頭之際，宋斐如深刻體悟到，光是寫文章，批判日本帝國主義，呼籲中日兩國民眾團結反帝，依然拯救不了多難的祖國，乃於一九三二年六月毅然辭去《新東方》主編，投奔主張抗日救國的馮玉祥將軍。[1]

一、沒有忘記殖民地台灣的馮玉祥將軍

馮玉祥（一八八二—一九四八）字煥章，安徽巢縣人，行伍出身，曾任職北洋陸軍；一九二四年十月第二次直奉戰爭中發動北京政變，將所部改組為國民軍，任總司令兼第一軍軍長，電邀孫中山北上共商國事，十一月五日取消清廢帝溥儀的皇帝封號並逐出皇宮；一九二六年九月國民革命軍攻抵武漢時，在五原（今屬內蒙古自治區）誓師，宣布脫離北洋軍閥，加入中國國民黨，參加國民革命；一九二七年五月在西安就任國民黨第二集團軍總司令，曾參與蔣介石、汪精衛的反共活動；一九二八年起，因與蔣介石集團發生利害衝突，舉兵反蔣，先後爆發了蔣馮戰爭和中原大戰；[2]一九三〇年中原大戰失敗後被迫解甲，隱居山西汾陽峪道河村，在夫人李德全（一八九五—一九七二）勸說下，請來高興亞等人，為他講授馬列主義革命理論，從而由一個軍閥逐漸轉變為一個民主派；[3]一九三一年九一八事變後積極主張抗日，反對蔣介石的不抵抗政策和獨裁政治。當他接獲日軍占領瀋陽、長春、安東且對中國宣戰的電報後，在日記上寫下了沉痛的心情。

一九三二年三月廿四日，馮玉祥第一次上泰山普照寺養病，「決定在此住一時間，努力充實學問（革命理論），看時局變化如何，再出而圖報國耳。」然後，他便在四月份「請了幾位先生來講書」，認為這是一

件「可以學習許多的新知識」的「不錯的事」。

四月廿七日，堅決主張抗日救國的北大教授陳豹隱也上了泰山，並從四月廿九日起為馮玉祥講哲學，一直到六月七日離開。離開前，馮玉祥還同他「談政治調查的組織問題」。馮玉祥認為，「陳豹隱先生之講學，是極有思想，極有準備的，我極佩服。」[4]

據載，一九三二年，馮玉祥讀過的書有五十二種。[5]其中就包括陳豹隱著的《新政治學》、《經濟現象的體系》、《社會科學概論》，以及譯作《資本論》和《科學的宇宙觀》。[6]另外，他也閱讀了宋斐如經常發表文章的《新東方》。他在同年二月十一日的日記寫道：「不看新書、新報如何不落後？須趕速設法去購買，如《大公報》、《商報》、《京報》，如《新東方》，如《新亞洲》，如《青年使命半月刊》等。」[7]

此外，馮玉祥也沒有忘記殖民地台灣。他不但認為在東北從事救國事業必須「聯絡韓國及台灣之人民」[8]，而且對台灣有很深的感情。他在同一年日記的多處提到了台灣。如：

---

1 前引宋斐如履歷。
2 前引劉和平主編《中國近現代史大典》，頁八四七。
3 中國第二歷史檔案館編《馮玉祥日記》（上海：江蘇古籍出版社，一九九二年）第三冊。
4 前引《馮玉祥日記》第三冊，頁六〇〇、六一五、六一六、六三六、六六〇。
5 蔣鐵生編著《馮玉祥年譜》（濟南：齊魯書社，二〇〇三年），頁一三六。
6 前引劉會軍《陳豹隱》，頁二〇八。
7 前引《馮玉祥日記》第三冊，頁三七〇。
8 前引《馮玉祥日記》第三冊，頁六一二。

一月十一日：天氣極冷，坐熱炕上……作《台灣》詩三首。

八月十二日：讀《台灣傷心史》，真令人傷心，其四百萬人有五分之四為我國人，而日人則名之為新國民。有志救國者當如何？

九月二十日：台灣原是四百萬人，內有五分之四為中國人，日人名之曰新國民。[9]

馮玉祥所讀的《台灣傷心史》很有可能就是宋斐如（筆名「蕉農」）譯成中文，一九三〇年九月一日，北京新亞洲書局以《台灣民眾的悲哀》為書名刊行的山川均著《殖民政策下之台灣》。這也許就是馮玉祥日後會邀請宋斐如上泰山講學的機緣吧。

不管事實是否如此，總之，正因為馮玉祥有那麼強烈的求知欲望，宋斐如又敬佩富有正義感和愛國心的馮玉祥將軍；他於是辭去北大教職，通過陳豹隱推薦，登上泰山，為馮玉祥講學。[10]

《新東方》第三卷第八期封面。

二、第一次泰山講學

根據《馮玉祥日記》所載，宋斐如至遲應該是在一九三二年七月四日登上泰山。馮玉祥在當天的日記寫道：「見宋先生等，談政治經濟報告的事，定為每星期一、三、五日來談，下次將談研究的綱領及其辦法。」[11]

在此之前，馮玉祥早已深刻體會到了經濟的重要性，也「讀過幾本」經濟學[12]，並且經常在日記上寫下這樣的感慨。因為這樣，宋斐如首先就是給馮玉祥講政治經濟學。馮玉祥在後來的日記中，詳細記錄了他在十月七日清晨五點離開泰山前，與宋斐如講學的互動情形：

七月十一日：讀經濟學一段。宋說經濟學的動靜兩點，頗有意思。

七月十三日：同宋談經濟學，同鄒談唯物史觀。時間雖只一小時，然獲益不少也。

七月十五日：同鄒先生談政治問題，又同宋先生談經濟問題。他們都說了一些主張和辦法。

七月廿二日：宋先生談了許多的實際問題，都是關於經濟的，很有道理，同時又很引人發生興趣。[13]

但是，在政治上，馮玉祥對宋斐如還是非常小心對待的。我們看到，他緊接著在七月廿六日的日記寫道：「對人談話以前須先有些準備，以免臨時次序紊亂，條理不清。如……宋是托派嗎……使我非常懷疑不止。我須得隨時警惕，注意在此往來的人們。」[14]

---

9 前引《馮玉祥日記》第三冊，頁三六〇、四六三、四八七。
10 前引宋亮〈台灣《人民導報》社長宋斐如〉，頁三九九。
11 前引《馮玉祥日記》第三冊，頁六五一。
12 前引《馮玉祥日記》第三冊，頁五〇八。
13 前引《馮玉祥日記》第三冊，頁六五九。
14 前引《馮玉祥日記》第三冊，頁六六〇。

二〇一九年十二月廿三日的泰山普照寺山門。（藍博洲攝）

普照寺馮玉祥紀念館陳列他所讀過的部分書籍。（藍博洲攝）

在一九三一年十月三十日的日記，馮玉祥曾經明白寫道：「我的信仰是社會主義，然強盜們對於社會主義者日事殺害，我當如何？」一九三二年五月廿五日的日記又寫道：「此次到泰山，主要的即為了求學，充實革命理論，並注重今後實踐的革命的犧牲精神，下最大決心，堅定對主義的信仰，貫徹到底。」[15]

從這兩則日記的內容來看，馮玉祥當時的政治傾向也就不難理解了。問題是，他為什麼會懷疑宋斐如是「托派」呢？

所謂「托派」，是「托洛茨基派」的簡稱，原為俄國工人運動中以托洛茨基（一八七九—一九四〇）為首的一個反對列寧主義的「機會主義」政治派別。一九二四年一月列寧逝世。一九二六年，托洛茨基與季諾維也夫（一八八三—一九三六）等組成「托季反黨聯盟」，一九二七年十一月被開除黨籍，一九二九年一月被驅逐出境。[16]

國際托洛茨基主義與托派組織在當時中國的反映，就是由中國共產黨內分化出來的所謂「托陳取消派」。這裡的「陳」，指的是中國共產黨主要創始人之一的陳獨秀（一八七九—一九四二）。一九二七年七月十二日，作為中共中央總書記的陳獨秀，因為在第一次革命戰爭後期放棄對於農民、城市小資產階級和中等資產階級的領導，尤其是放棄對於武裝力量的領導權，對國民黨右派的進攻採取妥協、退讓的政策，致使中共領導的革命組織力量遭到慘重破壞，因此被該黨根據共產國際執行委員會的指示停職。中共的八七會議確定武裝反抗國民黨的方針後，陳獨秀仍然堅持「右傾投降主義」，對革命前途悲觀失望，反對建立革命根據地，採取托洛茨基主義立場，成為「取消主義者」。在中國社會性質問題上，他認為蔣介石統治下的中國社會已經是

---

15 前引《馮玉祥日記》第三冊，頁五一七、六三〇。
16 前引《世界歷史辭典》，頁二〇七、二〇六。

資本主義社會，封建已是殘餘，中國的資產階級民主革命已經完成，中國無產階級只有等待時機再去進行「社會主義革命」，目前應進行以「國民會議」為中心口號的合法運動等。十一月，他被中共開除出黨。同年十二月糾集八十一人發表〈政治意見書〉，反對中國共產黨和工農紅軍。後與托派組織相結合。一九三一年五月組織「中國共產黨左派反對派」，任總書記。[17]

馮玉祥之所以會懷疑宋斐如是「托派」，也許與宋斐如曾經翻譯介紹的日共創始人之一的山川均有關吧。一九二三年六月，在日共許多領導人被天皇制政府逮捕以後，山川均提出了把日本共產黨改為合法的無產階級政黨的「取消主義」主張，導致一九二四年初日共在非正式會議場合的解散，因此受到共產國際和渡邊政之輔等日共領導人的嚴肅反對和批判。一九二七年十二月，他與堺利彥等合法馬克思主義者創辦《勞農》雜誌，任雜誌的指導，並著文主張「建立合法的協同戰線黨，反對金融資產階級」的「社會主義革命」論。因迴避了同天皇鬥爭，背離日共兩個階段革命論的政治方針，一九二八年二月被日共中央委員會除名。[18]

然而，儘管對宋斐如的「托派」傾向心存「懷疑」，決心「下功夫苦心研究」政治經濟學的馮玉祥，還是繼續認真聽宋斐如講授有關經濟的學問。

一九三二年七月卅日，宋斐如在《新東方》第三卷第七期發表〈中俄復交問題〉、〈東方民族運動與中國西北開發——帝國主義侵略的新轉變與東方民族運動的新階段（上）〉與高橋正雄〈日本帝國主義論——滿蒙問題之一考察〉譯文。

八月十六日，馮玉祥「同宋先生談經濟學」，覺得「極有意思」，並且告誡自己「讀過的書要時常複習，以免忘記。」同時也「托鄧友仁先生訂購日本經濟雜誌」。廿日，他又同宋斐如談剛剛落幕的「洛桑會議及沃大瓦會議之事」。[19]

洛桑會議指的是一九三二年六月召開的洛桑賠償會議。

一九二九年十月廿四日，美國紐約華爾街股票市場崩潰。資本主義世界爆發了經濟危機。

一九三一年九月，英國銀行宣布停止英鎊的金本位制（英鎊大幅度貶值），開始在自己的勢力範圍內組織「英鎊集團」。其他各主要資本主義國家也相繼放棄金本位制。整個資本主義世界信貸貨幣體系一片混亂，矛盾加劇。各債權國開始向債務國提走信貸。許多國家因此遭受重大損失。其中，德國受害最深，在短時期內，數十億馬克源源不斷流往國外；黃金儲備從一九三〇年的二十四點四億馬克劇減為一九三二年的四點五億馬克。為了防止德國信貸體系崩潰，威瑪政府停止支付債務和戰爭賠款，並且要求戰勝國取消戰爭賠款。已經向德國投入大量資本和貸款的美國，擔心德國信貸體系的最終崩潰會損害它的利益，於是在英國支持下，於一九三二年六月，召開了洛桑賠償會議，並在會上答應德國威瑪政府的要求，宣布取消德國賠款。[20]

英國在停止金本位制後的第二年（一九三二年）又制定進口關稅法，試圖往保護貿易做最後的轉換。同年七月又召集英屬自治領——加拿大、澳大利亞、紐西蘭，在加拿大沃大瓦（渥太華）開帝國經濟會議，最終達成沃大瓦協議：加、澳、紐獲得向英出口貨物的優惠，同時通過提高屬領以外其他國家貨物的進口關稅，給予英國貨物優惠。沃大瓦會議，表明了英國在政治上對其自治領控制的削弱。但是，通過沃大瓦協議，維持了英帝國經濟圈內的農工分業制度，維繫了英國工業製品，以及殖民地及自治領的農產品在帝國圈內的出

17 前引劉和平主編《中國近現代史大典》，頁九七—九八；何承艱等主編《馬克思主義人物辭典》（北京：中國廣播電視出版社），頁三四六。
18 前引何承艱等主編《馬克思主義人物辭典》，頁六。
19 前引《馮玉祥日記》第三冊，頁六七二、六七四。
20 前引胡德坤、羅志剛主編《第二次世界大戰史綱》，頁一一二—一一四。

口與發展，從而在世界貿易市場最早形成以英國為中心的英鎊集團。[21]

馮玉祥聽了宋斐如介紹「洛桑會議及沃大瓦會議之事」後，在當天的日記寫道：「知道這兩個會議的具體內容，心中非常高興。這些國際事件都得用心研究。不過，這一類的會議都是帝國主義耍慣了的把戲。總之，無論他們討論什麼事情，一定是離不了分贓、剝削人民這些原則。」[22]

馮玉祥深切體認「要瞭解日本的情形，必須從日文下手，這是很重要的工具。」於是從八月十五日「開始學習日文」，同時因為「過去對於日文一點不懂，初學頗覺有趣。」

八月廿七日，宋斐如向馮玉祥「報告國際政治、經濟情形甚詳，又談及南美洲等地革命浪潮之高漲，有一日千里之勢，堪為注意。」馮玉祥「以為這是好現象，不革命沒有出路。」這天，陳豹隱先生也來與馮玉祥「談蔣（介石）、張（學良）、汪（精衛）三同志情形甚詳……」

八月廿九日，馮玉祥「開始聽陳（豹隱）先生講書，又聽宋先生教日文。」[23]

八月三十日，《新東方》第三卷第八期又刊發了宋斐如所寫的〈東方民族運動與中國西北開發——帝國主義侵略的新轉變與東方民族運動的新階段（下）〉、印度人薩巴瓦魯的〈印度革命新趨勢之片影——未來印度的指導者芮魯〉譯文。「午前十時」，馮玉祥在聽完陳豹隱先生講書後，「擬赴臥雲台聽宋（斐如）先生講日文，殊因宋先生之夫人來此，宋先生已去車站矣，故未學習。」[24]

馮玉祥所說的「宋先生之夫人」，是宋斐如的第一任太太傅琳彬。一九九二年九月一日午後，宋斐如的長子宋洪濤先生在首次見面時告訴筆者：傅琳彬是格格出身的旗人，一九三一年北京女子師範大學中文系畢業後嫁給宋斐如。[25]

馮玉祥的日記繼續記載了他在傅琳彬上山以後與宋斐如之間教學互動的情形。

八月卅一日：聽宋先生講日文。
九月一日：十一點至半點，讀日文。見宋先生的夫人，係師大畢業。
九月六日：日文因宋先生上山，未講。
九月七日：宋來談二事：一、其夫人教書事。二、住的地點事。均說了個大概，唯未說明月津若干，不妥，必須說明為好。
九月八日：本日與宋先生談，請其夫人教弗矜、理達（馮的小孩）之書，每日教三點鐘，唯月津未定耳。
九月十一日：十二點，同陳（豹隱）、余（心清）、雷（季尚）、張、孫、宋（斐如）六位共餐，談些各方情形，至午後二點多始散。
九月十二日：學日文一點鐘，並規定政治、經濟、哲學、社會進化史的辦法，及禮拜五、六的討論會與報告事。
九月十三日：早七點半至九點半學日文。十點至十一點經濟學……如五賢祠收拾好，宋先生等四人均移來，則近得多，談話亦方便。
九月十六日：十點至十一點半，宋作經濟報告，甚詳……午後三點，宋往北平，帶洋一百五十元。觀其

21 前引《世界歷史辭典》，頁六七四。
22 前引《馮玉祥日記》第三冊，頁六七四。
23 前引《馮玉祥日記》第三冊，頁六七二、六七七、六七八。
24 前引《馮玉祥日記》第三冊，頁六七九。
25 一九三四年四月五日傅琳彬生下宋洪濤。其後，母子一直住在北京娘家。一九三九年，宋洪濤五歲時，傅琳彬不幸病逝。一直到台灣光復後，宋斐如才請託宋洪濤的舅舅將他帶回台灣。

一九三五年夏，宋斐如請老師陳豹隱赴泰山講課，課後馮將軍和陳豹隱與眾人在梅花崗合影。左起：馮玉祥，李德全，陳豹隱及夫人，徐惟烈（右二），宋修德（右三），李興中（右四），邱斌（右五），宋斐如（右七），劉定五（右八）。

二〇一九年十二月廿三日的梅花崗。（藍博洲攝）

發信找人一點，不免有閱歷尚淺之處，某既請准其又婉拒之，可以證明也。

九月廿四日：午後未開會，因宋先生未來故也。

九月廿六日：宋先生夫婦及楊（遇夫）先生來。

九月卅日：午後同徐、宋（斐如）、張、鄒開討論會……宋（斐如）、鄒、張、徐、楊之講書，我以為極好。

十月一日：午後四點，討論會，宋（斐如）、張、徐、鄒、鄧六人，詳談印度洋及德國之事。

十月四日：本日學日文，學經濟學、國文，學社會進化史。我同宋先生、楊先生均談時間不少。[26]

三、隨往張家口

一九三二年十月七日清晨五點，馮玉祥離開泰山。九日，來到張家口。[27]「山東本來還算平靜……」馮玉祥後來透露離開泰山的原因說，「因為張宗昌舊部劉某（珍年），在南京蔣的左右送禮花錢種種運動，願歸蔣直轄不願歸山東省主席韓（復榘）指揮，劉這一表示正中蔣的心意，並告知劉可以就地取餉，因此韓劉大起衝突，砲火連天……我看山東不能住，就在這時候到察哈爾去了。」[28]

宋斐如也隨同馮玉祥來到了張家口。一九四六年五月十二日，他應邀以台灣省行政長官公署教育處副處長的身分到省訓團精神講話，最後，特別講了一個在張家口目睹的自認為很「幽默」的故事，說「記得我在

26 前引《馮玉祥日記》第三冊，頁六七九、六八〇、六八四、六八五、六八八—六九一、六九六、六九七、六九九、七〇〇、七〇三。

27 前引《馮玉祥日記》第三冊，頁七〇四、七〇六。

28 馮玉祥《我所認識的蔣介石》（香港：七十年代雜誌社，一九七五年九月三版），頁三三。

內蒙古張家口時，有一個日本領事會見馮玉祥，馮玉祥就問他說：『你是賤族不是？』那領事無法回答，馮玉祥接著說：『你們貴國不是有貴族嗎？怎樣沒有賤族呢？』弄得他啞口無言。」他接著強調，這段話是要具體說明：「日本從明治維新後，雖然在表面上看是進步很快，其實是『外強中乾』，革命沒有徹底，社會醞釀著內在的矛盾，政治表現著種種的缺點……是個專制政體的國家，社會上男女是不平等的，階級的分化是很明顯的。」[29]

這段話的內容間接說明，在張家口，宋斐如應該也是馮玉祥身邊的重要幕僚吧。

宋斐如的兒子宋亮說，在張家口的那段期間，宋斐如與各路抗日志士討論抗日形勢，商談抗日大計，負責主編宣傳刊物《抗日救國》，喚醒民眾，奮起抗日。[30]

具體地說，那段期間，宋斐如最重要的工作應該還是與馮玉祥等人討論，並撰寫國際聯盟（簡稱國聯）李頓調查報告書的批判文章吧。

同樣是在一九三一年十二月。四月成立的日本民政黨若槻第二次內閣被迫下野，讓位與日本軍人素有密切關係而且早就主張對中國採取強硬政策的政友會集團。

一九三二年三月二日，歷時三十四天的淞滬戰事告一段落。國聯向中日雙方提出建議：關於中日整個糾紛的解決，尚待李頓調查團報告書的完成，才能決定解決的辦法。[31]

與此同時，日本於三月一日發布「滿洲國」建國宣言。九日，溥儀在長春舉行就職典禮，宣告「滿洲國」正式成立。[32]

三月十四日，英國前駐印度總督李頓（Lord Lytton）任團長的國聯調查團到達上海，參觀了淞滬戰爭的戰場。

三月十五日，馮玉祥得知溥儀「在東三省登台作日寇的傀儡」的消息後激憤地寫道：「國聯如此混帳，誠是一個強盜組織。中日的問題決不是強盜組織的國聯所能解決的。何況日本也是一位東方的大強盜，當然強盜是互相幫助的。這一點道理誰看不清楚呢？可是，實際上他們偏偏要去找強盜們談公理，實在使我憤怒萬分！」[33]

三月廿六日，調查團赴南京，訪問中國當局。馮玉祥不以為然地批判道：「李頓到了南京，招待他就好像僕人招待主人一樣，同時令各草棚之平民把他們的住房都拆去，由此可見是多麼恭維國聯調查團了。」[34]卅一日，馮玉祥總結本月大事時再次強調：「調查團來華，帝國主義間合謀宰割東北之機兆矣。」它同時也是在本月內發生的「富有亡國之象徵」的「四件大事」之一。[35]

四月二十日，李頓調查團終於到達瀋陽。

四月卅日，馮玉祥在日記中檢討本月的重要事情時再次憤慨地寫道：「國聯調查團來中國，這是一個國際陰謀，企圖與日寇協調對我實行瓜分共管。他們還歡迎，我真痛恨！」[36]

馮玉祥另在《我所認識的蔣介石》揭露說，「沒有好久，我接到顧維鈞的一個電報說：國聯調查團，李

---

29 宋斐如〈我們要溶化在一起〉，《人民導報》，一九四六年五月廿一日。
30 前引宋亮〈台灣《人民導報》社長宋斐如〉，頁三九九。
31 前引吳秀峰〈國際聯盟處理日本帝國主義侵略中國事件的經過〉，頁五〇—五八。
32 前引胡德坤、羅志剛主編《第二次世界大戰史綱》，頁三四。
33 前引《馮玉祥日記》第三冊，頁五九五。
34 前引馮玉祥《我所認識的蔣介石》，頁三二一。
35 前引《馮玉祥日記》第三冊，頁六〇三。
36 前引《馮玉祥日記》第三冊，頁六一六。

頓爵士要到泰山來看我，我覆顧維鈞的電報說：『九一八』的事是眾人所知的事，又有何調查的必要，這是汙辱中國的事，我不見他。」然而，李頓顯然不死心。六月十一日，山東省主席韓復榘又電馮玉祥，謂國聯調查團遊泰山，要來見他。馮玉祥故意「辭以有病，不見。」李頓與調查團成員於是「僱了二百多頂轎子，到了泰山頂，吃了野餐。」馮玉祥則到三陽觀迴避一整天。下午六點，當他看著國聯人員的車隊北去時，就對三陽觀周圍的老百姓說：「這是一群著洋服的強盜啊！他們是來強迫我國政府接受賣國條約的。」可事情還沒完。調查團下了山，來到泰安車站。李頓卻對顧維鈞說他的手杖丟了，那手杖上有他妻子的像和寶石，非叫顧維鈞給他找不可。顧找泰安縣長。泰安縣長就找了兩個都是六、七十歲的轎夫頭來問。他們都說沒有看見。李頓於是堅決不離開。泰安縣長著急了，立刻把那兩個老轎夫頭押起來，並且下令：「什麼時候找到手杖，什麼時候才放他們。」顧維鈞又再向李頓保證一定把手杖找回來。李頓與調查團這才離開泰安。馮玉祥知道這件事後非常氣憤，隨即把泰安縣長找來問明事情，同時告訴他：「不應該因調查團失去手杖押轎夫頭，不應該怕調查團，調查團是強盜團體。要有硬骨、氣節。」泰安縣長回去後就把那兩個老轎夫頭放出來了。過了兩天，李頓的手杖也在泰山頂的一個乾牛糞堆裡找出來了。後來聽說是日本人故意藏的。[37]

七月一日，馮玉祥的日記又載：「《新聞報》登有南京方面上國聯條款事，我作詩記之：賣國為求榮，國亡富何能？／今敢上條款，立國東四省。／承認廿一條，比較更加甚。／對此賣身契，反對不容情。／監獄固樂住，槍決更歡迎。／我是抱此志，努力不稍停。」[38]

九月四日，李頓調查團完成《國聯調查團報告書》。十五日，日本宣布正式承認「滿洲國」，並與「滿洲國」簽訂《日滿議定書》，規定了日本帝國主義在中國東北的統治權和其他至高無上的權益。偽滿洲國成為日本控制的傀儡。[39]

十月二日，國聯調查團發表長達二十餘萬字的「報告書」，宣稱九一八事變並非日本以武力侵犯中國邊界，而是為了對付「赤色危險」，同時主張東北脫離中國管轄，設立所謂「滿洲自治政府」，並提議在中國東北組織特別憲兵，不准中國軍隊駐紮，規定「自治政府」聘請外籍顧問，把一切政治、財政、警察等權力，都交由外國人組成的顧問會議控制。

李頓調查團出於帝國主義瓜分中國的醜陋目的，陰謀以「國際共管」來代替日本獨占的報告書，不但歪曲了日本強悍侵占中國國土的事實真相，並且汙衊中國人民的抗日鬥爭，強迫中國人民承認日本帝國主義在「滿洲」的合法地位。這樣的調查報告立即激起全國人民的無比憤慨。

十月九日，馮玉祥來到張家口之後，隨即著手對「國聯報告書」展開批判之事。十四日，他「擬研究國聯報告書，因午後三點移住街上小圖書館，故未果也。」十八日，「午後四點至六點，開討論會，談反國聯調查團報告書的事。」十九日早上，按照既定的課表讀書；因為方振武來訪，原定宋斐如與徐先生的講課未能進行；下午四點至六點，又再針對李頓調查團報告書召開討論會。這兩次討論，宋斐如也都參與了。[40]

十月廿四日，國聯大會通過決議，基本接受調查團報告書。廿六日，國民政府不惜出賣民族利益，對報告書表示原則接受。[41]同一天，馮玉祥再與宋斐如、張勃川及徐先生一起討論反調查團報告書的寫法。[42]

張勃川（一九〇九—？），又名張百川，回族，山東冠縣人，一九二五年夏加入共產主義青年團，

---

37 前引《馮玉祥日記》第三冊，頁六三八、六四〇；馮玉祥《我所認識的蔣介石》，頁卌二—卌三。
38 前引《馮玉祥日記》第三冊，頁六四九。
39 前引胡德坤、羅志剛主編《第二次世界大戰史綱》，頁卅五、卅四。
40 前引《馮玉祥日記》第三冊，頁七〇六、七〇八、七一〇。
41 前引劉和平主編《中國近現代史大典》，頁五〇。
42 前引《馮玉祥日記》第三冊，頁七一三。

一九二六年入北京大學文預科，後任北大共青團支部書記，入黨，一九二七年冬被捕，一九二八年入北大經濟系，一九三一年十二月擔任「北京大學南下示威團」與國民黨交涉談判的代表，一九三二年北大經濟系畢業後到馮玉祥處工作。[43]就入學時間來看，他應該是一九二六年就讀北大經濟系的宋斐如的學弟。因此，可以推測他在北大畢業後，很有可能通過宋斐如的引介而到馮玉祥處工作。

十月卅一日，馮玉祥在「結算本月底帳目」時，把《反調查團報告書》列為「必須努力辦成之，以期有以查考已往之事」。[44]

其後，宋斐如與鄒先生前往北平看病，張勃川也有事暫離泰山。

十一月十二日，馮玉祥托人「給宋帶五十元醫費」。十四日，馮玉祥感慨地反省說：「我近日因張、宋、鄒之走，讀書太少了……」。宋斐如與張勃川隨後又回到泰山。十九日，馮玉祥又同宋斐如、張勃川、徐先生和王先生一起閱讀已經寫好的《反調查團報告書》。其中，張勃川執筆緒言至第四章的部分，宋斐如負責撰寫第五章至第十章。他們逐章閱讀討論。馮玉祥因為「九、十兩章關係太大，故改為攜回詳看」，並認為「宋（斐如）先生文字活而輕視人，人似尚慎重。」二十日，馮玉祥「將反調查團的報告書第九章、第十章大概看了一看。」廿一日，馮玉祥校看完畢《反調查團報告書》，「當晚即交彭秉信往北平送去，請高興亞先生斟酌修改。」三十日，馮玉祥清算當月所做的重要事情，在第二項強調指出：「作《反調查團報告書》，宋、張兩先生頗努力。」[45]

時序進入一九三三年。

一月八日，馮玉祥在當天的日記寫道：「《反調查報告書》換面已成。」[46]

這樣，馮玉祥領導的對李頓調查團報告書的批判鬥爭也告一段落。

與此同時，一九三二年十一月三十日發刊的《新東方》第三卷「附錄」，刊載了署名「沉底」（宋斐如）

的〈國聯調查團報告書的批判〉；文末注明十月二十日脫稿。

從時間上來看，這應該是宋斐如個人書寫的批判文章。

在此之前，宋斐如已經通過在同年七、八月發刊的《新東方》第三卷第七、八期發表〈東方民族運動與中國西北開發——帝國主義侵略的新轉變與東方民族運動的新階段〉指出：「在協同或諒解之下實行平衡瓜分及共同管理的侵略方式，確是現階段帝國主義侵略殖民地或半殖民地的新方式。此次，國聯調查之歷遊中國各地，名義上雖說是為解決中日問題而來的，但其骨子裡若說絕對沒有含蓄『共管中國的預備工作』的意味，我們實在不敢堅信。」[47]

在〈國聯調查團報告書的批判〉，宋斐如又沉痛強調：「滿洲事變不僅是關於中國和日本的問題，而是整個的東方問題，是帶有世界性的問題；若更確切明晰地說，它是諸帝國主義進一步宰割中國的整個陰謀之發動。」[48]

通過對《國聯調查團報告書》的逐章批判之後，宋斐如再次強調：「國聯調查團報告書的敘述、評論及建議，皆非有愛於中國；而實在是一種瓜分中國、共管滿洲的張本。」他深懷憂心地指出：「危機已經迫切

---

43 王效挺、黃文一主編《戰鬥在北大的共產黨人——一九二〇年十月—一九四九年二月北大地下黨概況》（北京：北京大學出版社，一九九一年），頁五〇。
44 前引《馮玉祥日記》第三冊，頁七一六。
45 前引《馮玉祥日記》第三冊，頁七二二、七二三、七二五、七二六、七二七、七三二。
46 前引《馮玉祥日記》第四冊，頁四。
47 前引《宋斐如文集》卷五，頁一三八一、一三八二、一三八九。
48 前引《宋斐如文集》卷一，頁六四—九七。

了！滿洲要有前途，非與日本帝國主義鬥爭不可；中國要有前途，非與諸帝國主義鬥爭不可！」因此，他呼籲全國「民眾應該及早覺醒，急起對於國聯調查團報告書作一番鬥爭」；同時提出以下具體的鬥爭綱領：

甲部　對於政府的綱領：

（一）督促政府發表宣言反對該報告書；

（二）請求政府即刻退出國際聯盟；

（三）防止政府承認國聯依此報告書作成的任何辦法；

（四）要求政府解放各種民眾運動；

（五）督促政府早日出兵收還東三省的失地；

乙部　民眾自己的綱領：

（六）絕對反該報告書的建議；

（七）組織起來，嚴格進行經濟絕交；

（八）組織起來，援助義勇軍；

（九）組織起來，自動收回失地；

丙部　對於國際的綱領：

（十）聯絡東方弱小民族，反抗帝國主義；

（十一）聯絡日本國內的被壓迫階級：破壞軍閥統治；

（十二）聯絡蘇俄，從北方進攻日本；

（十三）利用帝國主義的矛盾，分化其勢力。49

根據《馮玉祥日記》所載，除了國聯李頓調查團報告書的批判之外，在張家口期間，宋斐如仍然與他繼續有著學習上的密切互動。

首先是一九三二年。

十二月五日：宋先生及其餘諸位均搬到本院來住，為防有事發生之不便可免也。

十二月十五日：宋先生講日文，我覺得他只願教得快，我則以為慢點好，因少了可熟也……宋先生午後講經濟學，是用政治經濟學教程，係李達（一八九〇—一九六六）同某譯的，先講生產力及生產關係。

十二月廿四日：午後三點開會，張、徐、宋（斐如）、鄒均到。宋報告國際經濟後，鄒竭力批評，頗有不相上下之勢。[50]

時序然後進入一九三三年。

從馮玉祥的日記看來，宋斐如在他身邊扮演的角色顯然更加重要了。馮玉祥寫道：

一月五日：山海關失守，日人進關……因為民族復興的事，楊、宋、張、徐、鄒開了個討論會，如何打倒日本帝國主義，如何打倒他的走狗的事，研究了很長的時候。

一月十四日：宋先生來，談在北平見陳（豹隱）先生所談的事，有三個步驟，並及走中間的路的事。對

49 前引《宋斐如文集》卷一，頁九七—九八。

50 前引《馮玉祥日記》第三冊，頁七三五、七四一、七四五。

於現在之研究辦法多所討論。
一月十五日：同宋先生討論研究的辦法，時間不小（少）。
一月十六日：宋先生買來好多日本文的書，不知自己幾時方能看完，努力呵，努力！
一月十九日：請鄧同鄒、宋、徐、楊、張各位談，請他們幾位先回去，並及以後有機會再請。
一月二十日：早起後知朱（宋）、鄒、楊、張各位已走了，此亦為一變局也。
一月廿一日：經濟之困難處處可以表現。
一月卅一日：本月月底，將這一月的事算一算……宋先生他們走的事。51

顯然，馮玉祥因為「經濟之困難」，不得不暫時辭退宋斐如等研究室的幾位講師。可當經濟條件稍有改善之時，他隨即請回宋斐如，繼續為他主持研究室的學習工作。他的日記繼續寫道：

二月十一日：談談決心革命之所以。宋先生來談，我請他在政治、經濟、法律、白話文四事上設法找人，定妥後他回北京，亦給了他三十元川資。
二月廿二日：見宋先生端華同白若水、粟寄滄（法學院）、陳君平（北大）三先生，皆陳（豹隱）先生介紹來的。
二月廿三日：宋先生帶三人昨日來到。
二月廿五日：見宋先生，談找人講法律、講白話文的事。
二月廿七日：午前未上課。因宋先生昨晚回平，帶洋百二十元。
二月廿八日：這一個月做了些什麼事呢？……一、請妥了宋、陳、白、粟四位先生來講書。

> 三月十五日：宋先生回來……自本日請黃覺非先生講法律……請陳先生講國文……[52]

也就是說，為了給馮玉祥找來講法律與白話文的老師，宋斐如自二月廿六日晚便離開張家口，前往北平，並於三月十五日帶回講法律的黃覺非先生，與講國文的陳先生。

然而，因為戰事的關係，宋斐如給馮玉祥安排講課學習的事也只得暫停了。

八月十四日，馮玉祥含恨離察。[53]宋斐如自然也就跟隨馮玉祥離開了張家口。

四、第二次泰山講學

一九三三年八月十七日，馮玉祥抵達泰山西麓的五賢祠，從此以「讀書救國」為口號，開始了在泰山的第二次隱居。[54]

宋斐如也跟隨馮玉祥二上泰山。八月廿五日，他與陳定民先生來到泰山五賢祠，並與馮玉祥「談現代世界潮流與我等今後應負之責任」。

八月廿六日，馮玉祥用過早飯後，於八點會見了宋斐如。馮玉祥問「陳豹隱先生近況及最近可否來泰岳

---

51 前引《馮玉祥日記》第四冊，頁二、九—一三、二〇。
52 前引《馮玉祥日記》第四冊，頁二七、三二—三六、四四。
53 前引《馮玉祥日記》第四冊，頁一五八。
54 前引《馮玉祥日記》第四冊，頁一六五。

一游？」宋斐如詳細告之。馮曰：「陳先生為人做事勤苦耐勞，惟待人太為謙遜，有時使人不安。陳先生有暇，擬再請之來山授學。」宋「允轉達」。

八月廿七日，馮玉祥集合傳令隊講話，鼓勵他們讀書，同時強調「此乃為個人之事，非他人所可強勉者……如願讀日文，可從陳（宋）端華先生學」。

八月卅一日起，馮夫人李德全也開始隨宋斐如學日文。

九月七日，宋斐如支領了上個月的薪資一百五十元。

九月廿八日，馮玉祥在日記寫道：「宋先生如能辦一通俗白話報，是很有意思的事。」

十月十五日，馮玉祥請宋斐如等以「抗日」、「不怕死」為題，作「三十篇白話講演文章」。

一直到十一月十五日之間，宋斐如除了安排馮玉祥的學習課程之外，也開始為馮玉祥講課；他的講課內容包括日文、經濟學、《資本論》、白話文、貨幣等等科目，同時也針對當前的時事作了專題報告。[55]例如：

九月廿二日，馮玉祥聽了宋斐如「極詳細」地「報告世界經濟會議之始末」後覺得：「我雖看報，並不能詳細，還是有人講說為好。」[56]

一九三三年六月至七月，在國際聯盟主持下，包括美國與蘇聯在內的六十餘國，在倫敦舉行了世界經濟會議（World Economic Conference）。關於世界經濟會議，宋斐如另有佚文〈世界經濟會議及其後世界經濟的動向〉。目前可見的是，發表於一九三四年六月《東方雜誌》第卅一卷第十一號的〈世界經濟現狀及其將來〉。

宋斐如指出，到了一九三〇年秋後，資本主義世界的經濟大恐慌已經發展到金融大恐慌加入的新階段，一九三一年引發了美國總統「胡佛延付（延期支付國際債款）」與「德奧金融恐慌」等幾種大問題。由於德

55 前引《馮玉祥日記》第四冊，頁一七四—二二六。
56 前引《馮玉祥日記》第四冊，頁一九六。

中法大學月刊第四卷第二期目錄

一九三三年十二月一日宋斐如〈世界經濟恐慌的新階段及其新動向〉刊《中法大學月刊》第四卷第二期。

國發生金融恐慌，英國對德國的債權遭到凍結，外匯狀況惡化，短期資金流向法國，不得不宣布停止英鎊的金本位制（英鎊大幅度貶值，禁止黃金出口）。屬於英鎊經濟圈的國家也跟著停止金本位制。其他各主要資本主義國家也相繼放棄金本位制（日本最後一次政黨內閣犬養毅內閣十二月成立後禁止黃金出口），導致具有世界貨幣職能的金本位制徹底崩潰，整個資本主義世界信貸貨幣體系一片混亂，矛盾加劇，各債權國開始向債務國提走信貸。至此，世界經濟的聯絡線「碎斷」了，而世界經濟也更加「分裂紊亂」。一九三二年夏季危機達到恐慌爆發以來「未曾有的深度」。一九三三年春季，世界經濟的景氣更加惡化。三月間，在胡佛的種種掩飾彌縫政策之下潛伏著的恐慌終於長大起來，迫使生產占世界過半，歐戰後執世界經濟牛耳的美國，爆發了空前的全國的金融大恐慌。美國的信用制度及金融制度根本破產，同時根本動搖了全世界的貨幣及信用制度，切斷了世界經濟的聯繫。各國企業家們認為，恐慌的根本原因在於各國的經濟對立，因而熱烈希望世界各國能夠集合起來會議，共同討論出一個協調的方法，圓滿解決各國間的各種經濟糾紛，消除國際貿易的種種障礙，讓世界經濟可以立刻繁榮起來。於是，六月至七月，在國際聯盟主持下，在倫敦舉行了世界經濟會議，主要討論國際貨幣信用和關稅問題，尋求降低關稅和縮減其他限制的辦法，恢復穩定的國際金融制度。但是，經過數十天的長期討論之後，各國不但不能獲得經濟上的妥協，倒反暴露了各國經濟對立的不可調和性。會議終於毫無結果地流產了。國際貨幣信用問題和關稅問題，成了絕望的課題。各國「莫不急向經濟的國家主義的方向邁進，莫不忙碌於第二次世界大戰的準備。」[57]

十月十三日，宋斐如又在「報告世界經濟會議之始末」的基礎上，進一步向馮玉祥報告三月四日就任美國第卅二屆總統的羅斯福（一八八二—一九四五）的復興計畫。[58]他批判道，羅斯福在就任的第二天，也就是一九三三年三月五日，就大刀闊斧運用獨裁手腕，試行現金出口的禁止，並在四月十九日正式頒布禁止現金出口令，「不但造成了美國金融恐慌的新階段，並且造成了世界金融恐慌的新階段」。因為「禁止現金出口及停止金本位制，已經不復是例外的、部分的事實，而已經成了世界經濟的支配勢力。」這時候，「完全靠稱為『世界貨幣』的金融來聯繫的世界信用及商品流通」，也因此被「更加破壞」，「此後的世界經濟體系更要四分五裂」。產業復興計畫運動在犧牲勞苦群眾及中小生產者的條件之下，相當程度可以人為地激動各部門的經濟活躍起來，但也只是一時的興奮作用。[59] 十二月一日，宋斐如又在《中法大學月刊》第四卷第二期，發表了〈世界經濟恐慌的新階段及其新動向〉。

十月廿七日，宋斐如給馮玉祥「報告西木拉會議事」。[60]

所謂「西木拉會議」，是指一九一三年西藏政府宣布完全獨立。局勢惡化。英國擔心失去這一商業重鎮，乃於十月，與西藏和中華民國中央政府的代表，在喜馬拉雅山區英屬印度夏都西木（姆）拉（Shimla）舉行三方會談（Simla Convention）。西藏要求承認和保證其完全完整的獨立地位，中華民國政府堅持西藏是中華民國領土不可分割的一部分，英國則以劃分外藏和內藏的方案進行調和，最終據此達成一個三方協議草案。草案在麥克馬洪爵士提供的地圖上，同時畫出內藏與外藏及西藏與中國其他地方的邊界，但未畫出西藏與英屬印度的邊界；這些標繪的界線被籠統地稱為麥克馬洪線（McMahon Line）。經過多番爭論，中國政府最終得以維持對西藏的統治。（引自《維基百科》）

另外，除了講書和專題報告，從九月十九日起，馮玉祥又開始與宋斐如談到設置研究室，擴大邀請進步

57 前引《宋斐如文集》卷五，頁一四二二—一四五一。
58 前引《馮玉祥日記》第四冊，頁二〇四。
59 宋斐如〈世界經濟現狀及其將來〉；前引《宋斐如文集》卷五，頁一四二六、一四二七、一四三七。
60 前引《馮玉祥日記》第四冊，頁二一二。

一九三四年宋斐如與馮玉祥泰山讀書研究室部分教員於普照寺西北側馮玉祥讀書樓前合影。前排：宋斐如（右一），蘇秉琦（右二），趙澄之（右三），後排：陳定民（右一）。

泰山馮玉祥讀書研究室。

學者進行有計畫講學的事宜。馮玉祥「以為此事關係極重大也」，同時提出了設置辦法的五點考慮：「一、須有長久性。二、須有一固定地方。三、如何能推進一切。四、注重研究討論。五、找人才。」

十月七日，宋斐如將草擬完成的關於研究室設置辦法的報告書面交馮玉祥。

十月十一日，馮玉祥同宋斐如商談了他所草擬的研究室設置辦法，並在當天的日記上寫道：「擬確實去辦，不知如何。」

十月廿二日，馮玉祥在「原稿缺頁」的日記第四項寫道：「報告事件須自己擬些題目，並同先生們商議一次，按之報告。」後頭又記，要與宋斐如及余、陳、陶等討論「我們以後的努力是什麼，須有一個計畫。」

十月廿八日，馮玉祥送交宋斐如等五人費用，並「取有收條」。

十一月一日，馮玉祥把「研究室弄一個確實的辦法」，列為「本月要辦的幾樣事」之一。

十一月廿八日，宋斐如由北平歸來泰山（應是十一月十五日之後去的），並向馮玉祥轉達陳豹隱先生的意見。馮玉祥寫道：「約六、七點鐘之談話，宋來對我說了二個鐘（重）點，非有學識不能辦國家的事。」

十一月卅日，馮玉祥結算這個月所作的事，其中第三條是「研究班（室）已成立」。[61]

根據馮玉祥的日記所載，研究室的座談會起初是在每周的星期五、六舉行一次，每次一個半至三個鐘頭。因為成效不錯，他在一九三四年一月十七日起就想改為每周的星期五、六各舉行兩次，一共四次。他認為，如果再加上原有的星期一至星期四的個別老師的講課（他還想請人來講地質學、生物學、天文學與世界地理）一直搞下去，「定可有個結果」。[62]

---

61 前引《馮玉祥日記》第四冊，頁一九四、二〇二、二〇三、二〇八、二〇九、二一三、二一七、二三四、二三七。

62 前引《馮玉祥日記》第四冊，頁二六三。

馮玉祥的日記續載了他在研究室成立之後，與宋斐如互動的相關情形：

十二月一日：宋、徐來講報告，事前未說，非慎也。

十二月二日：讀書是徐先生報告希特勒的事，宋未報告。

十二月六日：早讀《資本論》，宋先生講的。

十二月十七日：本來約宋先生在午後講書，因到三陽觀來，故未講。

十二月廿四日：經斗母宮、白楊山口到三陽觀，同粟先生及宋先生等會午餐。

十二月三十日：午正，請宋、粟、趙、陳、徐、孟憲章諸先生用飯。[63]

時序進入一九三四年。

一月六日，馮玉祥「早起讀書，粟（寄滄）先生報告土地，宋（斐如）先生駁他」。馮玉祥「不覺有什麼意思」。[64]

關於土地問題，宋斐如應該是有相當研究的。至少，在此之前，一九三二年十一月十五日，北平西北書局就出版了他的相關著作《土地政策研究》。

馮玉祥日記續載：

一月八日：早讀書，宋講《資本論》。

一月十二日：聽宋先生報告通貨膨脹事。

一月十三日：本日仍是報告。宋的報告為通貨膨脹。

一月十五日：早起，宋講《資本論》的目錄。
一月十八日：同宋先生往接李季谷先生去。
一月廿六日：宋（斐如）及趙（澄之）、徐、陳報告以「一九三三年之世界經濟回顧」。
二月六日：同宋先生規定講書辦法，另擬一表。
二月九日：同宋斐如談編書的事。
二月十日：宋先生斐如找我寫字，我寫對聯一副：「格超梅以上，品在竹之間。」
二月十三日：宋先生往北平買書及作書架二事尚未辦，不可忘也。
三月二日，午後，宋先生報告世界經濟之事。
三月三日：宋先生等午後二點報告……後陳先生均平報告美銀提高之事甚詳，宋有所補充。新買的三百多元的書漸漸來了……在普照寺門前見宋先生之友瞿某、袁某，未多談。65

所謂「美銀提高之事」，是指面對一九二九年開始的資本主義世界經濟危機，美國的銀行信貸體系堅持到一九三三年時，因為黃金儲備急遽減少，全國近半數銀行破產，不得不關閉全國所有銀行，宣布一切債務一律延期付款，並將美元貶值四〇．九％。

63 前引《馮玉祥日記》第四冊，頁二三八、二三九、二四一、二四五、二四九、二五一。
64 前引《馮玉祥日記》第四冊，頁二五八。
65 前引《馮玉祥日記》第四冊，頁二五九、二六一、二六二、二六四、二六八、二七四、二七六、二七八、二八八、二八九。

三月五日：宋先生講《資本論》之複習。
三月九日：范先生來討論憲法稿……孫、崔、陳、徐、宋（斐如）都有意見發表。
三月十二日：早起讀書，是宋先生講《資本論》剩餘價值論。
三月廿六日：讀書，午前時間宋、趙（澄之）來談中國政治，一九三三年的。
四月十三日：早起即讀書，趙先生、宋先生報告。宋為計畫經濟事。
四月廿一日：同宋先生談，得悉唐某在廣西之事。
四月廿五日：天已暗，夜已明，我同宋、薛（德育）諸友坐於古柏之下石桌之旁，談生物進化之道。
四月廿九日：我在近賢村同宋先生談台灣人之不自由的情形及我的三點意思：一、經濟學的如何寫，綱目如何，有何意見。二、文章的寫法。三、陳先生出國的事。又說到請心理學先生之事。約有一個鐘頭的時候。
五月十日：同宋先生談兩次話，有些很有意思的事。[66]

此後，宋斐如應該又暫時離開泰山，前往北平。馮玉祥也於五月十五日下山，前往膠東地區進行考察，一直到五月三十日才又回到泰山。[67]

六月十四日：宋先生本日（從北平）回來，談陳（豹隱）、白（鵬飛）、許（地山）、黃、李五位的情形。
六月十九日：同宋先生談寫經濟學的事甚久，我說不寫可也。
六月廿七日：宋先生經濟學講話。贈歌一首。
六月廿八日：遊記（《膠東遊記》）擬請宋先生、陳（國深）先生改一次，不知如何。

七月二日：七點半，同宋、陳二位修《膠東遊記》，多有改正。張雪山先生寫的一篇講詞，宋、陳二位均說極好，可見學問是極重要的了。[68]

七月六日午後，陳豹隱先生夫婦上來泰山。馮玉祥「迎於三笑處」。第二天中午，馮「同陳先生夫婦會食」，然後就在每天早上五點半至十點半，聽陳豹隱講書。這段期間，陳豹隱講書的內容包括：《現代國際政治的科學分析》、《政策方法論》、中國大勢、《現代中國政治的情形（分析）》等。[69]

這樣看來，宋斐如在六月四日至十四日期間的外出，應該也去了一趟北平，替馮玉祥邀請陳豹隱再上泰山講學吧。

七月廿三日午後，馮玉祥同陳豹隱談到「研究室之辦法」，並對陳所談將研究室作為制定「計畫」的「智囊團」或「祕書團」等建議，極為佩服。廿五日，陳豹隱講完「國際政治中國一段」；午後六點，在大雨中，帶著妻子下山，前往上海。[70]接下來，陳豹隱所提「研究室之辦法」的建議，就要宋斐如去落實了。

《馮玉祥日記》續載：

---

66 前引《馮玉祥日記》第四冊，頁二九〇、二九二、二九四、三〇〇、三〇八、三一二、三一六、三一九、三二四。

67 前引《馮玉祥日記》第四冊，頁三二六—三三五。

68 前引《馮玉祥日記》第四冊，頁三四四、三四七、三五〇、三五一、三五四。

69 前引《馮玉祥日記》第四冊，頁三五八—三六八。

70 前引《馮玉祥日記》第四冊，頁三六七、三六八。

七月廿七日：午前，同宋（斐如）、徐、鄭三位商討功課辦法，並將陳（豹隱）先生留下之五條研究一回，宋先生即開始報告意大利的種種情形。未完，時間已到。

八月一日：早起即讀經濟學講話，宋先生講。

八月三日：早五點半開討論會，宋、徐、鄭三位到。宋續前次之意大利的統制經濟。[71]

這裡，宋斐如給馮玉祥講的「經濟學講話」，應該是一九三四年北平好望書店出版的陳豹隱著《經濟學講話》。另外，一九三三年十月，上海民智書局曾經出版發行宋斐如與盛導吾合譯的《統制經濟的基礎知識》一書。

八月十七日：八點半開討論會，宋報告各國經濟情形，甚詳。

八月廿日：早八點，宋先生來講經濟學，至十點。[72]

八月二十日午後，陳豹隱應邀再次從上海來到泰山，並從第二天開始，續講「政策方法論」，一直到二十七日午前講完，回北京。[73]

八月廿六日，經濟學家孟憲章（一八八五—一九五三）「為已印之三種書的事」面見馮玉祥，同時介紹大革命失敗後曾在上海負責中國社會科學聯盟工作的鄧初民先生（一八八九—一九八一）給馮。[74]

八月廿七日，馮玉祥「同宋（斐如）先生談些功課的事」。

八月卅日，宋斐如給馮玉祥「送來《膠東遊記》序文」；當天晚上，馮玉祥「讀宋先生贈我的《理論與實踐》一書，看了七封信，並加以圈點，以期有些印象留於腦中。」

九月二日，馮玉祥的日記寫道：「近日以來夜間至一點即不能眠。我起來讀《理論與實踐》一書，覺得高語罕先生用了苦心，真有意思。」

九月十九日，陳豹隱先生贈馮玉祥「講話二本」；宋斐如「自北平回來」，與馮玉祥「談國語先生的事」。[75]

根據《馮玉祥日記》所載，九月廿七日，何容開始給馮講國語文，至十月十日，離開返平。[76]如此看來，在此之前，宋斐如為了替研究室找「國語先生」何容，又去了一趟北平；同時攜回陳豹隱先生贈給馮玉祥的兩本著作：《現代國際政治講話》（北平：好望書店，一九二九年）與《經濟學講話》。

《馮玉祥日記》續載：

九月廿一日：早八點討論會，鄭先生政治經濟報告為《國聯與中國之政治》……末了宋先生補充的事亦有些意思。

九月廿二日：午前八時開討論會……宋先生報告C國加入國聯之分析，歸結中國之日壞，此後更不能有

---

71 前引《馮玉祥日記》第四冊，頁三七〇、三七五、三七六。
72 前引《馮玉祥日記》第四冊，頁三八三、三八五。
73 前引《馮玉祥日記》第四冊，頁三八五—三八九。
74 前引《馮玉祥日記》第四冊，頁三八八。
75 前引《馮玉祥日記》第四冊，頁三八九、三九二、三九五、四〇三。
76 前引《馮玉祥日記》第四冊，頁四〇九—四一九。

任何好處。[77]

宋斐如分析報告的「C國加入國聯」之事，應該是指九月十八日蘇聯（C.C.C.P）加入國聯。

十月一日：十點至十一點半，宋先生講經濟史，如商業經濟，農業經濟，資本主義經濟，工業金融等等。法國之寬內，英國之李嘉圖、亞力士多德等等。[78]

法國之寬內，另譯魁奈（一六九四—一七七四），是法國資產階級古典政治經濟學家，也是主張經濟自由，重視農業，反對重商主義的重農學派創始人。英國的亞力士多德應是亞當・斯密（一七二三—一七九〇）之筆誤，代表作是一七七六年發表的《國民財富的性質和原因的研究》（簡稱《國富論》）；他從資產階級的利己主義出發，以經濟自由為中心思想，以國民財富為研究對象，第一次比較系統地論述了政治經濟學的主要內容，是資產階級古典政治經濟學體系的建立者。李嘉圖（一七七二—一八二三）的代表作則是一八一七年出版的《政治經濟學及賦稅原理》；他堅持並發展了勞動價值論，並在此基礎上，指出了資本主義生產關係的內部聯繫，分析了資本主義社會階級對立關係及其在分配領域的表現。從而被馬克思高度評價為英國古典政治經濟學的「最後的偉大的代表」。[79]

十月二日：十點半，宋先生講日文法。

十月三日：十點至十一點二十分，宋先生講經濟學。

十一月一日：午前宋先生來，談《膠東遊記》，規定改後專人送印辦法。

十一月十四日：宋、鄭、高均按所定時刻教書。

十二月六日：研究班實行解散。[80]

馮玉祥的日記雖然沒有載明研究班解散的理由，但對「不可對人說無錢二字，以保我之不求人的態度」的他而言，經濟問題應該還是最重要的因素吧。

這樣，宋斐如原訂十二月十日的課也就沒有再上，十一日午後就暫時離開泰山，前往北平去了。[81]

時序進入一九三五年。

《馮玉祥日記》繼續記載著他與宋斐如互動的情形：

一月十一日：宋先生本日由平回來。

一月十三日：宋先生同田先生、賴先生來……談及在今日政府之下，國家民族所吃之大虧，又說道說實話之得罪人。午後，把讀書之事又重新定規一次。[82]

---

77 前引《馮玉祥日記》第四冊，頁四〇四、四〇五。

78 前引《馮玉祥日記》第四冊，頁四一四。

79 湖北省經濟學會編寫《簡明政治經濟學辭典》，頁一九四—一九六。

80 前引《馮玉祥日記》第四冊，頁四一五、四一六、四二八、四三五、四四六。

81 前引《馮玉祥日記》第四冊，頁四四八、四四九。

82 前引《馮玉祥日記》第四冊，頁四七四、四七五。

這裡的賴先生，就是一九三四年剛剛畢業於北京大學經濟系，後來接替宋斐如擔任研究室負責人，長期擔任馮玉祥祕書的賴亞力。他在〈馮玉祥將軍在泰山的研究室〉一文回憶道：「我當時是一個要求進步的學生，一九三四年夏，畢業於北京大學經濟系，在私立大同中學教了半年書。北平大學法商學院進步教授許德珩介紹我到泰山給馮玉祥將軍講馬克思主義經濟學……我於一九三四年十二月離開北平到山東泰安……上山到普照寺，見到宋斐如主任，這個廟就是我們研究室人員的辦公室和宿舍……第三天上午，開始了我講的第一課。」[83]

《馮玉祥日記》繼續寫道：

一月廿一日：午後，同宋先生談研究室的組織辦法，約一點鐘。

二月一日：同宋先生端華談其到南京的事及見孫、鄧等事。

二月十三日：宋先生由北平來了，談了些書的事。[84]

這樣看來，宋斐如應該於二月一日之後下山，前往南京，然後於二月十三日由北平回到泰山。

二月十四日：同宋先生談甚久，為新書的事。十二點，請（地理老師）王（謨）、宋各位用飯……

二月十五日：同宋先生談新寫之書約二個鐘頭，有些結果。同宋先生對新書，我寫了十七條意見，以打鬼為主，其次，則為可不可做圖表也。

二月十六日：同宋先生對書二次，所談甚有意思。王（謨）先生去……宋、何二位送至車站，我送至山下三叉路口。

二月十七日：宋端華（斐如）先生來對書畢，又談讀書各事：一、注重軍民之希望常新，以拿破崙為比方。二、生活一切須堅持。三、讀書時間宜少，尤須重在社會科學，注重實際有用。四、我把信五封均寫，李、孫、簡、梁、馬五位，均為介紹宋的。

二月十八日：八點半始上課，為經濟學，詳論貨幣的情形。九點半，同宋先生談他走的事，及寫成的書的事情。我寫的五封介紹信給孫、李、梁、馬、簡五位，有無效果，誠不敢定。

二月十九日：何、宋二位來，把寫的書拿去，我亦說了些意見，告知他們二位。[85]

從馮玉祥日記所載看來，這天之後，研究室就改由賴亞力負責了。賴亞力在前引〈馮玉祥將軍在泰山的研究室〉（頁四七二）說，「我到泰山兩個月之後，宋斐如先生就到日本留學去了。『先生』（馮玉祥）就要我擔任研究室主任。」[86]

孟醒仁、曹書凡《馮玉祥傳》（頁二三三—二三四）另載：「曾經給馮玉祥講課的研究人員。前後共有十六、七人之多，除宋斐如和賴亞力以外，還有北大的徐萬鈞、趙澄之、楊伯峻、陳家芷，中法的陳定民，清華的吳組緗，法商學院的粟寄滄，北平工大的高滌泉、劉屹夫，法學院的尹景湖，以及董志誠、李華卿、藍天照、鄭志雄等。這些研究人員多是大學畢業的優秀生，有些教過大學或留學外國，也有少數早有成就的

---

83 前引中國人民政治協商會議全國委員會文史和學習委員會編《文史資料選輯》合訂本，第一〇九輯，頁四七一—四七二。

84 前引《馮玉祥日記》第四冊，頁四七八、四八一、四八八。

85 前引《馮玉祥日記》第四冊，頁四八九—四九二。

86 前引中國人民政治協商會議全國委員會文史和學習委員會編《文史資料選輯》合訂本，第一〇九輯，頁四七二。

學者，如吳組緗、楊伯峻等。其中大部分是陳豹隱推薦的，有些是宋斐如和賴亞力介紹的，個別的才是他人介紹的。學習空氣十分濃厚，儼然是個特別的大學府。」

總之，在宋斐如等人的努力下，泰山的讀書活動搞得有聲有色。誠所謂「五賢祠下人才濟，普照寺旁是學府」。當然，這幾年的讀書活動，對日後馮玉祥的革命傾向，積極抗日，一定起了很大的作用。

一九三四年的《馮玉祥日記》另載，一月十二日，他「在研究班讀了『經濟學』八篇，『政治學』七篇」。十七日，又要了三份「宋、趙二位所講的經濟、政治篇子」，「仔細看看」，然後決定將宋斐如與陳、徐三位所寫的報告付印成書，因而認真細讀並校對。三月廿二日，「覺得宋先生寫的東西已在他處發表者以不加入為妥。」[87]

雖然我們無從具體知道馮玉祥所云「宋先生寫的東西已在他處發表者」究竟是指哪些文章，但是我們可以知道的是：宋斐如根據這段期間給馮玉祥所講經濟問題的材料與報告，陸續寫成了〈世界經濟恐慌的新階段及其新動向〉（一九三三年十二月一日刊於《中法大學月刊》第四卷第二期）、〈世界經濟現狀及其將來〉（一九三四年六月一日發表於《東方雜誌》第卅一卷第十一號）、〈計畫經濟之理論的檢討〉（一九三四年四月廿七日脫稿，一九三五年一月一日，續刊《東方雜誌》第卅二卷第一號）與〈世界經濟緒論〉（一九三四年五、六、七月刊於《中法大學月刊》第五卷第二、三、四期），從而對一九二九年開始的資本主義世界經濟危機，作了總體的介紹與分析，同時暗指世界經濟的未來出路在於走「計畫經濟」之路。

宋斐如的兒子宋亮說，在泰山的這段期間，宋斐如還曾經義救過歷史學家劉思慕。他在〈追憶父親宋斐如〉一文憶寫了一九八四年夏和妻子第一次到北京拜訪劉思慕夫婦的情景：

> 劉伯伯和劉伯母待我們就好像是遠方的兒女回到了自己的身邊，噓寒問暖，愛護有加。劉伯伯還用廣東

話對我說：「好多得你阿爸，不然的話，就沒有我的今天了。」我知道，劉伯伯指的是一九三五年五月，父親曾通過馮玉祥將軍救助過劉伯伯、伯母。接著，劉伯伯又告訴我：「我和你爸爸是老朋友了，一九三〇年，在北京創立『東方問題研究會』，創辦會刊《新東方》時，我們就在一起了；在泰山馮玉祥讀書研究室工作時，我們在一起；一九三八年，在漢口抗日時，我們又在一起了。」[88]

一九三〇年，原名劉燧元的劉思慕離開北京，到了上海，先後任職遠東圖書公司編輯與大陸大學、華南大學教師。一九三二年春自費赴歐，就讀法蘭克福德國左派社會民主黨辦的社會科學學院，在柏林參加中國留學生進步組織「旅德華僑反帝同盟」舉辦的讀書會、工人夜校活動，還參與學校德共支部發起的反法西斯示威遊行。半年後學校被封，轉往奧地利維也納大學經濟系學習。一九三三年秋回到上海，經友人介紹進入共產國際遠東情報局從事地下革命工作，先後在上海、武漢、南京打入國民政府的「要害部門」，擔任蔣介石的祕書，搜集情報，譯成英文，提供給第三國際情報局和中共有關部門。一九三五年四月後因交通員被捕叛變而被特務追捕，於是和家人離開武漢，奔逃於蘇、魯、晉各省之間，最後到了泰山，尋求馮玉祥的掩護。[89]

正因為事情敏感，遍查馮玉祥當時的日記卻沒有明顯指涉此事的記載，只有一九三五年六月五日載道：「見江濤聲先生，說劉先生夫婦之如何熱心，擬來山一遊之事，並及如何未被人抓去的情形。」六月十五日

87 前引《馮玉祥日記》第四冊，頁二六一、二六三、二九七、二九八。
88 前引《宋斐如文集》卷五，頁一五七八。
89 前引蔣景源主編《中國民主黨派人物錄》，頁七五。

又記，規定劉先生每星期給他講四次英文。[90]另外，一九四〇年九月六日在四川歌樂山時又寫道：

還記得從前有一個劉國濤（燧元），是委員長的祕書，他是共產黨，常洩漏委員長機密，故委員長圍剿共黨常敗，後紅軍俘虜中洩此事，劉國濤先奔，委員長那（到）處緝拿，張（劉）逃所住過的地方皆被難。後逃到泰安，其友梁均名見我設法，我即請其住泰山。而中央聞，捕梁，訊其故，梁悉吐知，固憲兵團圍泰山，韓（復榘）令他們只准守山下路口而不准搜山，我設法叫（馮）紀法、（李）連海二人連夜送到一個朋友家中，又連夜由小路送其出海到日（本）去。[91]

一九四八年，馮玉祥在口述他所認識的蔣介石時，又在第十二章「察哈爾民眾抗日同盟軍時代的蔣介石」比較具體地提到此事：

我知道的有一個朋友姓劉，英文很好，又從德國留學回來，蔣把他找到剿匪總司令部去當機要祕書，幫他來做殺害中國同胞的事。這位劉先生，在國內國外，大家都道他是一位前進分子，這一次跑到蔣介石那裡去，就有些不明白內容的朋友們，對劉先生冷譏熱諷罵得不亦樂乎，後來忽然被通緝了！那是劉先生把總司令的剿匪計畫偷出來，交給人民一方面的人們，不多幾天，被蔣介石的特務把劉先生偷出來的計畫和地圖，在某一個外國人的手裡查出來。不久，就知道是劉先生偷的，蔣下手令，拿辦這位劉先生。電令到的前兩點鐘，劉先生得到消息，先就從漢口跑了。他跑到西安……太原……北平……濟南都是在後面跟著追。劉先生在濟南有位朋友姓江，是個醫生……到泰山來找我……我說：「很好，只要他願意來，就請他住泰山，並且教我英文。」劉先生到泰山沒到一個月，江先生被捕了……特務馬上來了

90 前引《馮玉祥日記》第四冊，頁五五一、五五七。

91 前引《馮玉祥日記》第五冊，頁九一五。

宋斐如（後立中）與劉思慕（前一）等好友在抗戰時期的重慶。

宋斐如幼子宋亮與妻子梁汝雄在泰山馮玉祥讀書研究室留影。

三四百，把泰山周圍圍了……劉先生的夫人和孩子，在無錫和鎮江，也遇見了很大的危險……我叫一位姓李的，和姓馮的，領著劉先生，從泰山頂上，到了距泰安城九十里的一個村莊，我的好朋友梁先生家裡去住……有一家人看見劉先生和他的夫人來了，便逢人便說，梁先生家裡來了兩個蠻子，快去看吧……（我）就派李連海送劉先生他們一家夜間走，白天住，到了濰縣，由濰縣上汽車到煙台，由煙台到日本。[92]

馮玉祥的兩次回憶略有出入，而且顯然都沒有提到宋斐如與救援劉思慕之間的任何關係。這也許是他基於安全的考慮而刻意不提到宋斐如吧。

92 前引馮玉祥《我所認識的蔣介石》，頁三八—三九。

第五章

兩度前往日本留學

（一九三五年六月—一九三七年二月）

宋斐如很早就認識到「抗日民族解放鬥爭少不了日本敵情的研究，而日本研究又離不開日文資料和正確的研究功底」。為了日後長期抗日的需要，他一直想要留學日本。一心抗日的馮玉祥也認為，「要抗日須研究日本人之所以。凡日人之種種均須有人負責調查之，方能有好辦法。」[1]他於是在馮玉祥幫助下，再下泰山，「任（南京）中山文化教育館正研究員，派赴日本工作，並於當時入東京帝大研究院求深造，抗戰前返國」。[2]

一、第一次赴日與日本政情

一九三五年的《馮玉祥日記》側記了宋斐如這段期間比較精確的行蹤。

二月一日，馮玉祥同宋斐如「談其到南京的事及見孫（科）、鄧等事。」十七日，馮玉祥為宋斐如寫了五封介紹信，分別給「李、孫、簡、梁、馬」。第二天（十八日）早上九點半，馮玉祥同宋斐如「談他走的事」，並且提到：「我寫的五封介紹信給孫、李、梁、馬、簡五位，有無效果，誠不敢定。」然後，宋斐如就帶著馮玉祥所寫的五封介紹信下山。廿八日，馮玉祥在日記上記錄當月「已辦的事」，其中包括「宋之留學去」。[3]

這裡，先來瞭解一下馮玉祥所提的「李、孫、簡、梁、馬」。李，應該是中國社會教育家、故宮博物院創建人之一，時任國民政府財政委員會委員的李石曾（一八八一—一九七三）。孫，則是孫中山之子孫科（一八九一—一九七三）。簡，不知是何許人也。梁，應該是時任立法委員兼立法院祕書長的梁寒操（一八九九—一九七五）。馬，則是年輕時即追隨孫中山革命，一九三五年再度出任南京市長的同盟會元老馬超俊（一八八六—一九七七）。

三月一日，宋斐如在《中法大學月刊》第六卷第五期發表〈海軍軍備競賽與世界經濟的關聯〉。十五日，自上海、南京回到泰山，向馮玉祥報告說，他已同南京中山文化教育館訂有二年的合同，月支一百五十元，聘為日本政治經濟研究員。同時提到見了孫科，談了話，也看了他寫的東西；見了馬超俊，「談話數次，並有精神團結事」；也見了「三民主義的理論家」楊某及李石曾和薛德煜，分別談了話。其後，馮玉祥的日記有近三個月沒提到宋斐如。到了六月九日，才又見到「宋先生往濟南，不知何事」的記載。[4]

六月十九日，中華民國留日學生會驗訖給宋文瑞（斐如）的「教育部發給自費生留學證書第三八〇四號」。

六月廿日，馮玉祥日記有條紀事寫道：「宋斐如先生自日本來函，並有剪報，詳說良心之不安，並問我

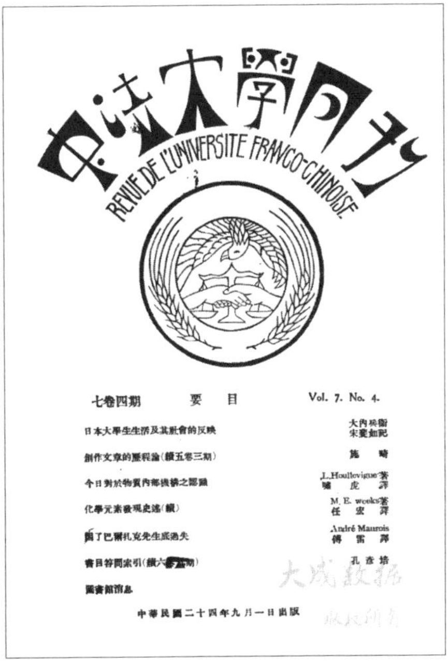
中法大學月刊
REVUE DE L'UNIVERSITE FRANCO-CHINOISE

七卷四期　要目　Vol. 7. No. 4.

日本大學生生活及其社會的反映　大內兵衛 宋斐如記
創作文章的歷程論（續五卷三期）　施畸
今日對於物質內部機構之認識　L. Houllevigue著 　虎譯
化學元素發現史述（續）　M. E. weeks著 任宏譯
　了巴爾扎克先生底過失　André Maurois 傅雷譯
書目答問索引（續六　期）　孔彥培
圖書館消息

中華民國二十四年九月一日出版

宋斐如在《中法大學月刊》第七卷第四期刊發記錄大內兵衛的〈日本大學生生活及其社會的反映〉。

1 前引《馮玉祥日記》第四冊，頁三五二。
2 前引宋區嚴華〈為氏丈夫突被扣押二月餘不明下落陳明一切請查明開釋由〉，頁三。
3 前引《馮玉祥日記》第四冊，頁四八三、四九一、四九六。
4 前引《馮玉祥日記》第四冊，頁五〇三、五五三。

之所以。尚未復之。」[5]

這樣看來，宋斐如應該是在六月九日以後前往南京，任職孫科主持的中山文化教育館日本政治經濟研究員[6]，然後於六月廿日之前派赴日本東京帝大研究院，進行大約三個月的短期研究。

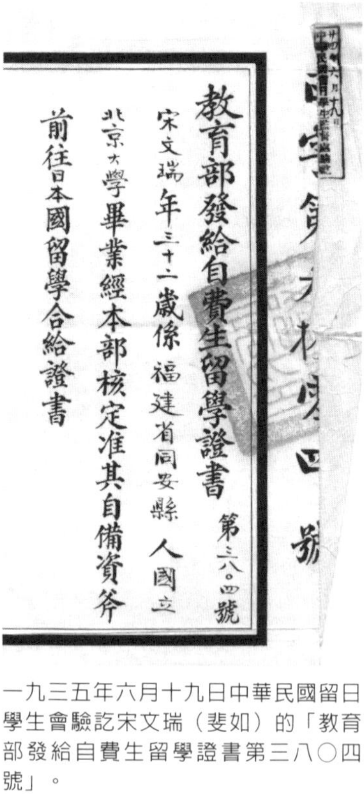
教育部發給自費生留學證書　第三八〇四號
宋文瑞年三十二歲係福建省同安縣人國立北京大學畢業經本部核定准其自備資斧前往日本國留學合給證書

一九三五年六月十九日中華民國留日學生會驗訖宋文瑞（斐如）的「教育部發給自費生留學證書第三八〇四號」。

此時，日本法西斯組織已經利用九一八事變後的有利條件，接連策動一系列未遂政變和暗殺活動，迫使內閣放棄政黨政治，成立「舉國一致」內閣，為軍部獨裁鋪路，進而全力攻擊自由主義的憲法學者、帝國學士院推薦的貴族院議員美濃部達吉（一八七三—一九四八）的「天皇機關說」。

「天皇機關說」認為：國家是個法人，統治權屬於國家，天皇做為國家最高機關而行使統治權。它和以國體為盾牌，主張天皇絕對主權的「天皇主權說」對立。美濃部的理論為大正時期（一九一一—一九二五）的議會權能打下了基礎，從而在廣大學術界被認為是定論。然而，一九三五年二月，在貴族院全體會議上，軍部右翼的菊池武夫（一八七五—一九五五）中將首先指責美濃部的憲法學說是違反國體的「天皇機關說」。在野黨政友會也利用這個問題在眾議院迫使政府闡明國體。「國體明徵」運動於是勢如燎原之火在全日本擴大起來。三月，眾議院一致通過否定學術、思想自由的「國體明徵」決議案。四月，陸軍向全軍指控「天皇機關說」違反國體。六月，以貴族院、眾議院議員為中心的國體明徵促進聯盟組成，形成包括軍部、右翼、政友會和右派官僚等的大規模反政府運動。日本內閣對此採取了相應措施，首先是禁售美濃部博士的著作，接著在八月發出了「關於國體明徵的聲明」，九月又傳訊了美濃部博士並強迫他辭退貴族院議員。從此以後，瘋狂的右翼打著天皇旗號所搞的「鏟除異端」的思想鎮壓行動橫行無阻，學術、思想的自由也就蕩然無存了。[7]

九月一日，《中法大學月刊》第七卷第四期刊發了宋斐如記錄的大內兵衛〈日本大學生生活及其社會的反映〉一文。

九月廿四日，宋斐如自日本回到中國大陸，然後上泰山，見了馮玉祥，「定規自明日起講書。」第二天，也就是九月廿五日，馮玉祥請宋斐如講「到日本所研究之心得，言語之間，問其所以」，並認為宋斐如「對日本史不十分清楚」，因而深刻體認到「史書之重而且要也」。廿七日，宋斐如為馮玉祥講「日本農村情形」。十月一日，宋斐如再給馮玉祥講「在日本之所得」。二日，馮玉祥「為的要同宋先生談其所講的課程，至十點始完，把日本的政治、社會各情形，均詳述了一次。」[8]

這樣，宋斐如給馮玉祥專開的日本講座結束了。

5　前引《馮玉祥日記》第四冊，頁五六〇。
6　前引宋斐如〈履歷〉載稱一九三四年八月擔任南京中山文化教育館研究員。
7　藤原彰《日本近現代史第三卷》中譯本（北京：商務印書館，一九九二年三月二刷），頁四五－四七。
8　前引《馮玉祥日記》第四冊，頁六一一、六一三、六一七、六一八。

二、第二次赴日與中日形勢

一九三五年十月三日，馮玉祥「同宋先生談他走的事」，「贈魯綢二匹，又介紹信二封，並談了些話」。[9]

根據馮玉祥日記所載，宋斐如應該是在這天之後離開泰山，前往南京，然後第二次前往東京帝大研究院，繼續進行日本國情的研究。

恰恰就在宋斐如赴日研究的這段期間，日本也正為了發動全面侵華戰爭而進行著周密計畫和充分準備。因為經營滿洲的失敗，一九三五年日本陸軍開始侵略華北，力圖以武力為後盾，把華北五省從中國分離出去。

五月廿九日，日本中國駐屯軍參謀長酒井隆大佐（一八八七—一九四六，一九二八年擔任日本駐濟南領事館武官時一手策畫製造「濟南慘案」），以東北義勇軍進入灤東非武裝地帶為藉口，向國民政府提出交涉，並由東北調遣日本軍隊入關，進行武力威脅。

六月九日，日本天津駐屯軍司令官梅津美治郎（一八八二—一九四九）向中國北平軍事分會委員長何應欽（一八九〇—一九八七）提出「覺書」，限三日內答覆。十日，何應欽在蔣介石指使下向梅津美治郎表示：全部接受日方要求。七月六日，何應欽正式覆函梅津美治郎，主要內容包括：取消河北境內國民黨的一切黨部，撤出駐河北的國民黨中央軍和東北軍等。此即通稱的《何梅協定》。日本於是進一步策動華北「自治」，妄圖建立接受日本控制的「華北國」。[10]

八月五日，日本外相廣田弘毅（一八七八—一九四八）提出「中國採取對日親善政策，中國承認『滿洲國』，中日共同反共」的對華三原則（即廣田三原則）；加緊策動華北「自治」。十月四日，日本總理及外務、陸軍、海軍三相確認廣田三原則為對華政策基礎。同月中旬，關東軍司令部所屬奉天（瀋陽）特務機關長土肥原賢二（一八八二－一九四八）向馮玉祥手下「五虎將」之一的駐守平津地區的中國第二十九軍軍長宋哲元（一八八五－一九四〇）提出「華北高度自治方案」，要求在華北建立以宋哲元為首領、以土肥原為顧問，名義上由南京政府管轄，但軍事上自主，經濟上與日滿結成一體，思想上反共、反三民主義，外交上親日的「華北共同防赤委員會」，並限定於十一月中旬內完成。[11]

十一月廿四日，灤榆區行政督察專員殷汝耕（一八八三－一九四七）在日本華北駐屯軍唆使下，召集停戰區特警隊等，在通縣（通州）開臨時會議，宣示合併灤榆、薊密兩區為灤薊區，發表脫離中央、組織「冀東防共自治委員會」宣言。廿五日，偽「冀東防共自治委員會」在通縣宣布成立，冀東二十二縣脫離國民政府，實行「自治」。

十二月二日，國民黨五屆一中全會開幕，會議通過以林森（一八六八－一九四三）為國民政府主席，蔣介石為行政院長，孫科為立法院長，居正為司法院長，戴季陶為考試院長，于右任為監察院長。

在中國人民抗日救亡運動的壓力下，國民政府當然不敢同意日方先前提出的「華北高度自治」的要求，但為了緩和同日本的關係還是決定對日讓步，於是先發制人，根據《何梅協定》，在華北建立擁有一定自治權，但作為政府管轄下的機關——「冀察政務委員會」。十二月九日，北平愛國學生五千餘人因此舉行大規模的抗日救國請願大遊行，高喊「反對華北自治運動」、「打倒日本帝國主義」、「停止內戰、一致對外」等口號，遭到軍警鎮壓，百餘人受傷，多人被捕，從而掀起全國人民抗日救國運動新高潮的「一二一九運動」。

9 前引《馮玉祥日記》第四冊，頁六一九。
10 前引胡德坤、羅志剛主編《第二次世界大戰史綱》，頁三八；劉和平主編《中國近現代史大典》，頁八九。
11 前引胡德坤、羅志剛主編《第二次世界大戰史綱》，頁三八。

十八日，在學生的示威抗議下一度被迫延期成立的「冀察政務委員會」還是在北平正式成立。第二十九軍軍長宋哲元任委員長。這樣，日本部分達到了華北「自治」的目的，卻又未能完全達到目的。但它終究還是日本帝國主義控制華北、侵略中國的傀儡政權。[12]廿五日，殷汝耕的「冀東防共自治委員會」改稱「冀東防共自治政府」，成為日本帝國的第二個「滿洲國」（一九三七年八月首府由通縣移駐唐山）。

時序進入一九三六年。

二月廿六日，主張打倒財閥，通過政變推翻內閣，才能建立法西斯獨裁統治的日本陸軍「皇道派」官兵一千四百餘人發動政變，製造了二二六事件。在天皇支持下，主張依靠財閥，利用軍部控制內閣，即可實現法西斯獨裁的「統制派」，採取嚴厲措施，平息了政變，並以此為藉口，實行壓制皇道派的「肅軍」，從而確立在日本軍部的統治地位，並控制和操縱了三月九日由外相廣田弘毅成立的內閣。日本法西斯獨裁統治的政權至此正式成立，同時加快了發動全面侵華戰爭的步伐。

八月七日，日本廣田內閣的五相（首相、陸相、海相、外相與藏相）會議決定囊括了陸軍北進論和海軍南進論的「國策大綱」。同一天，在四相（首相、陸相、海相與外相）會議上還決定了對抗蘇聯，同德國合作，對華北進行分治的「帝國外交方針」。

三、抗日民族統一戰線初步形成

隨著一九三五年日本帝國主義加緊對華北經濟擴張，日本資本打進了所有產業部門，壓垮並扼殺了中國民族資本。僅就天津而言，中國紡紗廠就幾乎全部破產或被日本公司吞併。同時，以冀東非武裝地區為基地的日本商人搞走私貿易，又使得中國市場陷於混亂，沉重打擊了中國關稅收入。日本資本和商品潮水般地進入華北，使得中國民族資產階級遭到破產。這就加深了中國的民族危機，從而促進了中國抗日民族統一戰線的形成。[13]

一九三五年八月一日，經過兩萬五千里長征到達陝北的中國共產黨發表《為抗日救國告全體同胞書》（八一宣言），號召全國人民組織抗日民族統一戰線，停止內戰，抗日救國。因為日本帝國主義對華北新的侵略而被激怒的中國人民立即沸騰起來，在全國各個地區、部門相繼成立了抗日救國會。[14]

十月十九日，蔣介石密電邀請已被國民黨四大（一九三一年十一月下旬）恢復黨籍的馮玉祥前往南京，「共商一切」。馮玉祥認為「國事危險如此，不論如何，應走一趟，把要說的話完全說了，至於個人之危險與否，應不問也。」十一月一日於是「為抗日」而前往南京，參加國民黨四屆六中全會。二日，他在全會的第一次會議上被選為憲法草案審查委員會委員及提案審查委員會政治組委員。他同時聯合李烈鈞、程潛、蔡元培等二十二人向大會提出救亡大計案（〈謹呈大計以救危亡請決案〉）。[15]

十一月四日，國民政府在英國派遣的首席經濟顧問李滋羅斯（Sir F.w.Leith-Ross）指導下改革和統一了幣制：廢止銀本位制、採行紙幣制，實行法幣（法償幣）政策，以中央、中國、交通三銀行（兩個月後加中國農民銀行）所發行的紙幣為法幣；禁止白銀流通，並將白銀收歸國有，移存國外，作為外匯準備金；規定匯價為法幣一元等於英幣一先令二點五便士，並由三銀行無限制買賣外匯。這就意味著中國在經濟上逐漸完

12 前引胡德坤、羅志剛主編《第二次世界大戰史綱》，頁三八、三九；劉和平主編《中國近現代史大典》，頁七二一、五二一。
13 前引藤原彰《日本近現代史》第三卷，頁五六、五七。
14 井上清、鈴木正四《日本近代史》中譯本（北京：商務印書館，一九七二年），頁五八〇。
15 前引《馮玉祥日記》第四冊，頁六二八—六三四。

成了民族統一，也說明了企圖把華北從中國割裂出來的日本的野心已失去了達成的物質基礎。[16]

十一月五日，國民黨四屆六中全會閉幕。同月十二至廿三日召開該黨第五次全國代表大會。開幕當天，馮玉祥擔任主席團成員之一，同時再次當選國民黨五屆中央執行委員。十九日，蔣介石在會上發表講話，宣稱「和平未到完全絕望時期，絕不放棄和平，犧牲未到最後關頭，亦不輕言犧牲」。

十二月十八日，就在「冀察政務委員會」成立的同一天，南京政府任命馮玉祥和閻錫山為軍事委員會副委員長。蔣介石特在南京大行宮頭條巷為馮玉祥設立副委員長辦公廳。同月廿五日，中共中央政治局瓦窯堡會議通過〈關於目前政治形勢與黨的任務決議〉，指出中國目前時局的特點是日本帝國主義要變中國為它的殖民地；中國各階級階層政黨以及武裝力量，重新改變和正在改變著他們之間的相互關係，民族革命陣線擴大了，從而確立了發動、團結與組織全中國全民族的一切力量的抗日民族統一戰線的策略方針。[17]

一九三六年一月六日，馮玉祥宣誓就任軍事委員會副委員長。[18]

五月五日，中共中央向國民政府發出〈停戰協議和一致抗日〉通電，將抗日反蔣政策轉變為逼蔣抗日政策。卅一日，沈鈞儒、鄒韜奮等人發起的「全國各界抗日救國聯合會」，與各地救國會代表在上海宣告成立，同時通過了《抗日救國初步政策》。

六月一日，國民黨兩廣派的陳濟棠（一八九〇—一九五四）、李宗仁、白崇禧等舉行聯席會議，要求北上抗日、收復失地；九日，出兵湖南，與蔣介石軍隊發生激戰；七月底，陳濟棠被迫下台；李宗仁、白崇禧與蔣妥協。是為「兩廣事變」。到了八月十九日，李宗仁、白崇禧與蔡廷鍇（一八九二—一九六八）在廣西組織「中華民國人民抗日救國政府」，分任正副主席。

十二月十二日，為了剿滅共產黨而集結在西安的西北剿匪總部副總司令張學良的東北軍，與十七路軍總指揮楊虎城（一八九三—一九四九），兵諫前來督戰的西北剿匪總部總司令蔣介石：停止剿共，實行抗日。

西安事變爆發。中共為了組成抗日統一戰線，極力斡旋，及時將逼蔣抗日政策轉變為聯蔣抗日。結果，蔣介石答應停止內戰、共同抗日而獲得釋放。

一九三七年二月十日，中共中央致電國民黨五屆三中全會，提出「停止內戰，一致對外」等五項要求、四項保證。十五日，中國國民黨五屆三中全會在南京召開。馮玉祥同宋慶齡、何香凝等十三人提出《恢復孫中山先生手訂聯俄聯共扶助農工三大政策案》。廿二日，國民黨五屆三中全會結束。全會接受國共合作的提議，抗日民族統一戰線初步形成。

四、歸國

一九三五年十月至一九三七年二月，宋斐如第二次留學日本期間，還在中山文化教育館編行的《中山文化教育館季刊》和《時事類編》半月刊，以及《中法大學月刊》等國內期刊發表了以下文論：

一九三五年：

十月，〈現代獨裁政治的分析〉載《中山文化教育館季刊》冬季號（第二卷第四期）。

十一月一日，〈日本重臣集團論〉載《中法大學月刊》第八卷第一期。

一九三六年：

三月一日，〈最近世界貿易動向與各國的貿易政策〉載《中法大學月刊》第八卷第五期。

---

16 前引井上清、鈴木正四《日本近代史》，頁五七九。

17 前引劉和平主編《中國近現代史大典》，頁一七五。

18 前引《馮玉祥日記》第四冊，頁六六六。

六月一日，筆記〈日本國家機構及其動向〉載《中法大學月刊》第九卷第二、三期。

十一、十二月，賴阿佐夫〈日本社會教育的批判〉譯文載《時事類編》第四卷第二十、二十一期。

一九三七年：

一月，〈日本戰時經濟編制中的原料問題及其政策的動向〉載《中山文化教育館季刊》春季號。[19]

到了二月，隨著中國抗日民族統一戰線初步形成，宋斐如就迫不及待地從東京歸國，投入即將展開的全國人民的抗日戰爭行列。

一九三五年十月宋斐如〈現代獨裁政治的分析〉載《中山文化教育館季刊》冬季號（第二卷第四期）。

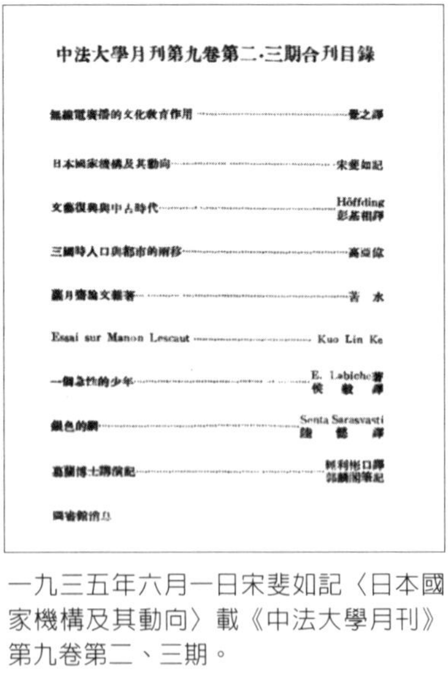

中法大學月刊第九卷第二·三期合刊目錄

無線電廣播的文化教育作用……璧之譯

日本國家機構及其動向……宋斐如記

文藝復興與中古時代……Höffding 彭基相譯

三國時人口與都市的兩移……高亞偉

藏月齋論文雜著……苦水

Essai sur Manon Lescaut……Kuo Lin Ke

一個急性的少年……E. Labiche著 侯[illegible]譯

銀色的網……Senta Sarasvati 陸[illegible]譯

嘉蘭博士講演記……[illegible]口譯 郭麟閣筆記

圖書館消息

一九三五年六月一日宋斐如記〈日本國家機構及其動向〉載《中法大學月刊》第九卷第二、三期。

19 梁汝雄、張雅芳整理〈宋斐如著作年表〉，前引《宋斐如文集》卷五，頁一六一四。

第六章

抗戰爆發前後的動態

（一九三七年二月—一九三七年十二月）

一九三七年二月廿八日，從日本歸國的宋斐如在南京面見甫就任軍事委員會副委員長的馮玉祥將軍，報告「在東京的近來情形」，也提到他與孫科主持的中山文化教育館的合同即將在三月期滿的問題。[1]言外之意，當然是希望馮玉祥能夠幫他解決未來的工作問題吧。

一、向馮玉祥報告日本見聞

三月三日，馮玉祥與宋斐如等八人共用午餐。宋斐如談了些日本社會「大量賣兒賣女，大量向外租十八歲的女兒，租不出去」的「困難情形」及「日本軍閥之罪惡」。[2]因為受到一九二九年以來的世界經濟危機的直接打擊，一九三一年前後日本陷入空前嚴重的經濟危機之中，而受總危機影響最深刻的又是農業部門，以致造成農村貧困、農家出賣女兒日漸增多的悲慘狀況。[3]可以想見，這種出賣女兒的「困難情形」，在宋斐如留學日本期間並沒有消解。

三月四日，馮玉祥再見宋斐如，「談他以後之工作的辦法」，「商妥了三事：一、準備報告在日本所見聞的一切事件；二、對於我（馮玉祥）的研究改進；三、研究室此後的進行。」宋斐如又與馮玉祥商議了關於「出去走走」，及「劉回來」的事情，「更說到他去同陳豹隱先生一談之所以然。」[4]這裡的「劉」，應該是指離開泰山後前往日本的劉思慕。據悉，劉思慕在東京期間曾經翻譯《歌德自傳——詩與真》和撰寫《亡國者的悲哀》等作品發表。可以想見，宋斐如留日期間必然也與劉思慕保持往來。至於陳豹隱先生，當時還在北大。馮玉祥的日記顯然透露，在自己已經出山任事的情況下，有意邀請這兩位讓他印象頗好的左翼人士前來，共同為即將展開的抗日戰爭貢獻心力。

三月五日，馮玉祥回安徽巢縣祭祖。二十日，宋斐如也來到巢縣，向馮玉祥報告研究室的進行情形。廿三日，馮玉祥又請宋斐如談了兩次「他在日本的見聞」，同時認為他說得「很有條理」，並且「記之如下：一、日本輕視中國；二、中國的學生太自害自己了；三、好的學生很不少；四、在某次大會上，有中國學生唱梅蘭芳的戲，使人輕看；五、又有洋服學生挾了紅衣女子在街上走，日人很輕視的，然他還覺得很有意思的；六、日本左派如……等，多無故被抓，至今無放出來，其待人，用火燒博士們，是真的；七、日本憲兵警察無不知法，然對中國人不合用，因為中國人不配用的；八、日本右派人們更輕視中國人。」[5]

關於日本當局針對左派的鎮壓，遠的不說，一九三一年九一八事變以後是非常殘酷的。首先，從一九三二年十月集體逮捕正在展開反戰鬥爭的日共全國代表的「熱海事件」開始，大逮捕一直持續進行著。據一九三三年七月日本司法省發表的數據，日本全國共產黨事件牽連者一共有一千七百六十二人。其中，領導者岩田義道（一八八八—一九三二）、革命作家小林多喜二（一九〇三—一九三三）與重建後的領導人野呂榮太郎（一九〇〇—一九三四）等也因警察的拷打刑訊而陸續死於獄中。在日共影響下的日本勞動組合全國協議會和全國農民組合內部的全國會議派，也因為不斷的鎮壓和特務從內部破壞，從一九三三年後半年起停止活動。一九三四年，作為無產階級文化運動統一組織的日本無產階級文化同盟（簡稱科普，一九三一年十一月成立），也由於它的主要活動家被捕而完全陷於癱瘓狀態。到了一九三五年二月，日共的組織活動也就被迫告終了。[6]

---

1 前引《馮玉祥日記》第五冊，頁六九。
2 前引《馮玉祥日記》第五冊，頁七五。
3 前引藤原彰《日本近現代史》第三卷，頁三九。
4 前引《馮玉祥日記》第五冊，頁七七。
5 前引《馮玉祥日記》第五冊，頁七九、一〇一、一〇五。
6 前引藤原彰《日本近現代史》第三卷，頁四二—四三；《近代日本思想史》第三卷，頁卅九。

三月廿四日，宋斐如再向馮玉祥談「日本見聞」，之後又向馮玉祥提了好幾點意見：「一、努力抗日；二、同情青年；三、促成政府抗日與人民感情日親；四、與學者有些交通；五、有一研究團體及刊物。」馮玉祥認為，這些意見「均甚重要」，並說「贊成到廣西走一次」。午後，他又向馮玉祥談到「日本的近況」。

三月廿七日，早上九時，馮玉祥再同宋斐如「詳談抗日救國的實施辦法」；「談後又請宋（斐如）、董（志誠）二位仔細談談如何辦法為好，其中主要之點如何。」

三月廿八日，馮玉祥又同宋斐如談了很多話，主要內容是：「一、擁護中央抗日；二、擁蔣抗日；三、和睦各派；四、自己真幹。」

四月一日，馮玉祥同宋斐如「談日本封建之色彩甚為濃厚」。[7]

二、續任南京中山文化教育館研究員

從《馮玉祥日記》所載內容可知，在他幫宋斐如解決工作問題之前，宋斐如就暫時留在他身邊，繼續主持研究室的工作。

四月一日，馮玉祥為宋斐如「找事」而給孫科寫了「一封介紹信」。

四月二日，早上七點，宋斐如與賴亞力一同「啟程，回南京去。」[8]

四月二十日，馮玉祥到蘇州（廿一至廿三日日記缺漏）。廿四日，回到南京，並於早上九點到十一點半在曉庄開討論會。宋斐如報告「日本此次之政變」（「二二六」事件），到的人還有劉允丞、賴（亞力）、董（志誠）、鄭君、王及李德全，「其大要如下：一、日本軍部為特別勢力；二、日財閥在軍部之後；三、一切辦法以軍為先；四、政黨有點勢力，不過是不很大；五、歸期仍以軍部之主張為主張；六、對中國之辦法，表面上改換一點，內容仍舊；七、中國既不能與之開仗，此時可分二步辦理：甲、凡與中國有利的事，可與之談，否則不談。乙、刻刻須準備大戰而不懈怠；八、孫哲生先生之談話。」[9]

四月廿六日，早上九點，馮玉祥「到峨眉路開討論會」，並在賴亞力報告「日本與中國近況」之前，「先把今天早起馬超俊先生來的話說了一遍：……宋先生為研究員，不久可為一組長。」

四月三十日，馮玉祥又在日記上「查查這一個月辦了什麼事」時寫道：「宋端華先生有了事很好，真是不易之事也。」[10]

顯然，通過馮玉祥的介紹，宋斐如終於在一九三七年四月廿六日這天確定得以在孫科主持的南京中山文化教育館研究部續任研究員，而且很快可以升任「組長」。我們在宋斐如遺物當中也看到，同年五月卅一日，中山文化教育館理事長孫科聘請宋斐如為該館「研究部研究員」的「聘書」載明，「月薪貳百元整，有效期間自民國二十六年七月一日起至二十七年六月三十日止」。

三、譯介內田穰吉《日本資本主義論戰》

一九三七年五月，宋斐如正式續任南京中山文化教育館研究員的同時，又譯完在東京時購讀的內田穰吉的《日本資本主義論戰》，並且寫了一篇「將近萬言的長序」。

一九三一年，為了「對日本資本主義的條件、本質特徵、各種基本矛盾進行全面的分析和根本性的研

---

7 前引《馮玉祥日記》第五冊，頁一〇六—一〇七、一一〇—一一二、一一七。
8 前引《馮玉祥日記》第五冊，頁一一七—一一八。
9 前引《馮玉祥日記》第五冊，頁一四四—一四五。
10 前引《馮玉祥日記》第五冊，頁一四七、一五二。

究」，日共領導人野呂榮太郎和岩田義道組織指導東京帝國大學出身的山田盛太郎（一八九七—一九八〇）、平野義太郎（一八九七—一九八〇）與東京高等商業學校（今一橋大學）畢業的大塚金之助（一八九二—一九七七）等日本馬克思主義經濟學者，動員日共系統的無產階級科學研究所和產業勞動調查所的主要人員，合作編寫《日本資本主義發展史講座》。經過將近一年時間的努力，一九三二年五月開始刊行，一九三三年八月全七卷刊行完畢。講座叢書的執筆者群體用馬克思主義理論作指導，具體分析日本資本主義的發展過程，強調明治維新只是改朝換代，雖然明治政府推行產業革命，但依然是具有封建地主階級性質的政權，從當時的社會經濟結構來看，日本還是半封建的資本主義社會，所以日本社會的課題還是要進行反封建主義的革命。相對而言，圍繞在自稱為「正統的馬克思列寧主義」的《勞農》雜誌（一九二七年十二月，山川均和荒畑寒村等創刊）周圍的知識群體，卻認為明治維新是資產階級革命，經過明治和大正時期的產業發展，日本已經是資本主義社會，因此日本社會需要的是社會主義革命。[11]日共因此稱它為「左派社會民主主義者」的「勞農派」。「勞農派」的理論家們隨即從他們的「社會主義革命一段論」立場出發，批判《日本資本主義發展史講座》。面對「勞農派」的攻擊，儘管幾經鎮壓後正處於階級鬥爭低潮期，日共「講座派」的理論家們仍然毫不示弱，通過合法的學術報刊還擊，展開了一場公開的「日本資本主義論戰」。《日本資本主義發展史講座》「用馬克思主義理論對日本資本主義進行全面的、系統的分析，取得了前所未有的高水平的成績。其中，尤其是在論證日本資本主義的封建性這點上，大體上是具有一致性和一貫性的，從而為資產階級民主革命這一戰略課題提供了科學根據」。[12]它批判「勞農派」的觀點，從學術上支持了日共的《三二年綱領》，為日共的「由民主主義革命轉變到社會主義革命的兩個階段革命論」提供了理論根據。[13]

宋斐如認為，認識日本資本主義是相當艱難的工作，所以日本各派學者經過多年的論爭還沒有得到一個最正確的定論，就是近年來特別注意日本研究的蘇聯著作界的看法也經常改變。這種事實也反映在日本各派學者對日本資本主義本質的分析。其中，「勞農派」的作品散亂，較難給讀者有系統的觀念。「講座派」雖然在《日本資本主義發展史講座》系統地剖述了這個問題，並且就其主要部分出版了山田盛太郎的《日本資本主義分析》、平野義太郎的《日本資本主義社會的機構》，以及小林良正（一八九八—一九七五）的《日本產業的結構》等有價值的專書，但也因其「敘述法的難測」和「問題本身的複雜性」，致使讀者在讀過之後仍然不易瞭解問題的本質。所以，內田穰吉《日本資本主義論戰》問世的前一晚上，他得到朋友通知就充滿期待，第二天立刻上街購買，同時花了半天工夫，一口氣讀完「以平易通俗的筆法」寫作的這本書。

宋斐如指出，儘管內田穰吉《日本資本主義論戰》「只集中於經濟組織的方面，而完全忽略了政治制度及社會機構的剖述」，以致不能讓讀者「窺見日本資本主義的全豹」，對讀者還是有兩點極有價值與意義的貢獻：第一，它以平易通俗的筆法介紹了「講座派」那幾本有價值卻相當難懂的主要著作，可以作為「講座派」關於日本資本主義本質研究的導言。他認為，如果山田以下「講座派」的著作是《資本論》的話，內田的這本著作就是德國社會民主黨和第二國際首領之一，同時也是《資本論》第四卷編者考茨基（一八五四—一九三八）的《資本論通論》（通俗論述）。如果《資本論通論》的價值不可抹煞，那麼這本書也自有它的價值。第二，它「帶有批判眼光」介紹了日本左翼的「講座派」和「勞農派」數年來關於日本資本主義的論爭。由於它對兩派的立論都隨時加以嚴格的批判，並盡量忠實介紹兩派彼此的批判，不但可以幫助讀者瞭解兩派

---

11 孫傳釗〈軍國主義統治下左翼知識分子的幻想〉（評介小林英夫、福井紳一《滿鐵調查部事件的真相》），二〇〇五年六月號《廿一世紀雙周刊》。

12 那庚辰譯，近代日本思想史研究會《近代日本思想史》第三卷（北京：商務印書館，一九九二年），頁二七、三七—三八。

13 何承艱等主編《馬克思主義人物辭典》（北京：中國廣播電視出版社，一九八九年），頁七、一〇〇。

的理論及異同，並且可以因此大概理解日本資本主義的特質，以及那些還沒有理清的問題。

由於相關問題在中國還沒有更具體的介紹，基於打倒日本帝國主義首先要「研究敵情，認識敵人」的深刻體會，宋斐如於是不辭辛勞，翻譯內田穰吉的《日本資本主義論戰》，交由上海雜誌公司印製發行，希望能夠把它介紹給中國讀者，更希望能夠引起研究日本問題的人多加注意。然而，因為七七抗戰爆發，上海與南京相繼棄守，延遲了出版時間；後來，上海雜誌公司撤退到武漢時又把已經打好字的紙版遺失，因而一直拖延到一九三九年二月才正式問世。[14]

四、譯介日本的思想界與思想家

一九三七年，從日本歸來到抗戰爆發前，宋斐如也在南京中山文化教育館編行，梅汝璈主編，台灣籍的李萬居等六人編輯[15]的《時事類編》半月刊上發表了幾篇有關日本研究的譯介文章：二月，第五卷第四期，戶坂潤〈三木清論〉與瀧本英雄〈日本憲法論〉（上）。三月，第五卷第五期，瀧本英雄〈日本憲法論〉（下）。六月，第五卷第十一期，戶坂潤〈日本思想界及思想家〉。[16]

這裡，值得特別注意的是戶坂潤（一九〇〇—一九四五）以三木清（一八九七—一九四五）為代表的兩篇有關日本思想界的譯介文章。這兩篇文章選自他對一九三〇年代流行於日本的主要思潮——日本主義、法西斯主義和自由主義展開辛辣批判的論文集《日本意識形態論》。我們首先從作為戶坂潤前輩的日本的「時代寵兒」三木清談起。

三木清生於兵庫縣一個半農半商家庭，一九一四年入第一高等學校，中學時代，正值日本資本主義上升期，所以「對待一切事情都處之以事業心和冒險心」，「相信自己要做的事情，不管怎樣都能做到」，「任性而頑強地」幻想從事「一切引人注目的職業」，後來因為深受西田幾多郎（一八七〇—一九四五）的

《善的研究》影響而決心學哲學。一九一七年，他打破從一高到東大的升學慣例，進入西田講學的京都帝大哲學科。當他在相對平靜的京都帝大校園過著和平生活時，外頭的社會已經開始發生大變化：乘著第一次世界大戰的機會，日本資本主義迅速發展，思想界也隨著出現種種新現象。例如，一九一八年底，東京帝大成立了一個左傾的團體新人會；一九一九年，《改造》雜誌和大山郁夫等人辦的《我們》創刊等等。每個月都看這些雜誌的他也感到某種大的浪潮正在湧來。一九二〇年京都帝大畢業那年，前所未有的總危機襲來。過了兩年，即一九二二年五月，這位京都帝大建校以來「前所未有的秀才」前往德國海德堡，就學於新康德主義（Neukantianismus）弗萊堡學派頭面人物，因為試圖把德國古典哲學創始人康德（Immanuel Kant，1724-1804）的先驗哲學運用於社會歷史領域而風靡日本哲學界的李凱爾特（Heinrich John Rickert, 1863-1936）。一年後又去馬堡學古希臘哲學家亞里士多德（公元前三八四—三二二）的思想，「幾乎完全接受了海德格爾教授（Martin Heidegger, 1889-1976）的影響」。通過在外國的體驗和讀書，他知道了「同時代的新感覺派青年作家們通過輸入、介紹過來的先鋒藝術所知道的，以及後來在大震災中所體驗到的一切」。一九二五年十月，他成為法國數學家、物理學家、哲學家、散文家帕斯卡爾（Blaise Pascal, 1623-1662）的信徒，從法國回到日本。第二年四月任第三高等學校講師。一九二七年移居東京，執教法政大學。隨後相繼發表了〈人學的馬克思主義形態〉、〈馬克思主義與唯物論〉等論文，在日本開創馬克思主義「哲學」部門。一九二八年秋，又同東京帝國大學史料編纂所「囑託」兼自由學園教員羽仁五郎（一九〇一—一九八三，

---

14 宋斐如〈介紹《日本資本主義論戰》〉；一九三九年四月《戰時日本》第二卷第二期，頁七五—七六。

15 一九三六年六月十六日《時事類編》第四卷第十二期版權頁。

16 梁汝雄、張雅芳整理〈宋斐如著作年表〉；前引《宋斐如文集》卷五，頁一六一四、一六一五。

一九二一至二四年曾赴德國海德堡大學師從李凱爾特學習歷史哲學），一起創刊左翼的《在新興科學的旗幟下》雜誌。

戶坂潤認為，在德國深受海德格爾影響並成為帕斯卡爾信徒而歸國的三木清是看到昭和初年馬克思主義的興盛而左傾的。他在〈三木清氏和三木哲學〉（一九三二年），也就是宋斐如譯的〈三木清論〉中寫道：「看到福本和夫的興起，好像使他的野心油然而生。記得他似乎說過，福本能做的我也能做這種高傲的話。他的直覺能力很強，立即看出當時沒有人可與他倫比，所以福本才得以占據新思想界……於是他馬上就以馬克思主義者自居起來。」

福本和夫（一八九四－一九八三），東京帝國大學政治科畢業，一九二二年由日本文部省派往德國法蘭克福大學留學，一九二四年回國後，在《馬克思主義》雜誌發表〈必須從扭轉山川氏的方向轉變論開始〉，批評當時日共領導成員山川均所採取的取消主義理論，並提出他的「理論鬥爭主義」與「先分離出先進分子然後再結合群眾」的左的理論。一九二六年參加「共產主義者集團」，同時當選重組的日共中央委員，擔任政治部長。他的「左的理論」於是在日共黨內占了統治地位，形成福本主義路線。

由於三木清的「馬克思主義」是大正文化中的「人格主義」在人學的形式下的具體化，並企圖從這一立場出發，對「社會科學」的馬克思主義賦予「哲學」根據，因此對多數年輕的知識分子讀者具有很大的魅力，從而相繼不斷地出現了諸如戶坂潤那樣的左傾的人。

一九二八年，佐伯峻平（一九〇一－一九五六，本名服部之總）在大山郁夫、河上肇主編的《馬克思主義講座》發表〈唯物辯證法和唯物史觀〉，同時對福本主義和三木清展開激烈批判。他指出「三木哲學」的唯心主義本質，震動了被三木的著作迷惑的人們。三木馬上在一九二九年二月《在新興科學的旗幟下》發表〈唯物論及其現實形態——批判的批判〉應戰。從此，日本左翼思想界出現了一場關於「三木哲學」的論戰。

與此同時，《改造》雜誌當月號也大書特書把三木清和新感覺派的小說家橫光利一（一八九八－一九四七）捧為「時代新人」。四月十六日，日共遭受大鎮壓。三木與羽仁五郎的「新興科學社」參與了重新組織馬克思主義科學的運動，並於十月成立「無產階級科學研究所」。論戰也因此暫時停止。到了一九三〇年，論戰又在《思想》、《無產階級科學》等雜誌激烈展開。同年五月，三木清以「共產黨的同路人」罪名被捕，拘留六個月。他的「馬克思主義時代」從此結束。

通過「三木哲學」批判，日本思想界也在一九三〇年結束了河上肇以來的「唯物史觀」思想時代，開始進入「辯證唯物論」的開拓時期。

一九三一年九一八事變爆發後，日本法西斯化的進程加快腳步。

一九三二年三月，日本當局對左翼文化運動又伸出鎮壓的魔手。五月，日共發表「三二年綱領」，對「滿洲事變」表明了態度。九月，「無產階級科學研究所」改組為從事群眾啟蒙運動的「無產階級科學家同盟」。面對法西斯主義和軍國主義的猖狂進逼，戶坂潤等四十名進步的科學家們認識到有必要進一步擴大戰線，於是在十月「以不脫離現實的課題來研究自然科學、社會科學及哲學中的唯物論和有助於啟蒙為目的」，發起成立了「唯物論研究會」，並於十一月創刊《唯物論研究》雜誌。該會成立以來又編輯出版了《唯物論全書》（全五十卷），不但顯著提高了日本思想界的唯物論水平，並且把唯物論思想滲透到學生、知識界。

作為唯物論研究會主要領導人，戶坂潤的求學經歷走的也是從第一高等學校到京都帝大的「三木清路線」。他不但是三木清京都帝大哲學科的晚輩，也受三木的影響而成為馬克思主義者。一九二四年大學畢業。服完兵役後於一九二九年任大谷大學教授。一九三〇年五月三木清因共產黨同路人事件辭去法政大學教職。戶坂於一九三一年接任法政大學講師。他的思想初受反對唯物主義思潮的新康德主義影響，後來逐漸轉向唯物主義。為了支持唯物論研究會的實踐活動，從這時起，他才開始積極從事評論活動，而且作為一個社會活動家展開多方面的活動。他非常重視並強調批判主義、合理的批判精神；批評的主要對象則是已經活躍起來的日本法西斯主義和它的支柱日本主義思想體系。

當時，許多日本知識分子批判法西斯主義卻不批判日本主義和宗教主義，而且熱烈擁護自由主義。戶坂則緊緊抓住日本自由主義的特殊性展開批判。他說，日本的自由主義剝離了原屬的經濟和政治範疇，通過宗教意識為媒介，轉變為一種「宗教主義」，並與日本的絕對君主制結合而產生日本主義，最終蛻變為「法西斯主義」。從自由主義蛻變為法西斯主義的過程中，「文學主義」是一個重要的文化現象。一九三三年，無產階級文學運動遭到當局鎮壓而退潮。同年十月，從個人主義藝術主義的立場出發的《文學界》（第二次）創刊，針對無產階級文學運動中出現的政治化傾向，提出要擁護純正的文學權利，於是，在創作上，一度被無產階級文學否定的私小說隨著「轉向文學」的產生復甦了，在審美取向上表現為回歸傳統美學。另一方面，在思想界和社會科學研究方面也出現回歸傳統價值觀的傾向。而這些動向被稱為「文藝復興」。但是，戶坂潤認為這些現象非但不是「文藝復興」，反而是正在危險地滑向法西斯主義。因為西洋的「文藝復興」的核心是恢復人的理性精神，但日本「現在的『文藝復興』與之完全不同，復興的只有宗教、神學和形而上學等」，而以對抗西洋文明為名，要打倒的卻是科學精神。因此他譏之為「文學主義」。

宋斐如翻譯的〈日本思想界及思想家〉集中表現了戶坂潤最主要的批判觀點：

> 文學主義本來是相當於文學的自由主義的一種。原來日本的近代文學依其對封建道德的觀念的批判任務而一般以自由主義為本流……豐島與志雄、廣津和郎、菊池寬是最有意識的自由主義者。不安文學的一派人，乃至比較積極的發動主義的一派人，也都屬於自由主義者。並且這個自由主義的意義本身就是文學的，必定是決定地和政治行動上的自由主義（這種自由主義是必然發展到民主主義的追求）分離的自

由主義。即令政治上的自由主義在這裡也不過是完全的超政治的文學概念的自由主義。——但是這種文學的自由主義意料之外的，有與法西斯主義相通之道。所謂能動精神有此危險性是今日差不多一切人所警戒的地方。不安文學等也都經過良心及人間性到達道德的宗教。一切意義上的宗教現在的作用，自客觀上說來實際已經不是自由主義了。

戶坂潤在〈論現代主義文學〉（一九三四年）又「極其大膽而坦率」地批評同日本法西斯化過程有一定關聯的昭和初年以來的「現代主義」潮流的「現代主義文學」：

現代主義文學之所以首先被近代資本主義消費和生產的絢爛外貌所迷惑，當然是由於它的宿命，但同時也不能不說這是它致命的要害所在……而最壞的則是為了反對（專事揭露資本主義生活或隱或現的本質的）馬克思主義文學運動。企圖在純文藝或新興藝術名目下進行反動運動或逃避現實的人，就是這個感覺主義現代派的幹將。更為惡劣的是，現代主義的這種感覺主義卻成為一種感傷主義，而且一貫追隨報刊雜誌等報界所煽起的煽情主義，從狹隘性出發，專門強調現代的新奇事物的感傷性一面。

在戰爭危機逐漸加深的昭和十年代的日本，作為站在馬克思主義立場上的評論家，戶坂潤所面臨的任務始終是批判、攻擊日本法西斯主義的擴大化。然而，曾經影響過戶坂潤的三木清，出獄後卻回頭去寫畢業論文以後的課題《歷史哲學》（一九三二年出版），並在「滿洲事變」後日本知識分子階層增長起來的精神「不安」的氣氛中，寫了早在他留學德國時期就深入接觸、共鳴，並受其影響的有關「不安」的哲學論文。

一九三三年年初，三木清過去的老師海德格爾被任命為弗萊堡大學校長。一月三十日，阿道夫・希特勒

（Adolf Hitler，1889-1945）掌權。不久，海德格爾加入了納粹黨。同年七月，三木清針對納粹黨破壞文化以及戰爭迫在眉睫的危險，團結了一批自由主義文化人，組成以保衛學術思想自由為目的的文藝自由同盟，通過舉行講演會和研究活動，推展反法西斯的啟蒙運動。可是，戶坂潤並不相信「解釋家三木清的人道主義的群眾性」（〈三木清氏和三木哲學〉）。他認為，在日本馬克思主義「低潮期」出現的「人學主義」、「不安哲學」、「文學上（文化上）的自由主義」等流行的思潮，都是從各個方面同那種「現代意識」結合所帶來的結果；它們中的任何一種，都不過是「與民眾的社會生活隔絕的文化人在其自我意識基礎上產生的文化心理狀態」，絲毫不能抵制法西斯化進程。

隨著日本法西斯勢力的加強和日益瘋狂，三木清的「人道主義」立場一度被視為危險思想。但是，一九三六年十一月第二次近衛內閣成立「昭和研究會」，他卻應邀成為該會骨幹，為軍部和右翼法西斯提出的「東亞新秩序」加以「理論」化。一九三八年二月，所屬成員並不都是馬克思主義者的「有節操的知識分子組織（的）活動據點」唯物論研究會被迫解散。之後，不少人隨著形勢惡化而動搖甚至掉隊。作為一名戰鬥的唯物主義者的戶坂潤於是與部分成員成立了「學藝發行所」，以新的形式支持《唯物論研究》雜誌。後來，三木清與那些「人道主義者」作為智囊團與近衛「新體制」的合作終究被歷史證明失敗了。大戰末期，三木疏散到埼玉縣，撰寫《親鸞》和《西田哲學批判》，又以違反治安維持法嫌疑被捕。戶坂潤則一直勇敢地、頑強地在意識形態鬥爭中奮戰到底，一九四五年終於死在獄中。三木清也在戰爭結束後的九月廿六日死於拘留所。[17]

筆者雖然沒有讀到戶坂潤的〈三木清論〉與〈日本思想界及思想家〉日文原作，但是從上述以三木清及戶坂潤為主的有關日本思想界的動態發展，大體也可以理解，宋斐如要在日本帝國主義全面侵略之前向中國讀者介紹日本的思想界與思想家概況的用心。

五、抗戰爆發與抗日民族統一戰線正式形成

一九三七年六月一日，宋斐如與正中書局薛德焴陪同馮玉祥到國立編譯館，面見館長陳可忠與前館長辛樹之（時任陝西興平農業院院長），然後再到正中書局參觀。雖然所談何事未見記載，但五月三日，馮玉祥曾與薛德焴談過「中學本國史的事」，因此恐怕還是與抗戰的文化出版有關吧。[18]

六月底，宋斐如去了一趟北平。這時，他已察知各方面的傾向，特別是「日本帝國主義於五、六月間就已在華北安排好炸彈，準備把華北幾省一下炸變了顏色」。果然，他回到南京不到一星期的七月七日，日本帝國主義即藉口「預定好的陰謀」而製造了蘆溝橋事變。[19]第二十九軍二一九團團長吉星文（一九一〇—一九五八）指揮該團奮起抵抗。第二天，蔣介石電令冀察當局：「宛平城應固守勿退。」中共中央也發表通電指出「中華民族危急！只有全民族實行抗戰，才是我們的出路！」十日，日軍繼續向盧溝橋一帶中國守軍進攻，擴大事態。十五日，周恩來向國民黨交付〈中共中央為公布國共合作宣言〉。十七日，以蔣介石與周恩來為代表的國共兩黨在廬山進行第二次國共合作談判。蔣介石對外發表談話，表明中國已到最後關頭，「如果戰端一開，就是地無分南北，年無分老幼，無論何人，皆有守土抗戰之責任」。十九日，蔣介石在廬山續與周恩來等共產黨代表開談話會，允許承認陝甘寧邊區。二十日，國民政府軍委會把全國劃分為四個戰區。

---

17 前引《世界歷史辭典》，頁九〇、一一六；藤原彰《日本近現代史》第三卷，頁四三、四五；《近代日本思想史》第三卷，頁四二、四九—五四、六八—七五、七八—七九、一四六。王志松〈日本馬克思主義文藝理論在中國的譯介〉，《東北亞外語研究》，二〇一五年第二期「抗戰勝利七十周年紀念：越境的無產階級文學」，頁一四。

18 前引《馮玉祥日記》第五冊，頁一八五、一五四。

19 前引《宋斐如文集》卷三，頁八七五—八七六。

廿七日，原先一味委曲求全的第廿九軍軍長宋哲元向全國發出守土通電。廿九日北平淪陷。三十日天津失守。

八月八日，蔣介石發表《告抗戰全體將士書》，鼓勵全體將士忠勇奮發，盡保國保民之責，以復興民族。十二日，國民政府在南京召開國防會議（中共紅軍代表周恩來、朱德、葉劍英及國民黨各省軍政長官出席）及黨政聯席會議，決定推蔣介石為陸海空軍大元帥，以國民政府軍事委員會為抗戰最高統帥部。十三日凌晨二時日本海軍陸戰隊進攻上海，發動淞滬戰爭。十四日，國民政府發表〈自衛抗戰聲明書〉。十五日，日本近衛首相發表以「懲罰中國軍隊的暴虐」為目的而採取「斷然措施」的聲明，並決定向華中派遣陸軍，展開侵略中國的全面戰爭。馮玉祥為了在上海方面對日本作戰而在蘇州就任第三戰區司令長官並成立司令部。十七日，日本政府放棄所謂「不擴大」方針，向中國發動全面的軍事進攻。十八日，蔣介石發表《告抗戰將士第二書》，指出以持久戰、消耗戰打破日軍速戰速決的企圖。廿一日，《中蘇互不侵犯條約》在南京簽訂。廿二日，國民政府軍事委員會發布命令，正式將西北紅軍改編為國民革命軍第八路軍；中共中央在陝北洛川召開政治局擴大會議，並於廿五日通過了《抗日救國十大綱領》。三十日，國民政府向國際聯盟控告日本對中國的侵略。卅一日，日本成立華北方面軍，參謀本部下達河北省中部作戰命令。

九月五日，日本首相近衛宣稱對中國要「積極而全面地給以重大打擊」，「日軍對華將長期作戰」。六日，中共陝甘寧邊區政府成立。九日，國民政府成立國防最高會議，蔣介石任主席。十二日，國民政府要求國聯根據盟約採取必要行動；八路軍改稱為國民革命軍第十八集團軍。十三日大同失陷。前後兩個月，包括天鎮戰役、平型關戰役、忻口戰役、娘子關戰役和太原保衛戰的太原會戰拉開序幕。廿二日，國民黨中央通訊社發表周恩來起草（七月四日）的〈中共中央為公布國共合作宣言〉。廿三日，蔣介石發表〈為國共合作宣言〉談話，承認中國共產黨的合法地位和合作抗日。第二次國共合作。全國抗日民族統一戰線正式形成。

六、出版抗戰叢刊

宋斐如任職的中山文化教育館研究部，自稱抗戰「不敢後人」，「平時根據總理遺教，研究國際上種種問題及復興民族各種方策，對於敵人內部的問題及抗戰時的各種策略尤為注重。」歷經兩個月的抗戰之後，該部宣稱：「野蠻殘暴的日本帝國主義者，又在屠殺我們的同胞侵占我們的領土了。它的野心，不但在於亡我國家，滅我民族，並欲進而獨霸東亞征服世界。我們為求民族生存，為達世界和平目的，被逼而出以全面抗戰。在這全面抗戰的過程中每個人及每個團體都要盡它救亡禦侮的責任。」同時強調「要保障最後的勝利，抗戰指導者要多努力於下列幾種工作：（一）分析敵人的虛實，暴露敵人的弱點，使全國人民家喻戶曉，以增強我們民眾抗戰的決心及力量。（二）宣布敵人的陰險、殘暴和蠻橫，以增強民眾的同仇敵愾心理，鞏固我們的民族自衛營壘。（三）暴露侵略者的罪狀於世界人類之前，使天下人皆知有共滅此人類蟊賊之必要，共棄此瘋狼似的日本帝國主義。（四）研究及計畫全面抗戰的方策，把偉大的人力和豐富的物力總動員起來，做成精密的組織，使我們抗戰的營壘變成『金城湯池』一般，以達最後的勝利。」因此，「為了上述幾種迫切的要求」，決定編印出版「抗戰叢刊」，以「供抗日民眾及民眾指導者參考」。[20]

宋斐如於是懷著滿腔熱情為發動民眾、宣傳抗日而努力寫作，並且由中山文化教育館出版了兩本「抗戰叢刊」。

一九三七年十月，宋斐如的《戰時日本工業的危機》作為中山文化教育館編印的「抗戰叢刊」之一首先

20 中山文化教育館研究部〈抗戰叢刊緣起〉，收錄於宋斐如《九國公約會議與我們應有的鬥爭》（南京：中山文化教育館編印，一九三七年十二月初版），頁一、二。

出版。他說，這可以說是剖述日本問題的一本專書，析指日本工業經濟存在著原料資源、市場與勞動力等三種特殊危機，雖只限於剖述工業部門，但卻道破了日本經濟最重要而又最為脆弱的部分；它的特點在於，由工業的基本構成談到工業危機的具體條件，更談到工人惡劣生活的影響。

也許是通過從東京歸國後任職上海國際宣傳委員會的劉思慕的推薦吧！一九三八年，國際宣傳委員會決定將《戰時日本工業的危機》譯成英文，向國外擴大宣傳，同時要求「補述中日大戰爆發後日本工業危機的發展」。宋斐如於是以「一九三七年十月以後的材料」續補一章，並以〈日本侵略戰爭中工業危機的發展〉為題，發表於一九三八年六月《中蘇文化》抗戰特刊第二卷第二期。[21]

宋斐如再次強調，侵略中國的戰爭爆發以後，日本工業經濟已經完全暴露三種特殊危機，而且比平時所規定的更加複雜深刻。他認為，除了上述三大原因之外，還有幾種原因也足以危害日本的工業生產，例如，物價高漲，資本缺乏，關稅加重，以及畸形發展壓迫中小工業等等，都是戰時日本工業的嚴重問題。最後，他明確指出，日本軍閥政府曾經想盡所有花樣，試圖解決日本侵華戰爭引發的工業危機：為了開拓日貨輸出的前途，它掠奪天津及秦皇島的海關，擅改稅率，也強攫上海海關的支配權；它又企圖通過開發華北及華中，以補救資源缺乏及被封鎖的危險。但是，在我們全國一致抗戰到底的堅持下，日貨在華的市場是無法恢復的，它的一切辦法無論如何是不會有效的。日本工業生產的危機只有一天天加深罷了。他相信，就像美國議員畢德門所說，只要世界各國停止與日本的商務關係，各國政府及人民為正義公理而對日本加以經濟制裁，那麼，「不需一兵一卒，即可使日本就範。」[22]

宋斐如在中山文化教育館出版的第二本「抗戰叢刊」是《九國公約會議與我們應有的鬥爭》。

第一次世界大戰後，勝利的帝國主義列強（協約國集團）為解決戰爭所造成的問題以及奠定戰後的和平而召開巴黎和平會議（Paris Peace Conference, 1919）。和會在英、法、美等大國操縱之下通過簽訂處置德國的《凡爾賽和約》，以及分別同奧、匈、土等國簽訂的一系列和約，在歐洲、西亞和非洲構建了「凡爾賽體系」，確立了由英、法、美等主要戰勝國主導的國際政治格局。與此同時，又通過籌組國際聯盟，企圖建立理想的國際外交規範。

一九二一年十一月十二日，為了奪取凡爾賽體系尚未囊括的遠東、太平洋地區的霸權，美國發起召開以中國問題為中心議題的華盛頓會議（Conference of Washington, 1921-1922）。與會國有美、英、法、日、義、比、荷、葡、中等九國。為了與日本爭奪遠東霸權，打消日本獨占中國的機會，並為美國分沾侵略中國的利益作準備，一九二二年二月六日，美國等帝國主義與中國北洋軍閥政府簽訂《九國公約》（《九國關於中國事件應適用各原則及政策之條約》），規定各締約國「尊重」中國的主權、獨立和領土完整，遵守「門戶開放」和「機會均等」的原則。[23]

一九三七年八月三十日，國民政府向國際聯盟控告：日本對中國的侵略違反《九國公約》、《巴黎和約》和《國聯盟約》。九月十二日，中國政府要求國聯根據盟約採取必要行動。之後，國聯大會決定，十月底，在比利時首都布魯賽爾召開九國公約締約國會議，並邀請其他在遠東有特殊利益的國家參加。[24]

宋斐如得知消息後隨即執筆寫作《九國公約會議與我們應有的鬥爭》，並於十月廿八日脫稿。這本應該

21 宋斐如〈抗戰以來日本問題書籍總評〉，一九三八年七月《戰時文化》第一卷第四期；轉引《宋斐如文集》卷五，頁一四七九、一四八三、一四八四。
22 轉引《宋斐如文集》卷四，頁一一五八—一一七〇。
23 前引胡德坤、羅志剛主編《第二次世界大戰史綱》，頁七；劉和平主編《中國近現代史大典》，頁八八。
24 前引《世界歷史辭典》，頁一三三二。

說是有即時戰鬥性的小冊子總共三十三頁，主要內容包括：「召集九國公約會議的動機」、「會議前途的推測」和「我國應該怎樣鬥爭」等三章，以及「日本大陸政策與九國公約」和「九國公約全文」兩篇附錄。

宋斐如認為，自簽訂以來就「潛聲匿跡」的九國公約會議，竟然在日本帝國主義發動大規模侵華戰爭的時候召開，「當然不會是偶然的」。它是在我國全面抗戰與中蘇簽訂互不侵犯條約（八月廿一日），使得中國的「抗戰到底」有了客觀條件的形勢下，逼使在華利權大受威脅的美國不得不轉為強硬斥責日本帝國主義的對華侵略，從而提供機會，讓同樣為了保有在華既得利權而對日本帝國主義之侵華不加制裁、只願調解的英國，得以運用外交手段，主動發起召開此次會議，把處理中日問題的責任轉嫁給美國並增強自己的力量。他強調，只就九國公約的內容及英、美的態度考察已經可以測知，我們對會議前途不必存「過大的奢望」。但是，他引用立法院長孫科「與遠東政局有關係者為英美蘇聯三大國……中國唯一可找之朋友為蘇聯」的抗戰談話（七月三十日《申報》），進而指出，如果「能以實力制裁日本的唯一國家」蘇聯也被邀請參加會議，「或者可以討論出一個共同制裁日本帝國主義的具體辦法」。他同時預測，如果日本接受英國一手操弄的把戲而參加會議，那麼，此次會議的前途就將是「最可悲觀的」結果。

宋斐如也清醒地指出：九國公約是美國發起締結的，這次的公約會議是英國主張召集的；他們之所以出面干涉日本，主要目的在於保全自己的利益，所以「絕對不會幫助中國來制裁日本帝國主義」。他認為，在不可樂觀的形勢下，九國公約會議能否制定制裁日本帝國主義的辦法，「完全要靠我們主觀力量的鬥爭如何來決定」。因此，他主張，我們應該努力進行下列幾種鬥爭：「絕對反對調解，要求制裁」、「充實民族陣營，抗戰到底」、「調整國際陣容，制裁日本」、「積極促現太平洋集體安全制」、「要求國聯根據盟約制裁日本」。

最後，宋斐如引用了一段蔣委員長對美聯社記者的談話，作為全體中國人民對九國公約會議最堅決的宣示：「我人現正在奮鬥，並將繼續奮鬥，以期達到日本軍隊完全撤退之目的，俾吾人可繼續和平建設之計畫。

吾人自衛之決心始終一致，雖至戰士之最後一人，領土之最後一寸，亦不稍變更初志。非俟正義確立，條約重伸其尊嚴，吾人之抵抗決不停止。倘有關係之條約簽字國家，仍放任國際正義及法律之被蹂躪，使日本得繼續其殘暴之侵略，則無異贊助其敗我亡我之毒計……」。

十一月三日，討論日本侵華戰爭問題的九國公約國會議在布魯賽爾開幕。蘇聯作為特邀國參加了。日本和德國拒絕參加。十二日，會議進行期間，宋斐如於陵園寫完《九國公約會議與我們應有的鬥爭》自序，強調《九國公約會議與我們應有的鬥爭》的寫作重點在於「鬥爭」；同時指出「我們必須由各國的利害關係把握它們的外交方針，決定我們的對付辦法。現代已經是集團的時代了。整個世界分成幾個政治集團，行集團的鬥爭，我們若不認清自己所應歸屬的集團，不決定我們集團行動的路線，我們的外交也是要失敗的。」

在布魯賽爾的會議上，中國代表顧維鈞（一八八八—一九八五）提案要求：對日本，進行經濟制裁，停止提供貸款和輸出軍用物資；同時提供中國軍事援助。但是，英、美等國卻對日本採取妥協姑息立場而拒絕了。廿四日，歷時三周的會議結束。會議發表的宣言僅僅呼籲日本尊重《九國公約》所規定的原則，要求中日雙方停止敵對行動。這場宋斐如本就不寄予希望的國際會議，終因西方大國互相推諉，惟恐制裁日本損害了自己的利益而毫無結果地收場了。[25]

十二月，宋斐如辛苦寫作的《九國公約會議與我們應有的鬥爭》由南京中山文化教育館編印，上海雜誌公司漢口店總經售，無濟於事地問世了。此時，在美、英等西方大國對日綏靖政策的大大助長之下，日本已有恃無恐地將侵略的戰火從華北擴充到華中和華南了。

25 前引《世界歷史辭典》，頁一三二；胡德坤、羅志剛主編《第二次世界大戰史綱》，頁四三。

七、日本侵略戰爭所造成的社會經濟危機

除了上述四篇譯介文章之外，宋斐如後來又在同樣是中山文化教育館編行的《時事類編特刊》發表了幾篇時論文章。

根據一九三七年十一月十日第四期與一九三八年三月十六日第十一期的版權頁所載，該刊與《時事類編》同樣，主編是梅汝璈，副主編李孟達，編輯委員會委員除上述二人之外，在第四期還有宋斐如與李萬居等十一人，但是到了第十一期，他們兩人都不再掛名，而且只剩下六人。

宋斐如在《時事類編特刊》首先發表的文章是一九三七年九月十五日第一期的〈日本侵略戰爭所造成的社會經濟危機〉。他開宗明義指出，一九三一年九一八事變以來，日本帝國主義對中國的侵略、榨取，不但沒有減緩日本面對的危機，反而加深了各種內在的社會矛盾，以致六年來，財政困難增大，產業畸形發展加速，社會生活極度動盪，「日本全體國民的生活費負擔總平均約略增加百分之二十」（下層大眾甚至增加為百分之二四至三三）；而一般大眾的生活困難，又直接造成日本的社會經濟危機。他強調，財政困難與社會生活動盪，是日本步入準戰時體制以來，政治、經濟、社會及軍事各方面矛盾的集中表現，所以歷任內閣都想要克服這個基本矛盾。然而，「侵略戰爭正在為侵略者挖掘墳墓」，隨著「富於軍事性的日本資本主義——帝國主義又發動了一個更大規模的帝國主義侵略戰爭」，日本「專恃工農的血肉姑以維持的國際收入也會因戰爭之爆發而破壞無餘」；一切生產自然偏向於與一般社會生活毫不相干的各種軍需工業；而這種軍需生產不但與一般大眾所需的日常的生活資料「風馬牛不相關」，而且會抬高物價，讓日本的社會經濟危機更加無法克服。他確信，「日本軍費與國民生活的矛盾，日本侵略戰爭與社會經濟的對立」，終將導致日本帝國主義滅亡。他更站在國際主義工農聯盟的立場樂觀相信：隨著戰爭規模的擴大，日本的一般大眾，尤其是勞工

和農民，將更加「陷於水深火熱的悲境」，從而「覺醒過來，認清他們的真正敵人」，起來「爭取他們的自由和利益」，最終「造成日本前線的潰亂與後方的騷擾，日本帝國主義於是壽終正寢。」[26]

八、紀念九一八六周年

自從九一八事件發生以來，宋斐如已經先後發表過〈東北事件的經濟解釋——日本經濟的衰落與東北事件〉、〈東北事件與帝國主義戰爭〉、〈東北事件與日本社會革命〉、〈日本侵略下東省的農業生產〉與〈國聯調查團報告書的批判〉等相關的批判性文論。

《時事類編特刊》第一期發行的一九三七年九月，恰逢九一八六周年。在「民族敵人開始第二次大規模侵略及我國發動全面抗戰」的時期，在「和平已到根本絕望的時期」，宋斐如還是懷抱著喚醒同胞要有新的覺悟的心情，寫了〈九一八六周年〉和〈日本鐵蹄下東北同胞的生活慘狀——為紀念九一八而作〉兩篇文章，在《時事類編特刊》發表。

首先，在十月十日出版的《時事類編特刊》第二期發表的〈九一八六周年〉，宋斐如指出，日本侵略我國原為緩和內部的經濟危機及政治對立，但是，占領東北六年來，雖然已經投入高達二十幾億元的公私資本，結果迄今尚未獲利，不但資本家怨聲載道，軍部代言人也不得不暗中承認「滿洲移民大計畫」的失敗。所以，日本侵略我國，只能使社會內部的經濟危機和政治對立日益尖銳化；它實際得到的利益只有「強盜的搶奪權」罷了。但是，這種「強盜的搶奪權」，終究會因為我國全面持久的抗戰而「整個粉碎」。他認為，「以前敵人幾次冒險所以能僥倖成功者，完全由於我國一部分人的無抵抗和『恐日心理』。現在我國上下皆具『焦土

---

26 前引《宋斐如文集》卷四，頁一一四一—一一四七。

抗戰』的決心，並且戳穿了日本的紙老虎，為爭生存為求自由而壯烈鬥爭，最後的勝利必在我們。」他強調，為了抗戰「最後的勝利」，我們就要抱著以下的「新認識」和「新覺悟」來紀念「九一八」六周年：第一，必須擴大民族戰線，充實陣線內容，務使人盡其材，物盡其用。第二，必須艱苦耐勞，不屈不撓，長期鬥爭，絕對不存安逸僥倖之心。第三，必須一面抗戰，一面建立長期計畫，繼續準備。第四，必須確信，我們的民族抗戰，不但可以求得中華民族的獨立、自由、平等，並且可以因此建立「真正的東亞和平」，解放被日本軍閥、官僚和財閥壓迫的六千多萬日本民眾。第五，必須切實聯絡世界上平等待我的民族，特別要設法提攜可以和中國協作，共滅日本帝國主義的蘇聯、朝鮮、台灣以至日本下層民眾。[27]

宋斐如為紀念九一八六周年而作的第二篇文章是十月十日和十月廿五日於《時事類編特刊》第二、三期分上、下兩次連載的報導：〈日本鐵蹄下東北同胞的生活慘狀——為紀念九一八而作〉。他首先說明，不久前，北平的朋友給他寄來一本東北文化協會刊行的《倭寇在東北的暴行記》小冊子，搜錄了「日本帝國主義六年來在東北所行種種慘無人道的野蠻行為」的詳細事實，以致被禁止公開販售，不能將實況傳告出來。他於是根據這些「關內不容易得到的材料」編寫本文，希望能夠讓關內同胞知道：在日本帝國主義占領下，六年來，我們三千多萬的東北同胞是怎樣忍受著窮苦的生活，家庭的離散，身體的酷刑與精神的侮辱……同時也當頭棒喝那些「漢奸及無抵抗主義者」，期許他們能夠「深刻醒悟」。他指出，長久以來，華北各省流行一句俗話：「不想窮，下關東！」但是，自從九一八事變後，這句話已經完全不能適用了。因為日本帝國主義占領東北後，害怕民眾起來反抗而採取「初軟後硬」的統治手段，現在已經表露猙獰的面目了；遭受日本暴行蹂躪的東北，已經由「人間天堂」變為萬劫不復的地獄。他指出，東北人民有苦不能訴，以下慘狀，只是在嚴密檢查之下透露出來的點滴而已：一、實行統制經濟政策。二、實行「武裝移民」政策。三、橫徵暴斂苛捐雜稅。四、實施毒化政策。五、實施徹底的奴化教育。總之，他以大量殘酷的實際例子和精準數字，揭露控訴了日本帝國主義對東三省民眾的殘酷迫害、橫徵暴斂與身心毒害，讓人讀來觸目驚心，從而對慘遭日寇蹂躪的東北同胞滿懷深切同情，並激發打倒日本侵略者的決心。他也樂觀認為，中華民族已經全面抗戰，六周年的九一八和往年已經有截然不同的意義，只要我們四萬萬五千萬同胞能夠「一齊奮起」，堅持「全面持久的抗戰」，「外強中乾」的日本侵略者是不難打退的，我們的廣大失地也可以奪取回來，現在正是流亡在關內的東北同胞打回老家的時機。[28]

九、抗日必勝的理論根據

抗戰繼續進行著。

一九三七年九月廿四日，保定陷落了。十月十二日，國民政府正式發布命令，將南方八省十四個地區的紅軍和游擊隊改編為國民革命軍陸軍新編第四軍，簡稱新四軍。國共合作的抗日民族統一戰線進一步鞏固。

十一月十日，宋斐如在《時事類編特刊》第四期發表了〈抗日必勝的理論根據——《封建的軍事性的日本帝國》自序〉一文。《封建的軍事性的日本帝國》的出版日期與出版社不詳。按照一般出版的作業流程判斷，它應該與這篇題為「抗日必勝的理論根據」的「自序」同時或稍後出版吧。

我們知道，宋斐如在北大學習的專業是馬克思主義政治經濟學。因此，他從一九二九年七月在《東方雜誌》第二十六卷第十四期發表〈高畠素之的資本主義功過論〉譯文開始，就一再地撰文析論日本帝國主義侵華戰爭政治經濟學根源的相關論述與著作。在中國已經發動對日全面抗戰，抵抗日本帝國主義侵略的時候，

27 轉引《宋斐如文集》卷一，頁九九—一〇一。
28 轉引《宋斐如文集》卷一，頁一〇二—一一六。

為了鼓舞全體國人對「最後的勝利」屬於我們的自信，他又「根據多年的研究」，通過即將出版的《封建的軍事性的日本帝國》序言，提出「抗日必勝的理論根據」，以供抗日同志「瞭解敵人」，並「供民族抗日指導者參考」。他認為，中國的抗日戰爭是否能夠贏得最後的勝利，「一方面決定於我們主觀的力量和努力，另一方面決定於敵人的物力和人力」。因為「現代大規模戰爭的勝負決定於物力（包括武器、資源及產業等等）及人力（包括經濟組織、政治制度及社會機構等等）兩種條件」，所以「分析敵人的物力和人力」，不但「可以大約測定我們取得最後勝利所把握的程度」，而且「還可以尋得敵人的弱點，根據它的弱點樹立制勝的方策。」再者，「因為物力是死的，人力是活的，物力須借人力始能發生作用」，而「敵人的物力基礎脆弱顯而易見」，「人力基礎的缺陷」卻很少有「基本的分析」，所以「我們要測量敵人戰鬥力的大小，主要的還是要從人力基礎的這些方面來分析」。他透露，他計畫「有系統地」析論日本帝國主義的「人力基礎」與「物力基礎」，陸續出版。《封建的軍事性的日本帝國》只是「從上述的觀點分析敵人人力基礎最根本的部分」，同時「得到一個結論」：「日本資本主義及其最後階段的帝國主義的產生及發展，特別倚靠農村的高度剝削（當然也剝削勞工大眾）及對外的侵略，所以特別依賴農村及殖民地始得存立；日本資本主義又因為它的後進性，新興資產階級的革命沒有徹底完成即與封建勢力妥協，所以在經濟上形成地主、高利貸資本家及布爾喬亞三位一體的剝削主體，在政治上形成官僚、軍閥及財閥共治的混合制。日本帝國主義因為政治經濟組織如此複雜，所以內部的矛盾也特別繁多而深刻。這些矛盾到對外作戰的時候必定愈加深刻化，終必演成葬送日本帝國主義的結果。日本帝國主義對外的戰爭必敗於人力基礎的缺陷。」

宋斐如進一步根據日本資本主義的發展歷程指出，它「與先進各國不同的特點」，主要是依賴「軍閥的卵翼」，對外發動「侵略戰爭和強盜式掠奪」的「軍事性」。另外，它又「在一切的方面和封建勢力勾結」，阻止社會往更高一層的歷史階段發展，面對世界經濟危機帶來的恐慌，這種結構性的本質將逼使它冒著在火山口上跳舞的極大危險，去「吞併中國」，「獨霸東亞」，「征服世界」。然而，正因為它是以「侵略戰爭起家」的帝國主義，最終「也將以侵略戰爭終其壽命」，成為一堆「灰燼」。他又根據「社會發展法則」強調：「一切的民族革命戰爭，最後必定勝利」。因為「我們是為著民族革命而戰」，所以「我們的戰爭是民族革命戰爭」。因為「我們的民族意志已如鋼鐵般堅硬」，所以「日本帝國主義正等待著中華民族的民族革命戰爭來結束它的壽命」。

最後，宋斐如又站在國際主義的立場呼籲說：「日本國內被壓迫的工農群眾，正等待著我們的民族抗戰以便發動內應，爭取他們自己的解放。我們的民族革命何時成功，他們的階級解放也就何時成功。」所以，「我們對日抗戰不但負著四萬萬五千萬中華民族擺脫日本帝國主義侵略的使命，並且負有解救七千多萬日本民眾的任務。全國同胞應為這個神聖的使命而奮起抗戰，最後勝利必定是我們的」。[29]

十、從南京到武漢

一九三七年十一月五日，日軍第十軍在杭州灣登陸，向上海推進。同一天，德、義、日三國簽訂反共同盟。七日，日本成立華中方面軍，轄上海派遣軍和第十軍。八日，太原淪陷。太原會戰結束。

十一月十一日，宋斐如偕同信社的司徒德先生面見馮玉祥，談信社「創辦『抗戰』刊物之經過，並索取詩以備登載」。馮玉祥「詩二首送之」。[30]這裡所說的刊物《抗戰》，原名《抗戰三日刊》，一九三七年八月十九日在上海國統區創刊，是鄒韜奮（一八九五—一九四四）主編的進步刊物。九月九日，從第七號起被

---

29 轉引《宋斐如文集》卷一，頁一一七—一二一。
30 前引《馮玉祥日記》第五冊，頁二六二—二六三。

迫改名《抗戰》。[31]

十一月十二日上海淪陷。淞滬會戰結束。租界地區淪為「孤島」。十七日，日本設立了主持侵華戰爭的大本營。

十一月十七日，宋斐如面見馮玉祥。馮「請其看致韓向方等之函稿，請其斧正。並贈《新大學》十本，請其寫一跋辭，並將書內二要點舉以告之：一、舊大學所謂家齊而後國治，衍成數千年來，我國人只知有家而不知有國之觀念。具體言之，即養成自私自利之個人觀念。而新大學之道，則力去其弊而以民族國家觀點為出發；二、所謂『善終』二字，吾人解為安死家鄉，而殊不知如關公、岳飛之死，為民族為國家之死，為正義而鬥爭之死方為善終，否則安死家中不過臭死而已。」[32]

韓向方，就是韓復榘（一八九〇—一九三八），一九一〇年跟隨馮玉祥麾下，後得馮賞識保薦於一九二八年任河南省政府主席，一九二九年背棄馮玉祥，投靠蔣介石，一九三〇年蔣馮閻中原大戰時正式受蔣委任山東省政府主席，抗日戰爭爆發後出任第三集團軍總司令兼第五戰區副司令長官，卻以保存實力為第一要旨，對日軍的進攻步步退讓。[33]因為這樣，馮玉祥才會寫這樣的一封信，勸韓復榘要知道如何「善終」吧。

十一月二十日，國民政府宣示中外遷都重慶。宋斐如樂觀地看待遷都之舉。他指出：「自從我軍事當局有計畫地退出上海及南京以來，中日大戰走進了新的階段，我們的抗戰開展了新的形勢，整個戰局及各戰場，都採用新的作戰方式，新的戰略與戰術。」[34]他又強調：「我們的遷都表示抗戰到底更堅決的決心，我們的最高領袖在退出南京後的幾次宣言，皆充分代表著四萬萬五千萬人的堅決意志。」因此，「日本帝國主義對我的全面侵略戰爭，遇到了新的難關，以後的打擊更要加倍起來。」[35]

十一月廿一日，馮玉祥與國府要人開始離開南京。宋斐如也與沈鈞儒、張申府、宣締之、孫曉邦、王向辰、何容等人，搭乘馮玉祥的專車撤往武昌，途經河南遭日軍轟炸，還留下一張在農村休息的紀念照。廿三日，馮玉祥請宋斐如面談時特別提到：「給山東諸將領信，已寄報館發表，不日可登出。」[36]

然而，第二天，韓復榘還是擅自撤離濟南了。[37]

十一月三十日，馮玉祥一行抵達漢口。

十二月三日晚上十時，宋斐如面見馮玉祥。四日早上十一點左右，雲南軍官一批拜會馮玉祥，十二點談畢辭去。馮留其中兩人與宋斐如、李季谷共用午餐。六日，馮玉祥再次會見宋斐如，請他搜集「日軍對我殘殺之暴行；我軍可歌可泣之史實；傷兵之家信及談話；難民之苦況及呼聲；一般民眾之抗敵言論」等各種材料，每種「至少搜集一百餘則，每則千字以上。」[38]

十二月六日，日軍分四路向南京進攻。十三日，南京失守。南京保衛戰結束。日軍製造了南京大屠殺慘案。十四日，日軍又在北平扶植王克敏成立偽「中華民國臨時政府」，使其與後來的南京偽政權連成一氣，

31 前引劉和平主編《中國近現代史大典》，頁六五三。
32 前引《馮玉祥日記》第五冊，頁二六七。
33 前引劉和平主編《中國近現代史大典》，頁一一八五。
34 宋斐如〈第二期抗戰勝利的剖述〉，原載一九三八年五月《中蘇文化》抗戰特刊第一卷第十二期；轉前引《宋斐如文集》卷一，頁一三九。
35 宋斐如〈一年來的日本〉，原載一九三八年一月《時事月報》第十八卷第一期；轉前引《宋斐如文集》卷三，頁八七六—八七七。
36 前引《馮玉祥日記》第五冊，頁二七六、二八〇。
37 前引劉和平主編《中國近現代史大典》，頁一一八五。
38 前引《馮玉祥日記》第五冊，頁二九〇、二九五、二九六、三〇〇。

以貫徹政治、經濟侵略目的，協助日本軍事侵略的進展。

十二月十七日，全國抗日大同盟成立，總部設在漢口。武漢成為中國的抗戰中心。蔣介石在武漢發表〈我軍退出南京告國民書〉，說抗戰以來，前線傷亡將士已達三十萬以上。

日軍決定完成對長江以北各戰略要地的占領，集結二十四萬兵力於津浦鐵路南北兩段呼應作戰，以期擊破中國華中軍隊主力，占領徐州，溝通南北戰場，威逼武漢。中國第五戰區司令長官李宗仁（一八九一—一九六九）遵照軍事委員會「東面要保持津浦路，北面要保持道清鐵路，來鞏固武漢核心基礎」的指示，指揮十二個集團軍和軍團約六十萬人防守徐州地區，迎擊日軍的進攻。[39]

十二月廿二日，馮玉祥請宋斐如來見；談到「抗戰以來不少部隊軍紀之欠缺，殊出人意表，推其原因，不外平日精神教育缺欠所致，故余制定『軍人問答』二十七條，以匡其失，曾經多人之增刪，並送蔣先生一閱」；又說，今天請宋斐如來，是要他「加以刪改，並作引言一篇，以敘其動機及目的。」[40]這裡，我們可以想像，馮玉祥所談之事應該是受到他一手提拔的韓復榘的表現刺激所致吧。

然而，第二天，也就是十二月廿三日，北線日軍第十師在山東濟陽至青城之間強渡黃河，拉開徐州會戰序幕。山東守軍第三集團軍總司令韓復榘還是未作堅決抵抗，就命令部隊全線撤退。[41]

十二月廿五日，新四軍軍部在武漢成立。這天也是一九一五年蔡鍔、李烈鈞（協和，一八八二—一九四六）與唐繼堯等人在雲南起義，宣布獨立，成立護國軍，通電反對袁世凱稱帝的二十二周年紀念日。馮玉祥特別邀請「協和先生」與二十餘名文化界人士聚餐。出席來賓包括：一九三六年十一月廿三日被國民政府以「危害民國」罪名逮捕的全國各界救國聯合會領袖——「七君子」中的沈鈞儒、鄒韜奮、李公僕、王造時、沙千里等五人；以及杜重遠、范長江、張申府、王炳南、金仲華、沈茲九、舒舍予（老舍）、何容、張雪山、董志誠、葉鏡元……等人。宋斐如也受邀參加了這場重要的餐會。餐間，協和先生首起致辭，繼由馮玉祥、沈鈞儒、王造時……等人致辭。然後協和先生報告見蔣介石的談話內容。所有講話都結束之後，馮玉祥唱〈吃飯歌〉：「這些飲食，人民血汗，救國救民，不忘每飯，日本強盜，全國之敵，我們應當，拚命血戰。」接著由李公僕唱〈五月的鮮花〉，李公僕、王造時、沈鈞儒、沙千里、鄒韜奮合唱〈義勇軍進行曲〉，王造時獨唱〈畢業歌〉。兩點多，紀念餐會結束。[42]

十二月廿六日，下午六時許，馮玉祥擬請宋斐如與老向、老舍諸位先生用飯。但他們幾人「皆在家。乃與張雪山、葉先生同餐。」廿七日，早上「八時許」，馮玉祥面請宋斐如根據他「目前所寫綱領，編一《民眾問答》，使人民知發動民眾，究為何因，所作究為何事」。「十一時，王冠同來開會」，宋斐如請馮玉祥「為黎明書店編輯陳文傑先生所著《抗日戰爭之將領》題字」，馮玉祥「題字與（序）之」。十二時，宋斐如又介紹陳文傑來見馮玉祥；馮玉祥「乃留與王冠同、李協和先生同進午餐，席間詢及軍事失敗之原因與今後抗戰之意見。」[43]

宋斐如在張申府主編的《戰時文化》第一卷第四期（一九三八年七月廿五日）發表的〈抗戰以來日本問題書籍總評〉曾經提到：「抗戰以來所出版的日本問題書籍，盡是小冊子，並且非常零亂沒有系統化。即連一部日本問題小叢刊也都沒有看見過。黎明書店曾經計畫出部（版）這類叢書，共十幾種之多，要我代為主

---

39 武月星主編《中國抗日戰爭史地圖集》（北京：中國地圖出版社，一九九五年八月），頁三〇〇、九七。

40 前引《馮玉祥日記》第五冊，頁三一一。

41 前引武月星主編《中國抗日戰爭史地圖集》，頁九七。

42 前引《馮玉祥日記》第五冊，頁三一五。

43 前引《馮玉祥日記》第五冊，頁三一七、三一八。

編，但辦法訂定後即受到時局的阻礙未得實現。」[44]由此可見，宋斐如介紹黎明書店編輯陳文傑面見馮玉祥，應該也與此事有關吧。

十二月廿八日，在上海國際宣傳委員會工作的劉思慕，應馮玉祥之邀，由香港飛來武漢，做講演、宣傳工作。下午八時，馮玉祥與他「傾談別後情形」，然後「著人為劉先生預備晚餐及住室等事」。廿九日下午六時，馮玉祥請劉思慕與宋斐如共用晚餐，「談以抗戰問題久之」。卅一日，馮玉祥又與宋斐如及李協和、王老向、舒舍予（老舍）、何容、趙望雲、張克俠等院中諸友共進歲末午餐。[45]

十一、析論一九三七年的日本

當一九三七年就要在抗戰的漫天烽火中熬過去之時，《時事月報》向已經是著名的日本研究者的宋斐如邀稿，請他析論「在這一年中日本國內究竟發生了哪些事件，演成了哪些問題」。他認為，「一九三七年是中國多難的年頭，同時也是日本帝國主義多事的年頭。」知己知彼，對日本「的正確瞭解對於我們的全面抗戰是很大的補益」，於是「草寫」了〈一年來的日本〉。

宋斐如開宗明義概括說，一九三七年是日本法西斯勢力「更加急速上升」為「軍事法西斯」，並且發動對中國侵略戰爭的一年。首先是政界發生的主要事變：從寺內壽一（一八七九－一九四一）——廣田弘毅（一八七八－一九四八）內閣瓦解，經宇垣一成（一八六八－一九五六）組閣流產，到林銑十郎（一八七六－一九四五）內閣夭折，最後是二二六事變以來各方所矚的「法西斯領導」近衛文磨（一八九一－一九四五）內閣成立。他指出，這一年來，許多許多的矛盾、衝突、摩擦和牽制等等，貫穿著日本政局的幾次轉變。但是，通過「林內閣財軍抱合政策及近衛內閣財政軍抱合政策的成功」之後，日本國內的情勢已和二二六事變以前（軍部、財界及政黨尖銳對立）截然不同了，「軍事法西斯」（「日本型的正格法西斯」）已經上了軌道。

這種內部統一的成功，自然使得「侵略性日本帝國主義」轉而向外侵略，於是就發動了對我國的全面武力侵略。與此同時，為了利於軍事行動，先在內閣設參議會，後因覺得力量不夠又設立大本營。

宋斐如強調，日本軍事法西斯的發展一日千里，並且表現在以下各個方面：一、外交方針。首先表現於對華政策的一百八十度轉變。先是採取強硬外交的手段要求與恫嚇；恫嚇沒有效果，就在盧溝橋發動武力，由華北局部擴充至上海，最終成為全面侵略。另外，對歐美各資本主義國家則採取拉德、義以牽制英、法，極力疏通美國的方針。一九三七年十一月六日，在《日德反共協定》（一九三六年十一月十二日簽訂）基礎上，擴大簽訂《日德意防共協定》，以「防共」的假題目，「佯作準備進攻蘇聯」，來「欺騙英美，引誘我們」。它最近的強硬外交的刀鋒則完全對準英國。二、經濟體制。由九一八事變以來的準戰時經濟體制步入戰時經濟體制。隨著對華全面侵略的軍事發動，所謂「對華事變費」的預算已從五億元暴增到二十五億元；租稅日益增重，物價也隨著戰時通貨膨脹而日益高漲。三、對人民的壓制更加嚴厲。以總動員的名目強逼人民為戰爭服務。軍需工廠的工人雖然增加了數倍，但工資不增反減。一切勞工運動的鎮壓也比以前更加嚴厲。教育文化政策也配合軍事行動帶上戰時的意味，同時借國民精神總動員的名義在全國各地成立日本文化中央聯盟，向民眾擴大宣傳什麼「日本精神」，要人民把「幸福和戰爭配合起來」。在戰時戒嚴統治下，日本大眾的反抗力量完全潛伏，變成地雷。但是，日本政府對感受敏銳的前進的知識分子依然不能放心，採取「一網打盡」的辦法，在十二月十五日的「第一次人民陣線事件」中又一次逮捕了三百七十幾人。

最後，宋斐如沉痛地說，日本帝國主義用逮捕三百七十幾名左傾知識分子所製造的「日本社會的動盪」

---

44 前引《宋斐如文集》卷五，頁一四八六。
45 前引《馮玉祥日記》第五冊，頁三二二。

送走了一九三七年。「殘暴的戰神強拉著日本帝國主義走上了亞細亞大陸」，「橫行直撞」，「大發淫威」，不但讓華北幾省一下變了顏色，打破帝國主義國家在華中的均勢，更進而擾亂華南。一九三七年就這樣被「日本帝國主義的蠻幹送走了」。但是，他也樂觀預料，由於我國堅決抗戰到底與誘敵深入，侵華日軍終將陷入戰場擴大與交通不便的窘境，從而被包圍；由於日本帝國主義的對華侵略已經威脅到英、美各國的利益，國際的糾紛將使日寇的外交陷於窘境，從而增加國防上的難關。日本帝國主義再這樣蠻幹下去，就有可能在一九三八年挑起第二世界大戰，「且看這個強盜能橫行到幾時！」[46]

46 原載一九三八年一月《時事月報》第十八卷第一期；轉引《宋斐如文集》卷三，頁八六九—八七七。

第七章

抗戰的新階段與新覺悟

（一九三八年一月—一九三八年七月）

抗戰爆發的一九三七年走到盡頭了。

自南京撤退之日起，中國的全面抗戰進入「第二期」。

歷史緊接著就要翻開新的一頁。

儘管「世界在東方強盜的橫行下迎來了一九三八年」，宋斐如卻用兩篇日本研究專論〈一年來的日本〉、〈日本軍事法西斯論〉與時論〈新年．新階段．新覺悟〉的發表，迎來了他的一九三八年。

一、新年．新階段．新覺悟

〈新年．新階段．新覺悟〉一文發表於元旦在武漢創刊的《抗到底》雜誌。宋斐如開宗明義指出，南京撤退以後，我們的抗戰已經在「最高領袖加強抗戰決心」的情形下展開了第二階段；一九三八年也可以說是我們「全面抗戰的新階段」。在這個新階段，一方面是日軍加強從三路進攻逼我投降，同時又到處扶持偽政府陰謀「以華制華」，致使我們的國家民族走到了「危急存亡的懸崖」；另一方面則是「德意日法西斯集團更加緊密勾結，威脅了「英美法等民治國家」的利權，從而促進兩大營壘對立的尖銳化，以及世界大戰危機的日益成熟。因此，一九三八年實在是一個「最危險的年度」。他強調，誠如一九三七年十二月十三日《大公報》社評所云：「舊中國的一切一切已不能維持，必須就在這繼續抗戰中創造出新中國！假若沒有這個創造力，中國就不能說沒有亡國的危機。」

宋斐如宣稱，為了「對付這最危險的新年度和新階段」，我們就要有徹底「清算過去，開拓未來」的「新覺悟」。首先，必須「積極主動地求戰，引敵深入，延長戰線」，從而「具體」落實第二階段抗戰的「徹底且「真正全面化」，「使敵疲於應付」。其次，必須實施「戰時的非常辦法」與「具體的統制計畫」，調動一切人力與物力，讓「有錢的出錢，有力的出力」，從而使得「抗戰的綱領」不再只是「一種標語」而已。

最後，還須記取「總理的遺教」，積極主動應用外交，聯絡與我們利害關係一致的國家（主要是與日本「誓不兩立的」蘇聯，其次是英、美、法等國）與「世界弱小民族及被壓迫民族」（例如印度、澳洲、東印度乃至中南美洲各國及台灣、朝鮮與日本的民眾），共同抵抗企圖「獨霸東亞」、「征服世界」的日本帝國主義的侵略戰爭。[1]

宋斐如同時強調，「我們要能夠理解敵人的本質，才可以決定我們的抗戰方式。」所以，他在同日出版，「集時事性、知識性和理論性於一體的通俗的國際問題」雜誌《世界知識》半月刊[2]第七卷第二期，發表應邀而寫的〈日本軍事法西斯論〉，首先指出了這個問題意識。他開宗明義提問說，「敵人的本質」是什麼呢？然後指出，「理解敵人的一個關鍵」就是近年來日本社會科學界已經公認，而且已經被九一八事變以來，特別是盧溝橋事件發生以後的許多事實進一步證明的「日本資本主義乃至帝國主義的軍事性」。他進一步分析說，軍部在日本的法典及習慣的保障之下擁有政治的優越地位，是日本與「歐美布爾喬亞民治主義國家」截然不同的地方。例如，以元帥、陸海軍大臣、參謀總長、軍令部長及陸海軍將官組成的軍事參議院；從陸海

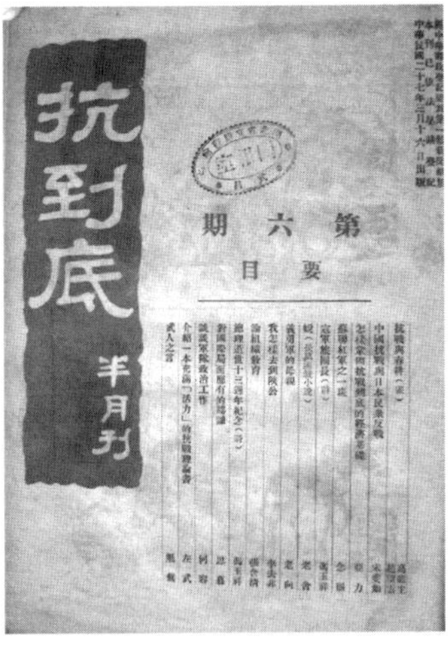

一九三八年三月十六日《抗到底》宋斐如〈中國抗戰與日本民眾反戰〉。

1 前引《宋斐如文集》卷一，頁一二二—一二六。
2 一九三四年九月十六日創刊於上海，金仲華等主編，一九三八年遷至漢口出版，後遷廣州、香港，太平洋戰爭爆發後停刊。前引劉和平《中國近現代史大典》，頁六五〇。

軍大將當中選出功勳卓越的列位元帥組織的軍事最高諮詢機關元帥府；掌握國防及用兵計畫的參謀本部；計畫國防及用兵事宜的軍令部及侍從武官長等，都是直接輔佐天皇而握有帷幄上奏權的幾個重要中央機構。因為日本憲法規定天皇擁有「規定陸海軍的編制及常備兵額（第十二條）」、「宣戰、講和及條約締結（第十三條）」、「頒布戒嚴令（第十四條）」……等等「可以不得國會通過而直接行使」的大權，而這些「關於軍事方面的天皇大權的行使，事實上都是由軍部的幾個中央機關去決定的」，所以日本軍部的政治行動非常跋扈。他認為，擁有如此優越的政治地位的日本軍部不可能是一個架空的集團，背後肯定有依靠的政治經濟基礎。他同時從歷史發展的事實指出：日本軍部無論在過去或現在都是為某一種政治經濟的權力服務或與之連結的；它聽命於一種首腦，而自己只充當四肢。在日本資本主義還帶著濃厚封建色彩的明治中葉以前，它為官僚、地主服務。在獨占資本（包括國家托拉斯資本及財閥獨占資本）充分發展，官僚和財閥合抱之後，它轉而為獨占資本服務。由於國家托拉斯資本在官僚操縱下的日本獨占資本中的比重大於個人財閥，個人財閥獨占資本又是官僚政府培成而始終收在政府統制之下，所以，從本質上說，日本軍部服務於日本獨占資本，但不可以說完全服務於財閥。

宋斐如析論，歷史要求在極短期內從封建經濟而產生產業資本與金融資本的日本資本主義更高一層的發展，隨著「獨占資本和封建勢力的融化」與「個人財閥獨占資本和國家資本托拉斯的連結」，它「很自然地要求著法西斯的實現」。例如一九三二年五月十五日犬養首相等被殺的五一五事件及一九三六年的二二六事件等等，都是一部分不滿意財閥、官僚和政客的急進法西斯分子在這種要求下而產生的政治暴動。但是，它不容許急激的政治改革，只容許一個「政黨、財閥和軍閥合抱」的「合法的法西斯」，所以二二六事件以後的內閣都努力於完成這種「合抱」，並在近衛內閣之後急速向法西斯方向發展。他進一步指出，「日本資本主義乃至帝國主義在其開始第一步即已帶上軍事性」。現階段的日本經濟，不但需要依靠軍隊的軍備膨脹及軍需工業來發展，並且在政治上要由軍部的力量來維持法西斯秩序；而在國內外資本主義發展的主客觀條件之下，為了獨占外國的資源、市場以及勞力，以補強經濟發展上先天及後天的缺陷，日本就必須侵略外國；於是承受日本資本主義衣缽的日本法西斯，在現階段，就更需要強大的軍權來維持並開拓道路，也就帶上了更濃厚的軍事性。因此，「從本質上考察，日本資本主義是軍事性的資本主義，日本帝國主義是軍事性的帝國主義，現階段的日本法西斯依然是軍事性的法西斯。」一九三一年以來，在「日本軍閥與獨占資本的共同要求」之下，日本經濟已經逐漸走向「戰時經濟體制」了。盧溝橋事變以來，日本軍部又把日本的政治、經濟及軍事的一切推上戰爭的軌道；日本的政黨、財閥和軍閥在日本法西斯發展過程上產生的種種摩擦，居然在對外侵略戰爭的軌道上「消滅」，而完全實現了「緊密的抱合」。日本軍事法西斯的色彩也就更加濃烈起來了。

宋斐如認為，我們要深刻瞭解日本軍事法西斯的本質，還須更進一步研究日本資本主義軍事特質的歷史條件及其經濟基礎。他首先指出「日本軍事法西斯的歷史條件」：一八六八年明治維新開展的日本資本主義的後進性，逼使日本政府人為地促使日本資本主義的發展；為了國內外軍事的必要而建設的「軍警網」，創造了軍需工業及重工業、交通工業，並在客觀上造成資本主義發展的基礎；「帝國主義時代性的決定」，以及資源缺乏、市場狹小的先天缺陷，又使它急激走上對外侵略的道路；以致「軍隊領導商品及資本向外進出」，軍需工業領導普通產業；產業，特別是基要產業（key industries）的創造和發展，皆出於軍事目的，並通過三次對外戰爭的結果，取得資本主義發展的基本條件……等等。其次，他也指出日本「軍事法西斯的經濟基礎」：軍需工業在日本近代經濟的發展過程中占著最重要的地位，軍部要求軍備大擴充，官僚和財閥要求軍需工業大膨脹，所以很容易年年增加「不相稱的龐大財政」；國家托拉斯資本及財閥獨占資本經營軍需工業，但受到軍部統制，軍部勢力繼續膨脹；最基本而又最重要的經濟原因還是「日本軍事資本主義的特性」，不但初期需要對外侵略以厚實它的發展基礎，在帝國主義階段的今日需要更大的市場和更豐富的資源來維持；幾年來，日本軍部強硬執行這種任務，因軍費急增而產生了「通貨膨脹的景氣」，軍備大擴充也產生了「軍需景氣」，不但「阻止了日本經濟的衰退，還進一步增大了一般工業的生產指數」；以致日本軍部把日本經常的經濟推進「準戰時的經濟體制」六年之後，近衛內閣又從「準戰時經濟體制」走上「戰時經濟體制」的道路。

最後，宋斐如對「日本軍事法西斯」與侵略中國的關係及其未來命運做了結論說：「今日日本帝國主義對我作全面的侵略，就是日本軍事法西斯經濟發展的結果……日本的軍事法西斯是否能受到挫折，要看我國全面抗戰的努力如何來決定。」因此，他呼籲中日兩國的人民群眾團結起來，打倒「日本軍事法西斯」。因為「中國的對日抗戰不獨為中國的民族解放，並且帶有解放日本大眾的意義。中國抗日戰爭是反帝國主義的，同時又是反法西斯的，特別是反日本軍事法西斯的，中國的大眾和日本大眾正站在同一利害關係的基點上。」[3]

二、繼續與馮玉祥密切往來

根據馮玉祥日記所載，一九三八年一月至二月期間，宋斐如依然與他密切往來。

一九三八年一月一日，日軍輕取大汶口。二日，韓復榘再放棄大片山東要地，退至魯西南一隅苟存。輿論譁然。[4]

同一天，也就是一月二日，宋斐如與劉思慕介紹「新自西班牙歸來」、「研究人民戰線之專家」張鐵生，一起面見馮玉祥，「談西班牙之情形甚詳」。

三日，宋斐如面見馮玉祥，先談「木刻之事，繼談以《民眾問答》六十條已草竣」。馮玉祥說等他「先閱讀一過再談」。[5]

四日，日軍又侵占山東寧陽、滋陽、曲阜。

五日，馮玉祥接見宋斐如與劉思慕。

八日，宋斐如與馮玉祥、老舍、何容、趙望雲、劉思慕、張克俠、吳組緗，趙望雲、張雪山、王德寬、尹心田、葉鏡元、趙虛吾等十數人出席王向晨先生招請，與《抗到底》有關諸友的茶會。茶會首先由王向晨報告《抗到底》籌備經過，然後請馮玉祥講話。

十一日，山東濟寧失守。馮玉祥的部屬「吳青旺擬今日回鄉（開封）」；馮玉祥「介紹其與宋端華（斐如）、劉思慕兩先生相會，談以今後（發動民眾）應行步驟……」。

十二日，日軍占領青島。上午「十一時許」，馮玉祥「會羅時覺及劉思慕、宋端華（斐如）諸先生，談以楊渠統被扣事，請設法予以援助。」下午「四時，復會羅時覺等，談為楊渠統被扣事。事甚難辦……」。[6]

馮玉祥所說「楊渠統被扣事」大致如下：楊渠統（一八九八—一九六一），字子恒，甘肅靈台縣人，曾任隴東綏靖司令、中央新編陸軍第五師師長。西安事變後，新編第五師擴編為獨立第二十師，後再改編為新編第三十五師。一九三七年九月，蔣介石為加強華中地區軍事力量，以新編第三十五師、第一六七師合編組成第五十軍，任楊渠統為軍長。一九三八年初，蔣介石整編第五十軍，取消第一六七師番號，改稱新編第

---

3 前引《宋斐如文集》卷二，頁五二二—五二九。
4 前引武月星主編《中國抗日戰爭史地圖集》，頁九七。
5 前引《馮玉祥日記》第五冊，頁三二七、三二八。
6 前引《馮玉祥日記》第五冊，頁三三三、三三五、三三七、三三八。

三十五師為第一二八師。軍長楊渠統進行阻撓。同年三月，蔣介石解除楊渠統軍長職，並撤銷第五十軍番號。[7]

一月十五日，上午「空襲警報」，馮玉祥「步行於地下室前樹叢中」。宋斐如與王向晨、老舍、趙望雲、劉思慕等人與馮玉祥面談。王向晨還帶了刊有馮玉祥文章的《抗到底》、《戰時教育》與《文摘半月刊》等雜誌給他。「警報解除，諸人相率辭去。」

十六日，馮玉祥又會見了宋斐如、劉思慕及羅時覺先生，「談楊渠統軍長（在開封被扣）事甚久」。

廿三日，陳銘樞將軍（一八八九－一九六五）發起的國際和平協會中國分會於漢口商會開成立大會，邀請馮玉祥出席致辭。馮玉祥因故未能出席，改由宋斐如代表參加。[8]

「國際和平協會中國分會」的正確名稱應該是「國際反侵略運動大會中國分會」。一九三二年春，國際反戰委員會成立；八月廿七至廿九日，在法國進步作家羅曼．羅蘭（一八六六－一九四四）等和平主義者號召下，來自廿五個國家不同政黨和勞動團體的兩千兩百四十四名代表在阿姆斯特丹舉行大會。大會結束後，許多國家接連舉行了反對侵略戰爭的大會。一九三三年六月四日，歐洲反法西斯大會在巴黎開幕。九至十月間，在上海舉行了遠東反戰大會，在澳大利亞也舉行了反戰大會；同時還相繼召開了世界青年反戰大會、國際大學生反法西斯和反戰代表會議等。一九三六年九月三日至六日，國際和平（反侵略）大會在布魯塞爾召開，確認四項綱領性原則：國際條約不可破壞；裁減和限制軍備；加強國際聯盟和集體安全；在國際聯盟範圍內建立一項有效制度，制止國際緊張局勢的繼續發展，避免世界戰爭的發生。大會還通過了告世界人民宣言，呼籲世界各國人民團結起來反對侵略、維護和平。[9]

在「國際反侵略運動大會中國分會」成立大會上，國民政府行政院長于右任、國民黨中央宣傳部長邵力子、國民黨政治委員會主席汪精衛的代表谷正綱、國民政府軍事委員會副委員長馮玉祥的代表宋斐如等國民

一九三三年六月四日歐洲反法西斯大會在巴黎開幕。

政府高官或代表，出席了會議並發表演說。根據一九三八年一月廿四日《武漢日報》的報導，宋斐如發表了五點意見：一、應該明瞭反侵略與和平運動之關係，我們的抗戰是反侵略戰爭，也就是維護和平的戰爭。二、我國抗戰與世界和平有深切關係，全國人民應該踴躍參加。三、應該利用這次大會向國外宣揚我國抗戰之民族解放與保衛世界和平的意義。四、在大會中要求各國對日實施經濟制裁。五、要求實施國聯盟約第十六、十七兩條。[10]

同樣是一月廿三日，國民政府軍事委員會認為韓復榘畏敵抗令，致使日軍在二十多天內占領山東省大部，對徐州的安全構成很大威脅，乃以「畏敵罪」（「失地誤國罪」）在武漢（漢口）槍決。[11]

廿五日，馮玉祥的日記寫道：「報載韓復榘昨日槍決……余不認識人，徒自提拔。余之教育不良，表率無狀，有以致之。」廿六

7 李永新〈隴東綏靖司令楊渠統給靈台人梁鴻儒、李花頒發的獎狀〉，平涼市檔案信息網，二〇一二年七月二十日。

8 前引《馮玉祥日記》第五冊，頁三四一、三四三、三五〇、三五二。

9 前引《第二次世界大戰史綱》，頁九二。

10 另見〈國際反侵略運動大會中國分會成立〉，《武漢文史資料》，一九九八年第三期。

11 前引武月星主編《中國抗日戰爭史地圖集》，頁九七。

日，早上七時，馮玉祥「集合諸人為之講『韓向方之死』……」。[12]

廿七日，馮玉祥為了二月六日到中國國民外交協會（一九三八年一月在漢口成立，主席團成員包括吳鐵城、陳銘樞、陳立夫等五人）向全世界廣播之事，請宋斐如於下午一時來見，討論「稍涉宗教」的演講內容，並請他幫忙寫演講稿。下午三時接著開討論會，先由宋斐如報告「日本之近況」，接著由劉思慕與張鐵生加以補充。馮玉祥也向他們轉述：「昨日蔣先生召集留漢中央委員茶會之情形及蔣先生發表之談話，均甚誠摯。」

卅一日，宋斐如介紹張效良先生面見馮玉祥，報告「濳山一帶民眾工作之情形，武進流亡同學所組織的服務團之勤苦狀況。」[13]

這樣，一九三八年的一月就結束了。這個月，宋斐如還由戰時讀物編譯社出版發行了他「根據東北協會的特殊資材編著的，詳述日本野獸怎樣壓榨、虐待、慘殺東北的同胞」的《日本鐵蹄下的東北》一書；也在《民族戰線》第八期刊發了〈日寇在東北的殘殺與暴行〉一文。

二月七日，中蘇簽訂《軍事航空協定》。

十日，馮玉祥在與宋斐如、董志誠先後談話時告訴他們：「宋明軒（平津作戰的冀察綏靖公署主任兼第二十九軍軍長、第一戰區第一集團軍總司令宋哲元）處，曹福林（參與徐州會戰的第五戰區第三集團軍陸軍第五十五軍軍長兼廿九師師長）處，以及谷良民（參與徐州會戰的第三集團軍第五十六軍軍長兼二十二師師長）處，應派人赴彼長川居住，既不領錢，復不求官，惟日與彼等見面即行，談以國際現勢，抗戰情形，當能使彼等徹悟也云。」[14]

十四日，在英國倫敦舉行的國際反侵略大會通過《援華決議案》。

十八日，武漢第一次空戰，中國空軍在蘇聯空軍志願隊配合下擊落日機十二架，取得首次大捷。[15]

廿四日，馮玉祥同宋斐如討論如何編寫《為抗日的今天》：「每一大綱皆配備已妥，並分給每人一條擔任」；馮玉祥自己「擔任『抗日與領袖』一則」。

廿五日，下午五時半，馮玉祥與夫人李德全在福音堂宴請宋斐如、陳豹隱、劉思慕、賴興治（亞力）……等，主客「共十一人，至九時許，盡歡而散。」[16]

這天之後，一直要到三月十五日，宋斐如的名字才又重新出現在馮玉祥的日記。

三、分析日本外交的方針與最近動向

宋斐如在二月十日出版的《時事月報》第十八卷第三期刊發了〈最近日寇的外交動向〉一文，分析日本在「戰時國策基本原則」之下的外交方針與最近動向。他首先強調，「日寇軍事法西斯一貫的對外國策，就是征服中國，獨霸東亞，為達到這個目的，不惜冒國際的最大危險。所以御前會議後的對華方針就是繼續加強對華的全面軍事侵略，企圖藉此逼我國民政府屈服，締城下之盟。」但是，侵華戰爭全面化，違背一心準備對蘇作戰的陸軍中央當局的意願。由於陸軍從中運作，從一九三七年十一月起，德國出面為「日中和平」斡旋；日本方面也準備了停戰條件。然而，十二月十三日南京陷落之後，日本軍部和政府的氣燄隨即高漲起

---

12 前引《馮玉祥日記》第五冊，頁三五三、三五四。
13 前引《馮玉祥日記》第五冊，頁三五八、三六三。
14 前引《馮玉祥日記》第五冊，頁三七四。
15 前引武月星主編《中國抗日戰爭史地圖集》，頁三〇一。
16 前引《馮玉祥日記》第五冊，頁三九〇、三九二。

申報

經濟部積極建設
內地經濟中心
籌劃開煤礦助水道

國際反侵略運動會
中國分會成立

張羣昨對記者談
治川方針
培植民力加緊建設
羅致人才共同努力

鄂省團管區
轄縣業經劃定

劉湘昨大殮

敵軍在京暴行
美提抗議

多少架飛機？

一九三八年一月廿四日申報關於國際和平協會中國分會於漢口召開成立大會的報導。

國際反侵略運動中國分會海報。

來，要求提出苛刻條件的「強硬論」占了優勢。但是，國民政府「始終不為淫威所屈」。日本軍閥於是決定一面更進一步軍事侵略，一面製造偽中央政府，進行分化。一九三八年一月十五日，大本營與內閣聯席會議決定停止和平談判。十六日，近衛首相發表對華宣言（第一次近衛聲明），聲稱：「今後不以國民政府為對手，而期望真能與日本提攜之新政府成立與發展，而擬與此新政府調整兩國國交」。

宋斐如指出，「不以我國民政府為交涉對手，就是說中日大戰在目前已無法和平解決。同時，表明我國政府堅決抗戰到底。」也就是說，日本帝國主義自己堵死了結束戰爭的道路，同時也意味著日本的侵華戰爭進入了長期化階段。

於是，同月舉行的日本第七十三屆議會，緊急通過了近衛內閣提出的三十五億日元的一般會計預算，以及將近五十億日元的臨時軍費預算案，把資本和勞動力集中到軍需工業；同時也通過了國家總動員法和電力國家管理法等一共八十六項統制法，一舉過渡到戰時體制。二十二日，日本外相廣田宣布德國大使調解「日中和平」的經過，同時公布日本所提最低限度的「和平」條件。我國隨即召回駐日大使。日本駐華大使也被召回日本。

宋斐如批判道，為了「分化和封鎖」中國，日本帝國主義繼續玩弄「以華制華」的政治慣技，不但積極進行「製造偽中央政府」的工作，「在最近的將來，還要在華中成立幾個偽地方政府，並準備在華南方面造成設立偽組織的形勢。」他進一步分析說，「日寇既然要繼續或擴大它對華的軍事侵略，並且期待著一個全面控制的局面，自然要對英美各國要它的狡猾外交手段。」其中，近衛的「狂暴宣言」所提的「日本政府尊重中國領土與主權」與尊重「列國在華的權益」，是值得我們注意的「完全是撒謊」的「狡猾的辭令」。緊接著，他就逐一揭穿近衛聲明的欺騙性。首先，是所謂「日本政府尊重中國領土與主權」。他以其人之矛反制其人之盾，引用日本政友會領袖島田在日本本屆（第七十三屆）議會的發言：「政府常常愛說什麼日本對華沒有領土的野心這種話，真奇怪極了。政府也許沒有領土的野心，可是除了日本，誰在那裡管理這個區域呢？」就這樣輕易地揭穿了近衛聲明的欺騙性。然後，他又進一步指出，「日寇的軍力原不足以對付一個大規模的國際戰爭。現在戰場擴大了數倍，它只有編練華人軍隊打華人。」因此他斷言，「此後，日寇不但在政治上，即在軍事上，也要加強以華制華的手段」；但它卻「無暇顧到此中」隱藏的「危機的重大性」。他又揭露所謂日本尊重「列國在華的權益」，是近衛的「狡猾的辭令」還有，相較於所謂「日本政府尊重中國領土與主權」，這個聲明「更是瞪眼的大撒謊」。他接著以「日寇尊重列國權益的具體表現」來說明問題：其一，「華北偽組織已經強奪了天津關稅權，擅自改變關稅率」。其二，「日本軍人在上海橫行霸道，蹂躪租界英美的租借主權，並且隨時侮辱英美各國人士，特別是婦人。」最後，他提醒國人要特加注意的是：最近，日寇為緩和它的孤立，而刻意釋放「緩和進攻英國與向美蘇示好」的外交空氣。但是，他認為，

一九三八年一月戰時讀物編譯社出版發行宋斐如《日本鐵蹄下的東北》。

「司馬昭之心路人皆見，絕對不會有任何效果。」[17]

四、鼓吹日本民眾反戰

三月十四日，我軍與日軍在津浦線北段連續進行數場大戰，展開了台兒莊大會戰。十五日，早上十時，馮玉祥「在本寓開討論會，宋斐如先生主席並報告……十時二十五分，先後聽見空襲與緊急警報，當即散會……十二時，同張之江、劉思慕、張凌青、宋斐如諸先生進午餐，以昨日李登洲帶回丁樹本俘獲日本之鹽魚野菜為食，味甚美，飯後並贈諸先生每人魚一隻。」[18]

十六日，宋斐如在《世界知識》第七卷第七期發表〈日寇對我侵略戰爭中的勞動問題〉；又在《抗到底》半月刊第六期發表〈中國抗戰與日本民眾反戰〉，從此展開了他公開宣傳反戰運動的寫作。

宋斐如在〈中國抗戰與日本民眾反戰〉開章明義指出，中國全民族的抗戰與日本民眾的反戰，對象都是包括天皇、貴族、官僚、軍部、財閥等統治階級構成的日本帝國主義。中國的抗戰是為了全民族的解放，日本民眾的反戰則是為了全階級的解放；二者的戰場或許有地域上的分別，但其目的卻完全一致。中國抗戰與日本民眾反戰，具有極密切的關聯性。只要中國抗戰並抗戰到底，日本民眾的反戰運動就可以發動起來，並且達成打倒日本帝國主義的最後目的。同樣地，只要日本人民的反戰運動持續擴大，中國的抗戰就可減輕不少壓力，進而提前達成打倒日本帝國主義的最後目的。因此，只要中國抗戰與日本反戰運動的指導者具有這樣清楚的認識，多加努力，中日民眾攜手打倒日本帝國主義的可能性就不是虛構的。他進而呼籲說，我們一

---

17 前引《宋斐如文集》卷二，頁五三〇—五三二。

18 前引《馮玉祥日記》第五冊，頁四一〇。

方面要持久抗戰到底，給與敵人以接連的打擊；另一方面還要擴大對敵宣傳，改變日本民眾及士兵的對華觀念，使他們明瞭中日民眾利害的共同性。他強調，政治部第三廳已決定成立對敵宣傳處，將來當有不小成效，還希望民間的國際宣傳團體，也能夠多作這種對敵宣傳。[19]

五、參加中華全國文藝界抗敵協會

三月廿三日，馮玉祥「看到牆上有應用抗戰之日語數句，（乃）集左右人等，並與白桃先生、李旅長占標等請宋斐如先生教讀，一時即學會三句。」馮玉祥「對李旅長曰，你應快學會，回去好教兵也。」

廿四日，宋斐如與賴亞力、劉思慕向馮玉祥「報告談話會之經過數點：一、遵守三民主義，二、切實訓練黨員，三、提高黨（的）紀律。」

廿五日，馮玉祥同來訪的王先生談到，即將成立的「中國文藝協會」（中華全國文藝界抗敵協會）請他去演說。他請王先生提供一點意見，讓他參考「該當怎樣說法」。然後馮玉祥說他的「一點意見」是：「抗戰期間，要把文藝方面的刊物，有一個大的創作、改變與奮鬥。因為過去有很多東西，尚未脫離封建的時代，有一種君臣奴主的分別，所以至現在那種舊風尚還存在……所以在抗戰期間，要有一種新的創造……我們不要忠於任何一個人，而要忠於大眾，而且要作出來……而作出之文章，更應當使鄉中民眾亦能看的明白出來，像這一類的事，更應當戲劇表演，有如是對抗戰前途，才能發出力量，不然是無用的。」[20]

廿七日，文藝界的抗日戰爭統一戰線組織——中華全國文藝界抗敵協會（簡稱文協）於漢口市商會成立。各界名人及作家七、八百人出席。大會由邵力子擔任主席，郭沫若（一八九二—一九七八）講演後就由馮玉祥演說。大會通過了《中華全國文藝界抗敵協會宣言》，宣稱「我們應該把分散的各個戰友的力量，團結起來，像前線將士用他們的槍一樣，用我們的筆，來發動民眾，捍衛祖國，粉碎寇敵，爭取勝利。」然後「相攜徒步至普海春聚餐」。[21]餐後，繼續開會，討論會章並選舉理事，五點多鐘散會。被推為檢票及監票的老舍等人卻一直忙到深夜。結果，誠如「大家所期望的——不分黨派，不管對文藝的主張如何，而只管團結與抗戰。」邵力子、郭沫若、茅盾、胡風、馮乃超、郁達夫、姚蓬子、樓適夷、王平陵、陳西瀅、張恨水、老向與老舍等四十五人當選理事。周恩來、孫科、陳立夫為名譽理事。其後，在馮玉祥先生那裡開第一次理事會；老舍等人被推舉為常務理事（沒有會長或理事長）。[22]後來，文協在全國各地設有數十處分會或通訊處。同年五月創辦機關刊物《抗戰文藝》，號召文藝工作者深入農村和抗戰前線，提倡文藝為抗戰服務，為人民大眾服務，並團結文藝界愛國民主人士，有力地推動了抗戰中民主運動的發展。[23]

宋斐如與張鐵生、張凌青、賴亞力、劉思慕等環繞在馮玉祥身邊的拿筆桿的文人，在老舍領導之下，都參加了文協。他們經常在武昌千戶街福音堂聚會，為馮玉祥籌畫、草擬抗日文宣，組織時事座談會，分析抗日的形勢發展。[24]

六、剖述第二期抗戰的勝利

三月廿八日，果如宋斐如所料，以梁鴻志為首的「中華民國維新政府」偽政權在南京成立（九月廿二日

---

19 前《宋斐如文集》卷一，頁一二七、一三〇、一三七。

20 前引《馮玉祥日記》第五冊，頁四一一、四一八、四一九、四二〇。

21 前引劉和平主編《中國近現代史大典》，頁二三三；《馮玉祥日記》第五冊，頁四二二。

22 老舍〈八方風雨〉，轉引《老舍生活與創作自述》（北京：人民文學出版社，一九九七年），頁三八四—三八六。

23 前引劉和平主編《中國近現代史大典》，頁二三三。

24 前引宋亮〈台灣《人民導報》社長宋斐如〉，頁四〇一。

又與北平偽「臨時政府」在北平成立「中華民國政府聯合委員會」）。

四月一日，《世界知識》第七卷第八期出版，刊發宋斐如〈日本人民的反戰運動〉。同日，宋斐如在馮玉祥的討論會致開會詞，並介紹第十八軍羅卓英（一八九六—一九六一）副軍長（代行軍長職責）所部戰地服務團團長胡蘭畦女士，報告抗戰以來在東戰場艱苦工作的經過。十三日，又與賴亞力同馮玉祥談討論會事。[25]

十五日，台兒莊戰役以日軍慘敗，勝利結束，不但寫下「日本帝國主義四十年來陸軍戰史上空前的恥辱」，也引起世界各國震動。

廿二日，宋斐如寫完〈第二期抗戰勝利的剖述〉一文。他析論說，自一九三八年一月間展開的「第二期大戰」，我軍開始運用「誘敵深入」的新戰略，把敵人的後方變成我們的前方，我們的戰略地位也已全面由被動轉為主動。他同時指出抗戰第二期勝利的四個原因：最根本的是，前方各戰場最高指揮將領堅決守土衛國，提高將士作戰的積極性。二是，廣泛採用攻守兼施的新戰略和新戰術，放棄被動的單純防禦戰，改採主動攻擊的防禦戰，以運動戰配合陣地戰，以游擊戰配合主力戰。三是，各戰場的軍民進一步提高合作抗日。四是，日軍兵力不足分配於日益擴大的戰場；日本財政支絀，無法充分補給日軍彈藥糧秣；日本士兵厭戰情緒高漲，積極反戰或因驕傲而敗壞紀律。他強調，這些使得抗戰第二期得到勝利的諸多原因，都是很確實的，進步的，並且都在日益發展著。只要我們堅持抗戰，我們的優勢就會日益增加，敵人的弱點也會日益暴露，我們的抗戰必定會持續不斷地集小勝為大勝，最終驅逐日本強盜於國境之外。他也指出，抗戰第二期勝利最重要的一點在於對各方面的影響，更加鞏固了抗戰的基礎，也增強了勝利的把握。這些影響至少包括以下各方面：一、打破一部分失敗主義者的妄念，扼阻中途妥協投降的傾向。二、提高全國人民的勝利信心與將士的戰鬥意志。三、確保新戰略及新戰術的成功運用。四、證明軍民合作的功效及其必要，利於各方面的動員。

五、增強世界各國對我國抗戰勝利的信心，從而更加援助我們抗戰。六、改正日本國民蔑視中國的觀念，增強他們對於戰爭苦難的感受，進而更加積極反對軍閥政府的暴行。七、喚醒認賊為父的傀儡漢奸明白日本強盜終必戰敗的現實，嚇阻他們為虎作倀的乖謬行為。他同時憂心地提醒說，抗戰第二期勝利也有一種對我們爭取最後勝利所不能忽略的負面影響，那就是，日軍在台兒莊遭遇戰史的最大恥辱之後，勢將增調大批軍隊採取新的戰略戰術，以及收買漢奸、「以華制華」等更毒辣的手段，發動更大規模的侵略。所以，中日兩國軍隊更大規模的第四次會戰即將到來。除了本著軍民合作的精神，發動廣大民眾保衛國土之外，我們應有更沉著更積極應戰的辦法，才可以應付這個更加嚴重的局面。[26]五月一日，本文刊於孫科主持的中蘇文化協會主辦的《中蘇文化》抗戰特刊第一卷第十二期。

七、日本右派的狂態與日蘇最近的糾紛

四月廿五日，宋斐如的譯著《日本人民統一戰線的發展》（勞動調查部），由上海雜誌公司「大時代叢書」出版發行。廿九日，〈冀南豫北游擊隊英勇抗戰的一斑〉刊《抗戰》三日刊第六十七號。接著，他又主要根據《改造》雜誌四月號的資料，寫了〈日本國內右派運動的狂態〉，在五月十六日的《中蘇文化》抗戰特刊第二卷第一期發表。

〈日本國內右派運動的狂態〉詳細介紹了二二六事件以後日本右翼在「日本主義運動」旗幟下大肆活躍的近況。他在文章的最後感慨地說，「日本反動的右翼勢力所反映的上層軍事法西斯，促成了對華的侵略戰

---

25 前引《馮玉祥日記》第五冊，頁四二六、四四二。
26 前引《宋斐如文集》卷一，頁一三九—一五〇。

爭；而這種戰爭又必然地激發民間右翼運動的進展。九一八事變後，日本社會運動起了一個大轉變，許多左傾團體的代表也都向右轉了。『中日戰爭』爆發後，在軍閥政府高壓之下，許多左翼的指導領袖完全投降了，或竟從理論上把侵略戰爭合理化、大眾化，和軍閥政府狼狽為奸。」然而，他接著又樂觀地說，「但這只是日本社會一面的轉變，隨著侵略戰爭的進展，日本反戰反法西斯的勢力不獨增強了左翼營壘的力量，並且日在侵透於民眾之間。」因此，他引用在國民政府軍事委員會政治部第三廳從事對敵宣傳工作的鹿地亙（一九〇三—一九八二）將日本反戰勢力譬喻為「巨大的冰山」的話作為結語：「法西斯主義者繼續打仗吧！他們坐上這樣巨大的冰山而粉碎成為微塵，只是時間的問題罷了！」27

五月十九日，中國軍隊從徐州突圍撤退。中國的全面抗戰進入第三期。

二十日，宋斐如寫完時事評論〈日蘇最近的糾紛〉，隨即於廿五日出版的《時事月報》第十八卷第十期刊載。他首先指出，自一九三七年七月八日至一九三八年三月廿五日，侵華日軍的傷亡總數大約有三十七、八萬人之多，其中陸軍高達三十萬七千三百一十一人，海軍有二萬七千零三十人，空軍也有一萬零二百一十人；被我擊毀的飛機大約四百六十二架以上，被炸破的軍艦共計二十五艘，炸沉者四艘。然後嘲諷地說，以反共之名，把侵華戰爭美化為「防共聖戰」的日本軍閥，原本打算用十五個師團就使我們「屈膝」投降，現在，僅僅傷亡人數就已超過十五個師團，而其侵略戰爭又將隨著戰場的擴大而更加困難，並已激起日本國內人民熱烈的反戰運動。但是，日本侵略者卻一貫惡劣地不求自省，反而隨便把失敗的責任推給援助我國的其他國家。他分析說，現在世界和平的軸心在英、法和蘇聯。在第一期抗戰時，日本侵略者運用「由防共聖戰到驅逐白種聖戰」的詭計嫁禍英國，大倡反英論調，煽動反英輿論。但是，在「英法對德意步步退讓」、「歐洲醞釀著締結四強協定乃至五強協定企圖孤立蘇聯的今日」，它又重施「防共聖戰」舊技，製造進攻蘇聯的輿論，進而採取實際的進攻。他又說，日本開始侵略中國後，蘇聯立即與中國訂立《中蘇互不侵犯條約》，鼓舞了我國人民抗戰的士氣。因此，日本始終要把蘇聯拉進中日糾紛之中，大肆造謠和恫嚇，而在其國內就是把所謂「赤露膺懲」和「支那膺懲」相提並論。所以，日本政府積極發動進攻蘇聯的宣傳戰，「大造謠言以響應德意」，完全是為了「孤立蘇聯」而「用以欺騙歐美各國的煙幕彈」。因此，他最後強調指出，「日本侵略者的陰謀，處處都在中國身上用工夫，我們對於遠東的任何事變及動向都不能忽略或旁觀」，尤其是對於與中日問題有著密切關聯的日蘇最近的糾紛，應有下列幾點「深刻和正確的認識」：第一，這是由於蘇聯在精神及物質上援助我們抗戰。第二，這是以「防共」為詞侵略中國的日本用來搪塞歐美各國的煙幕彈。第三，這是日本對德、義兩國孤立蘇聯的具體響應。第四，這是日本使英、美、法各國不能積極援助中國抗戰到底的間接手段。[28]

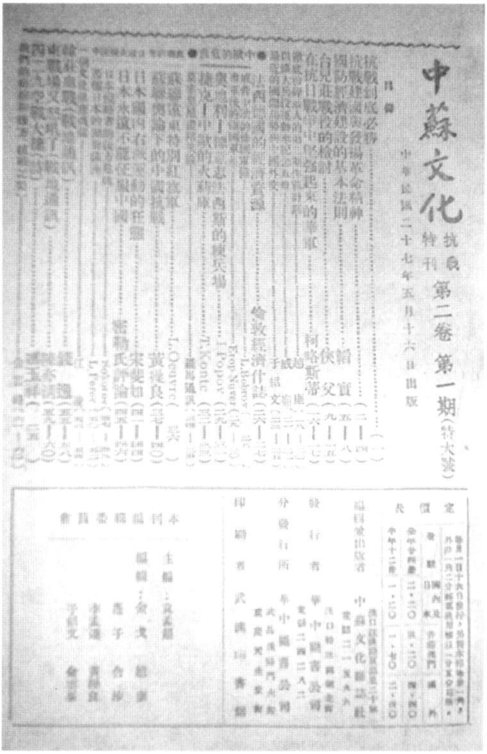
中蘇文化 抗戰特刊 第二卷 第一期（特大號）
中華民國二十七年五月十六日出版

一九三八年五月十六日《中蘇文化》抗戰特刊第二卷第一期宋斐如〈日本國內右派運動的狂態〉。

27 前引《宋斐如文集》卷三，頁八七八—八八八。
28 前引《宋斐如文集》卷二，頁五三三—五四〇。

八、日本軍部法西斯政府的確立

與此同時，日本朝野喧嚷了好幾個月的近衛內閣去留問題，終於按照「一方面尋找機會誘使國民黨政府投降，另一方面則計畫推進由壟斷資本家領導的戰爭經濟」的方針改組。五月廿六日，外相廣田與財相賀屋同時提出辭呈，近衛首相即予照准，並任命宇垣一成繼任外相，三井財閥領導人、前日本銀行總裁池田成彬繼任藏相兼商相，前陸相荒木貞夫也同時被任為文部大臣（文相）。

六月一日，宋斐如在《中蘇文化》抗戰特刊第二卷第二期刊發〈日本侵略戰爭中工業危機的發展〉；又在《世界知識》第七卷第十一期發表〈美國新經濟恐慌對於日本的影響〉。

六月四日，台兒莊會戰的敗將、不擴大派的板垣征四郎（一八八四－一九四八）就任日本陸相。

六月十日，宋斐如在《時事月報》第十八卷第十一期發表了〈近衛內閣改組與今後動向〉一文，從日本「國內政權」、「中日戰爭」及「日本外交」等三個面向概括分析，改組後的「近衛內閣此後內外政策的動向」是「軍閥政權的強化」、「侵華戰爭積極化」及「外交政策強硬化」。他因此呼籲，我們要深刻注意，近衛內閣這次的改組補強，是日本帝國主義為了使我國「屈膝」投降，而強化「日本政府的軍事法西斯力量」；中日大戰已經「無法妥協」了。面對此後戰爭勢將更加擴大的局面，「我們需要更徹底的覺悟，及更周密的建國大計。我們要在抗戰中建設新中國，同時也要在現代國家的建設中爭取最後的勝利，完成國家民族的獨立自由和平等。」最後，他也樂觀地指出，近衛內閣的改組，固然補強了「日本政府的軍事法西斯力量」，「便於更強硬地侵略中國」，但是也「暴露了日本侵略者力量的脆弱」、「證明了日本統治者內部及其與人民的矛盾的尖銳」等「侵略者的弱點」。我們從而可以確信「近衛內閣這次的改組，將因對華戰爭的挫折而完全崩潰」。[29]

六月十六日，宋斐如又在《中蘇文化》抗戰特刊第二卷第三期，刊發〈日本近衛內閣改組與軍部法西斯政府的確立〉一文，針對國內外報紙很少提到的近衛內閣改組的「必然性和遠因」，著重探討「日本軍部法西斯政權確立的經過」。首先，他認為，「近衛內閣改組的浪頭可以說開始於中日大戰第二期作戰決定擴大的當時，這是我們抗戰到底及中日糾紛之不可調和性使然的。」他接著指出，近衛內閣雖然只是改組，其實等於組織新閣。因為海、陸軍人就坐了內閣五把重要的交椅，因而讓人有「軍部內閣之感」。具體而言，外相宇垣，在陸軍方面自成一派勢力，財界及政黨也都相當倚重。陸相板垣，增強了少壯派軍人的力量，而有利軍部所謂正統派政策之遂行。文相荒木，在肅軍前是軍部的絕對勢力，今後將更發揮他那極端狹義的國家主義思想，總動員所謂日本精神。這些人將和狂妄的內相末次配合，對國內外推動軍事法西斯政策。另外，財界巨頭池田成彬出任藏相兼商相，必有堅決的新計畫，增強近衛內閣的力量，並將調和軍閥

一九三八年六月宋斐如出版《日本人民的反戰運動》。

29 前引《宋斐如文集》卷三，頁九〇二—九一〇。

與財閥乃至政黨間的矛盾。主張電業國營的遞信大臣永井的任命，也表明了新內閣將要實行統制經濟的政策，而與軍事法西斯獨裁互為表裡。因為厚生大臣木戶幸一是近衛的親信，而其餘各相都「無足重輕」，所以「醞釀多年的軍部政府，到今日始完全實現，軍事法西斯政權也因戰爭而完全確立了。」[30]

值得一提的是，同樣是在六月，宋斐如的《日本人民的反戰運動》一書，作為世界知識「戰時叢刊」之六，已經出版了，並由各地生活書店發行。

30 前引《宋斐如文集》卷三，頁八八九—九〇一。

第八章

主編《戰時日本》半月刊

（一九三八年八月－一九四二年一月）

從一九三八年五月十九日徐州撤退到十月廿五日武漢撤退的五個月零六天是中國全面抗戰的第三期。六月之後，宋斐如在「第三期」結束前出版或發表的著作與文章包括：

七月，〈日本「革新」派的人物〉（《世界知識》第八卷第二期）與〈抗戰以來日本問題書籍總評〉（《戰時文化》半月刊第一卷第四期）。他在〈抗戰以來日本問題書籍總評〉呼籲說，「開戰以來日寇對我的殘暴更千百倍於以前，出版界也應該努力出版一本具體刻畫日寇殘暴的著作。」[1]

十月，〈戰時日本內外政策變化的基調〉（《世界知識》第八卷第七期）。

除此之外，主要就是集中發表於他主編的對敵研究刊物《戰時日本》的多篇文章了。他雖然參加了文藝界抗日戰爭統一戰線的中華全國文藝界抗敵協會，可畢竟不是文藝中人。他的戰場主要還是在《戰時日本》。

一、戰時日本研究會的成立

一九三七年三月廿四日，宋斐如在向馮玉祥面談「日本見聞」之後，又提了包括「努力抗日」、「促成政府抗日與人民感情日親」與「有一研究團體及刊物」等幾點意見。到了抗戰周年，在馮玉祥支持下，「戰時日本研究會」在漢口成立了，機關刊物《戰時日本》半月刊也隨後創刊。宋斐如同時擔任研究會總幹事與刊物主編。[2]

應該是宋斐如執筆，署名「戰時日本研究會」的《戰時日本》〈創刊詞〉寫道：「自抗戰進入第二期而戰爭更加擴大以來，政府和民間對於關係敵人的工作漸感到重要。政府方面成立了不少對敵工作的機構或部分，民間也漸有開設日本問題講座，出版日本問題叢刊，創辦日本問題雜誌的要求，於是敝會同人一面鑒於工作的興趣，一面激於這種要求，組織了『戰時日本研究會』，計畫創辦『日本問題講座』，開設『日本問題函授社』，刊行『日本問題叢書』及『日本問題雜誌』。」一九四五年十二月廿一日，他應邀以台灣行政長官公署教育處副處長的身份在韓籍官兵集訓隊用日語給韓國同志講演〈中韓兩民族的關聯性〉時又提到：「自從日本對中國全面的侵略開始之後，在北京、南京方面我們就無法進行充分的活動。因此一時撤退到漢口，就在那裡組織了『日本問題研究會』。我也作為發起人之一，特別提出戰時日本的政治、經濟、文化方面的問題，揭露了日本的弱點，打破了日本的虛偽宣傳。其結果喚醒了眾多的恐日病者，強化了抗戰建國的意識，該會的活動一直持續到日本投降。」[3]

根據宋斐如所寫〈戰時日本研究會財務報告——一九三八年下半年〉，「戰時日本研究會」應該是在一九三八年六月之前就已經成立了。因為該報告六月至十二月三十一日止的財務狀況載有：「六月份：收入

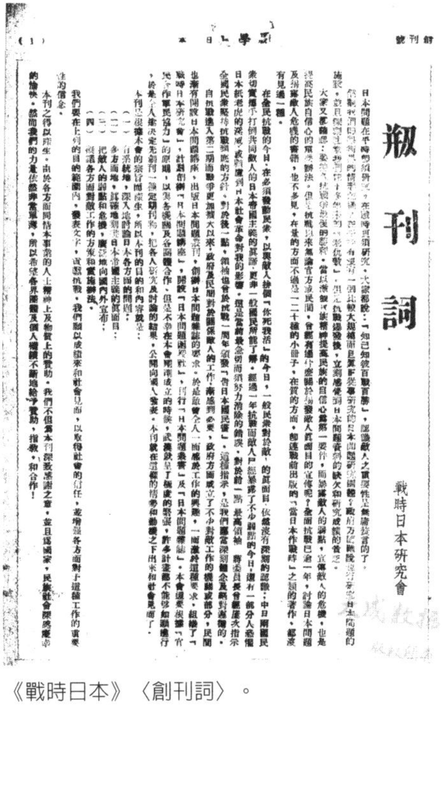
創刊號

創刊詞

戰時日本研究會

《戰時日本》〈創刊詞〉。

1 轉引《宋斐如文集》卷五，頁一四八五。

2 宋斐如〈戰時日本研究會財務報告——一九三八年下半年〉，原載《戰時日本》第二卷第一期，（一九三九年三月），頁二二二四。

3 《人民導報》，一九四六年一月二十一—廿四日；《宋斐如文集》卷二，頁三九四。

會員會費及捐款共國幣五十元，支出二十一元八分，尚存二十八元九角二分。」[4]〈創刊詞〉又謂，該會原本「還要根據『官民合作全民協力』的原則，以與各機關及各團體合作。但是不幸在本會剛剛成立的時候，武漢就呈了極度的緊張，許多計畫都不能夠如願進行，於是同人遂決定先創刊一種定期刊物，把各人研究及討論的結果，公開向國人發表。」於是，《戰時日本》半月刊「就在這樣的情勢和動機之下出來和社會見面了」。

二、《戰時日本》的籌備與創刊

一九三八年七月廿五日，宋斐如在《戰時文化》第一卷第四期發表的〈抗戰以來日本問題書籍總評〉首次提到了創刊《戰時日本》的緣由：

一、對日抗戰是和日本帝國主義者拚個你死我活的戰爭，打倒日本帝國主義關鍵在於正確認識敵人和適當利用敵人的弱點。但抗戰以來，這種工作卻最被忽略。

二、研究敵情，認識敵人的民間工作，主要表現於出版書籍與定期刊物。但抗戰以來，連一部有關日本問題的小叢刊都沒有出版，盡是非常零亂沒有系統化的小冊子。

三、抗戰新階段要求對日本問題深入有系統的著作與專門刊物。但這一年來，新編的書籍或定期刊物的論文大多集中在剖述當前的經濟問題，未能深入日本經濟的核心，或正確把握其經濟的發展過程來作根本認識。

四、抗戰新階段急需「知己知彼百戰百勝」，軍政及人民各方面都要求一種有系統地持續討論日本問題的定期刊物，暴露日本帝國主義隱蔽的弱點和危機。所以最好由軍政機關出來創辦，否則就贊助文化人來出刊。

《戰時日本》創刊號封面。

五、戰時日本研究會因此創刊《戰時日本》半月刊，希望能夠得到各方贊助這種當前急需的定期刊物，共同奮鬥，持續刊行，使認識敵人政體的常識普遍化，並且通過宣傳工作者深入民間和抗戰隊伍。[5]

同年年底，「戰時日本研究會」為《戰時日本》「徵求贊助訂戶啟事」也說：「今日我敵勢已不可兩立，我們只有抗戰到底一條路。但是抗戰一年有半，還有一部分人仍然懷『恐日病』，或未能深刻了解敵人的內情，遂致抗戰內部常有搖動不定的分子，外面謠言乃乘虛播弄。這於抗戰前程是一種絕大的阻礙。敝會有鑒及此，乃刊行《戰時日本》半月刊，分析敵人政治經濟社會軍事等方面的問題，將其危機與弱點暴露於同胞之前，以堅民族抗戰的自信。」

一句話，《戰時日本》的辦刊宗旨是為了「知己知彼，百戰不殆」。一九四一年七月，該刊第五卷第三期〈我們的回顧〉（頁八三），應該是宋斐如的「編者」就創刊的時代背景寫道：「我們的神聖抗戰到第二年轉入新的階段，需要更正確的有效的戰略，所以委員長指示我們：『宣傳重於作戰』。本刊就在這新戰略的要求下呱呱墮地的。」

這樣，一九三八年八月一日，《戰時日本》創刊號在武漢正式上市。〈創刊詞〉指出：「要持久抗戰爭

4 前引《戰時日本》第二卷第一期，頁二二四。
5 前引《宋斐如文集》卷五，頁一四七七—一四八八。

最後的勝利，當以激發民族精神，提高民族的自信心為第一要件，而暴露敵人的弱點，宣傳敵人的危機，也是提高民族自信心的重要辦法……在全民抗戰的今日，在必須發動民眾，以與敵人拼個『你死我活』的今日，一般民眾對於敵人的真面目，依然沒有深刻的認識；中日兩國民眾切實攜手，打倒共同敵人日本帝國主義的真諦更非一般國人所能瞭解。經過一年抗戰而敵人已經暴露了不少弱點的今日，還有一部分人恐懼日本紙老虎的淫威，或顧慮到日本社會革命對我的影響。這是當前最急切而須努力消除的錯誤。」這就決定了宋斐如主編的《戰時日本》的抗戰言論主要目的與內容是：

「（一）有系統地、深入地討論日本各方面的問題；（二）多方面地、正確地刻畫日本帝國主義的真面目；（三）把敵人的弱點和危機，廣泛地向國內外宣佈；（四）擬議各方面對敵工作的方策和實施辦法。」

《戰時日本》創刊號內頁封底裡同時公告了該刊「特約撰述」的堅強筆陣包括：王芃生、王亞南、戈寶權、李季谷、李萬居、李純青、周憲文、胡風、胡愈之、郭沫若、許世英、許德珩、許滌新、張仲實、張季鸞、劉思慕、陳豹隱、藍天照、張鐵生……以及日本反戰人士青山和夫、鹿地亘和池田幸子夫婦等共五十四名重要而知名人士。

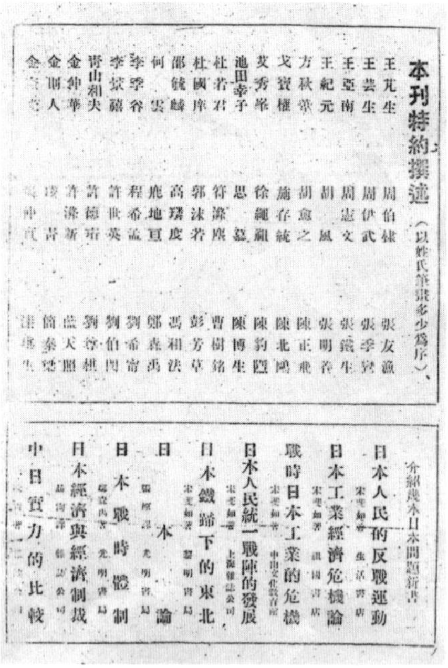
本刊特約撰述（以姓氏筆畫多少為序）

王芃生 王芸生 王亞南 王紀元 方秋葦 戈寶權 艾秀峯 池田幸子 杜若君 杜國庠 邵毓麟 何雲 李季谷 青山和夫 金仲華

周伯棣 周伊武 周憲文 胡風 胡愈之 施存統 思慕 郭沫若 高璘度 鹿地亘 程希孟 許世英 許德珩 許滌新

張友漁 張季鸞 張鐵生 張明養 陳正飛 陳北鷗 陳豹隱 陳博生 曹樹銘 彭芳草 馮和法 鄭森禹 劉希甯 劉伯閔 劉尊棋 藍天照

介紹幾本日本問題新書

日本人民的反戰運動 宋斐如著 生活書店

日本工業經濟危機論 宋斐如著

戰時日本工業的危機 宋斐如著 中山文化教育館

日本人民統一戰陣的發展 宋斐如著 上海雜誌公司

日本鐵蹄下的東北 宋斐如著 黎明書局

日本論 光明書局

日本戰時體制 光明書局

日本經濟與經濟制裁

中日實力的比較

《戰時日本》特約撰稿員包括抗日志士、日本反戰同盟成員及知名人士。

除了「戰時日本研究會」的〈創刊詞〉之外，宋斐如在創刊號發表了〈日本反戰運動的國際化〉與〈戰時日本社會危機的發展〉。

三、武漢緊張與南遷廣州

一九三八年六月十二日，武漢會戰開始。七月中旬，日軍在長江南北兩岸同時展開進攻。武漢緊張。廿五日，日軍占領九江，打開武漢門戶。八月四日，國民政府駐漢口各行政機關全部遷往重慶。

就在此時，《戰時日本》創刊出版。創刊號「深蒙社會各界的同情和期待，銷數之多，出乎同仁意料之外」，「不久即已售罄，屢接訂貨之要求均未能應付，故擬提早出版第二期以應社會之需求。」但不幸「遇武漢緊張」，「武漢印刷局遷移內地，不易得一適當印刷所」，「無法印刷」，「直候至八月底見已無望遂決計（不得不）移廣州（華南）出版，遲延很久」。「為急起直追計，特將第二三兩期合刊出版『九一八』七周年紀念特輯，復因華南印刷局不完備，出版時日又略遲緩。」[6]

十月十二日，日軍在大亞灣登陸。十六日，《戰時日本》第二、三期合刊號終於在廣州出版。

宋斐如在本期發表了總結九一八事變以來的抗日經驗的〈七年來的教訓與進步〉、〈日寇七年來在東北的經濟掠奪〉與「在敵機空襲下寫於廣州」的〈東北義勇軍的母親——趙老太太〉等三篇。他同時在「編輯室特訊」指出本期的三個特色：第一，紀念「九一八」東北淪陷七周年。第二，分析日本國內政治、經濟及社會的動盪。第三，分析日本對外侵略與其資本主義發展的陰謀。最後又預告說，該刊移華南（廣州）出版後將盡可能在編輯方面做到下列五點：「（一）為使同胞深刻瞭解敵人的國度，擬每期登載一二篇剖述日本

6 戰時日本研究會〈本刊徵求贊助訂戶啟事〉，《戰時日本》第二卷第一期，頁二三四；〈編輯室特訊〉，《戰時日本》第二、三期合刊，頁七九。

帝國主義本質的論文，並願客觀地歡迎討論；（二）為使內地同胞多瞭解國際對我抗戰之輿論，擬繼續譯載各國評論闢『外論節譯』欄；（三）為著報導敵人情形擬盡可能地登載新穎的消息，以供內地讀者參考；（四）為著溝通華南與內地的輿論消息，擬自下期起選擇各報社評闢『社評集要』一欄；（五）為使國人有系統而具體瞭解日寇國內外問題起見，擬常出特殊問題的特輯，最近擬先出『日本勞動問題』與『日本農村問題』兩期特輯」。

四、移粵遷港

十月廿一日，廣州陷落。廿四日，蔣介石下令中國守軍撤出武漢。廿五日，日軍進入武漢。歷時五個多月的武漢會戰結束。抗日戰爭進入「第四期」的「戰略相持階段」。

《戰時日本》的編輯部遷至香港，在九龍彌敦道二百四十二號「租借」了一間十多平方米的斗室辦公。這裡，既是宋斐如的起居室，又是他撰稿、編輯雜誌的工作間。[7]他後來回顧說，該刊「不幸生來就命途多舛，剛滿月後就移粵遷港，顛沛流連（離）。為了搜羅敵情資料的便利及希冀在海外鼓勵僑胞的抗戰情緒，曾經在香港逗留一個時期，盡了一點抗戰宣傳的責任」[8]。

在香港，《戰時日本》得到眾多愛國的進步人士的支持。例如，主持福建救亡同志會，救濟難民，並創辦建光學校、立華女中的華僑革命家莊希泉（一八八八—一九八八）就親自為雜誌募款。在《大公報》任主筆的著名政論家李純青（一九〇八—一九九〇）經常撰文組稿。任教達德學院的老友鄧初民（一八八九—一九八一）也十分關心雜誌的出版。房東區季謀剛從法學院畢業的長女區嚴華

一九三九年區嚴華大學畢業照。

（一九一四—一九五〇）也常常被邀請參加編輯工作。[9]

十二月一日，滇緬公路全線通車。三日，戰時日本研究會「經兩月之籌畫，得各方朋友及同情者之協贊」，「正式成立華南分會，決定此後更加集中全力於《戰時日本》之編刊工作，以副各界之厚望。分會會址設於桂林，通訊處設於香港、昆明及重慶各地。」[10]五日，日軍飛機轟炸桂林。十六日，《戰時日本》第一卷第四期在桂林出版。本期隨第四期抗戰的需要，集中討論兩個要點：「檢討敵人的力量及揭破和平主義者的陰謀」。宋斐如發表了〈日本軍隊的莫斯科〉與〈第四期抗戰的敵我情勢〉兩篇文章。他在〈日本軍隊的莫斯科〉指出，外傳素稱「日本的拿破崙」的日軍參謀本部作戰部長石原莞爾領導製作的侵逼西北的軍事計畫包藏的政治陰謀：一是佯裝停止進逼華南，使英美法鬆懈對日備戰。二是包圍蘇聯，切斷所謂「赤色的國際路線」，離間英美法與蘇聯的密切合作，並分化國內的抗日力量。然而，因為西北是八路軍根據地，地勢高燥，交通不便，進退困難，氣候不適，飲水困難等因素，它終究要像「法國的拿破崙喪師在莫斯科」而「全軍覆沒」。〈第四期抗戰的敵我情勢〉則指出「前後截然不同的幾種特徵」：一、已經完全不可能中途調和。二、日寇獨霸東亞的企圖已由理論到實踐。三、隨著英、美、法在華權益受到嚴重威脅而共同制裁日本的可能性增大。四、蘇聯對日本採取實際行動的時機日益成熟。五、日寇的政略與戰略走入慌亂的迷途而莫知所措。六、日寇的大部分武器及軍需工業原材料只能就地取給於中國，對華的依存性日益加重。所以他建議，「我們今日

---

7 前引宋亮〈台灣《人民導報》社長宋斐如〉，頁四〇一。
8 〈我們的回顧〉，《戰時日本》第五卷第三期，頁八三。
9 前引宋亮〈台灣《人民導報》社長宋斐如〉，頁四〇一、四〇二。
10 《戰時日本》第一卷第四期〈本會特訊〉。

要下最大的決心加強民主陣營的力量，趕快建築西北及西南的交通路線，準備與英美法蘇作更密切的合作。」最後並樂觀總結說，「抗戰的客觀情勢依然於我有利，問題只在於如何運用這些有利的情勢」。

宋斐如同時也在「編輯室」向讀者擴大邀稿說：「本刊依舊是公開給『抗戰大眾』的園地，希望大家踴躍參加討論。本刊現已移桂出版，為便利投稿者起見特設通訊處如下：（一）桂林東江路六十三號陳庭蓀先生收轉；（二）昆明雲南大學徐茂先先生收轉；（三）重慶下石板街四十號；（四）香港郵政信箱一六三一號。」

根據該期版權頁所載，該刊和編輯人宋斐如的聯絡地址都是桂林東江路六十三號，經售是上海雜誌公司和祖國書店，特約經售是生活書店和黎明書局。另據前述〈戰時日本研究會財務報告——一九三八年下半年〉所載，彼時，戰時日本研究會的總會在重慶；該報告又載：「本結算為統一貨幣單位起見，自九月二日起一概改為港幣，即桂林及廣州之印刷費也因寄自港地，故概以港幣計算」。由此可知，「重慶下石板街四十號」應該是戰時日本研究會總會的地址；「香港郵政信箱一六三一號」應該就是宋斐如在香港的收信地址了。

十二月廿一日，國民黨副總裁、國民參政會議長汪精衛等人離開重慶，經由昆明，潛赴河內，並於廿九日發表「豔電」，公開投降日本侵略者。

歷史就這樣進入一九三九年。

一月一日，國民黨中常會決定永遠開除汪精衛黨籍，撤銷其一切職務。

一月四日，日本近衛內閣因為閣內對德意日三國同盟的意見對立而總辭。以法西斯主義者聞名的右翼團體國本社首領、日本內務司法官僚總後台的樞密院議長平沼騏一郎（一八六七—一九五二），組成前閣僚過半留任、具有延續性質的內閣。而它最重要的課題也是三國同盟問題。[11]

就在這樣的敵我情勢下，「自武漢緊張後即在風浪中掙扎」，歷經廣州事變及桂林轟炸，不但「排印困難」

且「報紙損失甚巨」，「編輯資料也遺失很多」的《戰時日本》第一卷第五期，「經月餘日的整理」，終於在一月十六日出刊。也因為拖延之故，上期「因散亂未能續載」與「因變亂未能寄到」的稿件得於本期刊載，並且「因為海外通訊處的設置而得接到許多有價值的文獻」。同時因為「本期的編刊正當敵人的陣容大起變動的時期，所以盡可能地集中在與此次日本政變有關的討論上。」（「編輯室」）

宋斐如發表了「專論」〈日本製造偽聯邦政府的陰謀〉與「時事述評」〈日台韓反戰與《香港日報》〉，同時也從本期開始連載〈日本帝國本質論〉的「講座」。他在〈日台韓反戰與《香港日報》〉指出，自去年七月七日「日本朝鮮台灣反法西斯同盟」創立準備委員會成立後，包括殖民地台灣與朝鮮在內的日本民眾的反戰運動，就漸匯合並急速發展。其中，「台灣民族革命總同盟」甚至假藉「日人創辦而最近為台灣總督府收歸官辦的《香港日報》」名義，印製反戰宣傳品，普遍散布於日本內地、朝鮮、台灣以及海外日僑的中間，從而引起日本外務省的重大注意並把責任推在中國抗戰人員身上。他分析說，國人對於這一事件須有兩點認識：第一，日本人民，特別是殖民地台灣的反戰運動確實漸漸具體化了。第二，在全面抗戰中思想戰及宣傳戰要與軍事配合，在敵人後方的宣傳並不是絕對不可能，關鍵在於工作人員及工作方式得當與不得當罷了。

《戰時日本》「提前出版的計畫」，終究因為「第四、五兩期的再版，日機空襲警報的阻礙，印刷局承印工作的堆積等等事故」，未能實現。應該在二月一日出刊的第一卷第六期，「耽誤了兩個多星期」，始於十六日印成出版。本期的內容「有兩個重心：其一，在中日大戰新階段下分析日本孤立的情勢；其二，在『三八婦女節』的時分素描日本婦女問題。」（「編輯室」）

在此期間，日軍於二月十日登陸海南島，繼而占領「英法日條約上不能占領的」該島，「企圖包圍香港，

11 前引井上清《日本近代史》下冊，頁六一〇；藤原彰《日本近現代史》第三卷，頁六八。

切斷新加坡與菲律賓的聯絡，並威脅南部亞洲英國一切的屬地」，進一步緊逼英國。面對這樣的形勢發展，宋斐如發表了「時事述評」〈日本進攻英國嗎？〉指出，日本清楚英國能否提出更實際有力的抗議完全取決於美國是否替她撐腰。就目前的力量看，只要美國實施經濟封鎖，日本立刻處於必敗之地。所以，在完成海南島經營以前，日本在太平洋上對英美法的壓迫不過是一種恫嚇。為了「要英美停止援華」與「逼迫英國出為調人解決中日的戰爭」，日本可能做出更進一步威脅的舉動。只有英美法蘇確實聯結（至少真正拿出一隻「鐵拳頭」），才能抵抗準備擴大國際冒險的日本的威脅和侵略。

宋斐如也通過「編輯室」預告說，「此後為更充實本刊內容及更多貢獻日本問題的研究者，擬再增加兩種內容：（一）增設『日本問題信箱』，解答各種關於日本問題的詢問；（二）增加『書報評論』欄，就日本問題的文獻，作有系統的介紹與批評。」他強調，《戰時日本》的「編務已漸作到可以按期出版的地步，至於不能配合的『戰時』的印刷，也要想辦法去改革，以副讀者熱烈的厚望。」

五、遷入內地續刊

一九三九年二月，「歐戰擴大對於香港及海外之影響」逼得《戰時日本》「編輯部不能不離開香港」，「遷入內地續刊」。為此，深悉宋斐如「研究日本問題之精博與作事之負責」，故自策畫創辦《戰時日本》時期「即予以相當之贊助」的立法院長孫科，於同月十六日發給他向「粵桂滇黔川沿途各軍警機關」出示的證明書：

本院專員宋斐如兼在香港辦理戰日半月刊事務，現由港來渝，攜帶行李〇件，其中有日文書籍及參考材料，據係為抗日宣傳之用。茲特給予證明，仰沿途軍警機關查照，驗明放行，以利抗戰宣傳。

總的來說，《戰時日本》「在香港刊行逾一年有半，對於海外僑胞及駐港工作人員，貢獻不少，深得各界人士的贊許」。例如，孫科院長介紹函讚曰：「細讀各期內容，其資料之豐富，觀察之透徹，與夫論斷之正確，實不愧為抗戰中唯一研究敵情之刊物也。」香港《大公報》「讀書顧問」欄評曰：它「沒有在報攤上亂擺，也沒有往字簍裡亂丟，它主要的不但是給一般讀者認識各種敵情，而且是給中國各抗日高級機關作重要參考的典籍……每期都列有一個或幾個中心問題，登載深入及淺出的文章，因為有幾種特殊的關係，內容很豐富，翔實，潑刺。」起初，該刊「經濟十分艱難，幸得僑胞贊助訂戶踴躍捐訂，始得繼續刊行……只菲律賓一地即有一千八百多份贊助訂戶，可見海外愛讀本刊及本刊鼓勵僑胞抗戰情緒之一班。」宋斐如也因此「非常感奮」。[12]

如果按照封面與版權頁所署日期來看，《戰時日本》第二卷第一期應該是在三月十六日出版，並改於昆明發行。但是，該刊「編者」（宋斐如）在「編輯室」（頁一九六）寫道：「本期春季特大號，因為稿件在寄昆明途中遺失，文稿自不得不從新編寫，遂致出版延遲至一個多月之久。」因此，真正的出版日期就不是原訂的三月十六日了。如果根據宋斐如在本期所刊〈勞動節寄日本勞工〉文末所署「四月二十九日，於赴馬尼拉中途寫」，那麼，實際出版應該就是五月以後的事了。

宋斐如在「編輯室」報告說，「本期的主要重心在於總檢討最近的蘇日關係」，因而特輯是「蘇日糾紛總檢討」。宋斐如寫了〈蘇日漁約糾紛的前前後後〉與〈日本再度向蘇聯屈膝〉，詳細剖述去年七月廿九日至八月十一日，日本關東軍挑起進犯蘇聯的張鼓峯事件（哈桑湖事件）以來，蘇日集中於漁約的鬥爭，「完全剝光了日本紙老虎的外皮」。「編輯室」又說，「經濟侵略是日本目前急於積極推進的毒計，其範圍已不

12 〈渝版發刊詞〉，《戰時日本》第四卷第二期，一九四〇年十一月廿五日，頁四五。

獨限於東北，其辦法則事與人並重」。為此，「本期第二個重心在於繼續揭發敵人的經濟侵略陰謀」。

宋斐如還發表了〈日本排英運動〉，撮要敘述「在世界戰爭危機日益深化的情勢下……日本對英國的仇恨與敵視」；以及「以滿腔的熱情，期待著日本勞工大眾與中國全民族攜手」的〈勞動節寄日本勞工〉。基本上，他撰寫了本期一半以上的文章。

「版權頁」標明是一九三九年四月十六日出版的第二卷第二期，與本卷第一期一樣，「早就編輯好，只因為印刷和交通的困難輾轉耽延了許多日子」。宋斐如通過該期「編輯室」報告說，「本期的內容集中於兩種問題的討論上」：第一，「分析日寇國內問題，特別是財政的問題」。因為「日本新預算的內容極其複什，並且帶著濃厚的欺騙性，不明瞭內情的人常為所蒙蔽」。第二，「介紹中日大戰的南洋動向，特別著重於星加坡華僑的擁護祖國運動」，因此策畫了「祖國英勇抗戰中的星加坡」專題。他強調，在日寇南進聲中，星加坡是一個極重要的地方。宋斐如還發表了「時事述評」〈日本工潮新階段的開始〉。

此外，本期還「適應讀者的要求」，增加了三種新內容：其一是「用粗細線條來描寫戰時日本的各種場面」的漫畫。其二是「擬就散漫沒有系統的日本問題的著作加以批評和介紹」的「書報評介」，本期先刊最近出版而深刻淺顯的宋斐如〈介紹《日本資本主義論戰》〉。其三是供給讀者詢問的「日本問題信箱」。他在「編輯室」也預告說，今後該刊「還依讀者的希望，增加『時事述評』的篇幅，擬更周詳地評述隨時發生的問題」，並「且擬再闢一個『敵情報告』欄，有系統地剖述敵人各方的情形。」

五月十一日，日軍挑起進犯外蒙蘇軍的諾門罕事件（哈拉哈河戰役）。廿二日，德意兩國在柏林簽字成立政治軍事同盟（鋼鐵公約）。

第二天，也就是五月廿三日，宋斐如立即寫了〈德意軍事同盟與日本〉（六月九日發表於《廣西日報》）。廿五日，《戰時日本》編輯部招待留港文化工作人員茶會，又針對「德意軍事同盟與日本」問題進行座談，並交換對該刊編輯方針的意見，主席宋斐如，出席者有李萬居、李純青、劉思慕、謝東閔……等撰稿人，與卜少夫等共廿二人。[13]

五月廿六日，日軍封鎖中國沿海出口，禁止外輪航行。

六月一日，汪精衛帶周佛海等人抵達東京，商洽成立偽政權事宜。五日，日本平沼內閣議決強化防共軸心的對歐政策。八日，國民政府下達通緝汪精衛令。

六月十六日，《戰時日本》第二卷第三期出版。宋斐如發表了〈日本對第三國政策的二元性〉與〈日本為什麼沒有參加德意同盟〉。這兩篇與〈德意軍事同盟與日本〉，基本上是按國際形勢發展的時序所寫的相關文章，析論探討的同樣是日本的對外政策等問題。綜合起來，他首先指出，在侵略集團與反侵略集團的對立日益尖銳化，在兩個集團都深感有緊密團結以實行集團鬥爭的必要的現在，特別是在世界各國積極備戰，鬥爭已到世界大戰前夕的所謂「同盟時代」，德意兩國簽訂政治軍事同盟「無可驚奇」，「不可思議的」只是「日本侵略者竟沒有同時參加這一同盟的簽字」。他認為，問題的核心在於「（一）日本為什麼能夠不參加這個同盟？（二）日本是否永不參加這個同盟？」據他觀察，「日本參加德意日軍事同盟，只是時間的問題，日本究竟何時參加？完全要看日本對外政策的步驟來決定，這又和日本對華侵略戰爭具有密切的關係」。他指出，在平沼內閣「親和外交」的意識支配下，日本的元老重臣們為免開罪英國等西方國家，所以「不敢率然參加德意日軍事同盟」。但是，除非日本軍隊全部退出中國，否則中日兩國就只有彼此死拚到底，並且要把關係密切的第三國捲進漩渦，這樣，英國既不能為日本利用來「調停」，而且終將與日本開打。因此，日本對第三國的外交方針已經開始變化，少壯派軍人的征華論又得勢了，以致近來日本輿論更加積極攻擊英

13 本刊編輯部〈「德意軍事同盟與日本」座談會〉，《戰時日本》第二卷第四期，頁一三一。

法蘇，在中國淪陷區的排外排英運動普遍化，並陰謀對上海租界加以「外科手術」，悍然在鼓浪嶼登陸橫行，嚴密封鎖中國海岸，干涉外國輪船。他據此推測，處於「第二次世界大戰的積極準備階段」的日本政府，內迫於少壯派軍人的威脅，外制於德意幫凶的威脅利誘，「親和萬邦」的政策既不可能，又不能孤立在對立的兩大營壘之外，結果終將「加入德意日三國軍事同盟，或更廣大的世界法西斯集團軍事同盟」。[14]

在「編輯室」，宋斐如就該期的編輯方針與內容報告說：「日本帝國主義的侵華全面戰爭與我們的英勇抗戰，在繼續了將滿兩年的今日，已經很明確地帶上了一種特殊的性質，就是經濟戰爭已漸增加它的重要性，敵人各方面的經濟情形及變化，遂值得我們格外的注意。因此，本刊擬自本期起，就敵人各種經濟部門，連續刊載特輯，作集中的研究。」本期先出的「特輯」是通過四篇論文，「有次序地」總檢討「日本戰時農村問題」的「戰時日本農村的危機」，其中包括宋斐如的〈日本農業經濟的特質〉。他強調，「在這些論文的顯微鏡下，讀者當不難看出：日本農村經濟機構的奇特性質，戰爭爆發以來日本農村所受特別巨大的惡劣影響，乃至日本政府戰時農業政策死裡的掙扎多麼無力。日本農村是日本資本主義的主要支柱，它的傾倒將如何影響日本帝國主義的存在，是不難想見的。」他同時指出，「日本經濟破局的開始，也就是我們抗戰勝利的開始，這點，就是外國人士也有同樣的信念」。

六月十六日，《中蘇通商條約》在莫斯科簽訂。

七月一日，《戰時日本》第二卷第四期在昆明出版發行。本期的特輯是「戰時日本工業的危機」。〈德意軍事同盟與日本〉「座談會紀錄」摘錄了李純青、劉思慕、卜少夫等人的發言，與作為主席的宋斐如的結語。他歸納了眾人意見的三個要點：日本事實上是參加德意軍事同盟的；在形式上之所以沒有，完全是欺騙英法的外交手段；社會主義與資本主義兩個體制間的矛盾大過德意侵略集團與英法和平集團的矛盾，因而在英法蘇的合作上造下暗礁。然後他補充個人意見說：其一，世界兩個集團對立愈來愈明顯的同盟時代，英蘇法締結軍事同盟是時間問題，德意日三國軍事同盟自然也是必達的階段。其二，日本數十年來的二重性外交傳統表現於這次少壯派軍人主張立刻加入德意軍事同盟，但「老奸巨猾」的「元老、重臣、穩健派軍閥及一部分財閥」卻認為目前「聯絡英美法的需要大過與德意作更露骨協力」而阻止。其三，他認為在同盟時代，客觀的主要矛盾是兩個營壘的對立，而不是兩個體制的對立，所以侵略集團與和平集團的矛盾仍大過資本主義與社會主義的矛盾。

宋斐如在本期也發表了兩篇「時事述評」。一是〈莫洛托夫的演說與遠東〉，指出「蘇聯人民委員長兼外交人民委員長」莫洛托夫在最高蘇維埃第三屆大會關於「世界侵略集團與反侵略集團鬥爭情勢」的演說，「說明了反侵略陣線與遠東的關係」。二是〈日本貨幣的新攻勢〉，「道破了日本侵華新策略的一斑」。

七月上旬，德國納粹黨在紐倫堡召開大會。日本派遣陸海軍及財界實業界代表團訪問德意，意在締結軍盟。

七月十六日，《戰時日本》第二卷第五期出版。本期幾篇主要論文「偏重於剖述日本的內政問題」。宋斐如發表了兩篇「時事述評」。一是「道破日本侵華軍事之如何末路途窮」的〈日本南侵北攻下的新出醜〉。二是〈美蘇親善與遠東的關係〉，「一面推論在遠東特殊情勢的發展下，美蘇必然日益親善化，一面又說明遠東的反侵略陣線總是向鞏固路程發展」。另外，「因篇幅的關係停續已三期之久」的〈日本帝國本質論〉「講座」，本期是「軍事機構促現的日本資本主義」，簡單討論日本帝國的另一個特質——軍事性，恰可證明日本軍閥瘋狂妄動的基本原因，許多日本內政外交的矛盾和複雜性也都從這個特質派生出來。

七月廿四日，日英談判簽訂「有田－克萊琪協定」。英國節節退讓，以圖保全「占領區內的英人權

---

14 轉引《宋斐如文集》卷二，頁五五三－五六〇。

益」，以致此協定成為「遠東慕尼黑」陰謀的重要組成。廿六日，美國國務卿通牒日本駐美代辦，宣告廢除一九一一年簽訂的「美日通商航海條約」。

八月一日，《戰時日本》第二卷第六期出版，發行者署名「莊一中」（莊希泉）。本期小結日本侵華兩周年的歷史而製作了「戰爭二週年的日本」特輯。為此，宋斐如廣向「軍、政、報及文化各界人士」邀稿，軍事委員會副委員長馮玉祥、軍事委員會國際問題研究所中將主任王芃生，以及青山和夫、劉思慕、李萬居、李純青、謝東閔等諸先生都「撥冗賜予專編特稿」，「集中檢討戰爭滿二周年的日本，就侵略者這二年來各方面的變化，作時間上的比較，證明侵略者犧牲人命及財產所得到的結果，不過是日益走近總崩潰的境界罷了。」其中，頭一篇是宋斐如「剖述侵略者二年來內政的演變及其沒落趨向」的〈二年來沒落過程上的日本內政〉。另外，他還刊發了〈美國廢除美日商約的壯舉〉與〈日本軍事代表團赴德意〉兩篇「時事述評」。〈美國廢除美日商約的壯舉〉指出，美國廢除美日商約至少可以發生三種巨大的影響：第一，日本政界及經濟界大起動亂。第二，英國倘再節節對日讓步，支持中國抵抗侵略的國際最主要的指導權將移至美國和蘇聯。第三，「間接表示不能承認英國所要造成的東方慕尼黑局面」，減輕「中國悲觀論者」對「東方慕尼黑」局面（捷克命運）將臨的恐懼。他強調，「大家皆相信：商約廢除後美國對日經濟制裁可以合法地實施，而禁運令實施後，其影響正足以阻止日本侵華，甚且可逼令退出中國。」〈日本軍事代表團赴德意〉則根據代表團的成員指出，它「是應希特勒的要求準備加強侵略集團的勾結，日本與德意的軍事同盟，或者將由日本軍事代表團具體締結成功。」他因此提醒「民主陣線支柱的英美法蘇」，對此「應有更深刻的覺悟」，並考慮如何利用日本內部少壯派軍人與元老重臣財閥之間的矛盾。

八月十二日起，英、法、蘇在莫斯科舉行軍事會談。諾門罕的蘇盟軍指揮部也在緊張地準備總攻挑釁的日軍。

八月十六日，《戰時日本》第三卷第一期在昆明出版。宋斐如在「編輯室」寫道：「最近太平洋上的國際關係開始了一個新變化，美國一方面準備著制裁日本侵略者，另一方面積極和維持遠東和平的台柱的蘇聯締結親善關係。我們熱烈地慶祝這個動向，同時也希望美國勿坐失千載一遇的機會，我們的熱誠表示在時事短評中。」因此，本期四篇「時事述評」的其中兩篇就是他寫的〈美國不能坐失制裁日本的機會〉和〈蘇美關係的進展與遠東〉。

〈美國不能坐失制裁日本的機會〉誠懇敬告美國當局及人民：日本侵略中國，對美國的影響較其他各國巨大。在太平洋也只有美國的實力足以抵抗日本侵略者。美國今日尚可運用輕而易舉的經濟制裁及與英法蘇聯合的外交，使日本侵略者就範。再過些時候，日本的毛羽豐滿了，美國就是想保持本國的安全恐怕也不可能了。所以，「美國絕對不能坐失制裁日本強盜的機會」。〈蘇美關係的進展與遠東〉則指出，隨著日本侵華行動擴大，美日商約廢除之後，美蘇商約又延長一年。美蘇兩國在遠東休戚相關，所以這是兩國「更高級親善與合作的前奏曲」，也會極大影響英法的遠東政策，促進遠東反侵略陣線的締結。與此同時，因為美日商約廢除而可能受到日本排斥的美國貨物，一部分可以轉運蘇聯，對美國堅持制裁日本具有很大作用。這也會影響遠東的經濟，從而對遠東局勢產生相當巨大的影響。

本期也針對「蒙蘇與日偽衝突已經表面化」的諾門罕事件（哈拉哈河戰役）製作了「蒙偽衝突的剖視」特輯，分析事件發生的原因，拆穿日本侵略者爪牙的真面目，告訴讀者蒙偽衝突此後發展的方向。宋斐如同時預告：「下期還要從國際上來考察孤立者的日本」。

八月十六日，日軍大本營通告，將所有雜牌偽軍改編為「復興軍」，歸汪精衛指揮。十八日，蘇、德在諾門罕事件激化期間簽訂通商條約。二十日，諾門罕的蘇蒙機械化部隊發起合圍殲滅日軍的總攻戰役。廿一日，英、法、蘇莫斯科軍事會談結束。廿三日，蘇、德簽訂互不侵犯條約。德蘇提攜嚴重衝擊了日本平沼內閣，它一方面終止前近衛內閣一九三八年展開的對德同盟談判，同時於廿八日宣稱因歐洲形勢「複雜離奇」而總辭。三十日，日本陸軍大將阿部信行（一八七五—一九五三）內閣成立，聲稱：處理中國事變，建設「東亞新秩序」乃為日本基本國策。

九月一日，德國大軍分三路入侵波蘭。

「在國際情勢瞬息萬變的時候編輯的」《戰時日本》第三卷第二期也於九月一日在昆明出版了。但是，從刊於該期的宋斐如〈蘇德協定與日本〉的文末註明「寫於九月二日」來看，實際出版日期應該是二日之後。如同上期預告，本期特輯是「孤立化的日本」。

宋斐如認為，當前「最急激變化的」國際情勢是蘇德協定的實現。它既使德國遺棄了不進攻蘇聯的日本，又增強了蘇聯在遠東的力量。他在〈蘇德協定與日本〉分析指出，蘇德協定使得德意日反共軸心國家的破裂已成定局，它對遠東的影響「尤大於歐洲的局勢」，並且直接促成日本內政外交的激變。就日本而言，分歧對立的外交意見將趨於一致「變成拉攏英法」；但內政卻要因為外交的激變而激起「穩健派與少壯派更激烈的鬥爭」。就遠東而言，「從來執太平洋政治牛耳」的英國勢必退場，蘇美起而代之；美國的遠東政策將更強化而漸與蘇聯取得一致步驟。他認為，「蘇美兩國遠東政策的加強」，是「中國爭取最後勝利的基礎」，「中國抗戰的力量將因遠東國際情勢的轉好而增強起來」，「問題只在於中國怎樣接受蘇聯的幫助而已。」最後，他也提出善用有利於我國的遠東國際情勢以確保抗戰勝利的三種建議：第一，與蘇美，特別是蘇聯，切實合作，共同行動，但也不放棄英法的友誼。第二，通過堅持抗戰到底而促進日本內部矛盾的發展。第三，最重要的是團結起來，抗戰到底，以此基礎，建設遠東反侵略陣線，締成太平洋集體安全體制，共同制裁孤立化的日本侵略者。

〈歐戰與中國〉則分析指出，德波戰事「點著了歐戰的導火線」，如果擴大成為歐洲全面戰爭，則遠東方面必定發生四種變化：第一，英法為集中力量應付歐局而鬆弛遠東的積極性，以致對日退讓妥協。第二，日本少壯派軍人或將以「強迫英法親日」的方式，要求英法協助日本建設「東亞新秩序」。第三，蘇聯將更集中力量布置遠東防衛，並與遠東的反侵略國家切實合作，制止日本侵略者。第四，美國會給予英法精神及物質的援助，但更關注遠東情勢而與反侵略國家合作，防止德日勾結東西夾攻，保衛在太平洋上的權益。他認為，中國當前最最緊要的「外交政策」就是「把握住歷史發展的大方向」，運用變化，促成遠東成為「反侵略的堅固營壘」。因此首先要認清，歐戰爆發後維持太平洋和平的指導力量當然是蘇聯和美國。據此認識，而「積極坦誠謀與蘇美結成密切關係，共同制止日本的侵略」；特別是「希望中國能打倒日本」的蘇聯。因為「中蘇能聯結一體，打擊日本的力量自然增大，美國自然願意參加，對日消極妥協的英法也自會加入這個集體。」他準確地預估，戰爭的發展終將世界分成兩大陣營，「日本陸軍要受到中蘇聯合的襲擊，而海軍被英美法包圍於太平洋」。相應地，日本內部的反戰力量高漲，朝鮮及台灣的反殖民運動也大力進展，「促使日本帝國主義者壽終正寢」，完成神聖的抗戰任務。只有「日本改變了政治制度，東洋近年的歷史總帳，才算算清。」

宋斐如指出，當前國際情勢「其次的劇變是美國宣告廢除美日商約，這是美國準備制裁日本的第一步」。對此，他於八月廿六日寫了〈美日鬥爭的新開展〉，詳述美國制裁日本的歷史，並通過「美國近年來的軍備偏重於太平洋的建設」的實況，預估了未來兩國太平洋鬥爭的「不可調和性」與「新開展」。另寫〈美國排日運動的概況〉，指出美國人民現在注意「中日大戰」遠過於過去對「歐洲大戰」的關注。

宋斐如又說，當前國際情勢的第三個變化，是美蘇兩國對日強硬所產生的英日關係的問題。但英國並不會因為歐局的變化而放棄原來的基本態度，充其量也只有消極的退讓，所以日本依然是孤立的。他強調，日本的孤立並將表現於朝鮮及台灣的革命運動上。因此，《戰時日本》「把握住這個複雜的變化，在遠東方面愈於我國抗戰有利，而素來孤立的日本侵略者更加孤立化。所以集中討論『孤立化的日本』。」（「編輯室」）

九月三日，與波蘭締結友好互助條約的英法，以及澳大利亞、紐西蘭對德宣戰。歐洲大戰爆發。五日，美國聲明保持中立。六日，日本要求英法撤退駐華軍隊。八日，華盛頓方面即以「恐將加深日美間的緊張情勢」為由，反對日本的要求。十日，加拿大對德宣戰。日本阿部信行內閣發表「不介入歐洲戰爭」的聲明，繼續侵略中國的戰事。十二日，日軍大本營陸軍部公布所謂「支那派遣軍總司令部」的編制，總司令西尾大將，總參謀長板垣前陸相。十四日，中國國民黨政府軍與日軍進行第一次長沙會戰；美國國務卿赫爾明白表示「美國密切研究上海方面局勢之開展」。十五日，由於得不到德國支持，又完全沒有繼續作戰的自信，日本關東軍與蘇軍在莫斯科簽訂諾門罕事件停戰協定。消息傳到華盛頓，美國國務院發言人隨即聲明：不得不保留在九國公約下所享受的充分權益。十七日，蘇軍進軍波蘭東部地區。

就在這樣的國際新形勢下，九月十六日，《戰時日本》第三卷第三期出刊了。同樣地，從本期宋斐如〈歐洲大戰與日本〉文末註記完稿於「一九三九年九月廿五日」可知，實際出刊日期應是此日之後。

宋斐如在「編輯室」分析報告說：「歐洲大戰爆發後，日本的國際環境必然發生極大的變化，日本政局也為了適應這種變化而首先發生內閣的大變動。」因此，本期的幾篇「時事述評」，都是「剖述目前最重要時事的美日、蘇日、及中日的諸問題」。宋斐如自己就寫了〈歐洲大戰與日本〉與〈日本設置「支那派遣軍總司令部」的意義〉兩篇時論。

〈歐洲大戰與日本〉，「剖述歐戰爆發後日本所受的影響及其動向」。首先，他指出，「這次歐洲大戰，表面上固然是德國侵波而英法護波所引起的，但是本質上卻只是法西斯德國對民主國家的英法的正面衝突」的「帝國主義戰爭」，基本上是「資本主義國家間的矛盾」。此後，如果「民主國家與法西斯國家的矛盾縮小而退於次要的地位」，戰爭將以「議和結束」。反之，如果「這種矛盾依然大過於兩個體制間的矛盾並且占主導的地位，則戰爭將須繼續下去。」接著，他分析「歐戰與遠東政局的變化」說：第一，英法不能集中大部分精力干預遠東問題，勢須對日本「作消極的讓步」；但是英國的退讓妥協「有極嚴格的限度」。第二，關鍵是美國的對日態度轉為強硬。「美國的戰爭，將必偏重於太平洋權益的保護與指導權的攫取」。第三，蘇聯與遠東新局面的關係比美國更加重要。蘇聯在太平洋已占舉足輕重的地位。蘇聯將加強遠東政策，更加積極援助中國對日抗戰，且謀與美國攜手締造遠東的真正和平。而蘇日關係的不可調和性不能根本消滅，締結的互不侵犯協定隨時都可以廢棄。第四，德意日軍事同盟勢必隨歐戰的發展重拾舊歡，預料未至太平洋戰爭的前夕必可完成勾結。

但是，他強調，隨著美蘇積極進出遠東的政策發展，德意鞭長莫及，深陷千尺的日本始終是孤立的，不粉碎於塞北，也必沉沒於太平洋中。而我們使敵人無法再深入（李宗仁將軍之言）的抗戰，正足以縮短日軍泥足存在延續的時日。

〈日本設置「支那派遣軍總司令部」的意義〉指出，日軍只在日俄大戰時在國外設立總司令部，這是第二次，意義重大，不容忽視。對此，國人必須有兩點認識：第一，敵人想要利用「汪記（汪精衛）猴子班」的「政治進攻」已因「漢奸的無力」而告失敗。第二，日本阿部新內閣依然「幻夢著」運用更強大的武力為後盾，周旋世界各國並結束中日大戰；「但這卻是一種危機百伏的惡性的幻夢」。

戰爭的形勢繼續發展著。

九月廿七日，德軍攻陷華沙。廿八日，蘇德簽訂劃定波蘭國界的〈蘇德友好同盟條約〉。

十月七日，第一次長沙會戰結束。十日，國民政府發表雙十宣言，重申主權完整不容破壞，否認汪偽組織的一切行為。廿五日，日軍「掃蕩」晉察冀邊區，邊區軍民展開冬季反「掃蕩」作戰。三十日，重慶至仰光航線通航。

十一月三日，美國修改中立法，按「現購自運」的條款，自由輸出軍用物資。四日，日本外相野村和美國駐日大使格魯舉行日美第一次會談，內容顯露兩國在中國境內利害之不可調和性。

十一月十六日，「因歐洲時局關係延宕將月」，「只好兩期合刊」的《戰時日本》第三卷第四、五期出刊（昆明）。自本期起，因應內地讀者對時局與日本問題的索問要求，而「增加一倍」字數，並增設〈日本戰時大事日誌〉。同時開始在封面設計上略做改變，不再全部登出目次，而只依序突出幾則想要吸引讀者的要目。「本期正當日本外交由白紙外交到對英美調整外交的時分」，所以製作了「日本外交與外務省的糾紛」專輯。其中，宋斐如寫於十月三十日的〈日本外交往何處去——親英美可能嗎？〉，分析了「日本外交往何處去」的問題，並斷定它的「方向集中於對美外交的調整及其前途的暗礁重重」。他又另撰〈日本外務省派閥鬥爭及其背景〉一文，剖述日本外務省「騷擾的內幕」。他又在〈美日談判的前途〉指出，日本與英法的關係決定於美日關係，與蘇聯的關係也與美日關係具有關聯性，所以日本目下調整國際關係的關鍵完全在於親美政策能否成功。但是，美日關係的調整必須決定於中日戰爭，因而又是最難打開的一關。他強調，自從我抗日政府把日本的「和平提議」一腳踢開並揭穿其謠言進攻的陰謀後，日本即失掉了與英美談判的根據，最近日本對美調整工作之忽冷忽熱、忽急忽緩的主要原因即在於此。現在，日本當局已否認了對美積極談判的意向，並且把這個問題作為汪偽中央政權樹立後的主要課題，不但完全暴露了日本外交的無力，並且預告日本此後外交的困難，將與其對華侵略的困難一樣與日俱進。因此，他再度呼籲美國，應有深刻的覺悟與堅持解決更大問題的決心，防止日本前進政策，一如美國外交協會所斷言：「目前僅有兩條途徑可循，一為恢復中國領土之完整及門戶開放，一為任令日本建設遠東新秩序，而歐美各國退出遠東」。

十一月十五日日軍登陸欽州灣，進犯南寧，桂南戰役開始。

同月廿三日，汪精衛動員機關報《中華日報》與社址在香港的《南華日報》（一九二九年創刊）一再主張「全面的和平」，並發表其對日提出的所謂「和平條件」：「中日合作的基本原則須予以改變」、「一切鐵路，海關，及華人工廠，須全部歸還中國」、「中央政權成立時日本即須撤退一部分軍隊」、「日本將來終須撤退華北及內蒙古全部軍隊，須事前提出保證」等。但是，上海日軍發言人立即發表談話，「否認有撤退駐軍的意思」。十二月一日，《中華日報》社評立即解釋說，「全面的和平因受蔣委員長的阻撓致不能實現，逼使不能不先從局部停戰局部和議著手」。同日，上海日軍發言人又再宣稱：「日政府已與汪兆銘成立經濟合作協定，汪同意日本不撤兵」。

十二月十六日，《戰時日本》第三卷第六期在昆明刊行。本期的專輯是「中日戰局的剖視」。宋斐如在「編輯室」報告說：「日本軍閥自鄂北與湘北兩次慘敗後，一面非常懊惱一面又自覺軍力之薄弱，於是企圖於軍事之外更積極進行政治的進攻，而這次進攻南寧，實為政治的意義重於軍事。」另外，他親自執筆〈汪逆兆銘的悲哀〉，嚴厲批判說「古今中外最無恥的莫過於汪逆兆銘，既叛黨又賣國，但是人類中最可憐的也莫過於汪逆兆銘，既屈膝稱臣還須備受玩弄」，「過著卑鄙無人格的生活」，「一意希圖能夠實現偽中央政權以償其出賣屁股的代價」，「然而結果總是徒然，被奸被污而所希冀者始終未達到半點。」他認為，汪精衛之所以總動員機關報故意揭露上述消息的深刻用意，一是「欺騙動搖份子相信他的出賣還可以收回一點代價」，二是「想吸收一些新分子，以粉飾自己的無力，加重主人對他的垂青，減輕梁鴻志及王克敏諸逆的反對」。但是，因為「汪逆自己實在沒有力量」，「日本侵略者根本就不樂意有一個統一的偽中央出現」，所以汪逆「偽中央政權永久在擱淺中」；可以斷言，「汪逆的美夢，將成為漫漫長夜的幻境」。現在，「汪逆已再度打折扣，希望成立一個閩粵桂地方政府，聊以過過領袖癮，其中悲哀之聲已可聞於海內外了！」

宋斐如還發表了「時事述評」〈日本急於與蘇聯談判的認識〉（署名「端華」）與〈美國孤立派波拉先生的錯覺〉，並編譯〈日本軍部行動派最近的外交主張〉。他說，日本侵華軍事的進展，就是元老重臣等穩健派外交主張的沉沒，對英美外交的調整工作陷於停頓，而軍部行動派的外交主張則乘勢高漲。日本軍部機關報《國民新聞》的社評〈日本軍部行動派最近的外交主張〉露骨地提出具體的方針了。〈美國孤立派波拉先生的錯覺〉則是批判美國共和黨參議員、孤立派領袖波拉的嚴重錯覺：在美日談判已經流產，美國壓制日本的力量逐漸增大時，卻為貪圖小利，出賣人格，大放厥詞主張美日商業關係應加以保存，反對對日本實施經濟封鎖。他呼籲「商人議員」波拉，連一般商人都不贊同的「迷夢可以休矣」，「應當及早醒悟」。最後，他引用霍布法主教致南俄亥俄聖公會電文的話作為結語：「美國出售軍火與日本，為美國歷史上最污穢的一頁！美國人士一面對中國表示同情，捐款救濟難民，但同時又供給日本以軍火，數量又超過任何國家，以供日本作破壞之用，此種行徑，實為極醜惡的偽善行為！」

十二月三十日，汪精衛在上海簽字賣國密約《日華新關係調整要綱》。

時序進入世界局勢急遽動盪的一九四〇年。

元月四日，反對汪精衛簽署的《日華新關係調整要綱》的高宗武與陶希聖，抄錄了「要綱」，自上海脫往香港，並附致文件攝影，去信各報館。廿一日，香港各報都以頭條報導了高、陶提供的「要綱」，揭發「其中條件之苛酷，甚於民國四年之二十一條不止倍蓰」的密約內容。

與此同時，以不參與歐洲戰爭與所謂「處理中國事變」（即盡全力侵略中國）為對外方針的日本阿部內閣，所能做到的只是準備建立以汪精衛為首的偽國民政府。日本陸軍乃以它無能而迫使他辭職。十四日，日本海軍大將米內光正（一八八〇—一九四八）繼任組閣，並宣稱施政三要點為（一）建設「東亞新秩序」，（二）解決「中國事件」，（三）協助「汪政權」。[15]

一月十六日（實際日期應該在廿一日之後），《戰時日本》第四卷第一期「春季特大號」出刊。「為擴大篇幅增載深入研究的論文」，並從本期起「改為月刊」。本期從軍事、政治、外交、財政、金融、經濟、社會、法令等方面，對戰爭第四年的日本帝國主義作了一番總檢討。其中，宋斐如以「編者」之名寫了〈戰爭第四年日本政治總檢討〉，「從本質上剖述目前日本政治的情勢」。封面主打的議題依序則是：日寇兵力與中日戰局、戰時日本政治外交總檢討、日本財政金融的危機與敵國戰時犯罪研究。

宋斐如「希望讀者特加注意」：本期「時事述評」特別討論的「汪逆賣身契與我們的覺悟問題」，以及「中日問題目前最重要之點的『東方慕尼黑』問題」。他的〈汪逆賣國與我們的覺悟〉指出，高宗武及陶希聖揭布了汪逆出賣全國國民的「賣身契」全文，使中國及國際洞穿日本帝國主義的毒狠與汪派賣國賊的無恥，實是一樁極重要的事件。更重要的是，我們應有更深刻的六點覺悟和決心對付這個必有的趨勢：一，對日本帝國主義不能存有任何「中途和平」的念頭，否則下場勢必如同汪逆。二，不能再有日本退讓的僥幸幻想，只有抗戰勝利，和平始能變成現實。三，唯有全國精誠團結，抗戰到底，始能避免這類賣身契發生效力。領導抗戰的人所負責任尤其重大。四，應有遠大的理想和具體切實的計畫始得完成抗戰建國大業。五，全國上下必須認清抗戰新階段的特性，首要是如何堅持抗戰，爭取最後的勝利。六，要向愛好真正和平與維護自國利益的國際友邦進言：汪逆賣身契充分證實，日本侵略者陰謀製造「東方慕尼黑」而允許英美各國的香餌，其實只是包裝糖衣的毒藥；日本侵略者獨占中國而「共同防衛」的主要敵人包括蘇聯和英美法等國。他在〈提防日閥製造「東方慕尼黑」的陰謀〉則指出，日本帝國主義企圖滅亡中國的手段有瘋狂好戰的軍部行動派的「鯨吞政策」，與元老重臣財閥等穩健派更為毒辣的「蠶食政策」。而後者所施用的方策是「誘惑」與「外交」的進攻。質言之，就是陰謀製造「東方慕尼黑」的局面，而且「隨其戰爭泥足的深陷而益加積極」。但是，他認為，「遠東的情勢既和歐洲局面不同，我政府與人民的同仇敵愾又非捷克可比，則日本侵略者的美夢，

15 前引井上清《日本近代史》（下），頁六二二；宋斐如〈提防日閥製造「東方慕尼黑」的陰謀〉，《戰時日本》第四卷第一期。

終必變成幻想。」他的論據是：一，英美與日本在中國境內的利害衝突根本無法調和。二，瘋狂的日本軍部，特別是橫行不羈的在華軍人，決不會讓政府對英美放出退讓釣餌（例如「開放長江」）。三，日本侵略者在戰爭中消耗的財力、人力已達飽和點，現實使它既不能對英美退讓過大，更不能接受漢奸如汪派撤兵還地的要求。四，儘管日本想利用國際新情勢佯充東方反蘇先鋒，英美也有利用日本的意向，但是日本既無力量和決心進攻蘇聯，英美基於在華利益也不會輕易幫助日本制服中國。五，在遠東，帝國主義之間的矛盾還大過帝國主義體制與社會主義體制間的矛盾。他強調，只要中國堅持抗戰到底，國際形勢尚無演變為英美法幫助日本侵略者制壓中國的可能，「東方慕尼黑」自難形成。所以，我們要提防日本製造「東方慕尼黑」的陰謀得逞，就要斥阻抗戰意志動搖，精誠團結，信奉「抗戰第一，勝利第一」。

另外，本期刊載了一封軍委會朋友陳乃昌一月七日自「遙遠的行都」經洛陽而間接寄給宋斐如，鼓勵並慰勞《戰時日本》同仁的信，內云：「想起二年前在武漢時，為了《戰日》舉行了初次座談會，景象是那麼零落、暗淡；然而一年半以來，靠著你的淬勵、奮發，這嬰兒在唯一的保姆之下是茁壯、長成了。不可否認，它在抗戰中的中國文壇，是唯一研究敵情的定期刊物，千千萬萬人已經受了它直接間接的影響。」

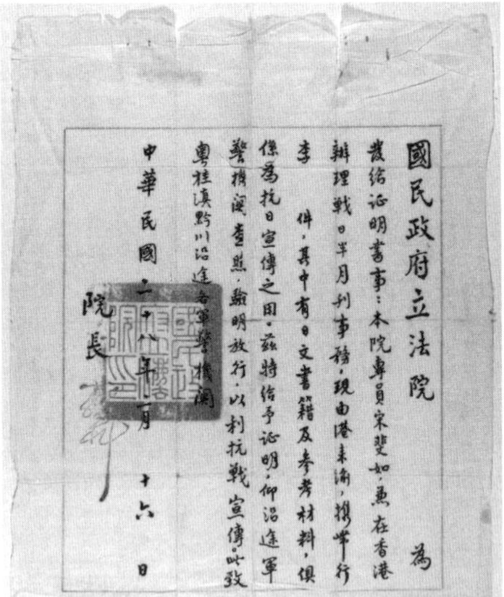
國民政府立法院
為
發給證明書事：本院專員宋斐如，向在香港
辦理戰日半月刊事務，現由港來渝，攜帶行
李件，其中有日文書籍及參考材料，俱
係為抗日宣傳之用，茲特給予證明，仰沿途軍
警機關查照，驗明放行，以利抗戰宣傳，此致
粵桂滇黔川沿途各軍警機關
中華民國二十八年二月十六日
院長

一九三九年二月十六日立法院長孫科開給宋斐如由港來渝的通行證。

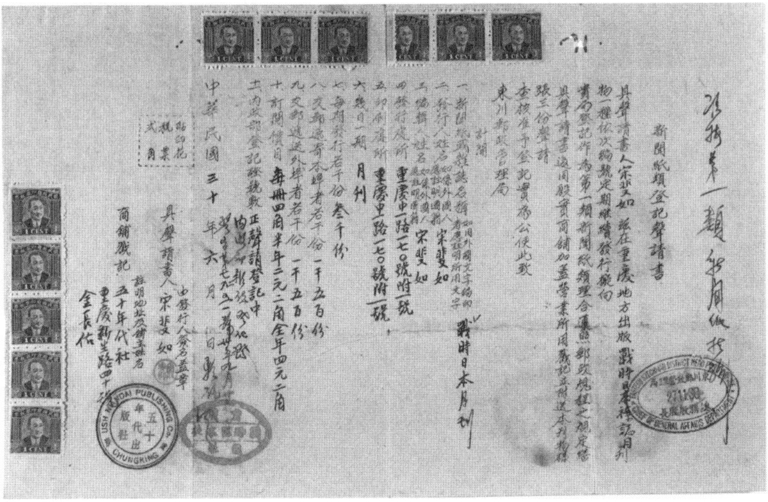
新聞紙類登記聲請書

具聲請書人宋斐如擬在重慶地方出版戰時日本月刊物一種依次編號定期繼續發行擬向貴局登記作為第一類新聞紙類理合遵照郵政規程之規定繕具聲請書連同殷實商舖加蓋營業所用戳記並附送本刊物樣張三份聲請

查核准予登記實為公便此致

東川郵政管理局

計開

一、新聞紙或雜誌名稱（如用外國文字編印者應註明所用文字） 戰時日本月刊

二、發行人姓名（如係外國人者應註明國籍） 宋斐如

三、編輯人姓名（如係外國人應註明國籍） 宋斐如

四、發行處所 重慶中一路一七〇號附一號

五、印刷處所 重慶中一路一七〇號附一號

六、幾日一期 月刊

七、每期發行若干份 叁千份

八、交郵遞寄本埠者若干份 一千五百份

九、交郵遞送外埠者若干份 一千五百份

十、訂閱價目 每冊四角半年二元二角全年四元二角

十一、內政部登記證號數 正聲請登記中

中華民國三十年六月 日

具聲請書人 宋斐如（由發行人簽名蓋章）

商舖戳記（註明地址及舖子姓名） 五十年代社 重慶新生路四十號

金長佑

貼印花 規費 式角

一九四一年六月《戰時日本》復刊登記聲請書。

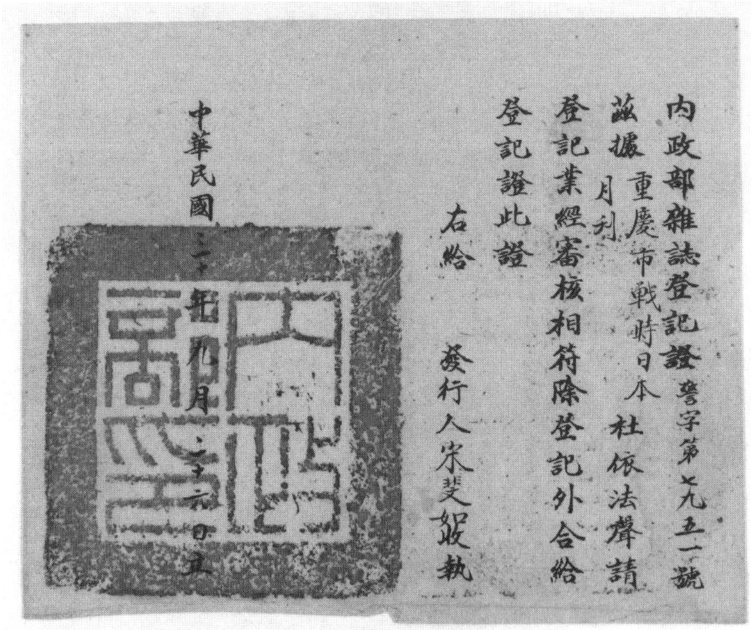
內政部雜誌登記證 警字第七九五一號

茲據重慶市戰時日本社依法聲請登記月刊業經審核相符除登記外合給登記證此證

右給 發行人宋斐如收執

中華民國三十年九月二十六日

一九四一年九月廿六日內政部發給《戰時日本》雜誌的登記證。

六、重慶時代

陳乃昌的信，至少說明宋斐如當時尚未轉往重慶。根據馮玉祥日記所載，一九四〇年二月二十日，宋斐如（端華）曾經與李炘、趙普炬到重慶巴南區巴縣中學（今重慶市實驗中學校）拜訪馮玉祥。[16]所以，他應該在此之前就已經到了重慶。

在重慶，宋斐如念念不忘在抗日的宣傳戰線貢獻一己之力，不但在報刊發表文章，宣傳抗日，平常與親友交談也不離抗戰話題。他經常與台灣老鄉李純青、李萬居、謝南光等《戰時日本》的「特約撰述」聚會，談論國事，痛斥日帝，盼望早日把侵略者趕出中國的土地，光復台灣，重建家園。[17]

一九四一年一月廿四日至廿六日，汪精衛集團與華北偽臨時政府行政委員長王克敏、華中偽維新政府行政院長梁鴻志、內蒙偽自治政府代表李守信在青島舉行會談，策畫建立包括重慶國民黨在內的偽國民政府。會談以反共降日和所謂「和平」為宗旨，對偽國民中央政府成立大綱、偽政權名稱、偽首都、偽國旗，及偽中央政治會議的召集時間、會議議題、會議議員的分配與決議方法等問題均作了周密的策畫，從而為建立汪偽統一的漢奸政權作了準備。[18]

二月十三日，宋斐如於桂林寫《日本戰時外交內幕》「自序」。他原本計畫寫一本《敗亡途上的日本帝國》，因為「篇幅過大」所以改作「戰時日本叢書」，十四萬字的《日本戰時外交內幕》就是其中

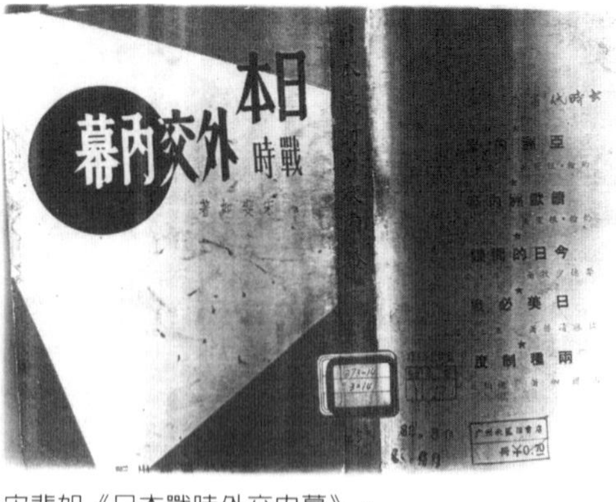

宋斐如《日本戰時外交內幕》。

的一本。他表示，兩年來，他對日本外交的分析，「好似尚無多大的錯誤，所以敢大膽出版這本書，更具體有系統的剖析日本戰爭以來的彷徨，用以就教於外交專家。」他介紹說本書共分四大部分：第一，「緒論篇，從日本帝國主義的特殊構造及侵略戰爭造成的特殊情勢，檢討日本戰時外交彷徨與紊亂的基本原因。」第二，「上篇『日本戰爭初期的外交姿態』，剖析日本在戰爭初期的外交作風（是）親德意而排斥英蘇」。第三，「中篇『日本彷徨外交的開始』，分析日本侵略者因為侵華軍事入於相持階段及國際形勢的豹變而外交方針完全動搖，開始其彷徨的變化」。第四，「下篇『日本彷徨外交的發展』，繼續補述日本戰時外交曲線狀的延長，暴露敗亡途上的日本帝國沒落的一角。」最後，他強調，「要看清日本帝國的敗亡外交，還須參照日本戰時內政、經濟、社會、軍事等方面的危機。所以計畫在『戰時日本叢書』的總題下，繼續貢獻我們的研究成果，完成『知彼工作』更具體的一部分。」但是，《日本戰時外交內幕》後來並沒有作為預定的《戰時日本》叢書，而由時代書局於四月出版。

三月十八日，汪精衛再與「臨時」、「維新」、「蒙疆」三個偽政權及國社黨、青年黨代表在南京商談成立偽中央政府事宜。三十日，汪偽「中華民國國民政府」在南京宣告成立，汪精衛自任代理主席。19
四月十日，日偽軍對冀中進行五十天「掃蕩」。三十日，八路軍、新四軍發表討汪救國通電。

---

16 前引《馮玉祥日記》第五冊，頁九三〇。一九三八年馮玉祥到重慶後，先後住過陳家橋、巴縣中學、沙坪壩文化區、南開中學、白鶴場等地。
17 前引宋亮〈台灣《人民導報》社長宋斐如〉，頁四〇二。
18 前引《中國近現代史大典》，頁五七。
19 前引武月星主編《中國抗日戰爭史地圖集》，頁三〇三。

五月一日，棗宜會戰開始。二日，日軍大本營下達對中國內地進行空中攻擊令。十五日，荷蘭對德投降。廿六日，日機一百餘架分四批轟炸重慶。

六月十四日，德軍攻陷巴黎；法國無條件投降。中旬，棗宜會戰結束。二十日，法國封閉滇越鐵路。本月，日本陸相畑俊六因對米內海軍大將內閣不滿而辭職。

七月十六日，國民黨中常委提案並通過限制中共軍隊的抗日活動。日本陸軍以不提出陸相繼任人選的辦法搞垮米內內閣，近衛第二次組閣。十七日，英國政府宣布封閉滇緬公路三個月。廿四日，日機轟炸成都。本月，美國對於運往日本的重要原料與軍需材料實行統制。

八月一日，日本近衛內閣提出建立「大東亞共榮圈」。十九日，日機轟炸重慶市區。

九月廿三日，日軍侵入法屬印度支那北部。廿六日，美國發表對日禁運鋼鐵的聲明。廿七日，德、義、日在柏林締結軍事同盟條約，鼓動了日本在東北太平洋地區進一步擴大侵略的氣焰。三十日，日機轟炸昆明。

十月七日，中日空軍在昆明激烈空戰。十四日，英國重開滇緬公路。

就在這段期間，六月，宋斐如以《戰時日本》月刊發行人身分向重慶東川郵政管理局提出「第一類新聞紙類登記聲請書」，發行與印刷處所登記地址是「重慶中一路一百七十號附一號」，每期發行三千份，交郵遞寄本埠與外埠各一千五百份，訂閱價目：每冊四角，半年二元二角，全年四元二角。九月廿六日，內政部依法發給《戰時日本》月刊警字第七九五一號雜誌登記證。

九月十七日，宋斐如出席韓國光復軍總司令部成立典禮。十月八日，他陪同朝鮮義勇軍金若山（本名金元鳳，一八九八—一九五八）到重慶巴中拜訪馮玉祥。馮玉祥對他說：「你們的精神使我真是欽佩到了萬分，我們要集中一切力量，把日本趕出中國去，才算是真英雄。」金若山說：「今後如何促進中韓友誼也是要緊的，我們為報效祖國，要努力，一切照你說的去做。」[20]

十月廿六日，戰時日本社舉辦「太平洋激變中日本新動向座談會」，參加者包括李德全、金若山、鄧初民、閻寶航、李萬居、謝爽秋、許滌新等二百多人，由該社理事梁寒操擔任主席，社外人士王芃生、青山和夫、鹿地亙等人發言，李純青紀錄。宋斐如首先開場說明召開這個座談會的動機，在於「太平洋最近起了激變，而各方面的見解又極分歧，在我們切身的立場上急應給予一個正確的結論……貢獻當局用以確定對策」。[21]

十月廿九日，中國軍隊收復龍州、南寧。十一月七日又攻克鎮南關。

十一月廿五日，受到戰局擴大影響而停刊了十個月的《戰時日本》月刊，幾經曲折之後，終於在重慶復刊了第四卷第二期。值得注意的是，在版權頁上，除了「主編宋斐如」之外，用粗體黑字加列了「編輯者編輯委員會」的「編委」名單：李純青、李萬居、金長佑、金則人、張友漁、陳乃昌、謝南光、謝東閔等共十四人。於此，也可看出戰時日本社不斷壯大的組織結構。

應該還是宋斐如執筆，署名「編者」的〈渝版發刊詞〉與〈編輯室〉，報告復刊的經過說，該刊同仁「鑒於抗戰階段已達相持階段之後期總反攻階段之前期，內地之敵情研究更為重要，且須偏重於對日行動之擬及國際抗日團體之聯絡，故特決定移渝出版，以應抗戰政治中心區之急切需要」，並且得到熱心支持的作者協助，「只籌備月餘」就收到「預期數額二倍以上」的來稿，以及「民鋒社之贊助」，實現了續刊願望，並「改由戰時日本社刊行」。與此同時，為了對海外僑胞宣傳抗戰，「竭力維持其可能的影響，故渝版內容仍擬設法在海外再版，以振奮僑胞熱情而利抗戰。」

〈渝版發刊詞〉又具體報告了《戰時日本》創刊以來的發展與困難，並強調仍將「本過去之宗旨及辦法」，

---

20 前引《馮玉祥日記》第五冊，頁九三〇。

21《戰時日本》第五卷第六期，頁二三五。

把該刊「貢獻給國內外擁護並執行抗戰建國綱領之人士，作為共同的園地及聯絡的關節，希望各界人士熱心參加耕耘並設計」。同時宣稱該刊今後的「宗旨和內容依舊是：一、深刻而真確地刻畫日本帝國主義的真相；二、從日本本身有系統研究日本各方面的問題；三、從中日戰爭去真切把握泥足日本的危機；四、從瞬息千變的國際環境去觀察孤立的日本；五、擬議各方面對敵工作的方策及實施辦法，並密切聯絡國際抗日力量。」最後，更呼籲「研究敵情的朋友，應該切實團結，集中起來」，「加緊努力促這『危機線上的日本好戰者』早日掉落深谷，粉碎成為血水。」他強調，「日寇今日已走到窮途末路，侵華三年餘的結果陷入半身不遂，現在又要運用它那還可動顫的半身在冒險南進，日寇之敗亡毀滅只是時間的問題」。

本期封面主打的標題依序是：美日戰爭預測、日寇南進與對華策略、東京政權的內訌與評「大東亞經濟集團」。宋斐如發表的三篇文章是「專論」：〈日寇南進與對華策略——日寇結束中日戰爭三部曲〉，「時事述評」〈評日人「世界四分論」〉與〈英美再不能姑息日本〉（蕉農）。

十一月三日完稿於陪都的〈日寇南進與對華策略——日寇結束中日戰爭三部曲〉，首先分析「日寇軍事南進的內因」，是侵華戰爭失敗而成「朝野攻擊之的」的陸軍激烈派，「用戰爭移轉對於戰爭的視線」的伎倆轉嫁戰禍而強制海軍南征。其次指出三國軍事同盟對於日寇的軍事南進，既是「前提條件」，同時也是一種「刺激」。依此同盟，日寇的幫凶——越南和荷屬東印度新的宗主德國允許日寇南進。第三，批判「世界四分論」的夢想，是日寇急激軍事南進的世界觀，意指將來的世界經濟將隨著英法陣營總崩潰而分成以德意為中心的歐洲、泛美、蘇聯及以日本為盟主的大東亞四大集團。因此，不自量力地決心脫離依存英美的關係，爭奪從來對日的經濟價值尚低的南洋群島，夢想和蘇美及歐洲國家分庭抗禮，形成獨立的經濟集團。第四，強調「日寇南進的絆腳繩」是美國、擁有龐大陸海空軍的蘇聯，以及中國。「拖住它的後腿的中國抗日戰爭」尤其是「日寇軍事南進最大的絆腳繩」。最後，剖述「日寇結束中日戰爭的三部曲」，也就是輪流運用的三種策略：（一）謠言攻勢，（二）和平攻勢，（三）軍事攻勢。現在，謠言攻勢已經完全失敗，和平攻勢也沒有發生效力，隨後來到的必是軍事進攻。他指出，日軍撤退南寧等地若是「以退為進」，那麼，最近將來就可能為了撤兵南洋而大進攻（「以進為退」），一直到軍事南進時機迫切才無可奈何地真正撤退中國占領區的軍力，改採扼守據點的政策，專心南進。因此，他認為，我們還須在日寇南進以前竭力予以消耗，等到它南進時就可以總反攻，一鼓驅逐留駐軍隊極其有限的日寇於我國境外了。他在〈評日人「世界四分論」〉進一步強調，凡欲自任集團盟主者，最低限度必須自己富強，既足以統御本集團的附庸單位，又足以獨立不依賴外來供給。但是日寇既不強又不富，數十年來，經濟完全依存外邦，政治只靠紙老虎的假威風強撐門面，而我國三年來的英勇抗戰已把這層紙虎皮戳穿了。他指出，日寇主張「東亞新秩序」必須包括南洋群島，但這裡是英、美、法、荷等國的殖民地或勢力圈所在地，也是全世界關係最錯綜複雜的地區，所以無異於「吞炸彈」。日寇提倡的「東亞共榮圈」的「大東亞經濟集團」，不久即將暴露是欺騙的一場幻夢而已。另外，他又在〈英美不能再姑息日本〉「提倡樹立太平洋集體安全制，並警告英美不要再姑息日本」。

十一月三十日，汪精衛在南京與日本正式簽訂賣國密約《日華關係基本條約》。

十二月廿三日，日本海軍宣布加強封鎖中國南部海岸。廿九日，羅斯福主張美國成為民主國家的兵工廠。另一方面，日本近衛內閣於十月建立連軍人官僚也能參加的不作為政黨——「大政翼贊會」，十一月創立大日本產業報國會，十二月設立內閣情報局。至此，日本式法西斯主義體制完成。

時序進入「抗（戰）建（國）」緊張的一九四一年。

一月一日，「民國三十年春季特大號」的《戰時日本》第四卷第三、四期合刊出版了。本期特別製作了兩個專輯：「日寇內部危機」和「日寇南進問題特輯」。同時「為著適應當前的需要，刊載了三方面的專論」：第一，「討論反攻的問題」。第二，「分析日寇內部的危機」。第三，綜合檢討「日寇南進問　」。一直都是《戰時日本》主要撰稿人的宋斐如，因為「突然染病發燒至四十度」，本期只在「講座」欄揭載〈日本半封建的農業經濟〉，「從正確的農業經濟學分析日本農業土地經濟制度的特奇性，使注意敵情者得從根本上瞭解日本帝國的半封建性，及其所以對內外實行帝國主義壓迫的基本原因。」他強調，「本問題只屬日本帝國質本（本質）的範疇」，所以希望讀者參照他在該刊以前各期連載的〈日本帝國本質論〉。

一月四日，蔣介石製造皖南事變。廿四日，豫南戰役開始。月底，日本決定在法屬印度支那南部建立進攻新加坡和其他南方地區的軍事基地。

二月十五日，「因為改動印刷所及過舊曆年假的種種關係」而「耽誤了出版日期」的《戰時日本》第四卷第五期出刊。宋斐如刊發了續上期「講座」的〈日本半封建的農業經濟〉，與「時事述評」〈歡迎居里先生與中美合作〉。居里是「對於侵略國家嫉惡如仇的羅斯福總統」的祕書，也是特別派遣來華考察的私人代表。宋斐如指出，居里此行目的是「希望能對中國現狀獲得更精確之認識」。因此，他乘此機會向不日就可以到達重慶的居里致最敬禮的歡迎並略進數言，供其參考：第一，三年半來，中國民眾不分黨派，不分階層，萬眾一心，精誠團結，刻苦堅持抗戰，此後自然還要繼續既往的精神，抗戰到底，爭得最後勝利與民族解放。第二，遠東的持久和平應以中美蘇三國協作為基礎，美國經濟援助英勇對日抗戰的中國，對遠東的真正和平與英美等國的遠東權益，非常重要。第三，日寇的野心與陰謀是欲製造所謂「遠東協力組織」，完全取消英美等國在遠東的權益，並把英美（特別是美國）逐出遠東之外，最終「征服世界」，而目前的問題就是軍事南進。第四，日寇軍事南進的主要對象是美國，但它必須先克服中國抗戰拖住它的後腿的難題。中國的抗戰就是維護美國的權益。第五，美日矛盾的尖銳化不可避免要演變成美日戰爭。今日的問題只在於，美國應削弱日寇的力量，或者延緩美日戰爭的爆發，現實留給美國的一個方法就是增強「絆腳石」（中國）的力量。第六，美國應當在經濟上，軍火上，乃至道義上，積極援助中國抗戰，使中國力量得以實行總反攻。這才是真正的中美合作。最後，他強調，居里要獲得「精確認識」，就應該從這個真正合作點出發，並以此為歸宿。

二月廿六日，日本大本營下令中國派遣軍總司令隨時對中國沿海進行封鎖作戰。

三月十五日，《戰時日本》第四卷第六期出刊。本期的評述「皆集中於討論當前遠東問題焦點的日寇南進問題」。為此，宋斐如特請孫科院長根據「得自日寇政府的祕密出版物」的資料，寫了一篇〈日本製造「極遠東協力組織」大陰謀〉。他認為，孫科的「分析與批判極其正確而尖銳。讀者據此可以瞭解日寇最近獨霸東亞乃至『征服世界』的大陰謀，不但我們中國人要加強反日的鬥爭，即歐美列強也應提高警覺性，協力抑制這個狂暴的野獸。」他還請朝鮮義勇隊總隊長金若山寫了「言簡而意深長」的〈日本殖民地政策與朝鮮革命〉，「剖述日本帝國主義及其殖民地政策的特質，而朝鮮革命的強韌，適足制日本帝國於死命」。他自己也發表了〈日寇南進前的財政狀況〉、〈日寇南進呢？西進呢？〉與〈日寇東亞圈外的圈圈〉」等重要時評。他在〈日寇南進呢？西進呢？〉指出，英美在南洋積極布置軍備與對日經濟制裁，逼得日寇激烈派軍閥開始在越南及華南沿海作種種的軍事措施，進攻粵南各地，具體準備春季可能的軍事行動，掀起一場大規模的太平洋戰爭，實行「正格的軍事南進」。他認為，日寇的軍事南進能否落實又取決於三方面的條件：首要條件是德國勝利進攻英國或已有勝利把握。第二是英美真正積極而有效對日制裁。第三，日寇陸軍南進派在內政上占絕對優勢。而這三種條件能否妥善具備又決定於「中日戰爭」的發展。所以，他警告說，我們要特別警惕的是，日寇可能在軸心國家發動春季大攻勢時，配合德意在巴爾幹半島的行動，進攻中國各地，特別是重慶，先解決「中國事變」再軍事南進。〈日寇東亞圈外的圈圈〉則可以說是孫科〈日本極東協力組織大陰謀〉的引申之作，主旨在於揭穿日寇所謂建設「大東亞共榮圈」的陰謀。他分析指出，據日寇自供，它的毒圈不限於東亞，而要在所謂「日本主義」的原理指導下，隨實力與需要無窮盡地在圈外加圈圈，直至圈完整個世界，建設一個以日本帝國為主的世界帝國。今日，日寇的所謂「東亞圈」，已由中國的一部分圈到全中國，又圈進了南洋群島，乃至要求白種人退出去的整個大洋洲。他因此繼續大聲疾呼：過去讓日寇坐大了的英美法等國再不能予以姑息了，應該援助在日寇所畫的圈內抗戰了垂三年又半的中國以自救，並且及時迎頭痛擊日寇。除此之外，他也續載了〈日本半封建的農業經濟〉。它與下期的重點，都在「檢討最重要部分的『佃農制度』，剖述日本農業不能充分發展的癥結所在」。

四月十三日，蘇、日簽訂中立條約。十六日，日、美代表在華盛頓祕密會談，提出「日美諒解方案」。

五月一日，歷經「不少的波折與苦難」之後，《戰時日本》在「編刊了四個整卷」之後，也進入了第五卷第一期的里程碑。宋斐如因此寫了前瞻性的〈卷頭語〉，總結前面四卷的內容與方向。他說，《戰時日本》「過去比較注重敵人本身的分析及其危機的暴露，後來雖也努力於廣義的日本問題的揭發，例如從中日問題看日本，及從國際形勢看日本，但事實上依舊偏重於日本國內的分析。」然而，「中日戰爭的持久，愈使中日問題和國際問題密切聯絡在一起，前年歐戰的爆發沒有把東西洋的問題分離開來，去年歐戰擴大後倒反把遠東問題與歐洲問題更密切打成一片，特別自德意日軍事同盟締結後，彼此的關係更加錯綜複雜了。我們要瞭解日寇對華的動向，已經不能忽略日寇與英美蘇德意等國家的關係，乃至整個國際關係了。」一面對「客觀情勢」交給該刊的這個「新課題」，他略言了今後的編輯方針，首先是「要多分一部分篇幅，來討論國際關係中的日本問題」。其次，隨著中日戰爭的持久化，抗戰的重點也「漸由軍事移於政治，經濟，及文化等方面」。因此，「為爭取抗戰勝利而研究日本問題」的《戰時日本》，「還要格外注意我國的政治，經濟，文化等方面的建設問題」，通過「比較的研究」，「樹立抗戰的政治，經濟，文化等政策，以便爭取全面的勝利。」再次，要在「過去比較注重日本問題的深入分析」的基礎上，努力從熱烈討論過的一般的政治、經濟問題，拓展到相當被忽略了的社會文化及其他較特殊的問題，也就是「要同時注意深度與寬度，一般問題與特殊問題」。因為這樣，他強調，「以後日本問題的研究將更複雜而艱難」，《戰時日本》「的努力要有效果，必須發揮集體的研究與創作」，所以「依舊要把這個園地貢獻給大家來共同耕耘」。基於這樣的編輯方針的調整，本期主要著眼於從整個世界情勢的轉變來看日本。

四日，就此時是否日寇正式南進與英美決鬥的新階段，政治部文化界展開辯論會。為此，宋斐如於十日寫完〈再論日寇南進呢？西進呢？〉。十二日，日本對「日美諒解方案」提出修正案。十三日，宋斐如再寫竣〈日寇欲勾結德國平分世界〉。廿五日，毛澤東對中共黨內發表〈揭破遠東慕尼黑的陰謀〉的指示。

因應國際形勢的演變，六月一日出版的《戰時日本》第五卷第二期有「兩個重心」：其一，分析「蘇、日中立協定」簽訂後的國際情勢；其二，關於「美日戰爭問題」的特輯。宋斐如在「編輯室」報告強調說，《戰時日本》對蘇日協定後國際情勢的分析，「完全以自己國家民族的立場為檢討的根據，絕對不以感情論事」。該刊認為「每一個國家的對外政策的發動，皆有它本身的利害關係，所以我們檢討他國外交政策對於我們的影響，應自我們所受利害關係著想，而不能夠由是非觀點來批判。」而他自己觀察「蘇日協定簽字後的情勢及我國一部分衝動的低降」，正可以證明該刊的檢討是正確的。「美日戰爭特輯」的討論，則從許多角度，甚至借重美國人及日本人的主張，來觀察、判斷美國參戰的態度，更可以看清「外強中乾」的日本的「對美戰爭還是在待機中」。而他寫的〈再論日寇南進呢？西進呢？〉，用意專在給那些惰性主張「美國會很快主動進攻日本」的同胞當頭一棒。因為「日來的中日戰局」證實：日寇還無決心南進，卻在西進襲擊我們了。也就是說，日本在國際情勢無大變化以前，依舊企圖在英美可能允許的範圍內「前進」，但方向是「西進」，而不是南進。最後，他引用蔣委員長〈歡送詹森大使致詞〉中敬告英美諸友邦的話與結論，呼籲國人一定要「深加警惕」：日本「今後將採一種買空賣空，卑劣手段來挑撥離間太平洋上各國之關係，而以種種威迫利誘之行動，間接的仍想達到其各個擊破，依次侵略之目的……日本今日之戰略政略，與其侵略之傳統計畫，以及其實際上所採取之行動，實無一不暴露其先處分中國再來處分美國之陰謀與野心」。〈日寇欲勾結德國平分世界〉則指出這還是日寇「主觀上的野心」而已，同時強調「德日平分世界的陰謀能否成功完全取於英美能否及時打擊侵略，積極援助替他們打擊侵略者的中國」，從而「至盼」英美兩國人士，「為今日太平洋的權益，為將來盎格魯薩克遜民族的存在而多加考慮」。

同樣是在六月，宋斐如「由梁中委寒操與方中委覺慧等介往」，兼任軍事委員會設計委員戰地黨政委員會設計委員。[22]

六月十一日，日、蘇簽訂通商貿易協定。十四日，日本陸軍省和參謀本部制定南北並進的準備方案，也就是依德蘇戰況是否對日本有利而對蘇參戰或實行南進。同日，汪偽政府一行隨同汪精衛前往日本，進行政權成立以來的第一次正式訪問。廿二日，德國法西斯進攻蘇聯，蘇德戰爭爆發；意大利對蘇宣戰；英國發表聲明支持蘇聯對德國作戰。廿三日，美國發表聲明支持蘇聯對德國作戰。廿五日，日本大本營政府聯席會議決定「進駐」南部法屬印度支那（越南南部）。廿八日，汪偽政府一行訪日歸來。七月一日，汪精衛在南京對全國發表題為〈怎樣強化國民政府怎樣實現全面和平〉的廣播，同時成立清鄉委員會，親自主持清鄉工作，並派偽軍近兩萬人對新四軍蘇南常（州）太（倉）地區實行「清鄉」。

七月一日，恰恰是三周歲的《戰時日本》出刊第五卷第三期。除了〈德國侵蘇與遠東前途〉之外，宋斐如在本期發表的文章有「戰時日本總檢討」特輯的〈日寇通貨膨脹的新發展〉、「日本帝國本質論講座」的〈日寇的物產及動力總剖述〉，以及「時事述評」〈德國侵蘇與遠東前途〉與〈本多與汪逆的魔舞〉。

〈德國侵蘇與遠東前途〉（六月廿三日脫稿）指出，德國侵蘇早在意料之中，世界風雲為之變色，太平洋及遠東也可能發生豹變：一，蘇聯不太可能如希特勒所幻想的那樣不堪一擊，必然是一場相當長期的惡鬥。二，救了飽受威逼已喘不過氣的英國，也援了就要踏上戰爭之路的美國。英美與德國已走入最嚴重的決戰階段。三，給予被德國征服而呻吟於納粹鐵蹄下的法國、捷克、波蘭、南斯拉夫、挪威、比利時、丹麥、荷蘭、希臘等國人民復國還魂的機會。四，受其影響最大的莫過於德國的遠東侵略夥伴日本，投機取巧的它正彷徨失據於履行三國軍盟抑或嚴守《日蘇中立條約》？南進抑或北進？若整軍南進，英美已可在太平洋上予以充分打擊；若改途北進，不但蘇聯遠東軍可以獨立作戰，而且勢被已有默契的英美蘇夾攻。所以必定暫持觀望態度。與此同時，隨著英美在太平洋的力量增加，干涉「中國事變」的成份也必成正比，日寇必將更彷徨於國際歧途上不知何去何從。他據此向英美進言，今日之禍患種源於過去，而未來之禍患又萌芽於今日；英美兩國不能制止日寇的強盜行為於一九三一年，不但坐大了日本，並且養成了德意，終於讓暴徒橫行歐亞，成為人類大患；如今，戰爭方向已經轉變，只有英美加入，結成中蘇英美反侵略的集體安全體制，把戰爭完全變成反侵略陣線對侵略陣線的決鬥，世界真正和平庶幾可期，英美的權益庶幾可保。否則，未來的禍患將必更大。

〈本多與汪逆的魔舞〉則指出，日本正式承認汪偽政權的同時被任命為「特命全權大使」的本多熊太郎，不但是汪逆的乾爸爸、南京偽府的太上皇帝，也是運用汪逆「變抗戰為內戰」，主演「以華制華」猴子戲的導演。在本多極力奔走疏通之後，日方終在汪逆表示「前途維艱，準備下野」的作態下召往東京。宋斐如認為，日寇之所以召汪逆入京是仍未忘情「東方慕尼黑」局面，而想在美德關係惡化之時投機，藉由玩弄「汪記猴戲班」，對我抗戰政府眩其外交手勢，誘惑我中央與之直接談判言和，或央託第三國出面調停，從而結束其「投機絆腳石」的「中國事件」。他預料，我政府嚴拒「誘和」之後，日寇仍將繼續配合軍事進攻求逞而未遂；日寇仍將視國際形勢的轉變，決定是否加強支持局限於更小範圍內的汪逆；而日寇在不能完全征服我國的苦悶中，可能利用汪逆偽府扮演第二「滿洲國」的腳色，掀起中國內戰，縮小日寇的戰爭範圍，節省軍力和財力，

---

22 前引宋斐如〈履歷〉與宋區嚴華〈為氏丈夫突被扣押二月餘不明下落陳明一切請查明開釋由〉，頁四。

伺機南進或北進。他認為，這種辦法依舊不能解決「中國事件」。只要日軍後退一步，我們就反攻一步，繼續抗戰，汪逆就會被日本財界與穩健派所棄而成喪家之犬，從而促進抗戰勝利。最後，他嚴厲批判「沐猴而冠」的汪逆，居然在敵人指揮監督下編練號稱五十萬的偽軍，驅使同胞做砲灰，同時還組什麼「清鄉委員會」掃蕩抗日同胞，以助成敵人的毒計，「實該碎屍萬段，以謝國人」。

宋斐如對局勢的分析很快就部分實現了。

七月二日，日本御前會議正式決定〈適應形勢演變的帝國國策綱要〉，同時準備對英美戰爭和對蘇戰爭兩頭並進，隨後據此進行了大規模的關東軍特別演習（關特演）。四日，希特勒發表勝利演說，宣稱德國用兩個月就會使蘇聯投降。十二日，蘇英在莫斯科簽訂軍事協定。

十三日，宋斐如隨即寫了〈中蘇美英的共運與協力〉。他分析說，自從德國對蘇聯不宣而戰以來，現階段的戰爭完全變成反侵略國家對侵略國家、民主國家對法西斯國家決鬥的世界性的集團戰爭。他同時強調，凡是世界的民主國家應趕快團結，協力阻止法西斯侵略浪頭的擴大，否則就有被法西斯猛獸逐漸侵略個個吞噬的危險；而人類文明與社會進化能否存續，也完全決定於這次的鬥爭。然後，他回顧了此一形勢演變的關鍵過程與出路所在：問題始於製造九一八事變的「侵略罪惡的發明家」日本強盜在遠東的劫奪。一九三四年「瓜分世界的計畫者」希特勒掌權以來又蓄意聯結義日，陰謀「征服」世界。只有命運一致的中蘇英美協力結成世界反侵略反法西斯統一陣線，領導世界反法西斯國家戰鬥，世界的和平及安全才能得到保障。最後，他敦促美國當局不要「再對世界侵略暴徒施用姑息主義」，並呼籲全國軍民繼續努力奮戰，讓「陷入半身不遂」的日本侵略者「早日掉落深谷，粉碎成為血水」，奪取抗日戰爭的最後勝利。

十六日，主張繼續與美國談判的日本首相近衛因和主張停止談判的外相松岡對立而總辭。但是，內大臣木戶幸一主持的重臣會議一致同意近衛再次組閣，並更換外相為海軍大將豐田貞次郎，組成第三次近衛內閣，並且一再聲明：「日本今後的外交政策，仍將以三國協定為依歸」。十八日，蘇聯和捷克在倫敦簽訂共同對德作戰和在蘇聯境內建立捷克軍隊的協議。二十日，日偽軍對蘇北、蘇中的新四軍展開大「掃蕩」。廿三日，日本侵占印度支那南部。美國終止與日本談判。廿四日，美國凍結日本在美國的全部資產。廿六日，英、荷凍結國內的日本資產。美國在菲律賓設立麥克阿瑟為總司令的遠東司令部。廿八日，美蘇簽訂互助條約。廿九日，日法簽署關於法屬印度支那共同防衛議定書。

八月一日，美國全面禁止石油輸出日本，致命打擊了日本戰時體制。日本駐美大使野村吉三郎繼續和美國國務卿赫爾談判。二日，蘇聯和美國達成軍事經濟互助和對蘇進行物資支援的協定。十二日，羅斯福與邱吉爾簽署號稱《大西洋憲章》的聯合宣言，主張當前的戰爭是為保衛民主主義而對法西斯主義的戰爭。十三日，日軍飛機不分晝夜對重慶進行一周的轟炸，室內斷水斷電。

就在轟炸停止後的八月二十日，《戰時日本》第五卷第四期出版了。本期的主題是「蘇德戰爭與日本動向」而製作了「蘇德戰爭特輯」，其中一篇就是宋斐如〈中蘇美英的共運與協力〉。另外，為了歡迎七月十九日抵達重慶的美國遠東問題專家、蔣介石委員長的政治顧問拉鐵摩爾，同時刊發了徐仲航譯〈拉鐵摩爾顧問論抗戰〉與宋斐如〈歡迎拉鐵摩爾先生〉（七月廿五日脫稿）。宋斐如指稱，拉鐵摩爾曾經從軍事、政治及經濟各方面分析中日戰局說「中國必勝，日本必敗」。因此，他強調，拉氏在「中國被日本強盜蹂躪已經四年有餘，四萬萬五千萬人處於水深火熱之中，英美各國的利權且已蕩盡無餘」的時候回來「第一故鄉」中國，「必能促進中美邦交，敦勸美國更積極援華制日，協助中國，驅逐日本強盜出中國境外，恢復太平洋的真正和平。」他藉此再次呼籲：「太平洋（的）真正和平，全世界（的）文明及正義」，實賴世界有識人士努力促進「中蘇英美結成鞏固的反侵略陣線」。英美必須決心制抑世界侵略者，最低限度須「由西線夾攻德意」，對日本「實施全面禁運，封存在美資金，斷絕商品市場及一切戰爭資源（包括南洋），絕不能再事姑息觀望了。」值得一提的是，本期還特別刊載了戰時日本研究會、青山和夫研究室、朝鮮民族解放鬥爭同盟、朝鮮義勇隊、台灣義勇隊、戰時日本社、日本人民反戰同盟會等革命團體聯署，通過蘇聯大使館轉致蘇聯人民，「敬致世界人民反侵略反法西斯最敬禮」的慰電。

九月一日，宋斐如在軍事委員會戰地黨政為員會印行的《戰地黨政月刊》創刊號發表〈日寇戰時的死亡問題〉。二日，中國軍隊收復福州。六日，日本御前會議決定了陸海軍意見一致的〈敵國國策施行綱要〉，決心以十月下旬為目標，完成對美（英、荷）作戰的準備；如果對美談判在十月上旬還不能貫徹日方的要求則立即開戰。同日，在華日軍集結十二萬兵力圖犯長沙。十七日起，中國軍隊與日軍展開第二次長沙會戰。廿二日，日軍集結二萬餘人大規模掃蕩太岳南部地區。

廿五日，《戰時日本》又出版了第五卷第五期。本期特輯的主題是「日本南北進問題」。宋斐如發表了〈正義的和平與勝利的和平〉、〈福建新政與抗戰建國〉，以及「日本帝國本質論講座」的〈日寇特殊經濟基礎上的政治和社會〉。

〈正義的和平與勝利的和平〉主要根據蔣介石委員長與合眾社記者的談話意旨：「在遠東乃至世界永久的與正義的和平未獲切實保障以前，中國必繼續喋血抗戰，決不畏避繼續犧牲。同時，余每期望並且相信，在中國喋血抗戰期中，美國及其他友邦對日的經濟制裁，今後只有加強，決不鬆弛，這應該是太平洋上反侵略國家的精神盟約。」從而強調要對英美因循姑息日本而形成「東方慕尼黑」的局面始終保持戒心。他指出，美國如果上了納粹德國「先牽制美國」的當，依舊置重心於大西洋，而在太平洋對日本讓步，「東方慕尼黑」的局勢或將不幸而實現。因此，他再次對國內外強調：「歐洲慕尼黑」讓德國坐大，「東方慕尼黑」更將養大日本強盜。這不但是中國抗戰之禍，也不是美國百年之福。我們所企求的是正義的和平，勝利的和平，永久的和平。日寇必須退出所有中國占領區，始可以言和平的談判。

〈福建新政與抗戰建國〉寫於歡送劉建緒將軍（一八九二—一九七八）榮任福建省主席並任命張開璉為祕書長「返治故鄉」之日，同時提出有關該省軍事、政治、經濟、社會等建設，以及普及教育、提高文化、適當運用「人材」的建議，企望與日寇南進據點的台灣一衣帶水之隔、歷史聯繫最為密切的福建，因此政治更加進步，國防地位更為提高，忠厚守法的人民生活更加舒適而樂業。他認為，「福建新政施設苟能如鄉人所企望，則不但政治可上軌道，經濟發展，社會安定，且民可足食，省可足兵，日本侵略者亦自望風披靡，抗戰與建國於此成功了。」

九月廿九日起，蘇聯、英國和美國在莫斯科就蘇聯租借武器問題舉行會談。三十日，蘇德莫斯科會戰展開。

十月二日，美國國務卿赫爾向日本駐美大使野村遞交備忘錄，要求日本從法屬印度支那和中國撤兵。四日，日本召開大本營政府聯席會議；近衛首相主張與美國繼續談判，陸相東條英機等軍方主張停止談判；兩派尖銳對立。八日，第二次長沙會戰結束。十二日，日本首相近衛召集陸相、海相、外相和企劃院總裁等四相，舉開對美和或戰的最後會議；結果，作為戰爭主角的海軍首腦沒有明確表態，近衛也表示對戰爭沒有信心不能負責；陸相東條則嚴加責備。十六日，在前兩次御前會議（七月二日和九月六日）決定把日本引向戰爭道路的最高負責人近衛，為了迴避開戰責任，實行內閣總辭。十七日，作為日本陸海軍最高司令官的天皇任命東條英機（一八八四—一九四八）組閣，完全成為戰爭的推動者。

廿三日，宋斐如寫了〈美日談判的展望〉。他分析說，在乍鬆乍緊一推一拉的情形下進行兩個多月的美日談判，隨著蘇德戰爭的發展與國際情勢新變化，已經進入新階段。日本對美的外交姿態是，為了戰爭而以強硬態度玩弄試探美國的忍受度：如果北攻蘇聯而美國仍可旁觀則必提前發動；如果南侵泰國而美國尚無決心對日作戰，就可以再向南前進一步。美國則已認清，美日的根本矛盾已不可調和，終必對戰，所以一面虛與委蛇拖延時間，一面積極備戰。他強調，日本的東條內閣雖然不一定就是戰爭內閣，但最低限度總是「暴躁的」臨戰體制。到了東條，「在世界範圍內解決中國事變」的幻想才算變成了現實的希望。但是，它為著安定「在中國的立場」與確保「來自美洲及太平洋的戰爭資源」，仍然有求於美國。所以，他敬告美國：與急切需要更大規模戰爭的日本談判必無結果，應該「及早放棄與日謀和平的幻想」。

形勢的發展果如宋斐如所料。

十一月五日，為了協助野村把日美談判拖延到開戰之日，日本東鄉外相派曾代表日本簽訂三國軍事同盟的來栖三郎特使赴美；同日，御前會議決定對英美荷開戰的《帝國國策實施要領》；陸海軍發出對美作戰命令。十一日，日本大本營政府聯席會議通過《對美英開戰名義要點方案》，決定以所謂「自存自衛」名義開戰；十五日，又決定了《關於促進結束對美、英、荷的戰爭的腹案》，企圖以獲得南方資源確立「長期不敗的姿態」；並依靠德國，使英國屈服，使美國喪失戰爭意志。[23]

廿五日，《戰時日本》出版了第五卷第六期與第六卷第一期合刊號。本期的關注重點在美日關係的新動向，其中包括：宋斐如整理的「太平洋激變中日本新動向」座談會紀錄全文，以及他所寫的〈日本新動向中的舊動向〉、〈美日談判的展望〉與「日本帝國本質論講座」的〈日本的欽定憲法與陰性議會〉。

廿六日，美國國務卿赫爾把《美日協定基礎概略》（「赫爾備忘錄」）交給野村和來栖。「備忘錄」要求日本「從中國和印度支那撤出全部陸海空和警察部隊」，在中國除支持蔣介石外不得支持其他政府或政權，以及在實際上廢除三國軍事同盟條約。廿七日，日本首相東條英機責令海軍大將山本五十六盡速實施以「Z」命名的對美作戰計畫。

十二月八日，日軍偷襲美國珍珠港和美、英、荷在太平洋的其他屬地，太平洋戰爭爆發。九日，美、英對日宣戰。蘇聯宣布對太平洋戰爭保持中立。蔣介石領導的國民政府發表對日、德、義宣戰公告，廢除一切中日關係之條約。十日，日本海軍基地航空隊在馬來海殲滅英國東洋艦隊主力；日軍又登陸菲律賓呂宋島，完全掌握了西太平洋的制海、制空權。十二日，德、義對美國宣戰。德、義、日簽訂共同進行戰爭協定。日軍占領九龍。十四日，日軍開始攻擊香港。

十五日，戰時日本社發起中日韓台革命團體聯席會議，討論東方被壓迫民族及民眾如何協力共除日本法西斯暴徒，到會的有日本革命團體協議會（青山研究室、鹿地研究室、東亞之光會、和平村研究室、訓練班）、朝鮮民族革命同盟、東方文化協會、朝鮮義勇隊、台灣義勇隊、戰時日本研究會及戰時日本社代表十餘人。宋斐如擔任主席，並報告舉行聯席會議的動機與目的。東方文化協會代表郭春濤提議，擴大範圍，聯絡其他國際團體成一經常聯席會議。朝鮮義勇隊總隊長金若山提議，由各團體聯席會議組織東方各民族反法西斯大同盟；青山和夫附議，並陳述應向國際社會表明大同盟要旨。於是公推宋斐如和朱楚莘起草宣言，並決定派員聯絡各團體進行一切事宜。最後由海軍問題專家植進分析美日戰爭的前途。[24]

十六日，日軍占領澳門。廿三日，中英簽訂《中英共同防禦滇緬路協定》。廿四日，中美英等國在重慶議決成立同盟國中國戰區，統一戰略。日軍又發動第三次長沙會戰。廿五日，香港陷落。廿六日，英國與國民政府簽訂軍事同盟；首相丘吉爾在美國參眾兩院發表演說。

廿八日，宋斐如寫完〈論東方民族聯盟組織〉與〈英美戰略上當務之急〉。

時序進入一九四二年。

一月一日，中、英、美、蘇、荷等二十六國在華盛頓簽署共同作戰宣言（《聯合國家宣言》）。同日，

---

23 前引藤原彰《日本近現代史》第三卷，頁九三—九六。

24 〈東方民族怒吼〉，《戰時日本》第六卷第二期，頁三一。

宋斐如在《中蘇文化》月刊第十卷第一期發表〈太平洋戰爭與中國的新使命〉。另一方面，日軍於一月二日占領菲律賓的馬尼拉與甲米地；十一日又占領馬來亞的吉隆坡與荷屬東印度群島的打拉根；十六日再從泰國入侵緬甸。

一月十五日，《戰時日本》第六卷第二期出刊。戰時日本社同仁通過元旦賀詞：「大地遍撒抗戰的鮮血／普天恭迎勝利的新年」，寄託了對新的一年的冀望。本期主題是「太平洋戰爭專號」。宋斐如發表了〈讀丘吉爾首相的演說〉、〈英美戰略上當務之急〉（署名「蕉山農」）、〈論東方民族聯盟組織〉，以及「日本帝國本質論講座」的〈日本特殊選舉制與官僚政黨〉。

〈讀丘吉爾首相的演說〉，大量引介了丘吉爾「富有深湛意義」的演說內容而感慨無量地進一步重申，今日中國所處地位正與英國相同，中美關係也與英美關係類似，英國抗德意逾二年而有最後勝利的堅決自信，我們最後勝利的自信更堅如銅鐵。況且，今日首受日本軍國主義毒害者已不獨是中國的人民與英美各國的權益，英美國家的存立也都受到直接威脅。如果東方，特別是酷愛和平、擁有四萬萬五千萬人的中國不能健在，則英美存立的屏障也必盡廢。因此，他呼籲英美兩國，援助為保衛英美利益而戰的中國，不再保留其存貨。

〈英美戰略上當務之急〉針對太平洋戰爭爆發以來二十天的戰況，提出看法與建議。他分析說，戰爭爆發已經三周，美國艦隊未能到位，英國也未能分大西洋艦隊來援，以致日軍可以破壞夏威夷，占香港，侵菲島，且假泰國撫新加坡之背。情勢不能說不危殆。日本若得新加坡、荷印、菲律賓等地，即可補充缺乏的資源，而具備持久戰爭的條件。此時，英美應效法日本航空敢死隊破壞夏威夷以阻美國艦隊的戰略，發動海空軍，進攻軍力空虛的日本三島，迫使已出動的日本海陸空軍不得不返援，駐守的軍隊不能再出動。他強調，太平洋局勢相當緊急，英美為了保衛自己的利益與立場，應早作「釜底抽薪」之計，把已伸到南太平洋的「烏龜國」日本的龜頭設法牽住，然後一刀兩斷，日本帝國主義自然一命嗚呼哀哉。這是斬草除根的最上策。

〈論東方民族聯盟組織〉則呼應中日韓台革命團體聯席會議向國際社會表明「組織東方各民族反法西斯大同盟」要旨的共識，鼓吹已成日本強盜奴役姦殺對像的十二億萬東方諸民族奮起，實踐十二年前即由韓台革命同志提倡的東方民族革命，打倒日本帝國主義，自救救人。他披露說，中日韓台的一部分有志之士已在籌備組織東方民族反法西斯同盟（或稱東方民族國際）。他同時極力主張中國積極領導這個大聯盟的反法西斯運動，使一千多萬僑胞錢有所出力有所用；同時可以通過運動，融洽朝鮮及台灣的統一問題，統一中國境內乃至東方各地複雜而難於解決的宗教問題，更加團結中國內部一致對外而減少爭執，宣揚三民主義於東方各民族並鞏固中國在東方的盟主地位。當然，他也呼籲英美民主國家助成這個大業，始可共保安全，殲滅日本帝國主義。

另外，本期最後一頁的〈東方民族怒吼〉一文，具體報導了去年十二月十五日該社發起的中日韓台革命團體聯席會議的內容，同時也收錄了由宋斐如和朱楚莘共同起草的〈宣言〉全文。〈宣言〉指出：發動太平洋戰爭的「世界罪惡發明家」的日本帝國主義已開始大步走進潰敗滅亡之途了。遠東的反法西斯陣營增加了有力的英美荷等友軍，世界反法西斯反侵略的陣容更加嚴固。處於日本帝國主義鐵蹄下的中日台乃至東方各民族，絕對擁護英美兩大民主國家對日本法西斯暴徒抗戰到底，決心負起每個民族的特殊任務，犧牲一切，非至日本帝國主義體制完全崩潰，決不停止鬥爭。切望英美兩大民主國家發揮民主主義於世界各國，積極協助各弱小民族完成獨立自由平等的使命。世界大勢已把英美與中日韓台的被壓迫民眾，乃至東方各被壓迫民族，置於同一命運，只有共同奮鬥，始有勝利的後望。東西法西斯暴徒的末日不久即將來臨，民主國家的最後勝利是決定的了。〈宣言〉之後，以一條豎直的黑線區隔，印出了黑體大字的三行口號：**東方被壓迫民族／共同抵抗暴日／奮鬥爭取解放**。

然而，隨著《戰時日本》的停刊，這也就成了它在宣傳抗日的最後吶喊了。

七、小結

第六卷第二期之後，《戰時日本》就不再出刊。由於該刊或宋斐如個人都沒有任何說明，我們不得而知停刊的原因。但是，可以想見的是，局勢的動盪與經濟的困難，應該還是主要的原因吧。

總計，《戰時日本》刊行了六卷卅一期，刊載的文章涉及日本的政治、經濟、外交、社會生活等方面，共五百餘篇，成為抗戰時期國人瞭解敵國國情的一個重要窗口。總的來看，它的編輯規劃主要是為了實現關注敵國動態，分析敵我情勢，為國人搭建瞭解敵國的渠道的創刊初衷之一而製作各種欄目，尤其是每期固定的「時事述評」，緊跟國際形勢的演變和中日戰局的動態，為國人剖析近期發生的重大事件，使讀者能夠及時知曉抗戰形勢和國際局勢。此外，還有敵國資料、敵情研究、敵兵日記、日人論反戰、敵後實況、各地通訊、外論選譯、漫畫、書評、講座、座談會、人物素描和本刊資料室等專欄，另有針對重大問題和不同時期發生的主要事件而編撰的「特輯」。因為針對性強，及時而集中，深獲讀者歡迎，影響廣泛。

據統計，宋斐如一共為《戰時日本》撰寫了九十三篇（含編輯室等）各類文章，占該刊全部文章的六分之一。可以說，沒有宋斐如，就沒有這份分析國際情勢、中日戰局的日本問題綜合研究刊物。而他個人在《戰時日本》的抗日言論主要表現在以下幾個方面：第一、全面細緻而深刻地析論日本的政治、軍事、外交、經濟、社會、文化等諸多問題，揭露日本軍國主義色厲內荏的本質，堅定民眾抗戰必勝的信心。第二、持續揭露日本帝國主義掠奪我資源、殘害我同胞的罪行，熱情歌頌同胞英勇抗日的戰鬥精神，以激發國人堅定抗日救國的意志。第三、撻伐汪逆投敵的詭計。第四、精闢分析國際形勢，促進中國的抗戰與全世界反法西斯侵略戰爭結合。第五、總結經驗教訓，獻策抗戰方略。第六，呼籲祖國積極援助祖國抗日一環的台灣抗日。

尤其值得強調的是，身為「殖民地的孩子」的編輯人宋斐如，通過這份刊物，團結了台灣民族革命總同盟領導人謝南光、台灣義勇隊總隊長李友邦、著名的日本問題專家李純青、畢業於法國巴黎大學的李萬居、畢業於東京帝國大學的林海濤，以及謝東閔等一批進步的台灣知識分子寫稿，為下一階段台灣革命同盟會推展的台灣光復運動，起到了思想理論指導與戰線統一的作用。

第九章

投入台灣光復運動

（一九四〇年三月—一九四五年八月）

在重慶，宋斐如也積極參與了前身是台灣革命團體聯合會的台灣革命同盟會的創建及其推動的台灣光復運動。

隨著中華民族建立抗日民族統一戰線，展開全面抗戰，台灣人民的抗日民族革命運動也擺脫了長期以來孤軍作戰的狀態，納入國共兩黨重新合作的中國抗日民族統一戰線，並且成為世界反法西斯統一戰線的一個部分。台灣人民看到了光復的希望。據統計，為實現台灣光復，前後有五萬多名愛國的台灣青年冒著生命危險，間關萬里，潛回大陸，尋找重慶或延安所屬的抗日根據地，或自行成立組織，積極投入抗戰行列，與大陸同胞並肩作戰。其中在華南一帶活動、較具規模的台灣革命團體包括：台灣獨立革命黨（李友邦）、台灣民族革命總同盟（謝南光）、台灣革命黨（張邦傑）、台灣青年革命黨（陳友欽）、台灣國民革命黨（柯台山）等等。

一九三八年一月，日本近衛政府的第一次聲明被以蔣介石為首的國民政府拒絕，於是宣布斷絕與國民政府的外交關係。國民政府被迫召回駐日大使許世英及駐台北總領事郭彝民。

三月廿九日至四月一日，國民黨臨時全國代表大會在武漢召開，會議通過：制定抗戰建國綱領，推舉蔣介石為總裁，成立國民參政會，建立三民主義青年團等四項提案。蔣介石在會上公開表態：「我們總理在世的時候，早就看穿了日本這個（滅亡我們國家）野心，和中國所處地位的危險，也為本黨定下一個革命的對策，就是要『恢復高台，鞏固中華』，以垂示於全黨同志。因為高麗（朝鮮）原來是我們的屬國，台灣是我們中國的領土，在地勢上說，都是我們中國安危存亡所關的生命線，中國要講求真正的國防，要維護東亞永久的和平，斷不能讓高麗和台灣掌握在日本帝國主義者之手。中國幾千年來是領袖東亞的國家，保障東亞民族樹立東亞和平是中國義不容辭的責任。為要達成我們國民革命的使命，遏止野心國家擾亂東亞的企圖，必須針對著日本積極侵略的陰謀，以解放高麗和台灣的人民為我們的職志，這是總理生前所常常對一般同志講的。」[1]

蔣介石闡明「台灣是我們中國的領土」，中國抗戰的終極目標要「解放高麗台灣的人民」的講話，鼓動了在大陸積極參加反對日本侵略鬥爭的台胞。就如台北蘆洲人李友邦（一九〇六—一九五二）領導的「台灣獨立革命黨」十大行動綱領的最後一條揭示追求「統一台灣革命組織」[2]的目標一樣，各團體也開始積極尋求結盟或組成統一戰線的可能。

一、支持台灣民族革命總同盟

一九三八年八月一日，宋斐如主編的《戰時日本》創刊號刊載了〈台灣民族革命總同盟之共同綱領草案〉。

九月十八日，原台灣民眾黨祕書長謝南光（一九〇二—一九六九）聯合了在華南的「台灣民眾黨再建委員會」、「台灣反戰同盟」、「台灣光復團」及「台灣眾友會」等五團體共組「台灣民族革命總同盟」，提出「推翻日本帝國主義的統治，建立各民族平等的民主革命政權」、「台灣革命乃中國革命的一環。中國抗戰成功之日，即台灣各民族爭得自由解放之時，故必須發動台灣各民族參加中國抗戰」的綱領[3]，並通過成立宣言表明：「台灣的解放運動和祖國的民族革命，是具有不可分離的關聯……台灣現在已經不能離開祖國的反日

1 〈蔣總裁在中國國民黨臨時全國代表大會講詞〉，秦孝儀主編《抗戰時期收復台灣之重要言論》，台北：中國國民黨中央委員會黨史委員會出版，一九八〇年六月三十日初版，頁一—二。
2 《台灣先鋒》第一期，一九四〇年四月十五日。
3 〈台灣民族革命總同盟之共同綱領草案〉，《戰時日本》創刊號，一九三八年八月。

反帝運動而求得解放」，並呼籲「祖國的抗戰領袖，與英勇的將士，也不要忘卻台灣過去的歷史和現在的重要性」[4]。

一九三九年一月十六日，宋斐如主編的《戰時日本》第一卷第五期刊錄了〈台灣民族革命總同盟宣言〉。二月二十二日，重慶軍事委員會在浙江金華組成直屬的台灣義勇隊和台灣少年團，以對敵、醫療、生產報國、巡迴宣慰等為主要工作。李友邦被正式電委為台灣義勇隊隊長兼台灣少年團團長，提出「保衛祖國，收復台灣」兩大口號，號召散居全國各地的台灣同胞，共同參加抗戰。[5]

七月十六日，《戰時日本》第二卷第五期刊發台灣民族革命總同盟〈為紀念『六一七』告台灣同胞〉。十月二十日，謝南光在《中國青年》月刊第一卷第四號發表〈中國抗戰與台灣革命〉，強調台灣民族革命總同盟「對於日本和朝鮮革命同志，亦已切實合作，共同組織『日鮮台反法西斯同盟』，為打倒我們的共同敵人日帝國主義而共同奮鬥」，希望「向未參加的台灣同志」，「參加與合作」。[6]

二、參加台灣革命團體聯合會

一九四〇年年初，李友邦由義勇隊祕書張一之（中共黨支部書記）陪同，從桂林輾轉到重慶，謀畫大陸台灣同胞抗日組織的統一。幾經奔走，三月二十九日，李友邦領導的台灣獨立革命黨與謝南光領導的台灣民族革命總同盟，乃「擇於我民族革命史上具有重大意義之黃花崗紀念日」，在重慶正式合組為台灣革命團體聯合會（簡稱「革聯」），發表成立宣言，表明「為集中力量加緊推動台灣革命運動，響應祖國抗戰」的宗旨。該會除了重申「祖國抗戰與台灣革命乃一物之兩面，非相輔為用，不足以速其成也」等一貫主張，並進一步指出戰後台灣在祖國的「海上國防之建設」上的重要地位，最後也表明「決以三民主義及抗戰建國綱領為今後運動之總則，在我民族領袖蔣委員長領導之下」的立場。[7]

台灣革命團體聯合會的祕書長劉啟光（一九〇五—一九六八），原名侯朝宗，嘉義縣六腳鄉人，世代務農，台南師範畢業後在家鄉擔任公學校老師，一九二六年被解除教職，從此投入農民運動，與簡吉、趙港共同領導台灣農民組合，一時有三大農民領袖之稱，經常入獄，一九二八年渡海逃回祖國，經常改名易姓，繼續在上海、福州、廈門等地糾集台灣青年，從事反對日本帝國主義的活動，七七事變後延用化名「劉啟光」，投入抗戰，服務前方，徐州突圍時曾受重傷，約半年始癒，後入重慶軍事委員會政治部，主持對敵宣傳工作。

4 〈台灣民族革命總同盟宣言〉，《戰時日本》第一卷第五期，一九三九年一月。
5 嚴秀峰〈李友邦先生簡史〉。
6 前引秦孝儀主編《抗戰時期收復台灣之重要言論》，頁一五。
7 劉啟光〈台灣革命團體聯合會的誕生〉，原載《台灣先鋒》第二期，一九四〇年五月。

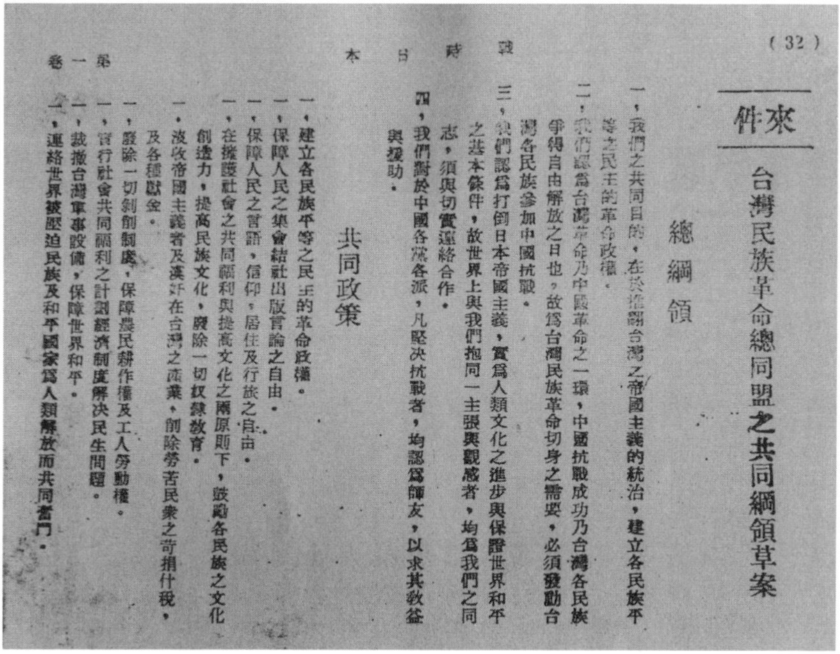
（32）　戰時日本　第一卷

來件

台灣民族革命總同盟之共同綱領草案

總綱領

一、我們之共同目的，在於推翻台灣之帝國主義的統治，建立各民族平等之民主的革命政權。
二、我們認為台灣革命乃中國革命之一環，中國抗戰成功乃台灣各民族爭得自由解放之日也，故為台灣民族革命切身之需要，必須發動台灣各民族參加中國抗戰。
三、我們認為打倒日本帝國主義，實為人類文化之進步與保證世界和平之基本條件，故世界上與我們抱同一主張與觀感者，均為我們之同志，須與切實連絡合作。
四、我們對於中國各黨各派，凡堅決抗戰者，均認為師友，以求其教益與援助。

共同政策

一、建立各民族平等之民主的革命政權。
一、保障人民之集會結社出版言論之自由。
一、保障人民之言語，信仰，居住及行旅之自由。
一、在擁護社會之共同福利與提高文化之兩原則下，鼓勵各民族之文化創造力，提高民族文化，廢除一切奴隸教育。
一、沒收帝國主義者及漢奸在台灣之產業，削除勞苦民衆之苛捐什稅，及各種獻金。
一、廢除一切剝削制度，保障農民耕作權及工人勞動權。
一、實行社會共同福利之計劃經濟制度解決民生問題。
一、裁撤台灣軍事設備，保障世界和平。
一、連絡世界被壓迫民族及和平國家為人類解放而共同奮鬥。

一九三八年八月《戰時日本》創刊號刊載〈台灣民族革命總同盟之共同綱領草案〉。

就在台灣革命團體聯合會正式成立的同日，中共南方局領導的《新華日報》發表社論，直陳台灣對於抗戰的重要性。

第二天，也就是三月三十日，汪精衛在日本帝國主義操控下於南京成立國民政府，改編一部分國民黨投敵部隊為所謂「和平建國軍」，維護偽政權並協助日軍作戰。面對新形勢，為了推展「敵後革命運動」，蔣介石於同一天命中央組織部長朱家驊、教育部長陳立夫與王芃生等研擬「贊助日本台灣朝鮮的各項革命運動，使其鼓動敵國人民群起革命如罷工等等以騷擾敵之後方，減其侵略勢力」的方案。[8]

四月初，參政員宋淵源、董必武、張瀾等人，在國民參政會第一屆第五次大會（一至十日），聯名向國民政府提議：「我國抗戰三十三個月，敵已再衰三竭，因而對於素所疑忌防閑之台灣朝鮮，不但吸取其物力，且並已不得不利用其人力，以為有關軍事上補充之用，我於此時倘以『收復台灣』、『解放朝鮮』為號召，則台韓人民心理，必因以震動，其革命進行亦必益形熱烈，故積極的可使台韓志士內應殺敵，消極的可使敵因猜疑而影響於台韓人力之利用。」並提出四個具體辦法，第一，「我與敵為交戰國，應即宣布馬關條約無效，認為台灣亦在應收復之失地範圍」。[9]

另外，一九三九年年底，朱家驊調長中國國民黨中央組織部，隨即發現國民黨「在台既無組織，亦無活動可言」，「而台灣又為日軍南進基地，對於戰事頗關重要。因於到部不久，即約集當時在渝之台灣革命同志劉啟光、林忠、謝東閔等一再商談（發展）台灣黨務工作，並由劉啟光於第一次談話後」的「二十九年（一九四〇年）一月」，介紹與原籍台南的翁俊明醫師（一八九三—一九四三，第一位參與同盟會的台灣人）見面，開始祕密推動國民黨「台灣黨部」的籌設工作。四月廿六日，朱家驊擬案向蔣介石報告「籌畫日韓台革命運動情形」並建議說：「台灣本我轄地，茲擬迅速成立本黨黨部，為工作便利計，暫用化名」；同時報備說，將先約談「前在政治部供職」的台籍人士劉啟光，「俟議有具體辦法，再呈請核定經費及負責人

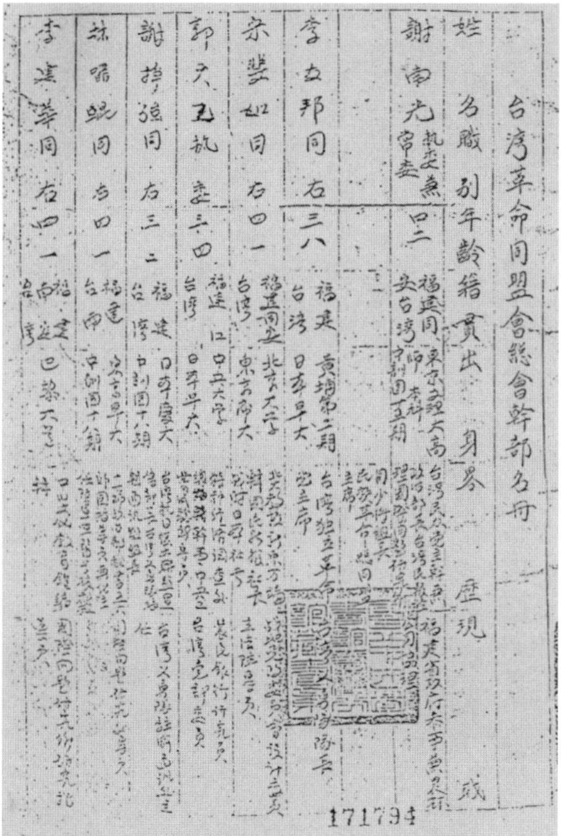
台灣革命同盟會總會幹部名冊

姓名	職別	年齡	籍貫	出身	經歷
謝南光	執委兼常委	四二	福建同安台灣	東京高師本科 中訓團十五期	[illegible]
李友邦	同右	三八	福建台灣	黃埔第二期 日本早大	[illegible]
宋斐如	同右	四一	福建同安台灣	北京大學 東京帝大	[illegible]
郭天乙	執委	三四	福建台灣	中央大學 日本早大	[illegible]
謝掙強	同右	三二	福建台灣	日本拓大 中訓團十六期	[illegible]
林嘯鯤	同右	四一	福建台南	日本早大 中訓團十八期	[illegible]
李萬居	同右	四一	福建南安台灣	巴黎大學	[illegible]

一九四二年三月台灣革命同盟會第二屆會員大會修訂後的總會幹部名冊。（嚴秀峰女士提供）

8 〈朱家驊檔案——策動日韓台革命運動〉，秦孝儀主編《台籍志士在祖國的復台努力》，台北：中國國民黨中央委員會黨史委員會出版，一九八〇年六月三十日初版，頁三〇五。

9 〈國民參政會參政員宋淵源等提「策進台灣朝鮮革命使敵益速崩潰案」〉，秦孝儀主編《光復台灣之籌畫與受降接收》，台北：中國國民黨中央委員會黨史委員會出版，一九八〇年六月三十日初版，頁一—二一。

員。」[10]他在擬案呈報之後，又約見了曾在他領導之下的「調查統計局服務多年」的劉啟光，面諭要「設法使台灣革命團體事實上與中國國民黨發生統屬關係，以利革命事業之開展」。劉啟光「奉諭後，不勝雀躍」，並即轉告台灣革命團體聯合會「在渝幹部，徵求意見」，並且「擬候有具體結果，再行稟聞」。[11]

五月二日，台灣革命團體聯合會與台灣義勇隊為紀念具有光榮歷史意義，「開創遠東民主政制」的台灣民主國建國紀念日，特定於是日下午二時，假重慶市牛角沱生生花園舉辦茶會，並約請朝鮮三一少年團全體團員表演歌詠助興，以此招待各界，同時特別函請朱家驊「專臨指導」。[12]

嗣後，劉啟光又「奉三民主義青年團中央團部康處長兆民（澤）召見，重詢台灣革命運動之現狀，並以與中央密切聯繫相勉」。他於是「正式召集留渝同志開會」，傳達朱家驊的「諭示，結果各同志咸以直接接受中央領導，為達成台灣革命目的之唯一正確途徑，而熱烈擁護。」同時因為「中央對台灣革命運動之方針，向鮮宣示，茲為進一步瞭解中央意旨，作為具體決定台灣革命策略之基礎起見，決即推派職（劉啟光）及謝南光、宋斐如等為代表，晉謁」朱家驊「及中樞負責指導台灣革命運動之各長官，請示機宜。」劉啟光於是將此意見函請康澤轉達朱家驊「並各長官」[13]。台灣革命團體聯合會同時隨函向國民黨中央提詢幾個根本問題，要求對台灣革命的具體政策與態度，給予一個明確的答案，以便決定台灣革命今後的行動綱領與路線。

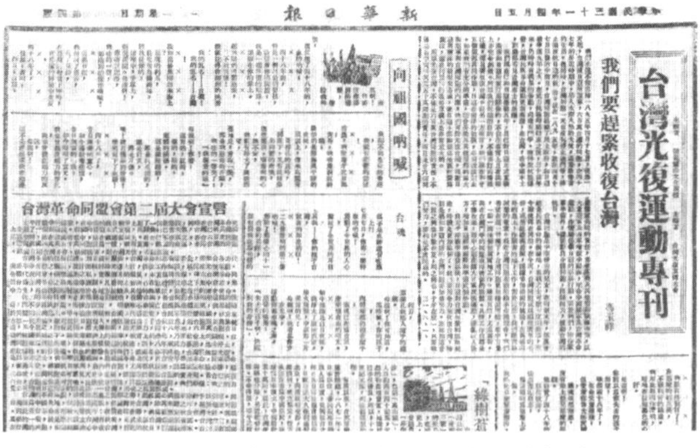
新華日報

台灣光復運動專刊

我們要趕緊收復台灣

向祖國吶喊

台灣革命同志會第二屆大會宣言

一九四二年四月五日《新華日報》「台灣光復運動專刊」。

六月四日，康澤將「台灣革命團體聯合會對台灣革命問題之請示」與「擬答之意見」函轉朱家驊「賜鑑」。同月二十日，朱家驊批覆康澤，云其擬答之意見「甚善，敬佩」，並「補充數點條列後方」，供其「詧照」。

綜合起來，台灣革命團體聯合會的提問與康澤的「擬答之意見」及朱家驊的數點「補充」內容如下。

一，對台灣的根本政策：（一）台灣「當然復歸祖國」，「因台灣原係福建省舊府層（城）」；（二）台灣復歸祖國後的政制，「可成一省或一行政區，依照地方自治原則組織各級政府」。

二，對台灣革命運動的具體意見：（一）在組織方面，「可暫稱為台灣國民黨」，「必要時用其他名稱亦可」，「可暫保獨立性」，「但暗中須與本黨保持極密切之關係，並受本黨之指導」。（二）目前的中心工作／「在敵軍中發展組織，提倡反戰反正，暗殺日本高級軍官等」；「在台灣各地從事祕密活動，創立組織宣傳三民主義，恢復我國固有道德，增進人民愛護祖國之心，擾亂地方秩序，相繼發動革命與罷工怠工等事」。（三）中央可以「幫助台灣革命同志建立武裝」。

三，對回國參加抗戰的台胞的國籍問題處理：（一）可以不經法律手續取得中華民國公民權。（二）台灣革命團體聯合會可開列「確實為革命同志」的名單，「送中央黨部」，「通令全國」，加以「保護」。

就在朱家驊批覆康澤的同一天，劉啟光也以台灣革命團體聯合會祕書長的身分函請朱家驊：「准予定期賜呼」該會推派的代表劉啟光、謝南光及宋斐如三人，「並予以二十分鐘之時間，俾先將台灣革命同志之願

---

10 前引〈朱家驊檔案——策動日韓台革命運動〉，秦孝儀主編《台籍志士在祖國的復台努力》，頁三〇五—三〇六。

11 〈朱家驊檔案——台灣革命運動與中國國民黨〉，前引秦孝儀主編《台籍志士在祖國的復台努力》，頁三〇四。

12 〈朱家驊檔案——台灣革命運動與中國國民黨〉，前引秦孝儀主編《台籍志士在祖國的復台努力》，頁九七。

13 〈朱家驊檔案——台灣革命運動與中國國民黨〉，前引秦孝儀主編《台籍志士在祖國的復台努力》，頁三〇九。

望詳細面陳，以供參考。」朱家驊閱信後批示：「約星期一上午」。[14]

國民黨中央對台灣革命前途的明確回答，以及朱家驊的面談，顯然拉近了台灣革命者與國民黨的關係及向心力，大大鼓勵了台灣革命運動「復歸祖國」的中心目標。台灣革命團體聯合會也以促成台灣革命的統一戰線為最主要的工作。同年七月，在台灣革命團體聯合會的推動下，台灣青年革命黨和台灣國民革命黨正式加入。[15]

八月，李友邦通過〈台胞未忘祖國〉一文首先宣稱：台灣義勇隊以「保衛祖國，收復台灣」為鬥爭目標[16]，充分發展了從「台灣獨立革命黨」提出的「台灣獨立」於日本帝國主義，到打倒日本帝國主義「復歸祖國」的台灣革命二階段論，既把台灣革命的目標指向「收復台灣」，又把「保衛祖國」當作「收復台灣」的最高前提，從而促成台灣革命團體聯合會向更緊密的統一組織發展。

十一月九日，張邦傑（一八九九—一九六四，原名張錫齡）領導，七七事變之後活躍於福建沿海的台灣革命黨，也正式加入台灣革命團體聯合會。因此，劉啟光在〈「革聯」半年來工作的檢討〉聲稱，台灣革命團體聯合會「已完成了台灣革命戰線的初步統一」，「蛻變為統一革命政黨的前夜」。與此同時，台灣革命團體聯合會也「促進了祖國人士對台灣之注意」，「提高了祖國政府人民對台灣問題的關心」，「加強了台灣同胞對祖國的向心力」。展望未來，主要的工作任務有二，一是「加緊推動統一革命政黨的誕生」，二是「與祖國當局之間建立正常關係」。

三、台灣革命同盟會執委兼常委

一九四一年一月廿四日，翁俊明致函朱家驊「請示成立台灣黨部之性質隸屬等四問題」，第三個問題是：「台灣革命團體現已改組統一，近又擬改名為台灣歸宗協會，金華之李友邦已派代表謝掙強來渝，張錫齡亦已於一月七日自閩來渝，不日可以開成立大會。我黨應如何加以利用」。朱家驊閱後，同日覆函指示說，「協會方面則我黨同志應即組成黨團，妥為運用，使該會成為我黨之外圍團體」。[17]

但是，改組統一的台灣革命團體，最後並沒有以「台灣歸宗協會」命名，而以屬性更進步的「台灣革命同盟會」為名。

二月九日，在大陸的台灣各革命團體負責人在重慶集會，議決捐棄己見，存異求同，同意為光復台灣大計，而本著互信、共信的原則，解散台灣革命團體聯合會及所屬各團體，合組台灣革命同盟會，「統一台灣革命戰線，增強抗敵力量」，並發表〈宣言〉，將「所懷之願望與目的昭告於台灣同胞，祖國父老及國際人士之前。」[18]

二月十日，台灣革命同盟會正式成立。根據該會會章總則第二條所載，它的宗旨是：「在中國國民黨領導之下，以集中一切台灣革命力量，打倒日本帝國主義，光復台灣，與祖國協力建設三民主義之新中國。」成立之初，為了「委曲求全，各團體以平等資格參加，總會設主席團，以免人事糾紛，而阻礙統一」。同時，為了「顧全現實」，「尊重原有組織，逐漸促進統一」，也為了「防止敵人破壞起見，採用『雙料組織』之原則」，設立南（漳州）北（金華）兩方「執行部，分別同時進行淪陷區及台灣島內之組織，推進革命運動」。

---

14 〈朱家驊檔案——台灣革命運動與中國國民黨〉，前引《台籍志士在祖國的復台努力》，頁三〇六—三一〇。

15 劉啟光〈「革聯」半年來工作的檢討〉，《台灣先鋒》第六期，一九四一年一月十五日。

16 前引《抗戰時期收復台灣之重要言論》，頁一七。

17 前引《台籍志士在祖國的復台努力》，頁三一一、三一二。

18 〈台灣革命同盟會成立宣言〉，前引《台籍志士在祖國的復台努力》，頁九七。

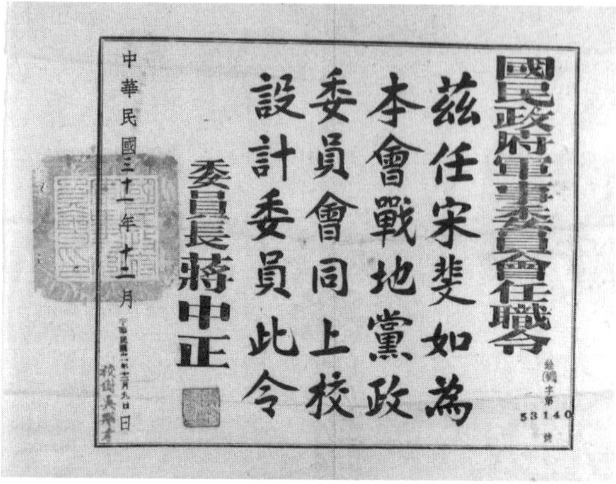
國民政府軍事委員會任職令
給(鋼)字第53140號
茲任宋斐如為
本會戰地黨政
委員會同上校
設計委員此令
委員長蔣中正
中華民國三十一年十二月 日

一九四二年十二月蔣中正發給宋斐如國民政府軍事委員會黨政委員會上校設計委員任職令。

軍用證明書
國民政府軍事委員會戰地黨政委員會 為
發給證明書事茲有本會設計委員宋斐如
因公 往福建
經過川黔桂湘閩粵等省沿途各地
經核准自柒月拾伍日起至拾壹月叁拾日止為
有效期間特給此證明書為證
主任委員 程潛
中華民國叁拾壹年柒月拾叁日
領用證明書須知列后

一九四二年七月十三日國民政府軍事委員會戰地黨政委員會主任委員程潛發給該會設計委員宋斐如「軍用證明書」。

並採委員制，分由執行委員十五人、監察委員五人，共二十五人組成。宋斐如與李友邦、謝南光等三人當選為執委兼常委，組成常務委員會（主席團）。總會下設總務部、組織部、宣傳部與行動部等四部。

據「台灣革命同盟會職員表」所載，排名第一位的宋斐如的資歷如下：「職別：執委兼常委。年齡：四十歲。籍貫：福建同安。出身：北京大學畢業、東京帝大畢業。略歷：曾任北大教授、新東方雜誌總編輯、國民新報社社長、中山文化教育館正研究員。原有職別：黨政委員會設計會（委）員。」[19]

然而，這段期間，宋斐如的工作重心應該還在主編《戰時日本》與寫作時論。二月十五日出刊的《戰時日本》第四卷第五期也刊錄了〈台灣革命同盟會成立宣言〉與〈綱領〉。

根據宋斐如〈履歷〉所載，六月，他還受聘擔任軍事委員會戰地黨政委員會設計委員（任期至一九四三年四月）。本年，「韓國臨時政府」要員受孫科之命發起「中韓文化協會」，孫科擔任會長，宋斐如也是發起人之一。

十二月八日，日本襲擊美國珍珠港，拉開了太平洋戰爭（日本稱為大東亞戰爭）的序幕。第二天（十二月九日），國民政府主席林森正式對日宣戰，並發布《對日宣戰文》，「昭告中外，所有一切條約協定合同，有涉及中日間之關係者，一律廢止。」[20]廿四日，中美英等國在重慶召開會議，決定成立同盟國中國戰區，統一戰略；美英希望使用中國空軍基地轟炸日本本土。廿五日，日軍攻占香港。《戰時日本》暫時停刊。

歷史邁入一九四二年。

---

19 〈台灣革命同盟會會章暨職員表——民國三十一年三月二十二日修訂〉與〈台灣革命同盟會工作報告書——民國三十二年六月二十九日擬呈〉，前引《台籍志士在祖國的復台努力》，頁一一〇—一二二、一四三。

20 前引《抗戰時期收復台灣之重要言論》，頁三。

一月一日，中、英、美、蘇、荷等二十六國在華盛頓簽署共同作戰宣言。二日，蔣介石經美國總統羅斯福提議，出任盟國中國戰區總司令。

隨著國際形勢的急遽轉變，台灣革命團體之間過去曾有的「獨立論」與「復歸論」的論爭已不復存在。「獨立論」的時代論據，業已成為過去。台灣革命運動也就是台灣歸復祖國的「復省運動」。

然而，台灣革命同盟會成立之後，由於中國國民黨「台灣黨部籌備處採用收買與分化政策對付」，「致使糾紛與磨擦不斷發生，北方執行部未準時成立，南方執行部又走入歧途」，乃於三月廿一至廿二日在重慶召開「臨代會」（第二屆會員大會），修訂會章暨職員表，「議決取消兩執行部及主席團制，改設分會制（西南、福建兩個地方分會，四個直屬區分會及兩個直屬地方分會）以代兩執行部，新設常務委員會以代主席團，加強總會的領導力量」。宋斐如與謝南光、李友邦仍然擔任執委兼常委，組成常務委員會，負最高領導責任。但是，宋斐如的排名與原來排在第三位的謝南光對調。據「台灣革命同盟會總會幹部名冊」所載，宋斐如的資歷與前次略有變動：「職別：執委兼常委。年齡：四十一歲。籍貫：福建台灣。出身：北京大學、東京帝大。略歷：北大教授、新東方編輯、國民新報社長、戰時日本社長。現職：戰地黨政委員會設計委員、立法院專員。」[21]

會後，宋斐如與謝南光、李友邦等台灣革命同盟會常務委員，隨即聯名呈文中國國民黨中央執行委員會中央祕書處稱：「竊本會為加緊光復台灣工作，以利祖國抗戰起見，業於本年三月廿二日召集會員代表大會，除修改會章、調整機構外，對於人事亦略有變更，理合檢同會章暨職員名冊各一份隨文呈請鑒核備案。」中央祕書處「抄同原件」，轉呈國防最高委員會祕書廳查核。國防最高委員會祕書廳因為之前「迭據該同盟會來呈有所請求（的）署名之負責人，時為主席團首席兼南方執行部主席張邦傑，時為常務委員李友邦、宋斐如、謝南光」，於是函請軍事委員會政治部查覆「究竟該會係何時成立，其組織內容如何？已否呈准備案。」

軍事委員會辦公廳覆函：「奉交張邦傑呈以李友邦集合少數私人揑開代表大會，懇糾正制裁一案，請查照。」國防最高委員會祕書廳乃合併將政治部復函抄送中國國民黨中央組織部參考。中央組織部隨即覆函略稱「該會過去意見紛歧，（且張邦傑呈報手續亦多未合），經交台灣黨部切實先加指導，關於備案一節，正審核中」。[22]

儘管內部存在「意見分歧」的矛盾，國民黨中央又尚未准予備案，宋斐如與謝南光、李友邦等領導的台灣革命同盟會，鑑於太平洋戰爭爆發後美英法各國皆為日本的敵國，收復台灣舊失地已可公開提倡，仍於「臨代會」決議向黨政軍當局呈請收復台灣的種種施設等四案：一、請求中央設立「台灣省政機構」。二、請中國國民黨中央黨部在該省政機構內設省黨部，三民主義青年團設支團部，國民參政會增設台灣參政員名額。三、擬請設「光復軍」或「台灣革命軍」，以為光復台灣的主力。四、擴大宣傳，改正國內認為「台灣同胞是另一民族」之錯誤。[23] 對此，宋斐如強調，「因為同盟會是代表五百多萬同胞的一個總體，所以我們主張在省政府成立以前，它要具有政治機構性質，在省參議會未成立以前，它應該是代表民意的機關。」[24]

陪都二十二個主要國際文化團體，如東方文化協會、世界反侵略會、國民外交協會、中蘇文化協會、中美文化協會、中英文化協會、朝鮮義勇隊、日本人民反戰同盟、台灣義勇隊與戰時日本研究會等，對台灣光

---

21 〈台灣革命同盟會工作報告書——民國三十二年六月廿九日擬呈〉，前引《台籍志士在祖國的復台努力》，頁一四三、一四九。

22 一九四二年七月廿一日〈中央執行委員會組織部覆中央祕書處函〉，前引《台籍志士在祖國的復台努力》，頁一二二、一二三。

23 〈台灣革命同盟會第二屆會員大會決議案〉，前引《台籍志士在祖國的復台努力》，頁一二三—一二四。

24 前引宋斐如〈台灣的慘狀與祖國的責任〉。

復運動咸表深切同情與支持，於是仿效紀念領土淪陷的「緬甸日」、「印度日」的設定，倡議定四月五日為「台灣日」，藉此喚起各國注意，並支持台灣收復運動。

四月一日，應該是通過宋斐如的邀請，向來關切殖民地台灣的馮玉祥首先寫就〈我們要趕緊收復台灣〉，呼籲國人「要用全力收復台灣」，「特別是熟知日寇內情的台灣同胞要加倍努力」，更加「精誠團結」在台灣革命同盟會下，「集中力量，一點一滴地切切實實地工作。雖重宣傳，尤重實幹。與在台灣鬥爭的同胞取得密切的聯繫……擴大日軍反戰運動，擾亂敵人後方，增加日寇經濟困難和準備武裝暴動……勝利是不成問題的。」[25]

四月三日，政治部副部長梁寒操有感於「民族聖戰將及五年，國人更誓志，他年當收復台灣，定四月五日為『台灣日』，以示不忘」，特賦〈詠「台灣日」詩〉一首，贈予宋斐如「誌憤」：

嶺雲海日久銜愁，淪我台灣卅八秋！
客帝顢頇輕授敵，遺民沉痛不忘仇。
國門兩眼嗟都挖，疆土千年誓必收！
今日莫揮閑涕淚，神州光復待從頭。

根據梁寒操的注解，「嶺雲海日久銜愁」是指「邱滄海先生在《嶺雲海日樓》詩集大半皆寫亡台之痛」，而「國門兩眼嗟都挖」的兩眼，意「謂台灣與瓊崖也」。[26]一九四六年四月六日，宋斐如在《人民導報》發表〈「台灣日」的回憶〉一文，向廣大的台灣同胞批露了這段史實，並在文末「特附梁部長寒操當日詩，以為同胞共勉」。

同樣是四月三日，宋斐如在陪都重慶脫稿〈台灣農民的慘痛〉一文。

四月五日，台灣革命同盟會展開了為期一周的第一次「台灣日」擴大宣傳工作，掀起台灣光復運動的澎湃熱潮。它的主要宣傳活動分三部門進行。

第一，以「陪都國際文化團體」之名，在重慶抗建堂召開「光復台灣宣傳大會」，敦請黨政軍首長及各界代表參加。當天，雖然天氣不佳，道路泥濘，到會民眾千餘人。大會由司法院副院長（東方文化協會會長）覃理明（覃振）主持。他以〈痛憶台灣〉為題，歷述渠昔偕故國府主席林森、中央委員張繼及林紹庭先生蒞台的感想，見台灣江山之變化，曾悲泣得飯不下咽，在江山樓上吟詩，有「如此江山如此樓」之句；全篇演講句句動人，聽眾皆為之淚下。他同時強調「各位今天到這裡來也不是為了參加一個尋常的講演會，而是懷著滿腔同情台灣光復運動的熱情來的。」因為「我們已經忍受了快三十個年頭了，現在才能夠公開提出台灣克復的號召，這真是談何容易！」[27]立法院代表司徒德代致院長孫科的祝詞〈解放已在目前了〉，指出「這個運動是有非常重要的意義的」，「希望在今天宣傳大會之後大家能夠坐而言起而行，使這個光復運動更堅強有力」，最後並預祝「到了《馬關條約》五十年紀念的日子，台灣的同胞一定可以在祖國的懷抱裡，以自由平等的國民地位，享受新世界的幸福。」[28]中國國民黨中央執行委員會祕書長吳鐵城因公不能出席，但在報紙公刊了祝「台灣光復運動」的賀詞曰：「歸誠祖國，慕義宗邦；光復舊物，永固苞桑」，並特派章淵若

25 前引《抗戰時期收復台灣之重要言論》，頁一八—一九。
26 《台灣先鋒》第十期「台灣光復運動特輯」，福建龍岩，一九四二年十二月廿五日，頁七。
27 覃振〈我懷台灣〉，《新蜀報》民國卅一年四月十五日，頁三。
28 前引《抗戰時期收復台灣之重要言論》，頁二二—二四。

代表講話，主張內地同胞應該正確認識台灣的「特殊性」與「在國防上和經濟上關係的重要性」，也要認識滿清政府失掉台灣的錯誤，更要「注意台灣」、「研究台灣問題」，「負起全部責任，致力於光復運動」，並設法收復台灣。[29]黃少谷廳長也代表政治部致賀詞，並訓勉努力收復台灣。

在會上，宋斐如作了大會報告。他首先代表台灣革命同盟會及全體台胞，向踴躍到會的各位長官與來賓、兩周來熱誠贊助大會籌備的陪都各文化團體、「出版台灣光復運動專刊或揭載專論及社評」的陪都各報，熱烈襄助這個運動的厚誼隆情，謹致感謝之忱。接著他就「剛才主席覃院長已經提到」的「關於台灣的歷史和割讓後的情況」，「作一個簡短的補充，說明台灣與祖國關係之密切」，然後再介紹台灣的地理與人口的狀況，進而指出，從「這三者觀察，都可以證明台灣是中國的領土，我們怎能讓它受敵人的宰割呢？」他強調，「台灣尚有一個中華民族所不能忽略的特點，就是它始終是抵抗異族統治的堅強根據地」；「相信此後也永遠不會消滅的，必定繼續到日本統治瓦解為止。」他敘述了台灣人民反殖民統治的鬥爭史之後，又從政治、經濟、教育三方面，批判日寇統治台灣所用的「半封建的野蠻的方式」，使得過去四十八年來五百多萬台灣同胞過著「非人的生活」。他感慨地說，儘管台灣的「民族解放的武力鬥爭，始終沒有中輟過，但大多數是地下的孤立無援的行動，很少得到祖國同胞的瞭解」，而「祖國方面也正如剛才主席所說過的」，在表面上「緘默著」。一直到今日，悲痛的台胞才能夠「向祖國同胞公開提出光復的口號」，表達「重新回到祖國懷抱」的希望。他同時指出，他們很清楚，「除了這條路以外，更沒有別的路可走」。

宋斐如據此對台灣收復問題提出了看法，並向祖國提出兩點「很簡單的」要求：一、「表示收回台灣的決心，宣布台灣是一塊失土，和其他淪陷省分一樣看待。」二、「趕快完成收復的設施，如正式成立省政府、省黨部、支團部，設置參議會及國民參政員。」他指出，「有了這些設施才算奠定了未來的基礎，集中黨政軍及社會文化教育各界的台灣人才，而發揮更大的力量。」然而，「在一般祖國同胞心目中，常常存著一個錯誤的觀念，就是以為台灣革命運動向來不統一，要我們首先統一起來，然後方能夠從事上述各級的準備。」他因此負責地告訴大家說，「台灣革命運動並沒有分裂的事實，並沒有不統一的地方；雖然表面上有許多團體，在兩年前也有許多黨派的存在，但這並不是政見的不同，而是因為地理的限制，同志們不能公開集中起來所產生的現象。自去年以來，由於祖國抗戰的關係，各團體已經完全統一，各黨派的意見也完全一致，大家都在台灣革命同盟會這一個組織下努力進行種種革命工作，雖然還有地方組織和特殊單位，但都服從同盟會的領導，以同盟會為公開的對外的代表。」他進而解釋說，「因為同盟會是代表全台五百多萬同胞的一個總體，所以我們主張在省政府未成立以前，它要具有政治機構的性質，在省參議會未成立以前，它應該是代表民意的機關。上次我們要求增設台灣參政員時，行政院曾經質問過我們：各省參政員是由省參議會選出的，台灣尚未有省參議會，為（如）何產生參政員。我們的答覆是：在省參議會未成立前，台灣革命同盟會就是代表民意的機關，參政員可由同盟會提出以供當局圈定。當時，行政院方面也很以為然。」最後，他「綜括地告訴祖國的同胞們，台灣的革命團體已經完全統一，祖國也要設法加強這個統一。台灣革命的目標是非常單純，就是要求回到祖國溫暖的懷抱來。祖國黨政當局，應當熱誠接受這個要求。我們知道這種工作相當艱巨，要完成這種艱巨的工作，固然需要五百多萬台灣同胞的努力與奮鬥，同時也要靠祖國四萬萬五千萬同胞的協助。老實說，收復台灣失地，已不只是台灣人民的責任，而是全國同胞的共同責任。我們非常誠懇地要求黨政當局，及祖國同胞負起這種共同責任。我們懇切希望祖國當局以孫院長（的）預祝為方針，推進收復台灣的工作，同時，我們相信這個預祝將來一定成為事實，使五百多萬呻吟於敵人魔掌下四十八年的台灣同

29 章淵若〈我們應如何認識台灣〉，前引《抗戰時期收復台灣之重要言論》，頁三五—三七。

胞撥開雲霧，重見天日。」[30]

「台灣日」的第二個宣傳活動為由各報編刊「台灣光復運動專刊」，登載有關台灣或祖國各部門負責人士鼓吹收復台灣的言論。例如，重慶《益世報》的〈台灣概況〉。《新華日報》尤其熱烈響應支持，除了發表社論〈論台灣解放運動〉之外，並同步刊發「台灣光復運動專刊」，登載了馮玉祥〈我們要趕緊收復台灣〉、「台魂」的長詩〈向祖國吶喊〉與〈台灣革命同盟會第二屆大會宣言〉等文。與此同時，陪都七大報、二小報也都發表社論或專論，「歡迎台胞內向」。例如，《新蜀報》發表題為〈還我台灣！〉的長篇社論，深感憂慮國內同胞被「時間沖淡」了「對台灣的記憶」，敘述台灣民眾在島內和祖國大陸不屈的鬥爭歷史，指出：「台灣失了，台灣精神未死！台灣失了四十七年，台灣的人心始終在活躍著，越發振奮，越發飛揚！台灣兄弟們的奮鬥和表現不弱於國內同胞，而艱苦則過之！」「台灣要回到中國的懷抱，台灣根本是中國的領土，台灣人本來就是中國人」，同時強調：「抗戰一定要抗到台灣收復才算底！中國人人人應當有此決心，有此抱負。」

「台灣日」的第三個節目是當晚在中央廣播電台舉行無線電廣播宣傳大會，由政治部副部長梁寒操、吳茂蓀委員、台灣革命同盟會林嘯鯤委員、日人反戰領袖青山和夫，分別用普通話、英語、閩南語和日語廣播，喚起國內外各界人士關心台灣問題，把「收復台灣」變成輿論關注的焦點。[31] 其中，梁寒操在播講〈清算的時候到了〉中呼籲「親愛的同胞們」說：「和平不可幸致，敵人不可輕縱，我們要爭取一切力量，尤其是台灣同胞的力量，予敵人以致命打擊。」[32] 青山和夫的〈迎台灣日〉，更從國際主義的觀點指出，太平洋戰爭爆發後，「台灣朝鮮各地的民族反法西斯運動」的「重要性更形提高」，「台灣是日本帝國主義侵略中國的起點」，今天又為「南進的根據地」，「故其革命運動，此刻更要被人所重視」。他呼籲「在台灣的中國人，土著民族，些少朝鮮人及被壓迫的下層日本人，都要起來反對日本帝國主義的統治，參加反法西斯運動，為獲取民主自由而鬥爭，而促進這個鬥爭，則不僅台灣，尚有國際的意義在焉。」他指出，「和朝鮮比較，台灣的革命運動，事實上相當複雜，若干政治問題，仍待解決。」因此，他期許台灣革命同盟會，「要把政綱具體化。我們可以手攜著手攻擊日本法西斯，對國際的民主自由，努力以求貢獻。」[33]

當天晚上，台灣革命同盟會又在新味腴餐室舉行晚宴，招待陪都各機關代表及新聞界，出席者有黃少谷、丁超五、宋淵源、黃朝琴及各報記者三十餘人，先由李友邦主席致詞，宋斐如接著以該會常務委員身分報告該會成立經過與工作情況，然後由該會負責宣傳工作的林友鵬說明台灣革命之因素、對象、信心及方式等等，並再三呼籲，「台灣同胞為一遠離母懷之孤兒，今彼伸手向母，要求回歸懷抱，祖國之同胞，猶忍坐視不舒一臂助乎？」黃少谷、丁超五、宋淵源、林作民等人也都發表講話，「一致認為國內同胞過去對台灣情形實太隔膜，甚至有非常錯誤之認識，今後宜加緊宣傳，使國內外人士皆知台灣為中華民國之一部分，台灣人民亦為中華民國之人民」。丁超五更主張文化界也應該舉行「台灣日」，以廣宣傳。當場，宋斐如並被推舉為五名代表之一，負責起草組織「台灣光復協進會」，以幫助台灣革命同胞收復失土。[34]

一九四三年六月廿九日，台灣革命同盟會擬呈中國國民黨中央執行委員會祕書長吳鐵城的〈工作報告書〉（二）「工作概況」部分，載有籌備組織「台灣協會」一項，其中寫道「為解決收復台灣之當前各種問題，

30 宋斐如〈台灣的慘狀與祖國的責任〉，一九四二年四月十七日《新華日報》；前引《宋斐如文集》卷二，頁三五一—三五七。
31 〈台灣革命同盟會工作報告書〉，前引《台籍志士在祖國的復台努力》，頁一四五。
32 梁寒操〈清算的時候到了〉，《新蜀報》民國卅一年四月六日，頁三。
33 一九四二年十二月廿五日《台灣先鋒》第十期「台灣光復運動特輯」，頁三。
34 〈台灣革命同盟會工作報告書〉附件（四），前引《台籍志士在祖國的復台努力》，頁一六一—一六二。

為設計戰後之復原計畫，為打破國際上對台灣之錯誤認識，擬由本會邀請祖國人士共同發起『台灣協會』以贊助本會之事業。」[35]

我們不確知，「台灣光復協進會」與計畫中的「台灣協會」是否同一組織，而且，後來也沒有看到更多關於「台灣光復協進會」或「台灣協會」組織進展的相關史料，具體結果，就不得而知了。

四月六日，重慶《益世報》也刊發「台灣光復運動專刊」，登載了〈台灣革命同盟會第二屆大會宣言〉、中國國民黨中央組織部副部長馬超俊〈我懷台灣〉、中國國民黨中央執行委員會祕書長吳鐵城賀詞、教育部長陳立夫〈率土之濱〉與宋斐如〈台灣農民的慘痛〉等專稿。

通過〈台灣農民的慘痛〉一文可知，無論是從主題或內容來看，在「台灣光復運動」的共同形式上，宋斐如顯然和其他人有著截然不同的內容。首先，他所關心的是「人口最多，且最慘痛」的台灣農民，並從這個階級觀點出發，指出「台灣光復運動」在性質上不但是「民族革命」，而且也是「社會革命」。差異就在這裡而已。他析論說「殖民地人民以農民為最多，且最慘痛，台灣也不能例外。帝國主義者之徵用物資，掠奪物質，先自農民開始，土地資本家之吞併土地，自然是以農民為對象；第一期資本原始積蓄，也皆以農民為搶奪的對象。」然後，他詳述了日本資本剝奪台灣農民的三種事實：第一是土地的掠奪。第二是製糖會社與蔗園勞動者之間的剝削關係。第三是製糖會社與甘蔗生產者之間的買賣關係。

他強調，台灣被剝奪的農民不限於蔗農，其他稻農及什穀農民，也莫不備受同樣哀痛。日寇每年從台灣強制徵用「五百萬石的特種米」（「蓬萊米」）。台灣農民辛辛苦苦耕種卻不得自嘗，其他台灣同胞也都只能望米興嘆。同時，糖業獨占資本家為保持並增大獲利而不斷擴大蔗園面積，台灣中南部的蔗園就逐漸侵占了稻田。這是台灣與朝鮮的耕地問題不同之處。而相對「自由」的台灣農民也就日益淪為「半農奴的蔗農」，「須待台灣革命成功始能得到解放」。因此，「光復台灣，是民族革命，同時也是社會革命」。[36]

十二月廿五日，在福建龍岩的台灣義勇隊機關刊物《台灣先鋒》第十期「台灣光復運動特輯」轉載了宋斐如的〈台灣農民的慘痛〉一文。該雜誌封面強調，「特輯」的重要文章還有：馮玉祥〈我們要趕緊收復台灣〉、孫科〈解放已在目前了〉、陳儀〈台灣必須收復〉、梁寒操〈清算的時候到了〉、青山和夫〈迎「台灣日」〉、范丹〈宋外長論戰後領土的談話〉，以及李友邦的〈台灣復省在同盟國戰略上的意義〉等。顯然，馮玉祥和孫科的文章，都是通過宋斐如的關係而邀來的吧。

「台灣日」的宣傳活動之後，台灣革命同盟會就如孫科所期許的，不只是坐而言，而且起而行。

四月十日，宋斐如與李友邦、謝南光等三名台灣革命同盟會常務委員，就以「台灣革命之領導機關」台灣革命同盟會常務委員會名義，聯名呈文中國國民黨總裁蔣中正，瀝陳管見：「台灣已成為我國戰略政略上之中心，必須於此時準備收復，不但表示我國完整領土之決心，亦可集中台灣革命之意志，整齊反日運動步伐……懇請俯念下情准予成立台灣省政府，以勵人心，而

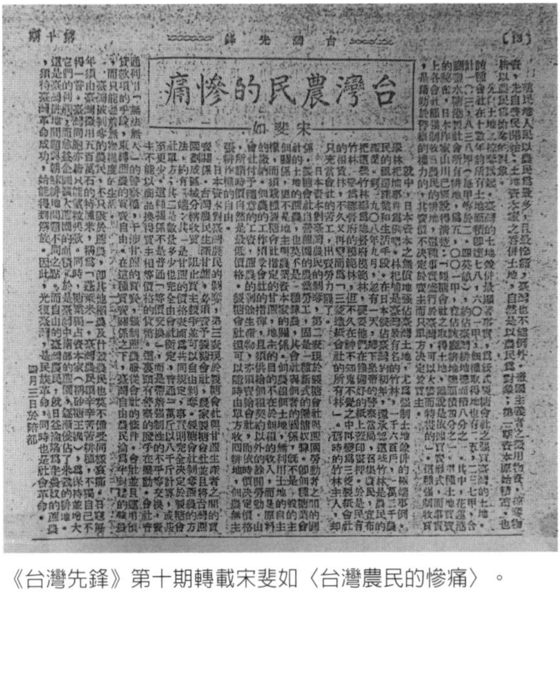
(13) 台灣先鋒 第十期

台灣農民的慘痛

宋斐如

《台灣先鋒》第十期轉載宋斐如〈台灣農民的慘痛〉。

35 前引《台籍志士在祖國的復台努力》，頁一四四。

36 轉引台灣義勇隊《台灣先鋒》第十期「台灣光復運動特輯」，福建龍岩，一九四二年十二月廿五日，頁十三。

副民望。」[37]十四日，重慶《大公報》報導了台灣革命同盟會呈請中央設立台灣省政府的消息。

四月十五日，台灣革命同盟會創刊《新台灣》。

四月十七日，馬關條約簽訂四十七周年。台灣革命同盟會在重慶舉行紀念大會，並以「在渝台胞」名義，向國民政府主席林森與軍事委員會委員長蔣中正發致敬電，表明願「率全島健兒效命疆場光復家邦」的決心。[38]同日，《大公報》社評〈今日何日〉指出：「台灣是中國的土地，一寸也不能少，我們都要索還。」《時事新報》發表〈「島恥紀念日」之言〉，特別希望領導台灣革命同盟會「號召復省」的覺醒的諸君子，針對日寇「以華制華」的分化伎倆，「把復省運動行動起來」，「期由法律上收回台灣，進而為事實上收回台灣」。三民主義青年團中央團部處長康澤也「專為簽訂馬關條約四十七週年紀念而作」〈光復台灣〉一文。[39]《新華日報》以〈台灣的慘狀與祖國的責任〉為題，全文刊載了宋斐如在「台灣光復」擴大宣傳大會上的報告。該報「編者」同時寫道：本文「敘述台灣人民的戰鬥經過，並對日寇統治台灣的方式和台灣解放問題，提出了他的意見。茲特刊載如下，用供內地同胞的參考。」

四月二十日，中國國民黨中央執行委員會祕書處抄宋斐如等「請設立台灣省政府以為收復失地準備」的呈文，致國防最高委員會祕書廳「查照轉陳」。[40]這時，原本因「張邦傑的呈文」而將台灣革命同盟會「交台灣黨部切實先加指導」並「備案審查」的國民黨中央組織部，又接獲中央執行委員會祕書處函轉「李友邦等」謂「張邦傑假冒謝南光名義通電反對該會二屆大會，懇加駁斥以維統一局面」的呈文，於是以「據報」台灣革命同盟會的「稱謂屬合法」之由而「准予備案」，並於六月八日函轉中央執行委員會祕書處。[41]這樣，中國國民黨中央終於正式公開承認，實際上隸屬國民黨中央組織部並受其資助的台灣革命同盟會的地位。

六月十七日，是日本帝國主義在台灣開府殖民統治的「恥政」四十七周年，也是台灣同胞定為「抗日復國運動之紀念日」。為此，台灣革命同盟會在陪都舉行紀念大會。福建同志也在永安漳州及泉州同時舉行

「六一七」台灣淪陷四十七周年紀念大會，發行特刊，並以武力襲擊廈門。[42]當天，重慶《中央日報》福建版還刊發「台灣光復運動紀念特輯」，登載了重慶衛戍司令劉峙的〈怎樣解放台灣同胞——為光復台灣運動而作〉、陳聯芬〈給革命的台灣同胞〉、徐醒民〈紀念「六一七」與台灣光復運動〉、謝南光〈收復台灣與保衛祖國〉等文。[43]

六月十七與十八日，連續兩天，宋斐如也在《廣西日報》發表內容與〈台灣的慘狀與祖國的責任〉基本一樣的〈毋忘台灣〉。

宋斐如後來在前述〈「台灣日」的回憶〉一文總結說，關於「收復台灣」之宣傳，雖然「阻於國內外的特殊情勢，殊不易即收效果，曾經不少挫折，後經各方同志繼續不斷之努力，收復台灣的方案逐漸具體化。」

據宋斐如〈履歷〉所載，六月起，他擔任了「台灣黨部宣傳科科長」一職。還有，蔣介石送了一幀玉照給他。雖然具體的原因與場合沒有記載，但也說明宋斐如已經進入蔣的視界。

七月七日，宋斐如編譯池欹崎孝、伊藤正德等作《太平洋戰略論》，由五十年代出版社發行。十三日，

37 〈台灣革命同盟會為請設立台灣省政府以利台灣光復革命工作呈文〉，前引《台籍志士在祖國的復台努力》，頁一二六—一二七。
38 一九四二年四月十八日重慶《大公報》，前引《台籍志士在祖國的復台努力》，頁一二八—一二九。
39 前引《抗戰時期收復台灣之重要言論》，頁三八—三九、三二—三四。
40 前引《抗戰時期收復台灣之重要言論》，頁一二七。
41 一九四二年七月廿一日〈中央執行委員會組織部覆中央祕書處函〉，前引《台籍志士在祖國的復台努力》，頁一二三。
42 前引〈台灣革命同盟會工作報告書〉，《台籍志士在祖國的復台努力》，頁一四五。
43 前引《抗戰時期收復台灣之重要言論》，頁四二—五〇。

國民政府軍事委員會戰地黨政委員會主任委員程潛發給該會設計委員宋斐如「因公往福建經過川黔桂湘粵等省沿途各地經核准自柒月拾伍日起至拾壹月叁拾日止為有效期間」的「軍用證明書」；廿三日又再發給宋斐如「代理本會同上校專任設計委員」派令。

另據宋斐如〈履歷〉所載，七月，他還擔任了「中央訓練團指導員」。一九四三年六月廿九日擬呈的〈台灣革命同盟會工作報告書〉指稱，該會組織工作方面有一項是「組織中訓團畢業學員之通訊小組」[44]。所以「中央訓練團指導員」應當與此有關。

宋斐如〈履歷〉又載，從九月起至十一月，他還擔任中國國民黨「台灣黨部（務）幹部訓練班教育長」。一九四四年一月台灣黨部擬〈台灣黨務工作意見書〉第二節「黨務沿革與概況」載稱，日據香港後，台灣黨部籌備處工作人員向粵內移，一九四二年春，國民黨「中央鑑其基礎不健全，曾舉辦黨務幹部訓練班，將（先）在曲江籌備，嗣在泰和（江西臨時省政府所在地）開班，受訓學員六十人。」[45]據戲稱自己是去泰和「觀光」的屏東里港藍鼎元九代孫藍敏女士（一九二一—二〇〇二）晚年憶述，六十位受訓學員當中有三十個廣東梅縣客家人，二十四個閩南人，五、六個台灣人；因為經費拮据，「三餐主菜都是用鹽炒的辣椒」。「教務主任」宋斐如先生人「很親切」，「大約十天或一個禮拜」，就請他們「這些營養不良的人」吃「用豬油炒的米粉」。她認為，「宋是個個性瀟灑的人，氣質和大文學家徐志摩相近，所以不在乎官場上的形式。雖然是北大畢業，但絲毫沒有驕氣。他和林忠（台灣黨部委員兼書記長）、謝東閔（台灣黨部宣傳科長）等人也格格不入。」[46]

台灣黨務幹部訓練班的主要任務是組訓江西泰和台灣黨務訓練班的教職員。訓練班對外的名稱是「韶關戰地黨務訓練班」，對內的實際名稱卻是「中國國民黨中央組織部台灣黨務工作人員訓練班」。班主任由國民黨台灣黨部籌備處主任翁俊明兼任。[47]因為這樣，宋斐如在台灣革命同盟會的組織關係也改屬「以在泰和台灣黨部（務）訓練班之教職員及學員為主體組織」的「直屬第一區分會」，並被選為分會五名委員之一，排名在翁俊明的「福相」葉永年之後。[48]

十月，參政員陳霆銳等在國民參政會第三屆第一次大會提「請政府加強培植法律人才以備將來收復失地及割讓地後之用案」。此案經修正通過後送請國防最高委員會，再經該會第九十九次常務會議決議：「交行政院辦理」。該會祕書廳乃於十二月三十日函請行政院查照辦理。[49]

另據一份署名「李尚春同志調查」的宋斐如檔案顯示，參政員宋淵源曾經保舉宋斐如為「台灣同志適合丁種參政員資格者」。為此，「李尚春」奉有關單位之命對其進行身家調查，報告如下：「宋斐如，年四十歲，福建同安人，賦性和善，體軀瘦長，留學日本，攻習政治，學識豐富，見解深湛，思想純正，操行端重，喜研究，擅撰文，對國際問題及敵情有深切之研究，過去隨方子樵氏在華北倡辦新東方雜誌，並以此關係而任軍委會戰地黨政委員會設計委員，近復在渝專辦戰時日本社，時與潮雜記（誌）社亦有關係，能力甚強，宜任宣傳工作，最近赴閩活動台胞抗日工作。」

十二月九日，蔣中正發給宋斐如國民政府軍事委員會黨政委員會上校設計委員任職令。

---

44 前引〈台灣革命同盟會工作報告書〉，《台籍志士在祖國的復台努力》，頁一四四。
45 前引《台籍志士在祖國的復台努力》，頁三二七。
46 許雪姬《藍敏先生訪問紀錄》（台北：中央研究院近代史研究所「口述歷史叢書〈五五〉」，一九九五年六月），頁六六—六七。
47 陳三井《中國國民黨與台灣》（台北：中央文物供應社，一九八五年二月），頁一二一—一二二。
48 前引〈台灣革命同盟會工作報告書〉，《台籍志士在祖國的復台努力》，頁一五三—一五四。
49 前引《光復台灣之籌畫與受降接收》，頁三一四。

四、如何收復失地台灣

一九四二年六月廿八日，立法院長孫科在國民外交協會演講明確表示，中國要收復甲午戰爭以來的所有失地；又在紀念抗戰五周年的文章再次明確表示，中國要收復甲午戰爭以來的所有失地。

九月二十日，宋斐如在《廣西日報》發表〈東條內閣內外動向的檢討〉。

十月，蔣介石在與美國總統羅斯福的代表威爾基會談中提出東北和台灣在戰後歸還中國的問題。

十一月一日，日本成立所謂「大東亞省」，並決定將原歸拓務省的朝鮮、台灣一切事務一歸內務省管理。也就是說，從此以後，它就將朝鮮、台灣等殖民地視如日本本部的一部分了。三日，全國各報都披露了這則消息。同一天，外訪歸渝的國民政府外交部長宋子文在重慶國際宣傳處舉行記者招待會。會上，有記者問：「戰後之我國，在領土方面是恢復到九一八以前之狀態？抑恢復到甲午以前之狀態？」宋子文明確答覆：「中國應收回東北四省、台灣及琉球，朝鮮必須獨立。美國方面有一流行口號，即『日本為日本人之日本』，其意在指日本所侵據之地均應交還原主。」[50]

十一月四至六日，重慶《中央日報》連載了美國的《幸福》（*Fortunate*）、《時代》（*Time*）和《生活》（*Life*）等三大雜誌編輯人共同組織的「戰後和平方案問題研究委員會」（其實是美國遠東戰略小組）於八月共同隨刊印發的《太平洋的關係》小冊子，其中第四章〈一條橫越太平洋的公路〉一文提議，戰後在太平洋建立一條防禦地帶，並成立一個國際委員會，共管包括台灣在內的有關這條防禦線內一切據點：

我們提議，以一向點綴著橫越太平洋商務航線的島群為基地，建造一個新的凌駕一切防禦體制。由夏威夷向西，我們計畫一連串強大據點——英勇的中途島和威克島、關島，那些由日本代管統治而將來應由我們占領的島嶼——琉球和小笠原群島，一直到台灣——全線最適當的停泊站，同時也是聯合國空中艦隊最強大的西部終點。建立這樣的一個橫越太平洋的防禦地帶，在英屬各島是沒有任何問題的。至於那些需要從日本手中奪過來的島嶼，聯合國就要用極合理的手段去處理了……在台灣方面，中國的利益顯然是占優勢的，而且這種利益，在任何國際行政機構中應有其代表權。國際行政當局應接收所有日本財產，尤其是台灣銀行的財產。為了尊重中國的優越利益，台灣應該劃在中國關稅和金融系統之中，但是因為聯合國需要以它為一大根據地，所以把它劃為中國領土的一部，似乎不妥……由於台灣的國際地位性質，在任何可以預見的未來時日中，它的居民不可以要求獨立主權，也不（能）投票加入中華民國。聯合國必須當心，為了國際安全起見，不使台灣島上居民受到任何自由的限制。[51]

此篇謬論的譯文刊出後，立即引起各方的憤慨與駁斥。首先，立法院長孫科在《中央日報》和《掃蕩報》聯合版同時發表了〈關於戰後世界改造之危險思想〉，嚴肅批評盟國某些人關於戰後世界安排的錯誤主張。[52]

歷史就這樣進入一九四三年。

年初，蔣介石叮囑前往美國訪問的宋美齡，見到羅斯福時可以商討被日本強占的領土問題。

---

50 一九四二年十一月四日重慶《中央日報》，前引《抗戰時期收復台灣之重要言論》，頁三—五。

51 中央執行委員會秘書處圖書室〈戰後台灣問題〉（一九四三年五月十七日），前引《抗戰時期收復台灣之重要言論》，頁九二—九三。

52 《中國現代史專題報告》第三集，台北：中華民國史料研究中心，一九七三年，頁二七九。

一月七日，重慶《大公報》發表李純青主筆的社論〈中國必須收復台灣——台灣是中國的老淪陷區〉，嚴厲批判《太平洋的關係》的那篇謬論「把台灣看做單純的日本的殖民地，忘記它的歷史，不明它的現狀，以為脫離了日本，台灣就像十字街頭的流浪兒，可隨便安排給任何一個慈善機關收養，這種觀念是不正確的。」然後鄭重公開向世界糾正這種觀念說：「台灣是中國的老淪陷區，我們不能看它流落異國，戰後中國一定要收復這塊土地。第一、根據國際公法的先占主義，台灣是不折不扣的中國領土……第二、日本從中國手裡奪去台灣，台灣應該歸還中國……第三、根據《大西洋憲章》，台灣也該歸還中國……以上三點，旨在說明：中國必收復台灣，言情喻理，皆不應把台灣與中國強迫分離，盟國之中如有人作此想頭，必受中國人的強烈反對。就台灣的國防地理論，它是中國東南海疆的屏障，它與海南島是中國監視海疆的一對眼睛，誰願意讓人拆去屏障？誰願意讓人挖去眼睛？」

一月十日，宋斐如在《廣西日報》發表〈日本戰時外交及其動向〉。

一月廿四至廿五日，《新華日報》總編輯章漢夫也在該報發表〈羅斯福的外交政策及其反獨立思想的演進〉，駁斥「台灣國際共管論」。

為了爭取中國堅持抗戰，美國政府的戰後立場是台灣主權歸屬中國，而台灣的軍事防務由中美負責。二月，美國總統羅斯福向國民政府駐美大使魏道明表示：「日寇所有島嶼，除其本國外，均應就同盟國警備立場支配之，台灣當然歸還中國，將來太平洋警備權自應以中、美為主體，在南太平洋由澳洲及紐西蘭輔助。」[53]它的言外之意是，中國沒有強大的海空軍，實際上台灣的軍事防務應由美國來負責。

二月七日，宋斐如在《廣西日報》發表〈日本的軍事動向與我們的警惕〉，廿一日又再發表〈論太平洋集體安全與中國的關係〉；三月十至十二日續刊〈日本戰時政治的衰落及其展望〉。這個月，他也結束了「台灣黨部宣傳科科長」的職務。

三月十二日，蔣介石通過出版《中國之命運》強調指出：「琉球、台灣、澎湖、東北、內外蒙古、新疆、西藏，無一處不是保衛民族生存的要塞。這些地方的割裂，即為中國國防的撤除。」[54]廿四日，《新華日報》發表涉及台灣回歸中國的社論〈戰爭與戰後問題〉。廿七日，羅斯福在與英國外交大臣艾登等人的一次會議上告訴他們，他贊成將東北與台灣歸還中國。台灣革命同盟會也在本月發表〈戰後台灣問題的聲明〉，嚴正聲明：「戰後處理台灣問題，除將台灣之領土主權完全歸還中國外，任何維持現狀或變更現狀之辦法，均為台灣人民所反對」。

宋斐如也於三月三十日與四月一日，在重慶《大公報》，分上、下兩次，刊發〈如何收復失地台灣——血濃於水台灣必須收復〉，批判美國三大雜誌「《戰後和平方案》中第二件備忘錄」的「錯誤的主張」，進而強調「如何收復失地台灣」。

宋斐如首先指出，「台灣問題已上中國及國際的政治日程」，「台灣革命志士亦以推翻日本統治拯救台胞歸宗祖國為第一種決心，將來打敗日本後台灣之歸還中國，在理在情已無可否認。且中國政府早定收復大計，國際人士亦多著論支持。」然後，他駁斥戰後「台灣應劃歸國際共管」的「錯誤的」、「荒謬絕倫」的美國輿論，說「台灣與中國的歷史和地理上，皆有極其密切的關係，血濃於水，台灣必須歸還中國，固無庸疑義，此種措置亦為法理及人情所支持，實不容國際人士因別種戰略上的打算而有所變更。」他認為，「民族主義在台灣問題中占最重要的地位，台灣同胞不先恢復國民資格，復土運動必大減效果」。然而，台灣民眾抵抗日本強權的「壯烈與悽慘」雖「足道矣」，但「國內人士或少知其『血流漂杵』」。也就是說，「台

---

53 〈宋子文答記者問〉，陳志奇編《中華民國外交史料彙編》，台灣：渤海堂文化事業有限公司，一九九六年，頁五七〇〇。
54 前引《抗戰時期收復台灣之重要言論》，頁六、二二六。

灣漢人最悲慘者，厥為徒具堅強的民族精神，而事實上卻是無國無家。」他感慨地說，「以前祖國固限於環境與力量，對於台灣沒有關心，也不能關心，故一任日本挑撥民族感情的毒計橫行於國內，台灣人在祖國的地位遂成了外人，一般同胞皆歧視台灣人。抗日軍興後，國人盡視台人為日諜。因為這個原因，凡不服日寇統治而潛逃歸國者也不敢公開，只能藉閩粵籍貫以為掩護。」因為這樣，「台人之服務貢獻於祖國教育文化如許地山者，功績不為不偉」，「台人與祖國的關係（卻）依然淡薄，表面為國人所知之台灣人，似甚寥寥無幾，其固有必然之理，可不言而喻了。」儘管如此，他還是樂觀地認為，現在「英明領袖」早已決心要「完整國土」，「黨政當局」也已「制定收復台灣之計畫」，「尤其自太平洋戰起，台灣的戰略地位更加增高」，那麼，收復與祖國大陸「一衣帶水」之隔、「血肉關係湛深」的台灣，「原屬易易」之事。何況，「日本帝國在台灣並未立足腳步」，它的「人口政策已經失敗」；台灣人也沒有在其「手槍政策」的政治經濟高壓下被征服；即便它最近改而發動「同化政策」，「強制台人改易姓名，廢祖宗而祀天照皇大神為始祖」。但是誠如它「獎勵漢人與日人通婚，結果（卻）無一漢女嫁日人」，它的「同化政策將因祖國的台灣政策運用得宜，而完全成為泡沫。」據此，他進而建議，收復台灣，首先須「運用民族主義」，「收攬台胞人心」。具體的「方法就是祖國積極宣布：台灣人即中華民國國民，祖國已為收復台灣而苦心孤詣。」通過恢復「台灣人的國族地位」，喚起「宗族觀念極深」的台灣人被「日寇的法律與離間的民族政策」所遮斷的「國族觀念」，從而集中「潛伏的」台灣人的「力量」、「組織」與「意志」。所以，收復台灣的「第二要著」，「必須先復活台胞的民族主義」，爭取「台胞內向」。但是，「祖國政府一向亦未關懷及此，缺欠正確一致的台灣政策」，故今日「須先打開國門」，「公開承認台灣人的國族關係，確定台灣的政治地位。」最後，他強調指出，「最近台灣革命同盟會的活動方針，一面著重於台灣島內工作，一面又公然提出設省建政，正式設立省黨部，成立台灣正規軍，請設台灣參政員，自有充分的理由，其動機也十分純潔」，因為「我國對日宣戰只在消極方面撕毀了馬關條約，但台胞之恢復國籍，尚須政府正面的宣布。今日台胞先覺者之復籍復權運動，已成合理要求，國人應予以積極支持，不應再事懷疑猶豫。中國宣布台灣人為中華民國國民並從實際上推進政治設施，還有一種更大的作用，就是安定國際人士，乃至各國政府當局。」他因此「深願黨政軍當局透視國際的變動趨向及台灣革命的主觀客觀情勢，對於收復台灣工作，能百尺竿頭再進一步，以收攬台胞人心，以利失地之克復，並阻止國際間不正確的思想與措施之發生。」[55]

台灣革命同盟會針對美國三大雜誌刊發「台灣歸國際共管」的謬論，除了發表聲明批駁之外，並選定四月十七日，馬關條約簽字四十八周年的國恥紀念日，舉行紀念大會，發表〈宣言〉與〈告祖國同胞書〉。〈宣言〉痛陳：「台灣一日不能獲得民族自由解放，則台灣革命將無止期，台灣革命倘無終止之日，則東亞已無和平可言，遑論世界和平，本會深望世界有識之士，為使實現世界和平，必須一致主張戰後台灣應即歸還中國……無論任何異族統治台灣，均為吾人所反對，勢必反抗到底，雖再犧牲百萬頭顱，十年歲月，亦必爭得民族之自由解放」。〈告祖國同胞書〉也指出：「惟近來有人在主張戰後台灣由國際共管，這是多麼駭人聽聞的事呀，如果這個主張實現，不但台灣同胞永無翻身之日，則中國國防亦永無建設之期。」[56]

四月，為適應抗戰新形勢需要，祕密籌備的中國國民黨直屬台灣黨部在漳州正式成立。翁俊明出任主任委員，林忠為書記長，丘念台、謝東閔等派充執行委員。在組織關係上，與隸屬國民黨中央組織部的台灣革命同盟會平行。

五月十五日，《大公報》收到美國三雜誌發行人，時代公司戰後問題研究組主任吉瑟浦（John K.

55 轉引《宋斐如文集》卷二，頁三六〇—三六六。

56 前引《台籍志士在祖國的復台努力》，頁一三二、一三三。

Jessup）堅持主張「台灣問題國際化」的回答，隨即發表李純青主筆的社評〈再論關於台灣問題——讀《美國的戰後設計》〉回應，進一步駁斥「台灣國際共管論」。[57]

五月，宋斐如在桂林《半月文萃》第一卷第十一、十二期合刊號發表〈太平洋戰爭中的台灣〉，指出太平洋戰爭爆發後，台灣總督府更對台灣人民實施所謂「皇民化運動」，強迫台灣同胞改名易姓，廢宗祀，拜天照大神，強要台灣人民食豆漿湯、著和服、捆腰巾、履木屐等等，不一而盡。台灣人民若不照辦，則其日常生活將感極度困難，甚至完全被褫奪子弟的教育權。尤其是種種「戰時設施」，使台灣同胞受到更慘痛的遭遇。例如，變本加厲實施了《保甲連坐法》，組織所謂「防諜團」及「保甲互助隊」。同時還強制台灣人民普遍組織各種反動團體，如所謂「報國勤勞少年團」、「青年團」、「壯年團」、「女子少年團」、「女子青年團」、

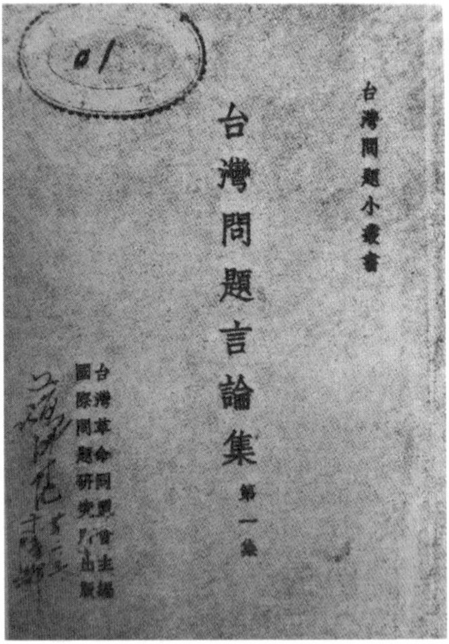

一九四三年九月台灣革命同盟會出版《台灣問題言論集》第一集。

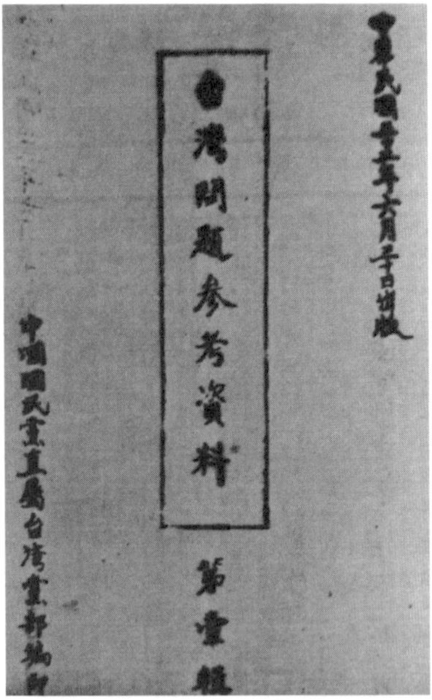

一九四三年六月三十日中國國民黨直屬台灣黨部編印出版《台灣問題參考資料》第一輯。

「皇民化運動推進少年隊」，及各級學生「救國勤勞奉仕作業隊」等等，以收以台制台之效。他又揭露了台灣同胞在服務戰時工役及兵役上惡劣的新紀錄。

除了關注收復台灣問題之外，宋斐如仍然持續在各種報刊發表戰時日本研究的時論。五月，在《中國農村》第八卷第十一期「戰時特刊」發表〈日本人口問題與移民政策〉。六月二日，在《廣西日報》發表〈日本最近軍事動向〉。[57]

六月十七日，台灣「恥政」四十八周年紀念日。《新蜀報》再發題為〈台灣與中國〉的短評，《新華日報》發表社論〈台灣，回到祖國來！〉，台灣革命同盟會也發表〈紀念「六一七」台灣淪陷日宣言〉，持續批判「戰後國際共管台灣」的主張，是「帝國主義殘留形式，違背《大西洋憲章》，無視公理與正義」，同時「請求同盟國各國政府根據大西洋憲章及二十六國宣言」，援助台灣人達到復歸中國的目的，讓台灣人「有機會參加建設自由平等互助的新世界」。它也呼籲六百萬的台灣同胞，「結成反日的民族戰線」，促成敵人的瓦解崩潰；同時要求在祖國「獻身於台灣革命的同志」，更要「加緊統一意志，集中力量，擴大建省建軍運動」。最後，它「再向祖國陳情」，「將台灣編入淪陷省區，設立台灣省政府即軍管區的籌備處。」[58]

六月廿三日，宋斐如與李友邦、謝南光，以台灣革命同盟會常務委員身分，函附台灣革命同盟會「工作報告書及附件各一冊」，聯名呈請中國國民黨中央執行委員會祕書長吳鐵城，「自本月起對於本會總會補助費每月增為壹萬元，各地分會每處按月補助伍千元，俾得加強工作效能。」七月，中央執行委員會祕書處「簽辦意見」指稱：該同盟會「對台灣黨部籌備處有所不滿」、「自認內部有意見」，而「試擬辦法數項」，請

---

57 前引《抗戰時期收復台灣之重要言論》，頁九四。

58 前引《台籍志士在祖國的復台努力》，頁一三三—一三五。

祕書長「採酌施行」：一、增加台灣革命同盟會補助費伍千元，連前共為壹萬元，其他問題，均暫從緩議。二、勸導台灣革命同盟會（謝南光）及南方執行部（張邦傑）暨台灣義勇隊（李友邦）應與台灣黨部（翁俊明）合作，如能化除成見共圖光復，則予增加經費，否則聽其自然，不加扶植。三、加強台灣黨部之機能，責成福建省政府主席或省黨部主任委員負指導之責。同時付以歸復台灣之全權，以福建省之財力人力經營台灣。」同月廿三日，祕書長吳鐵城批示：請祕書處簽辦的兩位祕書「分別與組織部及台灣負責同志（翁俊明）先洽談一次再核」。[59]

宋斐如顯然並沒有涉入台灣革命同盟會內部的成見分歧與爭權鬥爭。六月，他又在《時代中國》第七卷第六期發表〈日本六年來財務狀況的剖述——財政金融破局與人民重負〉。七月八日續在《廣西日報》發表〈對日集中進攻罷！〉，提出對日寇最後總反攻的方略。同月又在《新建設》第四卷第五期與第四卷第六期先後發表〈蘇日關係的展望〉與〈揭穿日寇獨霸亞洲的政治陰謀〉。

另外，中國國民黨直屬台灣黨部於六月三十日編印出版《台灣問題參考資料》第一輯，提供政府機關、研究機構及抗日同志作為處理台灣問題的參考。七月三十日再印行第二輯（油印件），對「台灣國際共管」的謬論大加批判。其中，第五至十頁轉錄了宋斐如的〈如何收復失地台灣——血濃於水台灣必須收復〉一文。[60]

八月六日至八日，宋斐如〈日本勞力資源的悲哀〉在《廣西日報》連載。同月八日，《廣西日報》社長黎蒙因為仰慕宋斐如的才能，尤其欽佩他致力抗日救國的熱忱，簽發「任字第七四號委任狀」，委聘他為該社日報主筆。

從一九三八年廣州、武漢淪陷起，桂林由於特殊的地理位置，全國各地的文化界、知識界人士雲集，成為全國文化特別是出版發行的中心，先後辦起書店和出版社共一百八十多家，出書兩千多種。其中報紙就有

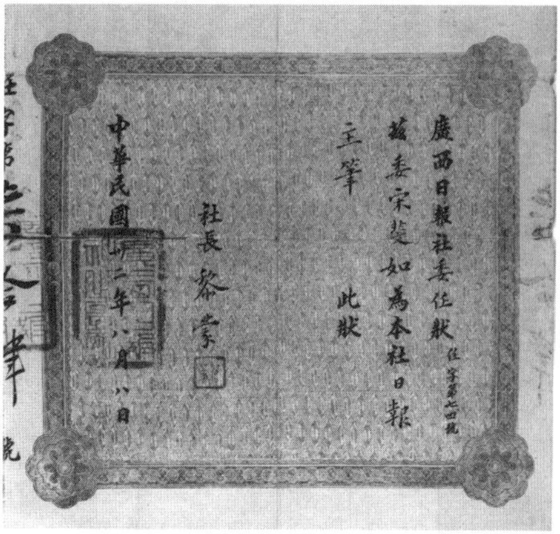

一九四三年八月八日《廣西日報》社長黎蒙委任宋斐如為主筆。

《廣西日報》、《救亡日報》、《大公報》、《掃蕩報》、《自由晚報》和《力報》等。《廣西日報》創辦於抗日戰爭爆發後，是廣西官方的喉舌，各地基層組織非訂閱不可，銷路次於《大公報》，排名第二。香港淪陷後，在香港創辦《珠江日報》的黎蒙（曾受李宗仁賞識資送法國留學）回到桂林，並於一九四三年四、五月間接辦《廣西日報》。他帶了不少人馬進入該報，集中反映全國人民普遍關心的德蘇戰場、太平洋戰場，以及抗日前線各戰場的戰訊，並約了金仲華等進步人士寫社論，主題也著重分析戰場形勢。[61]

宋斐如從一九三九年六月九日的〈德意軍事同盟與日本〉開始在《廣西日報》發表時論。一九四二年發表〈毋忘台灣〉等兩篇。一九四三年正式受聘為該報主筆前一共發表七篇，幾乎都是有關戰時日本研究的文章。由此也可看出，《戰時日本》停刊後，《廣西日報》也就成了他宣傳抗戰的主要陣地之一。

八月十六至十八日，宋斐如在《大公報》發表〈汪偽「參戰」前後的乖謬〉。另外，他還在本月出刊的《半

---

59 前引《台籍志士在祖國的復台努力》，頁一六三—一六五。

60 前引《抗戰時期收復台灣之重要言論》，頁九二。

61 樓栖〈《廣西日報》雜憶〉、謝落生〈簡憶抗戰時期的《廣西日報》〉，廣西社會科學院主編《桂林文化城紀事》（南寧：漓江出版社，一九八四年十一月），頁二八一—二八七。

月文萃》（桂林）第二卷第二期發表〈蘇日會馬上爆發戰爭嗎？〉。

九月二日，張邦傑以「台灣革命同盟會中央執行委員會主席團兼駐南方執行部主席」之名，擬寫「台灣黨政意見六項」，函送中國國民黨中央執行委員會祕書處轉呈蔣總裁，其中，第一項「加強台灣黨務工作配合抗戰」，批評台灣黨部為「一掛名食祿之機關……徒靡此有用之公帑，而為少數人作南郭先生酣酒食肉之場」，從而建議「今後台灣黨部主任及委員必須慎重人選」。[62]由此可見，因為國民黨中央的經費補助問題，台灣革命團體與個人之間存在著多少矛盾。

九月三日，宋斐如在《廣西日報》發表〈日本產業統制的三種制度〉。五日在《大公報》發表〈日本糧食增產政策的批判〉。八日和廿三日又在《廣西日報》發表〈日寇的「超重點」產業〉與〈日本戰時中小工業的沒落〉。同月還在《廣東省銀行季刊》第三卷第三期刊發編譯的〈戰爭財政論〉。

另外，九月一日，盟軍襲擊距離東京只有一千二百海里的中太平洋的馬卡斯島。九月五日，《廣西日報》對此發表了題為〈從馬卡斯到台灣〉的社論，分析指出，這是盟軍第一次在太平洋進攻日本主要根據地的「腰斬戰略」的發動，並將以台灣為終點。盟軍必須取得占最重要的戰略地位的台灣，才算完成中太平洋的對日「橫斷戰線」。為此，「有待於台灣人民的策應」，而「同盟國家必須依賴中國的協助，首先收攬台灣民心」。因此，中國應恢復台灣同胞的國籍與台灣的政治施設，美英須允許台灣戰後「歸宗祖國」。[63]

我們可以肯定，這篇社論應該是宋斐如主筆之作吧。

與此同時，九月六日至十三日，國民黨在重慶舉行十一屆五中全會。台灣革命同盟會「恭聆」蔣總裁訓詞之後，「深信戰爭將於一年左右獲得勝利結束」，因而「極感興奮」地擬訂「台灣行政幹部訓練班設立辦法」，建請「於福建省省訓團添設『台灣行政幹部訓練班』，從民國三十三年（一九四四年）一月開始集訓收復台灣後擔任各種行政之幹部，並由中央依省訓團調訓人員辦法指撥訓練經費，以利收復台灣。」廿一日，宋斐如與李友邦、謝南光，以台灣革命同盟會常務委員身分聯名，函附「台灣行政幹部訓練班設立辦法」，致中國國民黨中央執行委員會祕書長吳鐵城，並請其轉呈中央訓練委員會與蔣委員長。[64]

同樣是在九月，為了完全克服「組織上的分歧」與「行動上的不一致」現象，台灣革命同盟會終於「排除萬難」，出版了「去年秋天」決定的《台灣問題言論集》第一集，收錄黨政軍各界的文章包括：章淵若的序、吳鐵城〈台灣歸來〉、陳儀（行政院考核委員會主任委員）〈台灣必須光復——並祝台灣復省運動成功〉、邵毓麟（軍事委員會委員長侍從室祕書兼外交部情報司司長）〈祝台灣光復運動〉、黃少谷（中國國民黨中央宣傳部長）〈中國錦繡河山的一角——台灣〉、孫秉乾（外交部亞東司第三科科長）〈台灣光復的意義〉、郭春濤（東方文化協會常務理事兼祕書長）〈綠樹蒼鬱的台灣〉，以及宋斐如的〈台灣農民的慘痛〉等等。[65]

十月廿八日，為了「以堅強有力之組織，團結一致，把握時機，並以充分之準備及迅速切實之行動，臨機應變，堅決推進收復台灣之工作」，台灣革命同盟會邀請李友邦領導的三民主義青年團駐台灣義勇隊分團部及軍委會政治部直屬台灣義勇隊集議，共同擬訂〈台灣收復運動改進辦法要綱〉，「就本身之組織、宣傳、訓練、行動、計畫及準備各方面，通盤檢討過去之點，切實糾正其錯誤，建立分工合作制度，並使革命與建

---

62 前引《台籍志士在祖國的復台努力》，頁一六六。

63 轉引《抗戰時期收復台灣之重要言論》，頁一一九—一二一。

64 前引《台籍志士在祖國的復台努力》，頁一六八—一七〇。

65 謝南光〈台灣問題言論集第一集序文〉、〈目錄〉，轉引《抗戰時期收復台灣之重要言論》，頁一二二、四。

抗戰末期的宋斐如。

設兼施並顧，以新生姿態實行有計畫有步驟之宣傳訓練及行動，期其言必行，行必致果。」[66]

十月，宋斐如先後在三日和十九日的《廣西日報》發表〈日本戰時金融統制的剖述〉與〈美國戰時勞動力政策〉。又於本月發刊的《東方雜誌》第三十九卷第十六號與《文化建設》第一卷第四期，刊發〈日本「勞力新編制」的暗礁〉和〈日本國家管理與統制會制度的爭論〉。

十一月一日，宋斐如在《廣西日報》發表〈日寇空軍現勢研究〉。二日在桂林《力報》刊發〈德國如何搜括勞動力〉。

十一月八日，宋斐如又與李友邦、謝南光，以台灣革命同盟會常務委員身分聯名，函附〈台灣收復運動改進辦法要綱〉，呈送中國國民黨中央執行委員會祕書長吳鐵城鑒核，並分呈中央組織部。函文並解釋說：該〈要綱〉「集議時原擬邀請台灣黨部領導，因該黨部在漳（州），一時無代表蒞會，致未參加討論，本辦法，仍以該黨部應居領導地位為原則，將來付諸實施時請其出任領導」；「如認為有未盡善處，並懇詳加指示。」該會將「遵照指示修正」，「於本月二十一日召開代表大會」通過後，「始付實行」。十一日，吳鐵城批示：由中央執行委員會祕書處「擬函詢組織部意見，並寄漳（州）詢翁俊明意見」。十九日，中央執行委員會祕書處函詢中國國民黨中央組織部與台灣黨部主委翁俊明，對〈台灣收復運動改進辦法要綱〉的意見。[67]但是，十八日，翁俊明卻已在漳州被人下毒而暴斃[68]。

十一月廿一日，因應國際局勢漸趨有利，抗戰勝利在望，收復台灣指日可待的新形勢，為了進一步推動台灣黨務，以及建政、建軍等「建設台灣」的工作，並擴大對國際宣傳，台灣革命同盟會「指定代表四十二人」，在重慶召開了第三屆代表大會。但是，宋斐如卻缺席，原因不明。[69]

十一月廿六日，中、美、英三國領袖在開羅舉行中、英、美三國首腦會議。同日，宋斐如又在《廣西日報》發表〈日寇的悲鳴——所謂「一億國民走向第一線」〉。

十一月廿八日，歷時八天的台灣革命同盟會第三屆代表大會閉幕，大會議決：取消常務委員制，改為主任委員制；設總務、宣傳、組織三組，並增設建政委員會、建軍委員會、文化運動委員會以及行動總隊和工作視導室。大會同時選舉謝南光、張邦傑等十七名執行委員與李友邦等七名監察委員，並由謝南光、李友邦分別擔任主任委員與主任監察委員。宋斐如雖然缺席當選排名第二的監察委員，但按會章規定，每半年才由主任監察委員召集開會一次。顯然，他已從此淡出台灣革命同盟會的領導核心。具體原因，就不得而知了。[70]

十二月一日，中、美、英三國領袖在開羅發表聯合宣言（Cairo Statement），說明盟國對日戰爭的政策，宣告「三國之宗旨在剝奪日本自一九一四年第一次世界大戰開始以後在太平洋所奪得或占領之一切島嶼，在

66 前引《台籍志士在祖國的復台努力》，頁一七二—一七七。
67 前引《台籍志士在祖國的復台努力》，頁一七七—一八〇。
68 司馬思真〈中國國民黨與台灣〉，前引《台籍志士在祖國的復台努力》，頁三〇二。
69 前引《台籍志士在祖國的復台努力》，頁一八七。
70 前引《台籍志士在祖國的復台努力》，頁一八七—一九三。

使日本所竊取於中國之領土，例如滿洲台灣澎湖群島等歸還中國……使朝鮮自由獨立。」宋斐如認為，「這是兩年前對日正式宣戰，撕毀台胞賣身契《馬關條約》的高一層的發展，也就是我國當局對於收復台灣的積極措施，國際正式承認台灣為我領土的具體表示和條約保障。惟其如此，所以台灣革命工作者負上更重大的責任與使命，其對於日本統治者的鬥爭，不僅必須加強努力，且須有覺悟的更新。」71

十二月三日，因應急激演變的國際形勢，宋斐如在《廣西日報》發表了〈台灣在急激演變中〉，呼籲當局早謀如何收復台灣之策，解救久處於水深火熱中的台灣同胞。他延續在《半月文萃》發表的〈太平洋戰爭中的台灣〉，進一步揭露日本殖民當局在島內推展的皇民化運動與《台灣特別志願兵制度》實施的最新情況。他認為，雖然具體的實施條例及實際結果如何尚未得知，但是日寇此種措施卻有幾點值得我們深慮注意：第一，日寇往後可以增加一百多萬兵備，派進中國或南洋各地作戰，對同盟國的影響甚大。第二，日寇慣用所謂「以夷制夷」的對外侵略政策；對我中國則為「以華制華」，於我華中及華南，先是利用強迫「台灣惡狗」離間中華民族的感情，後來改用所謂善良商人以拉攏懷柔淪陷區的同胞，此後也會用同樣的伎倆對待南洋華僑。第三，因為台胞的抗日鬥爭長期孤立無援，一部分「民族叛徒及御用紳士」可以借徵兵制的實行，擴大宣傳「日台人平等」的假象，蠱惑一般希望「平等」待遇的民眾。此種身分及地位上的混淆，再與改名易姓、移風易俗聯繫起來，經過相當時期，會是一種可怕的發展。他憂心地說，日本侵略者採用種種方法消化殖民地台灣的物力與人力，而「皇民化政策」更是其一等罪。在這片錦繡河山上，確如先烈丘逢甲先生所慨言，「東海餓蛟作人舞，萬里炮雲挾槍雨；相公款關奉盟語，玉斧一揮恨終古」，現在尚可「去日兒童今漸長，燈前都解問台灣」，再過幾年後，景況完全改觀，人民皆穿和尚服、結腰帶、履木屐，那時就真是「不堪回首論台灣」了。因此，他建議我國政府決不能等閒看待日寇「民族同化」的陰謀。如果我國政府沒有適當的辦法抵制，數十年，乃至數年後，情況將不可樂觀。這樣，從大處著眼，我國的抗戰，不會失敗於上海、南京、廣州、漢口，也不至於失敗於河南、河北，卻有可能失敗於台灣、基隆、鴨綠江畔、白山黑水之間。最後，他強調，「國民的本質的改易，實堪吾人深思遠慮」；他之所以寫作此文，並「非故作危言聳聽」，而是根據「所見所聞」，建請當局「早定民族對策，以抵抗日寇『皇民化』的民族侵略政策。」[72]

十二月九日，宋斐如續在《廣西日報》發表〈太平洋戰爭兩年的日寇動向〉；十四、十五日，又再刊發為收復台灣獻策的〈從太平洋中路進攻日寇——先射日本的阿溪里足踵的台灣〉。此外，他還持續在本月發刊的《半月文萃》（桂林）第二卷第五期、《建設研究》第九卷第三期與《廣東省銀行季刊》第三卷第四期，分別發表了〈日寇國民政治的沒落——國民政治組織的糾紛〉、〈近年蘇日關係的研究〉和〈日本生產行政特權下的產業統制〉等三篇敵情研究的文論。

〈從太平洋中路進攻日寇——先射日本的阿溪里足踵的台灣〉，基本上是《廣西日報》九月五日社論〈從馬卡斯到台灣〉的展開。眾所周知，荷馬史詩伊里亞德（Iliad）的希臘英雄Achilles，除腳踵外，全身刀槍不入。所謂「阿溪里足踵」（Achilles heel），也就是唯一的弱點之意。

宋斐如指出，就目前情勢觀察，盟軍進攻日寇有四條路線——北路，自阿拉斯加經阿留申群島，迫逼千島列島、北海道；但必須等到歐洲完全解決德軍之後，蘇聯加入夾攻，才是最有效的攻勢。南路，自西南太平洋南端向東北前進；但離日本本土太遠，只有撤銷日本新占領區外圍的作用。西路，由中國大陸反攻，包圍西部日本；但有待克復緬甸，開通滇緬路，充分接濟中國總反攻所需的軍火及物資，始克有功。中路，由夏威夷群島，經中途島，入日本南洋「委任統治地」，至台灣、琉球，迫臨日本本土；具有最重要的戰略及

---

71 宋斐如〈台灣的革命戰略〉，一九四四年四月十七日重慶《大公報》。

72 轉引《宋斐如文集》卷二，頁三六七—三七一。

政略意義：在戰略上，可以切斷日軍的整個陣線，使其不能南北照應；可以由此補強中國大陸的進攻力量，補足滇緬路未開通的缺陷；可以把日寇完全圍困在太平洋新占領區，使其無法使用當地軍需資源，而斷其作戰命脈；可以縮短盟軍轟炸日本本土的距離。在政略上，可以鼓舞南洋群島及大陸淪陷區的人心，瓦解日寇邇來運用的懷柔政策；可以直迫日本本土，使日本國民感到惶恐而反戰；可以讓東方十億人民不再被日寇獨霸亞洲的讕言迷惑，徹底孤立日寇。他強調，現在，美軍已在中太平洋對日寇展開「越島進攻」；近來，日寇也在台灣屏東、新竹各地闢建飛機場，加強馬公軍港，乃至在閩粵沿海及粵南東江蠢動，都可說明它準備在中太平洋決戰，而且非常注意台灣及其外圍的軍事布置。他認為，如果將美國三大雜誌建設一條美國「橫斷太平洋的防線」的主張，適當修正為「中美橫斷太平洋的共同防線」，就更符合正義與實際。因為這條防線上的主要據點——台灣、澎湖列島及琉球群島，都是中國的舊失地，而且戰略重要性高於任何據點。美國若要完全建起這條橫斷防線，就非完全取得台灣及琉球群島不可。尤其是中英美開羅會議已決定戰後歸還中國的台灣，是這條戰線上最難收復的據點，戰略地位甚高；而且，日寇早就修建為主要的海戰基地，有大兵工廠、軍港及其他必要設備、潛艇隊，在太平洋對盟軍作戰的日本艦船大都來此加添燃料或停塢修理；又有優良的空軍基地，供日機起飛去轟炸盟軍及中國領土。他又指出，最近，台灣總督長谷川宣稱日寇已漸將海空軍主力集中台灣。台灣已經不僅是日寇「不沉的航空母艦」，且已成為太平洋上最大的供應站，將來必能成為日寇對盟軍決戰的重要據點。只要解放台灣，那麼，美國的對日進攻便很有利，收復菲律賓群島更是易如反掌。他強調，台灣是日寇太平洋陣營的咽喉，又被世人譬喻為日本的「阿溪里的足踵」，中美盟軍若能先射穿這個咽喉，協力克復台灣，即可立刻瓦解日寇太平洋上的整個陣線，乃至乘勢直逼日本本土。也就是說，「中美橫斷太平洋的共同防線」的完成，無論如何要著重於克復日本南進總兵站的台灣；而要克復台灣，在工作上就要充分運用三民主義的原則，尊重台灣人民的民族自信心，以收外攻內應之效。這樣，原本是日本在太平洋的堅壘的台灣，就變成致日本帝國主義於死地的「阿溪里的足踵」。[73]

五、國民政府關於收復台灣之準備

時序進入戰爭最後階段的一九四四年了。

一月二十至廿一日，宋斐如在《廣西日報》發表〈美國雄厚生產威脅下——日本船運的苦難〉；廿三至廿五日又再連載〈日本戰時議會本質的檢討〉。同時還在本月號的《新中華》復刊第二卷第一期發表〈各國勞動力統制政策〉。二月五日，續在《聯合週報》發表〈太平洋戰局的暗流——趕快擊退日軍罷〉。三月，〈日寇一年來的決戰設施〉載於《新中華》復刊第二卷第三期。

與此同時，隨著國際反法西斯戰爭的進展，國民政府關於戰後台灣「復歸祖國、建省或行政區」的主觀政略構想逐步化為現實條件。

三月十五日，國民政府行政院祕書長張厲生與王芃生研擬「收復台灣政治準備工作及組織人事等具體辦法」呈文蔣介石，建議在行政院下成立「台灣設省籌備委員會」，羅致留寓在我國或國外的台灣共產黨之外的台灣人士，作為統籌台灣建省的過渡性機構。[74]

三月中旬，國民黨總裁蔣介石命令中央設計局成立「台灣調查委員會」。四月十七日，也就是台灣割讓第四十九年的國恥紀念日，台灣調查委員會正式成立，蔣介石的心腹陳儀被委派擔任主任委員，沈仲九、王

73 轉引《宋斐如文集》卷一，頁三一三—三一九。

74 秦孝儀主編《光復台灣之籌畫與受降接收》，台北：中國國民黨中央委員會黨史委員會出版，一九八〇年六月三十日初版，頁四一—四二。

芃生、錢宗起、周一鶚、夏濤聲為委員，舉行第一次委員會議，確定第一期工作計畫及工作人員名額。[75]

就在「台灣調查委員會」正式成立的當天，宋斐如在重慶《大公報》開始連載（四月十七、二十至廿二日）〈論台灣的革命戰略〉一文，回顧台灣抗日的歷史，呼籲台灣同胞克服過去存在的內部問題，積極展開抗日鬥爭，在祖國有力的經濟和精神援助之下，完成台灣的革命任務。他指出，「台灣忍痛割予日寇統治已達半世紀之久，台灣其政已不能上達，其社會情形亦有多少的變化，台灣革命者數十年來也只是作『孤軍的奮鬥』，所以一切未免有內外隔絕之憾。一向祖國同胞很少人注意台灣問題，正確瞭解台灣問題者，更是寥寥少數；深刻注視台灣現階段的內外情勢、台灣革命的發展與癥結所在的人，更是少數的少數；即在自己標榜為台灣革命者之間，恐怕也不可多得。」因此，「台灣革命工作者」反對日本帝國主義的「鬥爭方式」，「不僅要在台灣革命陣營內，虛心坦懷作自我的批判，且須在祖國社會上披露，並公開討論，以供領導台灣革命的黨政當局抉擇、參考。」於是綜合「台灣革命同志的意見，撰成本文以公於社會，並供當局作參考。」

首先，是台灣革命工作者「應有的自我檢討」。宋斐如指出，在祖國參加抗戰的各種革命團體聯合成立的台灣革命同盟會，雖然曾經或多或少地完成了「統一」台灣革命的任務，但是「名是統一團結，實則散漫異常，甚至進行著不應有的明爭暗鬥和互相攻訐，互立門戶，彼此排擠。」所以，「為要能夠切實而有效地加強內外的有利條件和克服或削弱內外的不利條件」，「現在第一首要的工作，就是建立和鞏固台灣革命的統一。」在「內部方面」：（一）台灣的每一個革命集團，以至於每一個革命者，必須毫不遲疑地舉起鮮明的民族革命統一的大旗，領導它向著正確的方面去奔流、沖撼。（二）高舉無分階層、民族、種族的革命統一的旗幟，強力號召日益組織化而為台灣革命強大的生力軍的台灣「番族」，盡早團結到革命陣營。（三）領導台灣革命集團的人必須放棄門戶之見，降低過分的領袖欲望，運用全副精神和時間專一努力，盡快建立和鞏固台灣革命陣營的統一，從而在不久的將來，順利而有力地配合祖國戰略上的總反攻，一鼓擊潰「外強中乾」的日本統治者。在「外部方面」：（一）加緊建立和鞏固無分黨派、階層的革命統一戰線。（二）協助祖國抗戰，更有力地推進台灣島內的革命工作。（三）打倒共同的法西斯敵人。

其次，是台灣革命「現階段的首要任務」。宋斐如強調，「現階段的首要任務」是「創造和加強作為台灣革命可能成功而有決定作用之本質的條件」。要通過消極和積極的辦法，讓主要是在祖國參加抗戰的黨派間「克服不應有的散漫和鬥爭，以便促進真正健全的統一和團結，也就是促進全台（包括在祖國的）無分黨派無分階層的革命統一戰線的加緊建立和鞏固」。在「消極」方面：為著共同的革命目標，自我批判，勇敢正視台灣同胞與祖國反侵略抗戰的迫切需求，也就是整個台灣革命的主觀需求，認真研究，豐富深化理論修養，進而把握現實，投入艱難的實際鬥爭，奮戰到底。否則，無論那個團體或團體的負責者，都會在歷史轉變的階段，不能幸免地被革命大眾無情地拋擲到革命陣營之外。在「積極」方面：一是祖國領導者要積極鼓勵所有的台灣革命團體，表現應有的真實力量，開展實際台灣革命工作的競賽，從而克服內鬥，促進統一和團結，厚植革命的群眾基礎。二是懇求祖國黨政當局更加切實援助在祖國的台灣各種革命團體。在經濟方面，無論在責任義務上，以至於在反侵略抗戰的政略戰略上，應該更切實援助台灣革命工作推進和開展所必需的經費，同時根據實際具體的需要，決定全盤費用及整個援助方式，改變一向個別援助某個團體的方式。在精神方面，除了在革命的戰略指導以及策略應用等方面再負更大的領導責任和義務之外，還要由上而下促成上層領導機構的統一，同時並對台灣團體加以應有程度的強制性的推動。最後，他呼籲，每一個真真正正的台灣革命團體或革命者，在台灣革命的客觀條件已經相當成熟的現階段，應該毅然揚棄不應有的偏見或錯誤觀念，不可也不能再沉迷於徒尚空喊和爭奪領導權的夢境中，必須「我為人先」，為著協助祖國抗戰勝利，為

75 〈中央設計局台灣調查委員會一年來工作大事記〉，前引《光復台灣之籌畫與受降接收》，頁四四。

著促進台灣革命早日成功，在無分黨派階層的統一戰線的革命旗幟下，趕快把握和有效運用所有的力量，勇往邁進，推展對革命有決定性的工作，以完成歷史賦予的偉大使命。[76]

四月廿二日，宋斐如又在《聯合週報》刊發〈略論日本亞洲獨霸戰〉一文。五月，應該是與〈論台灣的革命戰略〉同樣內容的〈泛論台灣革命現階段的戰略〉發表於《日本評論》第五期。另外，由他自己擔任社長的桂林三文出版社刊行了《日本亞洲獨霸戰》單行本。

六月十八日，宋斐如在《廣西日報》發表最後一篇時論〈日寇最近的鋼鐵業與造船業〉，然後隨著國民黨軍隊在湘桂路大撤退，也結束了《廣西日報》主筆一職。廿二至廿四日，他又在《大公報》連載〈日本最近飛機生產的檢討〉。

七月十五日，宋斐如在《聯合週報》刊發〈美國海軍的大擴充〉。同月，「戰時日本問題叢書之一」《日本如何決戰》由戰時日本研究社出版。

在《日本如何決戰》，宋斐如提問了以下十個「如何」：一、太平洋戰爭如何發展？二、日閥如何樹立決戰政策？三、日閥如何布置決戰的步驟？四、日本決戰的四大弱點在那裡？五、超重點主義產業的內容如何？六、日本糧食問題的深度如何？七、日閥如何謀解決這些難題？八、最近艦船的生產力究有多大？九、怎樣企圖改進空軍的劣勢？十、日閥決戰將如何歸結？就「目錄」來看，它的順序與主題如下：緒論，太平洋戰局與日本決戰。第一章，日本生產行政特權的設立。第二章，超重點產業的掙扎。第三章，產業統制的新形態。第四章，勞動力搜刮政策的暗淡——決戰脆弱點之一。第五章，戰時金融統制政策。第六章，決戰中的糧食問題——決戰脆弱點之二。第七章，糧食增產的農業政策。第八章，戰時農業移民政策。第九章，海上運輸問題嚴重化——日本決戰脆弱點之三。第十章，船舶政策的新加強。第十一章，新海運政策的實施。第十二章，最近的鋼鐵業及造船業。第十三章，日本空軍的劣勢——決戰脆弱點之四。第十四章，增進飛機生產的掙扎。第十五章，航空員的「猛訓練」。第十六章，決戰日本往那裡去？附錄，日寇在決戰中的悲鳴。光是從以上各章的問題意識與主題來看，就不得不讓人對宋斐如的敵情研究全面而深入感到佩服吧。

另一方面，五月十二日，台灣調查委員會第二次委員會議決定聘請各關係機關人員為兼任人員以資聯繫，並推定委員起草《台灣接收計畫綱要》。

六月二日，蔣介石從軍政角度考慮而否決了成立「台灣設省籌備委員會」的提議，並決定由台灣調查委員會負責。六日，中央設計局專任專員林忠被派到台灣調查委員會服務。也是第一個參與該會事務的台灣人。十六日，該會再聘李友邦、李萬居、謝南光等三位台籍人士為兼任專門委員。

七月三日，台灣調查委員會聘任高雄籍的台灣義勇隊駐渝通訊處主任謝掙強為兼任專員。廿一日，邀請在渝台灣同志，舉行座談會，討論關於台灣各項問題。但宋斐如不在出席名單之內。不知是未被邀請，還是剛好不在重慶。廿七日，又聘任職外交部的台籍人士黃朝琴為兼任專門委員。[77]廿八日，丘念台擬於漳州的〈台灣黨務管見〉提到，「現在國內奔走政治，曾引人注意之台灣人士，不過謝南光、張邦傑、李友邦、宋斐如……等八、九人而已」。[78]

八月，中央設計局專任專員連震東被派到台灣調查委員會服務；台籍人士林嘯鯤、游彌堅、劉啟光先後受聘為該會兼任專門委員。

九月十六日，宋斐如終於也受聘為中央設計局台灣調查委員會兼任專門委員。十七日，蔣介石批准國民

---

76 轉引《宋斐如文集》卷二，頁三七二—三八三。
77 前引《光復台灣之籌畫與受降接收》，頁四四—四五、四三、四六。
78 前引《台籍志士在祖國的復台努力》，頁三九三。

黨中央執行委員會祕書處與台灣調查委員會有關機關會商擬訂的東北及台灣幹部訓練辦法要點九項，決定由陳儀牽頭，在中央訓練團舉辦「台灣行政幹部訓練班」，分民政、教育、司法諸組。廿五日，蔣介石再批准台灣調查委員會委員名額增為十一人，並准派台籍人士黃朝琴、游彌堅、丘念台、謝南光和李友邦為委員。

十月，中央設計局台灣調查委員會主任委員陳儀擬呈蔣介石《台灣接管計畫綱要草案》。

十一月一日，台灣調查委員會委員周一鶚兼任中央訓練團台灣幹部訓練班副主任。

十二月十日，宋斐如兼任台灣行政幹部訓練班民政組導師。廿五日，台灣行政幹部訓練班第一期開課。[79]

十二月十二日，宋斐如與區嚴華女士結婚。友人王宗權還特別在給出席婚禮者簽名紀念的四十厘米見方的白綢布上畫了一枝梅花，並書：「勿忘台灣台南開元寺的古梅」。

宋斐如的生命終於夾雜著喜慶與將熄的戰火硝煙走到一九四五年了。

一月十六日，台灣調查委員會奉准改任宋斐如為專任專門委員。

二月廿四日，台灣調查委員會設台灣土地問題研究會，會員包括宋斐如等十二人，由錢宗起委員主持，舉行第一次會議，「對於台灣土地問題，先認識其現狀，次就可能發生之問題，逐一研討解決方法。」

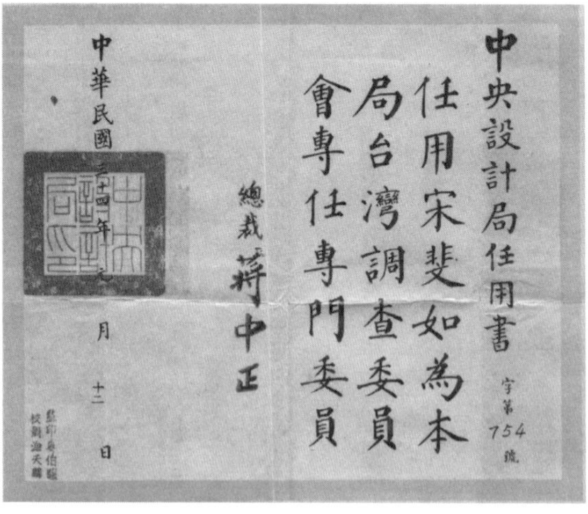
中央設計局任用書
字第754號
任用宋斐如為本局台灣調查委員會專任專門委員
總裁蔣中正
中華民國三十四年元月十二日

一九四五年一月十六日台灣調查委員會奉准改任宋斐如為專任專門委員。

二月，有一段時日沒有發表文章的宋斐如又在《新中國》第二期發表〈日本在華北的農業設施〉。

四月十六日，台灣革命同盟會機關報《台灣民聲報》半月刊創刊。發行人李萬居，主編連震東。社址在李子壩建設新邨特十九號。面對收復台灣在即的局勢，台籍志士紛紛通過該報建言，向國民黨中央、國民政府要求承擔接收台灣的具體工作。只是，不知是否與「台灣革命者」之間的內鬥有關，或者是在可以預知日本即將戰敗的形勢下對敵研究已經不再是輿論所需了，宋斐如在總共十期的台灣革命同盟會機關報上卻不曾發表過任何一篇文章。

四月二十日，中央訓練團台灣行政幹部訓練班第一期結業。宋斐如也結束了台灣行政幹部訓練班民政組導師的兼任工作。

五月十九日，台灣調查委員會土地問題研究會舉行第十二次會議，然後發表〈報告書〉。[80]

總的來看，台灣調查委員會總掌戰後台灣的接收、復員與建設，主要工作是以下六大項目：擬訂〈台灣接管計畫綱要〉，設立台灣行政幹部訓練班及台灣警察講習班訓練人才，蒐集資料，編輯行政、教育、交通等十九類共四十餘萬字的台灣概況叢書，選譯一百五十萬字分四十三冊的法規供台幹班學員及各機關參考，成立行政區劃、土地問題、公營事業等三個研究會做專題研究。[81]儘管台灣革命同盟會的李友邦、謝南光、黃朝琴、游彌堅和丘念台等五名台籍人士名列十一名籌備委員之中，宋斐如也和李萬居、林忠、連震東等台胞擔任專門委員，實際上，他們的意見卻起不了主導性的作用，只能算是起到了參與、協助和提出建言的功

79 前引《光復台灣之籌畫與受降接收》，頁四六—四九、六五、八六。

80 前引《光復台灣之籌畫與受降接收》，頁五〇、五二、一三一。

81 〈台灣調查委員會三十三年度重要工作項目報告〉，前引《光復台灣之籌畫與受降接收》，頁五二。

能了。

八月十五日，日本宣布無條件投降。晚上九點，宋斐如「在重慶大街上看見全城市民大放鞭炮，許多人集在一起，街上到處冒起煙光」。起初，他「以為是起大火，後來看到街上房子的三樓上掛出『日本無條件投降』幾個字，心裡非常愉快！街上奔馳著美軍公務員、市民，大家擁擠在一團，男男女女，老老少少，高聲歡呼！美軍車上，坐著小孩子，到處叫喊：勝利萬歲！」這時候，感到「真快樂」的他想，「全世界（的）國家也一定很快樂，只有一個日本招來了慘敗的痛苦。」[82]回到家後，他激動萬分地對待產中的夫人區嚴華說，如今，我也可以堂堂正正做一個中國人了，再也不是「二等公民」了。[83]

中國人民歷經八年艱苦卓絕的抗戰，終於把日本帝國主義侵略者趕出大陸了。舉國歡騰。這時，對「妄圖利用蔣介石的『安內』意識，挑起內戰，以圖死灰復燃」的日本保持「高度警惕」的軍委會國際問題研究所所長王芃生（一八九三—一九四六），隨即擬就《對日管制實施綱要》，交給該所主任祕書謝南光，「組織座談討論，以期早日定案，支援中國駐日軍事代表團朱世明團長開展工作。」宋斐如應邀出席座談會，與外交部東亞司、軍令部第二廳、中統局南洋研究所，以及社會上知名的專家學者，針對根除日本封建軍國主義「罪魁禍首的天皇制」等問題，展開熱烈討論。[84]

隨著第二次中日戰爭的勝利，在第一次中日戰爭後被滿清遺棄的台灣省復歸中國。在大陸的台灣人民也奔走相告。台灣革命同盟會隨即召集全體臨時會員大會，議決設立「協助收復台灣工作委員會」，分軍事、政治、經濟、文化四組分擔辦理，並推舉張邦傑為軍事組長，李萬居為政治組長，莊希泉為經濟組長，宋斐如為文化組長，逕向各有關機關接洽。八月卅一日，台灣革命同盟會常務委員會並致函中國國民黨中央執行委員會，請予核備。[85]

八月廿七日，國民政府主席蔣中正特任陳儀為台灣行政長官。陳儀隨即擬呈《台灣省行政長官公署組織綱要》，並於九月一日成立台灣省行政長官公署及警備總司令部臨時辦事處，開始籌畫赴台受降事宜。廿一日，國府行政院公布實施修訂後的《台灣省行政長官公署組織大綱》。[86]

針對台灣革命同盟會歷來的呼籲，國民黨中央、國民參政會都有吸納台籍志士參與復台工作的共識。蔣介石也希望陳儀接收台灣時應注意吸納台籍志士。面對未曾組織經營過而無社會基礎的台灣，出任行政長官主持接收與重建工作的陳儀，也吸納了一批台籍志士參加接收與重建工作。其中，李友邦被三青團中央任命為三青團台灣區團部籌備處主任，王民寧等代表台灣警備總司令部參加了九月九日的南京受降儀式，黃國書參加台灣軍事接管工作，連震東任台北州接收委員會主任委員、長官公署參事兼代台北縣縣長，謝掙強任台南縣虎尾區區長，柯台山任《台灣日報》社長，曾溪水任台南市區長，李萬居任台灣《新生報》社長，黃朝琴任台灣議會議長，游彌堅任台北市市長，劉啟光任新竹縣長，謝東閔任高雄縣長。

九月廿二日，像是特地給宋斐如這個來自殖民地台灣的中國人賀喜似的，區嚴華平安地生下了他們僅有的兒子——宋洪亮（二二八後改名為宋亮）。可是，離台近二十載的宋斐如卻歸心似箭，恨不得能夠馬上飛回故鄉台灣。他向區嚴華說，我先回去，妳坐完月子就馬上跟孩子過來。[87]

---

82 宋斐如〈日本失敗的教訓——（一九四六年）八月十五日對（省訓團）全體學員精神講話紀錄〉，一九四六年八月廿五日《人民導報》。

83 前引宋亮〈台灣《人民導報》社長宋斐如〉，頁四〇三。

84 袁孟超〈緬懷愛國主義戰士日本問題權威王芃生和國際問題研究所〉，收錄於陳爾靖編《王芃生與台灣抗日志士》，台北：海峽學術出版社，二〇〇五年，頁二七。

85 前引《台籍志士在祖國的復台努力》，頁二九五—二九六。

86 前引《光復台灣之籌畫與受降接收》，頁一四九—一五三。

87 前引宋亮〈台灣《人民導報》社長宋斐如〉，頁四〇三。

第十章

教育處副處長與人民導報社長

（一九四五年十一月—一九四六年十二月）

一九四五年十月五日，台灣省行政長官公署第一批赴台接收的前進指揮所人員共八十一人，由祕書長葛敬恩率領，從重慶白市驛機場分乘五架美國軍機出發。宋斐如與李純青、李萬居、黃朝琴、游彌堅等台籍人士也在其中。傍晚，飛機抵達松山機場。颱風剛過，大雨滂沱。前台灣總督安藤利吉親率日軍高級將領全部出迎。在熱淚縱橫熱烈歡迎的人群中，宋斐如也看到了遠從南部趕到台北的家鄉父老。

戰後的台灣，「許多人都患大頭病，想在政治舞台上爭得一席地，阿狗阿貓都在那裡擁擠，焦急著。」[1]然而，在這政治「大頭病」愈燒愈熱的年代，擁有足夠政治條件的宋斐如卻常常對那些來看望他的家鄉父老說：「我是回來為家鄉建設服務的，不是回來做官的。」[2]

一、派任教育處副處長

十月廿五日，駐台日軍受降典禮在台北市公會堂（今中山堂）舉行。台灣光復，重歸中國版圖。

十一月一日，台灣省行政長官公署派任宋斐如為教育處副處長（十二月卅一日陳儀核定暫支月薪四百三十元）。七日，首任教育處長趙迺傳通過廣播對全省同胞揭櫫台灣教育的六大措施：闡揚三民主義、培育民族文化、教育配合建設、獎勵學術研究、增加教育機會與推行教育法令。八日，教育處改定各級學校及教育機關名稱（凡由總督府及州廳設立者一律改為省立，餘為縣市立），並訂定接收處理辦法頒行全省。隨後即在「語言不通、人手缺少、法令差異、制度懸殊」等條件下，遵照「學校不停課」的接收原則，全面展開教育接管工作。其中，首先處理的重要措施包括：確立教育方針、改革學制、徵選師資、編印教材、設置推行國語的機構、遣送留台日籍學生及安排留日台籍學生等等。[3]

面對歷經日人半世紀殖民統治的台灣社會，宋斐如隨即秉持「回來為家鄉建設服務」的準則，致力於家鄉的文教重建工作，促進台灣人盡快恢復民族精神。

十二月十日，宋斐如首次以「教育處副處長」之名，在《政經報》第一卷第四期發表了〈民族主義在台灣〉一文。

《政經報》的主編是老台共蘇新。戰後，他應陳逸松之邀，與顏永賢、王白淵、陳炘、陳逢源、王井泉、胡錦榮等台灣上層知識分子共同籌組「台灣政治經濟研究會」，《政經報》原本是想作為它的機關報，但因研究會後來流產而成為單獨的雜誌。[4]儘管如此，通過這篇文章的發表也可以看到，一開始，台灣本土的進步力量就主動和所謂「半山」的宋斐如結成建設新台灣的統一戰線。

宋斐如這篇〈民族主義在台灣〉，其實是一九四三年四月所寫〈如何收復失地台灣——血濃於水台灣必須收復〉舊文的重刊。該報的「編輯後記」寫道，本文為省教育處副處長宋斐如先生「日本降伏直前之稿」，「幸得先生快諾不改而登載之」。但是，仔細比對，我們可以看到，隨著現實情況的改變，他還是在某些名詞和意見上作了些微更動。以下，摘引幾處修改的字句，並以黑體表示被修改的字句，括號內的標楷體則是修改後或原來沒有的字句：

1.「**其同化政策將因祖國的台灣政策運用得宜，而完全成為泡沫**（祖國接收台灣首先須尊重台灣人此種自尊心，換言之，任何人不能以歧視眼光治理台灣，應多尊重其自治精神如何）」。

---

1 吳濁流〈黎明前的台灣〉，收錄於《吳濁流作品集—五》，台北：遠行出版社，一九七七年九月初版，頁七三。

2 前引宋亮〈台灣《人民導報》社長宋斐如〉，頁四〇三。

3 唐秉玄〈從台灣教育接收追憶趙迺傳先生——為紀念台灣光復二十周年而作〉，台北：《傳記文學》第七卷第五期，頁五一。

4 〈蘇新自傳〉，收錄於藍博洲編《未歸的台共鬥魂——蘇新自傳與文集》，台北：時報出版社，一九九三年四月十日初版，頁六〇—六一。

2.「國族原構成於宗族與家族，但此台灣宗族與**國族**（國家）的聯鎖，**卻已為**（過去不幸而為）法律所阻礙，為日寇離間民族政策所**遮**（撕）斷，**故欲運用宗族關係以發揮民族主義於台灣，須先接上宗族與國族的聯繫。其方法就是祖國積極宣布：台灣人即中華民國國民，**（而今日宗族與國族雖已聯繫，但欲台灣即與祖國連成一片，尚須祖國體諒台胞心理，自黨政軍各方面積極施設。）祖國已為收復台灣而苦心孤詣。（其）首先要著，就是**集中台人的力量。但是台人回國皆以上述**（集中台人意志和力量，共商台灣建設。台人不甘敵人逼迫，投回祖國，謀六百萬台胞之解放者，初時咸以前述）關係而變成潛伏的力量，皆不肯顯身說法，（現）台灣人的國族地位**不恢復**（既已恢復），台灣的潛伏力量**如何能夠集中，更如何能夠集中組織，集中意志？**（更應使之發揮出來使得參與台灣政務，使得服務桑梓，同時島上人士亦應儘量任用，使地盡其利，人盡其用，發揮人地咸宜的效果。）」。

3.「爭取台胞內向最有效的辦法，就是**民族主義**（一視同仁政策）的運用」。

4.「台胞受治於日寇達**四十八載**（五十載）之久，加以政治經濟的壓迫（皇民同化政策的愚弄），其民族精神不無多少變化。故欲爭取台胞內向，必須先**復活**（消除）台胞**的民族主義**（可能發生的猶疑之念及不安之心）。這是**國父**（總理）遺教中最緊要之點」。

由此可見，宋斐如仍然強調「民族主義」與真正「收復台灣」的關聯性，並借用孫中山的「民族主義」，指出真正「收復台灣」之道是運用「民族主義」來收攬人心，並要進一步運用「一視同仁政策」爭取「台胞內向」。同時，長期在祖國大陸生活的他，也因為認識到台胞深受「皇民同化政策的愚弄」，而不再認為「必須先復活台胞的民族主義」，反而務實地主張「必須先消除台胞可能發生的猶疑之念及不安之心」。相應於日後發生的「二二八」事變，這些建議，毋寧說，的確是具有先見的「先天下之憂而憂」吧。

當然，從年輕時候就「開始為東方被壓迫民族的徹底解放與獨立進行鬥爭」的宋斐如，並不是一個狹隘的民族主義者。這一點，具體表現在他於十二月廿一日應邀在韓籍官兵集訓隊的日語講演〈中韓兩民族的關聯性〉之中。通過這場講演，他敘述了台灣同胞為光復台灣而在國內參加抗戰的奮鬥歷史，也敘述了台灣同胞與韓國同志在東方問題研究會、日本問題研究會、中韓文化協會、日本朝鮮台灣反法西斯聯盟等團體共同從事的抗戰工作，以及他個人「由於日本的壓迫、剝削政策而離開台灣到了祖國」後投入的反帝國主義、反殖民活動，同時指出，「為了太平洋永久和平的建設」，今後，韓國與台灣的同志，除了在各自的社會努力「確立民主政治」、「為多數國民的幸福謀發展經濟」、「更加注重發揚優秀的民族精神」之外，必須經常聯繫，通力合作，「徹底防止日本軍國主義復活」、「協力進行日本人的再教育工作」以「培養日本真正的民主主義」。一九四六年一月二十至廿四日，《人民導報》日文版連載了〈中韓兩民族的關聯性〉講稿。

在此之前，一九四五年十一月廿五日，宋斐如在《新生報》「星期專論」同時以中日文發表〈日本失敗的實況〉一文。一九四六年一月九日，又在《人民導報》發表了專論〈如何剷除日本軍權政治〉。同月廿七日，再在《人民導報》「星期論文」刊載了〈日本軍權政治終結與日本人民應有之努力〉一文。八月十七日，續在省訓練團講〈日本慘敗的教訓〉，講稿並刊於同月廿五日《人民導報》。這四篇有關日本研究的論文，具體落實了他所呼籲的「徹底防止日本軍國主義復活」、「協力進行日本人的再教育工作」以「培養日本真正的民主主義」的主張。

台灣省行政長官公署除了下設教育處，並在各縣市分設教育局或教育科，推展學校教育和社會教育，通過全面改造殖民體制下的差別教育制度，實行與祖國大陸統一的學制，根除奴化教育的內容，在全社會範圍內肅清殖民文化的影響與餘毒。

一九四六年一月七日晚上，離開台灣二十四年的宋斐如，在返台三個月後，第一次以長官公署教育處副處長之名，通過台北廣播電台，以〈如何改進台灣文化教育〉為題，向全省同胞播講「改進台灣文化教育的一點小意見」。他首先分析客觀的現實說，五十年來，因為受到日本奴化教育及皇民化政策蠻橫統治，漢明正統的台灣文化，既沒有趕上祖國的進步，也沒有充分吸收世界的進步，造成一種畸形的發展：雖然初等教育相對普及，但是受過教育的人材卻很少有機會發揮所學；雖然也有大學及不少專科學校，但是卻只有為個人生活開方便之門的醫學部稍為發達罷了。因此，台灣從沒發生過如同祖國「五四運動」一類的文化運動，更沒有具有世界史意義的文藝復興運動（Renaissance）。他接著聲稱，今日台灣文化教育的改造問題，絕對不是表面的、事務的、或單純接收的問題而已。實際上，最重要之點在於改造本質、接續正統與灌注世界新文化；在於教養六百萬台胞自覺地成為「主人翁」，跟祖國的進步而進步，成為「世界人」。最後，他強調，台灣文化人及教育界如果能從此「三大原則」去擬定實施辦法，台灣文化教育的改造應該不會有大錯誤。他也期許台胞，「從此三大原則去學習做人、做主人、做中國人、做世界人，然後才可以由歧路

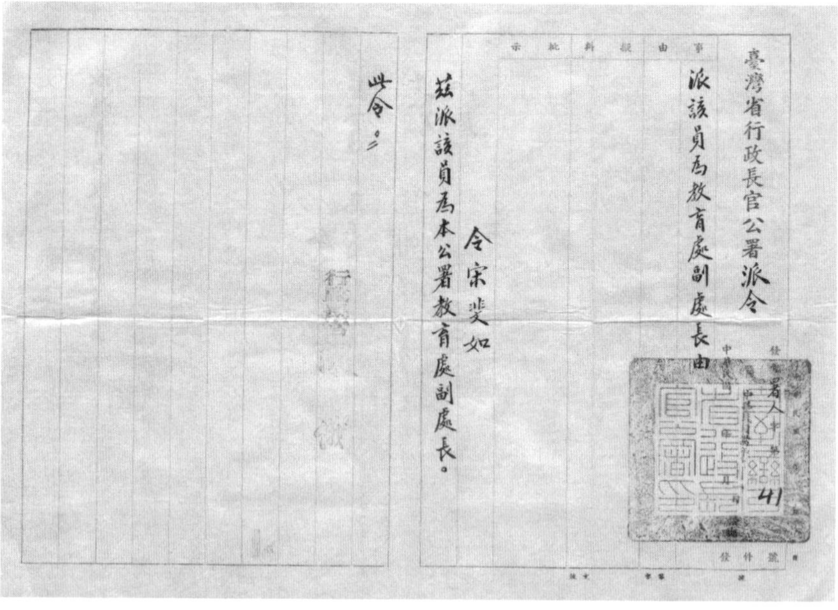
臺灣省行政長官公署派令
事由　派該員為教育處副處長由
令宋斐如
茲派該員為本公署教育處副處長。
此令。

一九四五年十一月一日臺灣省行政長官公署派任宋斐如為教育處副處長。

走上正軌，然後才可以避免『井底蛙』之譏，然後才不會變成時代的落伍者。」一月十一、十二日，《人民導報》刊載了這篇廣播稿。十四日，長官公署機關報《新生報》也轉載了這篇體現宋斐如教育理念的講稿。

二月九至十一日，教育處在長官公署召開全省中等以上學校校長會議。宋斐如在開幕致詞時再講述「台灣教育第一」的意義與光復前的教育情形，並希望各校校長提出具體問題，作為教育施政的參考等等。[5]

宋斐如尤其重視師範教育。

日據第二年（一八九六年），殖民當局在全島各重要城市積極推行日語教育，並設置教員講習所與國語學校師範部，開辦殖民教育根本的師範教育。一八九九年又設立台北、台中與台南三所師範學校，但不輕易讓「本島人」接受師範教育。到了一九〇二年，因為財政、國民教育尚不普及、學生來源困難等種種客觀因素，台北、台中兩校停辦，國語學校師範部改設為甲、乙兩科，開放乙科招收公學校畢業或具有同等學歷的「本島人」。儘管如此，台南師範亦僅能維持到一九〇四年。一九一〇年，因為來台日人子弟逐年增加，殖民當局再將國語學校師範部甲科改為小學師範部與公學師範部甲科，專門造就日人子弟就讀的小學校教員；原有的師範部乙科則改為公學師範部乙科。一九一八年，為適應公學校大量教員的需要，又在台南設立國語學校分校，專收公學師範部乙科學生。一九一九年，台灣教育令規定以師範學校為師範教育的場所，設置預科及本科，再公布台灣總督府師範學校官制，改設國語學校為台北師範學校，並將國語學校台南分校改為台南師範學校。一九二二年，新台灣教育令嘗試日台人共學制度，規定中等學校以上「內台一致」；但能進師範學校就讀的「本島人」仍然不多，民族歧視的尖銳矛盾也沒有緩和下來。一九二三年增設台中師範學校，招考公學師範部學生兩班。九一八事變以後，為了貫徹「皇民化」政策，又添設新竹、屏東兩所師範學校的分部，

5 一九四六年二月十三日《民報》。

以備實施兒童義務教育的需要。

師範學校是殖民教育政策的關鍵部門，師範生的待遇相對優厚，畢業後的待遇也比一般中學校畢業者高，因此吸收了不少家境清寒成績優秀的「本島人」學生。然而，它的帝國主義色彩濃厚，以培養「忠君愛國之志氣」與振起「國民志操」為目的，赤裸裸地宣稱：應「基於皇國發展之系統，把握各時代之意義，敬仰歷代天皇之偉業，彰明忠良賢哲之德行，並徹底明瞭敬神奉公之真義。」同時強調應使學生明瞭「以皇國為主之東亞及世界之情勢」，知道「東亞及世界之趨勢與皇國對東亞及世界之使命」，並特別規定應注重「南支那與南洋之研究」。

事實上，在日本殖民統治下，師範畢業生扮演的就是日本帝國向外侵略的尖兵。因此，殖民當局始終獨占辦理台灣的師範教育。

長官公署接收台灣後，教育處即在原有的基礎上設有省立台北師範學校、省立台中師範學校、省立台中師範學校新竹分校、省立台南師範學校、省立台南師範學校屏東分校、省立台北女子師範學校，以及在省立台東中學、台東女子中學、花蓮中學、花蓮女子中學內各設簡易師範班一班，推展台灣的師範教育。[6]

身為殖民地孩子出身的教育處副處長宋斐如認為，「光復後的台灣，在百政待舉中，如何灌輸台胞正確的思想，鏟除過去日寇統治下的奴化教育，實在是當務之急」。為了鼓勵台灣學生與家長踴躍報考師範學校，因此特別寫作〈台胞應踴躍參加師範教育——為台灣師範教育宣傳周而作〉，於「台灣師範教育宣傳周」第一天的三月廿九日在《人民導報》公開發表，針對「最實際最起碼的問題」略抒四點「蕪見」，提供各界參考。第一，台灣師範教育的推行，遠比全國其他省分來得重要而迫切。因為台灣被日寇殖民統治奴化了五十一年，四十歲以下的台胞對中國語文茫然不解，下一代急需推行中國的語文教育，但師資缺乏，更顯得師範教育的重要和意義重大。第二，日本殖民統治雖然相當重視台灣的師範教育，但日本人學生卻占了百分之九十以上，台灣同胞很少有就學的機會。台灣既然光復了，最實際最有意義的工作莫如獻身六百萬台胞的教育工作，希望有識之士鼓勵自己的子弟進師範學校，以革命者的精神去從事此崇高而富有意義的實際工作，一掃過去日本的奴化教育，建立新的中國文化教育。第三，建議政府當局要設法提高比待遇菲薄的公務人員更低一籌的教員薪給，使其可以維持最低限度的生活，並要使其職業得到保障，安心從事教育，這樣才能推行師範教育。第四，當局應該重視師範學校，提高生活待遇清苦的教員的地位，讓社會人士尊敬他們，這樣才能提高師範生的自尊心，吸引更多人才從事師範教育的工作。

二、兼任《人民導報》社長

宋斐如在一九四五年十二月廿一日應邀向韓籍官兵集訓隊的隊員演講中同時透露，他這

6 汪知亭《台灣教育史》（台北：台灣書店，一九六二年增訂再版），頁二一八—二一九。

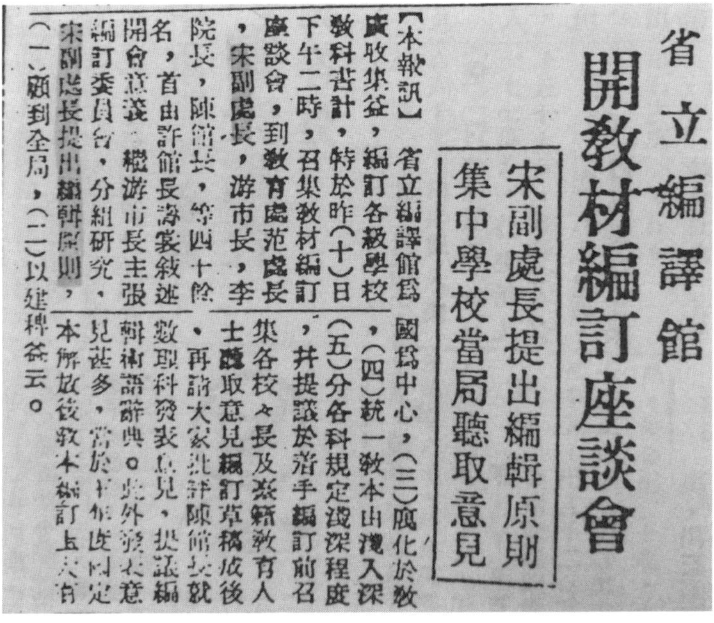

省立編譯館
開教材編訂座談會
宋副處長提出編輯原則
集中學校當局聽取意見

【本報訊】省立編譯館爲廣收集益，編訂各級學校教科書計，特於昨(十)日下午二時，召集教材編訂座談會，到教育處范處長，宋副處長，游市長，李院長，陳館長，等四十餘名，首由許館長壽裳敘述開會意義，繼游市長主張編訂委員會，分組研究，宋副處長提出編輯原則，(一)顧到全局，(二)以建國爲中心，(三)感化於教，(四)統一教本由淺入深(五)分各科規定淺深程度，并提議於着手編訂前召集各校々長及[illegible]教育人士聽取意見編訂草稿成後，再請大家批評陳館長就數理科發表意見，提議編輯術語辭典。此外發表意見甚多，當於[illegible]定，本所[illegible]後教本編訂上大有裨益云。

一九四六年十二月十一日《人民導報》報導省立編譯館館長許壽裳召開教材編訂座談會。

次回到台灣，就是「想為建設太平洋永久和平竭盡微薄之力」，所以「想從新年度開始發行《人民導報》。目前在逐步推行計畫。也請諸位多多投稿。」

在此之前，十二月中旬，宋斐如就與脫離了《政經報》的蘇新，以及白克、馬銳籌、夏邦俊（台北縣教育科長）、鄭明祿、謝爽秋等進步人士，開始籌辦《人民導報》，並由鄭明祿登記發行人，宋斐如則被推為該報社長。[7]另據藍敏自述，《人民導報》是由她投資創辦的，當時她「覺得要做個政治家，或是想在社會宣揚主義，本身沒有報社不行」，正好宋斐如來找她，「遂與宋斐如合作成立一間報社，以後欲發表文章才有園地。」[8]

一九四六年元旦，《人民導報》在「呈請備案中」正式創刊，並通過不具名的「發刊辭」表明創刊的動機與期望。它首先指出，因為日本帝國主義殖民統治實施的奴化教育，台灣的文化充其量只完成了畸形發展：第一，教育雖然普及，但人才卻很少有機會發揮所學，因此沒有產生大政治家、大教育家和大文化工作者。第二，雖有大學及不少專校，卻無人文、法律、政治、經濟、教育乃至哲學的合理科系，只有醫學教育聊可自慰。第三，雖有日本三流以下的文化活動，台灣人卻少有參加的機會；何況日本文化在世界的地位尚屬疑問。第四，工業及科學雖然相當發達卻停滯於食品生產，紡織工業還不能自立，機器生產等重工業只是近幾年的萌芽。它強調，台灣文化承續漢明文化的正統，自有特殊性，只是發展中途為日本帝國主義壓抑、閉塞而走入歧途罷了，所以今日台灣的文化必須側重於啟蒙、發揚與溝通。《人民導報》就是有鑑於此而創刊，希望藉此「啟發過去的閉塞、發揚固有的祖國文化、溝通國內外的消息與論說、宣揚政府法令、報導民間隱情、以期建設三民主義的新台灣。」因此，它「願為台灣文化的『掃雷艇』、新文化的『播種機』，使台灣文化走入合理的正軌。」

從內容來看，這篇〈發刊辭〉大體與該報一月十一、十二日所載宋斐如的〈如何改進台灣文化教育〉一

7 前引藍博洲編《未歸的台共鬥魂——蘇新自傳與文集》，頁六三。

8 前引許雪姬《藍敏先生訪問紀錄》，頁八二。

人民導報

本報啟事

發行人 鄭明祿

印刷所 大華印務局 代表 鄭在興

三民主義上人民之意義

發刊辭

臺北市樺山町一二

臺灣拓殖株式會社

一九四六年元旦《人民導報》創刊。

致。因此，可以肯定，宋斐如就是執筆者。

藍敏在上述訪談回憶說，「《人民導報》以『人民』兩字（命名）招致不少誤解，大眾多以為是共產主義的報紙，其實並不是。」事實上，台北市教育局長姜琦在創刊當日頭版的「專論」〈三民主義上人民之意義〉，也說明了《人民導報》的「人民」兩字的命名意旨「是以三民主義為根據的」。在民族主義上，它「並不是狹義的『國民』或『民族』（Nation）的意思，乃是廣義的『民族』（People）」。在民權主義上，它不是「間接的『公民』（Citizen）」而指「直接的『公民』（People）」。在民生主義上，它是「無階級性的『群眾』（People）——全民」。

《人民導報》創報的策略、基調於此可見。

一月二日，廣州《中山日報》根據中央社電訊發了一則題為「台灣人民報昨日創刊由宋斐如任社長」的消息。

《人民導報》創刊之後，宋斐如就白天到教育處上班，下班後直接到報社工作。《人民導報》也就成為他促進台灣政治與教育理念發展的戰鬥據點。

一月十日，國共雙方簽訂停戰協定，中國政治協商會議在重慶開幕。蔣介石以國民政府主席的身分致開幕詞並許下四大諾言，其中第一條是確保人民之自由。十三日，國民政府通令：「台灣人民原係我國國民，由於敵人侵略致喪失國籍，茲國土重光，其原有中國國籍之人民，自民國卅四年十月廿五日起，應即一律恢復中國國籍。」

戰後的中國似乎朝著重建的道路正面發展著。歷經日本殖民統治半世紀之久而復歸祖國的台灣，也彷彿可以見到晴朗的天空了。

一月廿七日，《人民導報》開設「人民園地」欄，並聲稱「是大眾的公園，是大眾的消遣場所，無論農工、兵、學各界，都可以盡量地來這個公園裡，談談天，說說笑，一洗鬱積之氣……」，具體落實了「人民」為主的辦報基調。

一月卅一日，中國政治協商會議閉幕。會議通過了五項決議，其中「和平建國綱領」附記第二項，決定組織設立「人民自由保障委員會」。

二月九日，參加政協的共產黨、青年黨、民盟及社會賢達等重慶各界人士發起的「重慶市人民自由保障委員會」，依規定邀請地方參議會、律師公會及其他人民團體召開籌備會。十日上午，陪都各界在重慶較場口廣場召開慶祝政協會議成功的大會。大會尚未開始卻發生震驚中外的「較場口血案」。對此，宋斐如通過三月四日在《人民導報》轉載馮玉祥題為〈較場口〉的打油詩迂迴地做了批判。

三月一日至十七日，國民黨召開六屆二中全會，推翻政協決議，並開始進攻東北。儘管如此，繼重慶之後，全國各地紛紛成立「人民自由保障委員會」。

三月二日，律師蔡伯汾、老台共王萬得、施江南醫師、新聞記者徐淵琛等十餘人也在台北市中山堂集會籌組「台北市人民自由保障委員會」，並於三月五日在民報社召開成立總會。[9]

三月十七日，宋斐如在《人民導報》發表〈論台灣基本人權——並祝人民自由保障委員會〉。他解釋說，有感於全國各省各地相繼成立「人民自由保障委員會」是保障「人權」的重大進步，很多人卻不大曉得中央政府為什麼要保障人民的自由，於是特撰此文闡述人民自由的意義。他指出，社會是人類相互結合的總體，個人的權利和義務應該是相互的、平等的、自由的，但是自古以來，從奴隸社會、封建社會到資本主義社會，自由仍為某些人所壟斷。資本主義初期，隨著商品經濟的發展而產生「自然權」、「天賦人權說」，要求尊

9 一九四六年三月六日《民報》。

重個人人格獨立、平等的「自由權」，例如身體、居住、言論出版、結社、信仰、營業等等的自由。後來又從這些起碼條件的「人權」擴大到「政治權」及「公民權」，要求選舉、創制、複決及罷免等政治的平等權，於是產生民主政治。再進一步，更高的發展，就是要求經濟平等的「社會權」。然而，中國歷經幾千年來的專制壓迫與近百年來半殖民地的封建束縛，民眾的人權問題相當嚴重，現在僅由萌芽到了開始被確認的建設階段。他強調，全國上下信仰的三民主義，注重包括「公民權」與「社會權」的「人權」，並且互相滲透。必須落實這種完全「人權」，才算實現三民主義的最終目的，人權才算完全，才能夠使每一個人負起對國家社會的義務。台灣的政治建設、經濟建設，乃至社會建設，必須從尊重完全的「人權」做起，也只有官民本此三民主義的基本宗旨，充分發展台灣的人權，才能把台灣建成真正的三民主義模範省。

〈論台灣基本人權——並祝人民自由保障委員會〉發表之後，宋斐如自嫌語焉不詳，所以，第二天（十八日）晚上，又再去廣播電台播講〈國家為什麼要保障人民自由〉，希望政府人員和一般人民，更加深切瞭解自由的意義，以免濫用職權或自由。他指稱，孫中山先生老早就說過，中外數千年來的政治變化，總不外乎自由的和維持秩序的這兩種力量的往來衝動。如果人民濫用自由，社會就會變成無政府狀態。如果政府太過於專制，社會就會弄成死氣沉沉沒活力。當這兩種力量調節到平衡的合理狀態時，政府與人民自然融為一體。據此，他引申說，政治裡頭也有「治人」與「治於人」的兩種人，並且逐漸發展形成統治階級與被統治階級。但是隨著教育普及，民眾的自我權利意識覺醒，也就產生了要求保障身體、居住、言論、出版、結社、信仰、營業等等自由的「人權運動」，想要廢除這兩個階級。而據「總理遺教」，中國的人民自由運動的發展程序恰恰與外國相反：從古代堯天舜日享有極大的平等自由，秦漢以後愈益敗壞而專制因襲到滿清；從孫中山開始大聲疾呼人民自由，至蔣介石才決意要確立真正的人民自由。他強調，現在人民自由保障委員會剛剛開始推行，人民自由的保障運動剛要普遍發展，今後還要政府與人民積極協力，以完成孫中山的理想，實現蔣主席的德意。

三月十九日，《人民導報》刊載了這篇廣播稿。廿五、廿六日，《新生報》又把《人民導報》的前後兩篇組合為一篇，以〈國家為什麼要保障人民自由〉為題，分上下兩次轉載。四月十日，台中縣人民自由保障委員會成立。四月三十日，台北市人民自由保障委員會在中山堂正式舉行成立大會[10]。其他縣市也陸續成立了同樣的組織。

一九四六年三月舊政協破裂，中國時局開始惡化。就在此時，《人民導報》總編輯白克自謙「才疏學淺徒樹虛名毫無建樹」而辭去該職[11]，改由蘇新接任。從日本回來的高雄燕巢人陳文彬（一九〇四—一九八二）也加入了《人民導報》陣營，擔任總主筆之職。[12]

台灣行政長官公署教育處接收了日據時期的民眾教育機構、補習教育機構以及電化教育儀器，成立了省立的圖書館、博物館、民教館、鄉土館、盲啞學校等，以及縣市立的圖書館、博物館與民教館，並對運動場、游泳場、劇團、劇院等進行管理或指導，作為推進社會教育的場所。除了辦報之外，宋斐如與陳文彬隨即也以創辦業餘學校的方式，具體落實台灣文化教育的改造工作。

三月十四日，宋斐如首先以人民導報社附設業餘學校兼校長的身分，對外公布了該校的招生簡章，宣稱該校的創校宗旨是：「便利公務員、教員、學生及一般商工界業餘進修，並普及國語，以適應社會需要。」學校分高級班：招收大學、專科學校畢業或同等學力者五十名；課程包括公民、史地、地方自治、國語、國

---

10 一九四六年五月一日《民報》與《人民導報》。

11 一九四六年五月十二日《人民導報》頭版「白克啟事」。

12 前引藍博洲編《未歸的台共鬥魂——蘇新自傳與文集》，頁六三。

文、尺牘、公文程式；每月每人各收講義雜費等九十圓。中級班：招收中等學校畢業或同等學力者百名；課程包括公民、國文、應用文、會計、國語、各級行政組織；每月每人各收講義雜費等七十圓。初級班：招收普通學力而志願專攻國語者百名；課程包括國語、國文、史地、注音符號、公民；每月每人各收講義雜費等五十圓。以上各班，男女兼收，修業時間均為六個月，必要時得延長。報名日期：即日起至三月卅一日止。校址：台北市龍口街一段一號（原台北女子專門學校舊址）。聘請的講師及講授學科如下：國語／魏建功，江蘇人，台灣省國語推行委員會主任委員；方貫仁，福建安溪人，台灣省訓練團講師。國文／何容，河北人，台灣省國語推行委員會委員。注音符號／林紹賢，福建龍溪人，長官公署教育處第四科科長。國語會話／柯落葉，福建晉江人，台灣省訓練團講師。史地／陳泗孫，福建晉江人，台灣省黨部編審科科長。公民／徐志剛，福建南靖人，長官公署人事室專員。應用文／方志林，福建雲霄人，長官公署財政處視察。尺牘／顏天仰，福建南安人，台灣省訓練團講師。公文程式／洪文彬，福建南安人，長官公署教育處主任科員。地方自治／許清瑞，福建永春人，長官公署財政處祕書兼代營繕科長。

四月三日，宋斐如又以人民導報社附設業餘學校兼校長的身分與副校長陳文彬在《人民導報》聯名刊登「請志願者注意報名日期只存

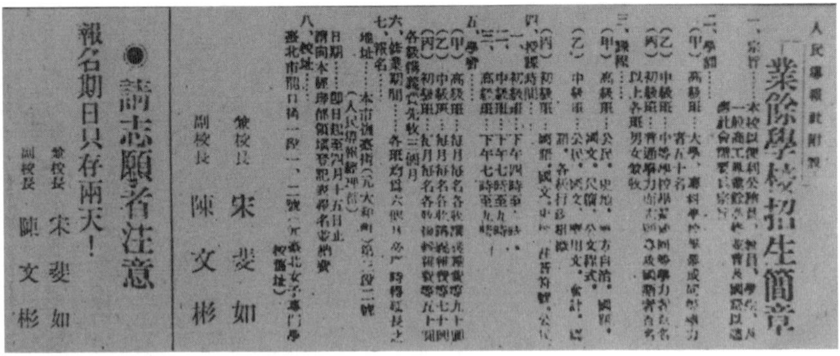
人民導報社附設
業餘學校招生簡章
兼校長 宋斐如
副校長 陳文彬
請志願者注意
報名期日只存兩天！
兼校長 宋斐如
副校長 陳文彬

一九四六年四月三日宋斐如與陳文彬在《人民導報》聯名刊登「請志願者注意　報名日期只存兩天！」的招生簡章。

兩天！」的招生簡章。但是，可能是誤植的關係，報名日期寫成「即日起至四月十五日止」。

其後，宋斐如與陳文彬又在《人民導報》聯名刊登「人民導報社附設業餘學校增招初級班」啟事，說明該校「為便利公務員、教員、學生及一般商工界業餘進修並普及國語、國文，以適應社會需要起見，現已招學生壹百四十餘名分班上課，因一般社會要求增班，現決定新招初級一班」。學額：一百名，國民學校畢業以上學力者，男女兼收。課程：國語、國文、注音符號、英文。時間：下午七時半至九時半。學費：每月每人各收講義雜費等五十圓。修業期間：六個月修了，昇進中級班。報名日期：即日起至五月十日止。開班：五月十日起。校址：台北市末廣町元末廣國民學校（即省立台北國民學校）。

宋斐如及《人民導報》還大力持推動台灣地方自治的民主建設。

根據台灣省行政長官公署一九四五年十二月廿六日公布籌辦地方自治的「台灣省各級民意機關成立方案」，各級民意機關建立的程序是由下而上的。也就是說，先成立村里民大會，然後選舉縣市參議員，成立縣市參議會；再由縣市參議員選舉省參議員，成立省參議會。一九四六年一月廿五日起至二月十五日，全省各縣市同時舉辦公民宣誓登記與公職候選人檢覆工作，結果共有占總人口百分之三十六的二百四十萬九千五百六十人（占全省二十歲以上人口的百分之九十一點八）參加公民宣誓登記，經初複審程序合格的公職候選人共三萬六千九百六十八人，占公民人數的百分之十六。[13]這個統計數字，具體反映了吳濁流在《無花果》一書所感嘆：「光復後，有知識者都不約而同地想走進政治的窄門」的現象。

三月十五日，台北市參議員選舉在各區區公所同時進行投票。《人民導報》記者詳細報導了選舉的經過與結果，並於第二天（十六日）的社論針對這次選舉提出了幾點批評與檢討，最後總結說：「因為一般的民

13《台灣民政》第一輯（台灣省行政長官公署民政處編印，一九四六年五月），頁一〇三九、一〇四三。

眾生活不能安定，顧不及政治，對於選舉的性質也沒有充分的認識，同時，當局對於選舉方法沒有具體的指示，致使不能產生真正民意的機關，這是很遺憾的。」四月十二日，台北市參議會在中山堂舉行成立大會，並開首屆參議會。同日，宋斐如應邀在台北市長游彌堅招待各市參議員及來賓之宴席上致詞[14]。

四月十五日，全省各縣市同時舉行第一屆省參議員選舉。十七日，《人民導報》發表社論〈民主的台灣〉。三十日，又在台灣省參議會第一屆大會開幕前夕發表社論〈勉勵省參議員諸君〉。五月一日開幕當天再發表題為〈慶祝省參議會揭幕〉的社論，並特闢「人民之聲——對省參議會的希望」專欄。二日續發社論〈所望於參議員諸君〉，並刊「特載」〈論公開——獻給參議員〉。十五日閉幕當天則是題為〈台灣民主頌〉的社論。自稱是該報投資人的藍敏說，會議期間，她「也申請記者證跑去旁聽」，「回去口述給報社同仁以中文寫下發布」[15]。

然而，隨著大部分接收官員的腐化、無能，歡慶光復的快樂歌聲還在餘音繚繞之時，台灣人民對長官公署的期望卻一次又一次落空了。針對這樣的社會現象，蘇新接任總編輯以後的《人民導報》立即在取材和編輯的方針上表現了它的變化，「不管是新聞還是論文，不管消息大小，都盡量採用直接間接能夠反對國民黨（接收官僚）的稿件」。[16]這對身為國民黨黨員，又是長官公署教育處副處長，卻同時主持這份批評政府的「比較進步的民間報」的宋斐如，毋寧說是一種矛盾而又危險的處境。陳文彬就曾勸他說，你白天在教育處上班，晚上到報社批評政府，早晚會出事的。

事實上，宋斐如早已被國民黨台灣省黨部主委李翼中列入「異黨分子」的黑名單了。然而以「一切為了人民」的宗旨辦報的他處之泰然，仍然白天到教育處上班，下班就直接到報社工作；幾乎沒有一天能夠按時回家吃晚飯。區嚴華女士就經常看到他所留的「請假單」寫道：「五點半前能返則一同吃晚飯，否則不必等我。但我總想能早返一次，共同吃飯。請不要生氣。」區嚴華怎麼會生氣呢？她知道，宋斐如辦《人民導報》

的目的不是為了營利，而是為了替人民說話。[17]

再者，《人民導報》發刊以來就經常刊登國內進步人士的文章，有時候，還把香港進步記者的文章當社論。自從國民黨開始進攻東北以後，《人民導報》就站在反戰的立場作了大量報導與評論，經常戳到國民黨貪官汙吏的痛處。國民黨方面（省黨部宣傳處、長官公署宣傳委員會、警備司令部）於是使出「總編輯蘇新是赤色分子」的招式，想要迫使宋斐如撤換總編輯。

某個晚上，台灣省籍監察委員兼國民黨省黨部執委丘念台（一八九四—一九六七）的祕書林憲（一九一八—二〇一一）突然到《人民導報》編輯部找蘇新，向他轉達丘念台的一些話，並要他立刻轉告宋斐如：今天下午省黨部開會討論《人民導報》的問題，省黨部主委李翼中主持會議，宣傳處長林紫貴提議向南京控告《人民導報》社長宋斐如與總編輯蘇新創刊以來的言論，特別是對於「東北問題」的立場，並說《人民導報》裡面肯定有共黨分子，但因為丘先生及其他執委不同意，還沒有作出最後決定。丘先生認為，台灣光復剛幾個月，如果過早地刺激台灣人民和輿論，對今後的工作不利，是不是先跟宋斐如先生談談。丘先生直接找宋先生不方便，所以叫我來告訴你。丘先生的意思是請宋先生主動找李翼中和林紫貴談談，必要時也可作些妥協。深夜。「大樣」還沒有看完，蘇新就立刻趕到宋斐如家，轉告林憲的話。宋斐如當機立斷說，明天我馬上找他們；然後囑咐蘇新，今後用稿慎重一些，特別是少轉載一些上海民主報刊的文章；又說他們一定認為

---

14 一九四六年四月十三日《人民導報》。
15 前引許雪姬《藍敏先生訪問紀錄》，頁八二。
16 前引藍博洲編《未歸的台共鬥魂——蘇新自傳與文集》，頁六三。
17 前引宋亮〈台灣《人民導報》社長宋斐如〉，頁四〇四。

《人民導報》跟共產黨站在同一個立場。第二天下午，宋斐如給蘇新撥了電話，叫他通知主筆白克、經理宋某等人到他家裡開會。人到齊了後，宋斐如就報告說，今天早上，我請李翼中和林紫貴到草山，一頓午餐吃下來，一個月的薪水就去了一半。他笑了一笑然後又說，當面客客氣氣，背後卻殺氣騰騰，省黨部要求改組《人民導報》，勸我辭去社長職務，甚至威脅說是當教育處副處長還是社長，兩者選其一，不得兼任；其次是撤換總編輯，由黨部派人接任。豈有此理！沒等宋斐如說完，白克就跳起來，用上海話說，只許他們放火，就不許我們點燈。他一連說了幾句，然後又加了幾個「他媽的」。宋斐如鎮定如常，用溫和的口氣繼續說，我沒有跟大家商量，已經答應他們，我可以辭去社長，但撤換總編輯可以緩一緩，等蘇先生的去處安排好以後再說。他解釋說，我之所以作出這種妥協，是考慮到如果被控告，報館肯定將被封，我的教育處副處長一定當不下去，蘇先生也有可能被審訊，這樣，對報館，對我，對蘇先生都不利。沒有等別人說話，蘇新就想搶先表態說，我覺得，把事情弄到這個地步，我應負大部分責任。宋斐如趕緊打一個手勢，習慣性地笑了笑，然後搶著說，請蘇先生不要誤解，我和其他人都沒有這個意思；蘇先生的問題以後再談，是否先談我辭去社長以後，請誰來擔任社長？他強調說，這個社長必須有錢，有社會地位。因為《人民導報》還不能自養。這個社長的確不好當，蘇新接著說，要有錢，又要有社會地位，而且在群眾中有威望，對辦報也有興趣，敢頂，又能頂。然後他建議說，像這樣的人，大概只有既是茶葉公會會長，又是省參議員的王添灯（一九〇一—一九四七）比較合適了。[18]

在此之前，《人民導報》就經常報導王添灯的動態與政論，例如，三月廿九日以〈省參議員候選人王添灯氏發表政見〉為題，全文刊登他對本省政治抱負的訪談問答；四月十二至十三日連載他應邀到台北電台播講的〈我的政見〉；十六日刊出他的當選感言等等。於是，五月八日，《人民導報》登出了兩則啟事。第一則是「宋斐如啟事」：「本人學經濟而從事文化工作經年餘，此次返台，因鑑於漢明文化需要振興，官民感情需要溝通，故創辦《人民導報》以為文化之掃雷艇、播種機。創辦以來尚能一本原則，為民喉舌，基礎漸趨穩固，發展可期，本人創辦初旨經已完成，特辭社長之職，以專力從事別部門之創設，恐未周知，特此通告。」第二則「本社啟事」謂：「本社改聘王添丁（灯）先生為社長，負責處理社務，特此通告周知」。九日，該報刊頭開始標示「社長王添灯」；同時一直到發刊百日的十二日，連續四天再刊三則啟事，除了前兩則之外，再加一則「敦聘宋斐如先生為顧問」。

儘管如此，為了紀念《人民導報》發刊百日，宋斐如還是以泰山時期認識的民盟發起人鄧初民撰寫的〈一切為了人民——祝人民導報一百號〉特稿做為社論，並在台灣各界引起反響，深獲讀者好評。

六月六日，在馬歇爾調停下，國共雙方約定從六月七日正午起在東北休戰十五天，同時正式展開休戰談判。廿一日，《人民導報》發表對休戰既期待又存疑的社論〈還有三天了！〉。廿二日，蔣介石正式宣布將休戰期延長到六月三十日，但同時又對中共軍隊提出新的撤退要求。廿三日，《人民導報》頭版頭條以粗黑大字刊出「中共代表團致政府建議書／主張宣布長期停戰」為標題的中央社電訊，並一連五天轉載六月十五日上海《周報》第

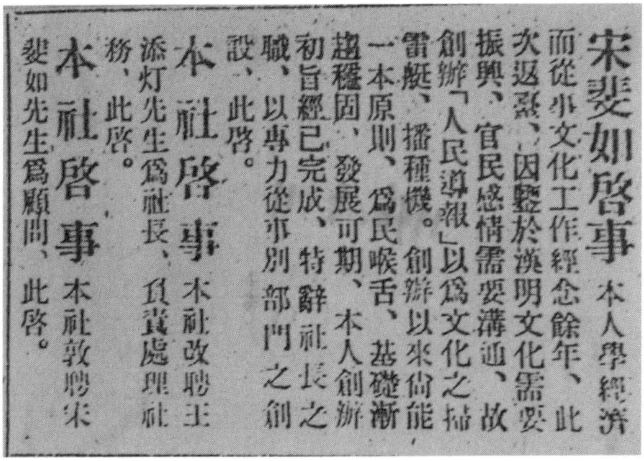
宋斐如啓事 本人學經濟而從事文化工作經念餘年、此次返臺、因鑒於漢明文化需要振興、官民感情需要溝通、故創辦「人民導報」以爲文化之掃雷艇、播種機。創辦以來尚能一本原則、爲民喉舌、基礎漸趨穩固、發展可期、本人創辦初旨經已完成、特辭社長之職、以專力從事別部門之創設、此啓。

本社啓事 本社改聘王添灯先生爲社長、負責處理社務、此啓。

本社啓事 本社敦聘宋斐如先生爲顧問、此啓。

一九四六年五月九日到十二日《人民導報》連續四天再刊三則啓事。

18 蘇新〈王添灯先生事略〉，前引藍博洲編《未歸的台共鬥魂——蘇新自傳與文集》，頁一一三—一一五。

四十一期所刊周建人、郭沫若、茅盾等對國共和談的評論〈十五天後能和平嗎？〉。該報「編者按言」：「國共的對立能否和平解決，本省人民莫不關心。我們的希望都在於和平……在這八日間，是否確能夠和平解決，我們的腦袋裡，還存著一個『？』故《周報》所載各專家的意見，到現在還能夠給我們一個『如何不能和平解決』的真相，茲特轉載一部分如下」。雖然所刊內容已經落後於形勢，但這也是該報（宋斐如）藉昨日的結果來否定明日發展的編輯策略吧。

顯然，《人民導報》（宋斐如）並沒有因為被迫改組就不再敢說話了。

三、台灣人就是中國人

四月廿九日，教育處長范壽康應邀在台灣省行政幹部訓練團演講，指稱「台胞完全奴化、抱有獨立思想、以台治台觀念、排擊外省工作人員、對於工作表示旁觀態度」等等缺點，因而激起全體團員公憤與抗議，一般省民聞之也大為憤慨。五月三日，台北縣參議會並發文省參議會函請確實調查，徹底追究責任。五月七日，范壽康前往在中山堂舉行的省參議會報告教育問題並辯明「失言問題」。[19]

范壽康（一八九六—一九八三），原籍浙江紹興上虞市，一九一三年留學日本，一九二三年拿到東京帝國大學文學部本科教育哲學學位回國，歷任上海商務印書館編譯所編輯（主編《教育大詞典》），廣州中山大學教授兼祕書長，春暉中學校長，安徽大學文學院院長，國立武漢大學人文學院哲學教育系教授兼《文哲季刊》主編、出版委員會委員與教授會主席，國民政府軍事委員會政治部第三廳副廳長兼第七處處長，中國國民黨中央宣傳委員會國際研究室主任，國民政府軍事委員會政治部設計委員，一九四五年底以行政院參議身分來台接收台灣總督府圖書館任易制後的台灣省圖書館館長，一九四六年一月台灣省行政長官公署教育處處長趙迺傳（浙江杭州人）辭職後接任教育處處長。（維基百科）一九八一年，他在〈生平自述〉記述了接任教育處長時的抱負云：「余針對時弊，乃以一切『中國化』為號召，組國語推行委員會，普及國語教育，創立師範學院，積極培養合格教師；提倡講中國話，看中文報紙，發揚祖國文化，宣揚血統一致。舉凡能促進『中國化』之一切，無不盡力推行，期望台灣同胞皆能不忘祖先，真能投入祖國之懷抱。」[20] 按理，作為五四運動時期就開始介紹馬克思主義唯物史觀而受到學生歡迎的進步學者，范壽康是不可能對台灣同胞心存蔑視的，然而，也許是出身不同，文化隔閡，以及語言表述的理解誤差，一場可以避免的官民衝突終究還是造成了。

范壽康的失言事件餘波盪漾。為了弭平這場衝突，五月九日，《人民導報》發表題為〈外省人問題〉的社論，指出台灣是中國的一部分，在半封建的中國社會，省與省之間很容易發生外省人的問題，但本省人與外省人都是中國人，台灣的問題必須從整個中國的問題來著眼解決，否則就根本無法把握台灣問題的本質，希望本省與外省的好人能夠和平團結，為台灣，為中國，創造一個新局面。

五月十二日，也就是《人民導報》發刊百日，宋斐如辭退該報顧問的當天，又應台灣省行政幹部訓練團教育長韓逋仙之邀，第一次前去做題為〈我們要溶化在一起〉的精神講話。他首先跟全體團員套近乎說他是本省南部人，因為不滿日本殖民統治，從小就離開台灣，因此對台灣的一切只能通過各種情報及文獻來瞭解，後來在祖國抗日，從事光復台灣的運動，與台灣方面時時取得連絡，受到殖民當局嚴密注意，以致有二十五年之久沒有回來，這段期間，尤其是抗戰八年，在國內奔走呼號的同志們都吃了很多苦，但受日本政府欺侮壓迫的島內同胞比他們還要痛苦。他強調，假如台灣沒有光復，像他們這樣的人，就永遠沒有回來與同胞見

19 一九四六年五月一日《民報》，五月二、八日《人民導報》。

20 轉引李銳〈懷念范壽康先生〉，一九八四年二月廿七日《人民日報》。

面的希望，所以，今天大家能夠重聚，一起談話，共同生活，是最值得慶幸的事情。然後他就援引二十年前許地山先生為他的《台灣民族運動史論》所寫的序言，強調兩岸一家親的關係，同時指出「久別重逢」的親兄弟近來卻在社會輿論上產生一些省籍隔膜的不幸現象，從而呼籲大家是同一個血統，同一個民族的同胞，今後要從自然地理與歷史人文的寬廣視野，一起克服殖民教育的影響，虛心接受祖國光輝燦爛的文化，互相親愛，互相團結，更要互相溶化在一起。卅一日，《人民導報》刊登了這篇講稿。

五月二十日，宋斐如又應邀第二次到台灣省行政幹部訓練團，參加中等師資訓練班第二期結業典禮，並致詞勉勵即將分發各地學校服務的一百五十餘名學員，必須努力充當本省人與外省人的橋梁，介紹本國文化，切實融合彼此的感情，務使台灣同胞成為現代的中國人。他同時批判日本文化及殖民教育的宗旨，切望諸生多加宣傳，以促成全省同胞保存長處而剷除短處。由於他的訓勉「語極懇切」，「全場為所感動」。[21]

六月二十日，教育處在台北市龍口町鐵路飯店召開第一次中等教育座談會。在討論中學的新舊學制問題時，宋斐如以副處長身分發言指出，教育處早已議決舊的學制改為新的三三制，今天是舊事重提。他強調：「台灣已是我們中國的一省，舊的學制理應改為新的三三制，問題在於立刻實施或逐漸來改而已。」[22]

六月廿五日，「為檢討過去教育措施之得失，共謀改進起見」，教育處召集全省教育行政人員及教育專家，在教育處草山別館舉行台灣省第一屆全省教育行政會議。宋斐如出席了開幕典禮。廿七日，《人民導報》發表社論〈從民主教育上著眼——獻給教育行政會議〉。廿八日上午，會議閉幕，並以會議全體會員名義上電國民政府主席蔣介石、教育部長朱嘉驊及行政長官陳儀，說明該會「僉以教育為立國之本，本省重歸本國版圖，對於肅清日化毒素，實施三民主義教育，尤感切要，經決定成案，以期逐步推行。」中午，宋斐如與教育處長范壽康在台北市中山堂設宴款待全體參加會員，下午二時散會。二時半至四時半，國民黨台灣省黨部宣傳處接著在中山堂舉行教育行政會議出席人員茶敘會。宋斐如應邀出席並發表講話。他指出：「我們都說台灣要中國化現代化，但這似乎過於抽象，一般學生不易理解。我們必須用具體的方法來實現它。例如國民學校國語教科書的第一課就來一個『我是台灣人，你是台灣人，他是台灣人。』這無形中使兒童感覺『台灣人』和『中國人』不同，應該改成『我是中國人，你是中國人，他是中國人。』每天讓兒童口誦，不知不覺之間，可使兒童自覺自己是『中國人』，而且覺悟到台灣人就是中國人。」[23]

八月十五日，日本無條件投降周年紀念。宋斐如第三次應省訓練團之邀對全體學員作精神講話，特就時事講述〈日本慘（失）敗的教訓〉。[24]廿五日，《人民導報》「星期特載」全文刊登講話內容。他首先指出日本之所以會招致無條件投降的四種主要原因：野蠻性太重、國家基礎不穩固、內部矛盾的對立與無遠大眼光。他強調日本的失敗給我們的歷史教訓是有其意義的，同時提出幾點避免重蹈日本覆轍的意見：第一要消除自私自利、沒有團結性的弱點。第二應從個人做起，打破只顧地方利益的觀念，以全省為前提，擴大到全國。第三應把建國排為目前重要的課題，尤其是國內發生戰亂，自相殘殺，社會經濟不安定的今日，更要建設新台灣為全國的模範省，進而使全國統一為現代化的國家。他認為，台灣的科學比其他各省發達，教育也很普遍，人民富於熱情，只要大家積極參政，協助並監督政府施政，團結一致，共同努力，新台灣的建設是毫無問題的。

八月十七日，宋斐如又應省警備總司令部勞動訓導營之邀請，向該營收容的觸犯法令的六百餘名（第一、

---

21 一九四六年五月廿一日《人民導報》。
22 一九四六年六月廿二日《人民導報》。
23 一九四六年五月廿九日、六月廿五—廿九日《人民導報》；六月廿九日《新生報》。
24 一九四六年八月十七日《人民導報》。

第二中隊）犯人作題為〈如何做個良好國民〉的精神講話。他首先詳述台灣與祖國的歷史、血統、風俗、習慣，乃至民族性的聯繫，接著說因為日本政府五十年有意的隔絕、封禁、曲解，致使本省同胞對祖國的政治社會各方面生疏，祖國同胞也對台灣未盡了然，因此難免發生誤解而觸犯法規，並鼓勵這些台籍隊員努力學習，多多瞭解祖國，一本奉公守法的精神，學習做個現代的中國國民。[25]

四、教育視察、專訪與座談

一九四六年六月底，蔣介石公開撕毀停戰協定和政協決議，大舉圍攻中共領導的中原解放區，接著又向華中和華北的各個解放區發動全面進攻。中國的局勢發生了不可逆轉的變化，全面內戰爆發了。

就在內戰的烏雲密布神州大地之際，七月一日，宋斐如由台南縣教育科長楊毅等人隨行，南下視察中南部教育實況及困難所在。他們一行先赴台中縣市、台南縣市、高雄縣市及屏東等地，歸途再到嘉義、彰化、鹿港、新竹及較偏僻學校視察。一路上，廣泛考察了省立專科、中學、職校，以至縣市中等學校及國民學校等，普遍聽取各縣市教育科、各學校當局的報告，以及各地地方人士對於教育措施的意見。在台中、台南、鹿港等處均召開教育文化座談會、各學校職員聯席茶會，並參加各地士紳歡迎茶會、各學校同學會懇親會，以及各縣市所舉辦的校長教員普通訓練班。每次集會上都極懇切地宣達省方所確定的教育方針，並報告此次教育行政會議議決的幾項重要案件，同時聽取地方各界對教育方面的意見；尤其切望一般人士熱心落實教育工作，教育者多與家庭及社會密切聯繫，一本三民主義教育方針，栽培台胞成為中華民國的主人，設法消除本省與外省之隔閡，提高民主與科學的程度，使台灣成為現代中國的模範省。廿七日，宋斐如在將近一個月的中南部教育實況視察後回到台北，同時發表「台胞熱心文化教育，青年求知欲亦甚高」的視察觀感。[26]

就在視察期間的七月四日，台中《和平日報》刊出採訪課長丁文治對宋斐如所做的專訪。丁文治原是上海《僑聲報》駐台記者，到《和平日報》後經常揭發長官公署大官貪汙新聞。「專訪」首先描寫他在台灣省第一屆教育行政會議第一次見到宋斐如的第一印象：「著西裝，戴金絲框眼鏡，待人接物，一團和氣。講起話來很有條理，慣常在講話中停一小節，使聽的人有一點思索和迴想的餘地」，「完全是一位溫文爾雅，標準教育家的風度。在宋副處長的身上，我們不會看到絲毫官場中常有的官僚習氣。」七月二日，丁文治再次見到蒞臨台中視察的宋副處長。他寫道，儘管宋副處長事務繁忙，「有時要忙到深更半夜才能夠休息」，可他還是讓丁記者「作了一次超過一小時以上」的專訪。

宋教育副處長 南下視察教育

【本報訊】教育處副處長宋斐如定七月一日南下視察，先赴臺中，臺南，高雄，屏東各地學校，歸途再至嘉義，彰化，新竹及較偏僻學校，此行聞擬多注意各學校教育設施實況及其困難所在，隨行者有臺南縣教育科長楊毅等人云。

國語讀音示範 照常廣播

【本市訊】本省教育處爲樹立國語讀音標準，

一九四六年六月三十日《人民導報》關於宋斐如南下視察的報導。

根據報導，丁記者的專訪主要問了兩個問題：第一是對於視察台中市教育的感想。宋斐如回答說：「不但台中，就是整個台灣，教育事業的普及，是頗足稱道的。在戰爭期中，台中各校沒有受到任何炮火的摧殘，而且省方派來台中主持教育事業的人，如（台中農學院）周（進三）校長、（台中二中）金（樹榮）校長、（台

---

25 一九四六年八月十八日《人民導報》。

26 一九四六年六月三十日《人民導報》、七月四日《和平日報》、七月廿八日《新生報》與《人民導報》。

中女中）余（麗華）校長、（台中師範）薛（建吾）校長等，又都是國內知名的教育家，所以對台灣目前的教育事業，就一般來講，是頗足令人滿意的……我這一次到台中來，當地有很多名流對我貢獻了不少關於改進教育的珍貴意見，等我回台北後，我決定把這些意見，代為轉達省方。台中一般人士對教育事業的熱心與協力是頗值得感謝的。」

第二是對這次全省教育行政會議的看法。宋斐如笑了笑，然後用嚴肅的口吻說：「的確，這一次全省教育行政會議的成就不能說不大，它在台灣的教育史上，將要占據劃時代的一頁，因為在這一次會議中通過了更改學制和改用國定本的兩項議案，這將是台灣教育徹底『中國化』的一個轉捩點。一般人……尤其是省外不明瞭台灣實際情形的人……都認為台灣什麼東西都有其特殊性，所以應付這些特殊性的東西也都得用特殊的方法，這真是一種要不得的錯誤觀念。台灣有什麼特殊呢。台灣同胞都是黃帝子孫，他們每一個人的血管裡都流著中華民族的血液。」

另外是對日本時代教育方針的觀感。丁文治寫道，提到這一點，宋斐如的回答就像決堤的潮水一般滔滔不絕，從日本在殖民地台灣最初推行的「差別教育」一直說到「皇民化教育」，既說明了殖民者愚民政策的手段，也敘述了台灣同胞的應對與反抗，最後用一種愉快的口吻下了一個結論：「日本的這種教育方針是失敗了，現在就連他們日本人自己也不得不這樣承認……台胞過去雖在日寇壓迫之下，但對祖國的向心力並不曾有過絲毫的更動，同時這也說明了我中華民族的偉大處。」他「休息了一分鐘之後」繼續說：「現在台灣光復了，我們對於日本過去推行『皇民化』教育的遺毒，固然要加以肅清，同時對於那種差別教育制度也必須有一個徹底的更改，我們對於階級和種族的觀念也必須完全打破，我們要廢除過去日本人對高山族同胞推行的所謂蕃民教育，我們要使得高山同胞和台胞有受同一的教育的機會。」

丁文治說，宋副處長接著繼續從台灣目前的教育狀況，談到省教育當局發展本省教育的計畫。但他考慮到談話的時間已經很長，不便耽誤宋副處長處理重要公務的寶貴時間，就告辭退出。最後，他寫道：「在歸途中，我在默默的想著如何使台灣教育徹底『中國化』的問題。」於是，他這篇專訪以〈訪宋斐如副處長〉為題發表時就特別重點強調：「他說：『過去日人在台所施的皇民化教育、現在業已證明是全失敗了！』」（十月廿一日丁文治突然失蹤。後來探知是被警備司令部參謀長柯遠芬祕密囚禁，一段時日後，由《和平日報》社長李上根陪同離台，在南京《中國時報》工作。）[27]

七月卅一日，宋斐如又在前往台北縣小學教員訓練班講話時申述國民教育的重要性，並勉勵學員以宗教家精神從事台灣教育工作。接著，各學員提出各學校的困難、待遇及發薪公平等問題。他都一一予以懇切解釋。[28]

八月七日，《人民導報》因此發表社論〈論台灣國民教育〉。十五日再刊社論〈請按月發放教師薪津〉。廿一日又進一步發表題為〈論教育建國〉的社論。

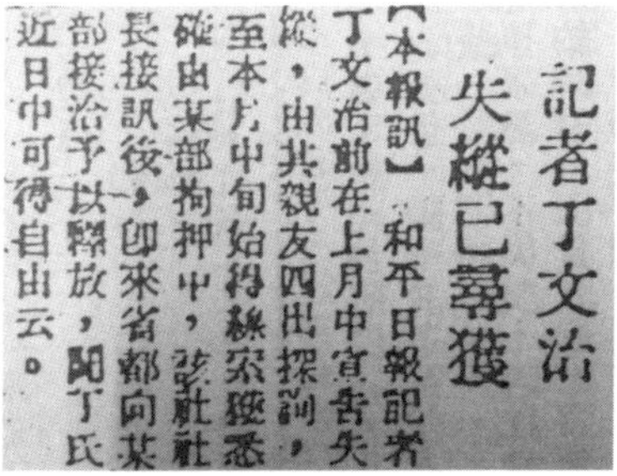
記者丁文治
失蹤已尋獲
【本報訊】和平日報記者丁文治前在上月中宣告失蹤，由其親友四出探詢，至本月中旬始得線索，悉係由某部拘押中，該社社長接訊後，即來省都向某部接洽予以釋放，聞丁氏近日中可得自由云。

一九四六年十一月廿九日《人民導報》有關丁文治尋獲的消息。

和平日報記者
丁文治突失踪
【本報訊】臺灣和平日報駐臺北記者丁文治於二十一日下午突然失踪，由其親友四方探訪搜查迄無任何消息，據消息靈通方面息，彼業被某機關扣押，但其原因及其他詳細情形，尚待證實，對此本市外勤記者聯誼會，將採取有效辦法云。

一九四六年十月廿四日《人民導報》有關丁文治失蹤的消息。

27 周夢江〈舊事重提——記《和平日報》〉，收錄於葉芸芸編／周夢江王思翔《台灣舊事》（台北：時報文化出版公司，一九九五年四月），頁六三—六四。

28 一九四六年八月一日《人民導報》。

九月十五日上午，第二屆全省省立中等以上學校校長會議開幕。下午，宋斐如另與教育處邀請的十四名縣市立中學校長代表在中山堂光復廳座談，具體詳細地解答了他們所提的各種問題，並擬設法加以協助，以冀教育前途發揚光大，最後議決下學期準備召開省縣市立中等學校校長會議。[29]

十六日，《人民導報》刊發社論〈我們的教育經費——建議給全省校長會議〉與短評〈所望於校長會議者——祝開幕〉。十七日，再刊「提供校長會議參考」的社論〈督學制度的改造〉。

會議原訂十七日上午結束，但因各校校長所提議案達兩百件以上而無法如期閉幕，該處第二科於是擇出尚未審查完畢的十二件重要議案付審，但至下午一時才審完其中六件最重要者，教育處長范壽康就逕行宣布散會，縣市立校長代表隨即當場抗議說，他們被邀請與會卻無議決權，似乎與省立學校校長有雲泥之隔，如此回去甚無體面。出席會議的副處長宋斐如於是站出來，加以誠懇詳細地解釋，舉例說明教育處決不看輕各縣市立學校的事情，並承諾下屆會議必能盡量多請各縣市立中等學校校長參會，而且享有發言議決權。這樣，爭議始獲解決。各校校長也都笑著離開會場，前往教育處邀請的餐會。餐後，宋斐如主持座談會，並在致詞時再次呼籲各校校長：「把學校教育民主化，培養實現民權、民生主義的中堅鬥士。」[30]

二十日，晚上八點，宋斐如再假台灣廣播電台廣播〈台灣教育設施的現階段——全省省立中等以上學校校長會議閉幕感言〉。他首先指出，從許多事實為證，台灣光復一年來，應該配合政治經濟社會需要的教育文化建設，確已走在前頭。日本殖民統治固然給台灣的教育文化打下某種基礎，但並未完成合理的發展，尤其自太平洋戰爭爆發後，因為侵略戰爭的阻礙，體育退步了，科學以至各種學科的發展也都停滯了。因此，台灣的教育文化接收與整理所遇到的困難，不獨是校舍破爛而已，本質的改造與程度的恢復等等尤其是主要課題。而教育處對台灣教育文化的推進工作，全以三民主義為最高原則，遵守陳長官的指示，以民權主義及民生主義的意識形態，培養實踐民權主義及民生主義的人才。他具體強調說，推進教育的第一期工作是接收破壞零亂的教育設備，加以整理。但是，台灣教育普遍的特點，恰好使整理工作必須花費更大的精神和更多的時間，其中遇到的第一種困難，就是日人師生的撤退和我們自己的補充，限於交通工具缺乏及人才條件不合，一直拖延下來，還沒有完全解決。儘管如此，接收整理工作可以說大體上業已完成。接著，他指出台灣教育接收整理工作所完成的幾個特色：第一，從根本鏟除不同教育宗旨的教育制度。第二，種族的差別教育已不存在。第三，矯正階級差別的教育傾向，設法補助獎勵貧窮學生。第四，打破閉塞孤立，走向國際舞台，育成現代的世界人。第五，從醫生、律師及商家等維持個人生活的偏向，逐漸轉而為國家社會發展的法政、經濟、哲學、文藝及高深技術等方面。與此同時，他也列舉了四個事實來說明這幾個特色：第一，完全接辦了日本時代的官公立學校，並且運用台胞熱心教育及青年好學的優點，增設了二百所以上的中等以上學校，其中省立的即有七十餘所，而地方設立私立學校的風氣又很濃厚。第二，教員的配額漸漸合理化，質地也在提高中。聘用原則是：有關精神文化的國語文及公民史地等採用外省的好教員，而數學、物理、化學及生物等自然科學，乃至超國界的音樂、雕刻、體育等學科，則多多採用本省人。初期不得已而暫用的代課教員及質地不良的外省教員已逐漸淘汰。第三，教科書已由四大書局印刷提供，不夠的也在設法供給；內容更力求符合台灣特殊民情的需要。第四，一般教育的宗旨在於打造民權主義的基礎，職業教育更求其能配合民生主義的推行；此外，專設師範學院，增加師範學校，培養大量的中下教員，以解決台灣最嚴重的師資問題；專設法商學院，補充過去缺欠的政經人才，以鋪設人民合理行使民權的道路；專設台南工學院、台中農學院及其他種種職業學校，培養生產人才，倡導民間實際經營各種產業，促使台灣整個產業體系現代化。最後，他

29 一九四六年九月十六日《人民導報》。

30 一九四六年九月十八、二十日《人民導報》。

強調，雖說台灣教育已由整理步入改進的階段，但未做到的地方還非常多，教育處不會滿於現狀而不繼續努力，同時呼籲社會各界給予批評和建議，尤其是各學校校長及一般獻身教育的人士，予以積極的幫助，共同把台灣教育推展到理想的狀態。廿二日，《人民導報》「星期特載」全文刊登該講稿。廿五日，該報又回應會議討論而刊發社論〈如何建立台灣學風〉。

十月十二日上午，國民政府中央宣傳部副部許孝炎率領京滬平昆記者台灣參觀團一行二十二人，包括南京中央日報副總編輯李荊蓀、上海前線日報主筆曹聚仁等在內，抵台參訪。省會各界首長數十人，以代表陳儀的長官公署祕書長葛敬恩為首，親赴機場熱烈歡迎。下午六時，長官公署宣傳委員會、國民黨台灣省黨部宣傳處、台灣三民主義青年團部暨台灣省記者公會在台北中山堂設宴歡迎。《人民導報》社長宋斐如以主人之一身分出席，並在致詞時表示，希望祖國各界人士多來台灣考察，通過實際觀察，多多向大陸同胞介紹台灣的實際狀況，尤其是台灣的特點優點，也要盡量向台灣同胞介紹祖國的建國方針與實施情形、歷史地理文物制度及新生活，使得兩岸同胞能對彼此深切認識，以免隔閡，庶幾六百五十萬台灣同胞與四萬四千餘萬大陸同胞共同融成一體，為建國而努力。[31]

十一月十二日，上午八點，教育處副處長宋斐如偕同教育部委員從台北出發，下午兩點抵達員林，由台中縣長劉存忠與教育科長及督學等陪同，視察當地第一、第二國民學校，員林初中與省立員林農業職業學校等中小學業務。他看到各校都有教室不足的困難，因此國民學校要分上下午兩部上課，員林初中則男女共用教室。當日，恰逢省立員林農業職業學校舉行光復後第一屆運動大會，各校校長與地方人士齊集，並在運動會結束後舉行歡迎暨座談會。宋斐如講話甚長，首先表示非常關切各校教室與設備不足的問題，將與有關各處商量增建辦法，希望能夠盡量有計畫的解決；接著分述台灣產業體系的特色，台灣省的建設應以農業及農產加工工業為要務；強調農產物原本冠於全省的員林教育界應多注重農科，為大力建設農產加工業培養人

臺胞熱心文化教育
青年求知慾亦甚高
宋副處長視察歸來觀感

【本市訊】公署教育處宋副處長斐如，因察中南部教育實況，計時約近一月，日昨返抵臺北。所察地區自新竹市、彰化市，鹿港街，嘉義市、臺南市，高雄市，屏東市，以至臺中，嘉義，高雄三縣，各鄉鎮。其考察對象自省立專科，中學職校，以至縣市中學校及國民學校等，範圍甚為廣泛，聞其往還點在於實際所取各縣市教育科各學校當局之報告，及各地方人士對於教育實施之意見。在臺中，臺南，鹿港等處均召開教育文化座談會，及各學校職員聯席茶會，並參加各地士紳歡迎茶會，各學校同學會座談會，及各縣市所舉辦校長教員講習團等班。每次集會上均有極懇切之講話，切望一般人士熱心襄贊教育工作，教育者多與家庭及社會密切聯繫，一本

一九四六年七月廿八日《人民導報》有關宋斐如視察歸來的報導。

才；同時勉勵學生遵守陳長官的指示，以智仁勇為求學總則，求學做事皆以公為重私為輕，改個人本位為國家本位，準備將來做個健全的國家主人翁。另外，他也讚許劉縣長提倡的本省各級學校校長應多採用本省人而配以外省教務主任的意見，並允諾北返後將向教育處反映。然後一一回答與會人士所提問題。餐會與座談從下午六點半進行到十點多才結束。各校校長與地方人士都深切感受到宋副處長的慈愛之心。

十三日，宋副處長應該是到台中視察，但未見報導，具體情況就不得而知了。

十四日，宋副處長繼續北返，中午在新竹下車，逕往市府，聽取教育科長報告當地國民教育與專科學校的督導辦法與積極推進的情況，然後由新竹市政府主任祕書與教育科長陪同，前往第一、第二國民學校，省立師範學校，工業學校及女子中學視察。在第一國民學校，他看到學童正在喝救濟署所配的牛奶，同時仔細詢問了該校校長有關國語國文教學的詳細情況。在原為台中師範分校的新竹師範學校，他看到被炸毀的校舍尚未重建故而利用宿舍做教室的情況，就當場指示修建辦法，並要校長與家長及地方人士密切聯繫。在以原新竹郡役所為校舍的工業學校，他答應設法解決該校校舍不足與欠缺實習工廠的困難。在省立女子中學，他先實際

---

31 一九四六年十月十三日《人民導報》。

瞭解該校原有四排校舍被炸存兩排而嚴重不足的情形，然後在大禮堂給全校學生作了一場精神講話，鼓勵她們擔負時代賦予女性的新任務，博得學生的熱烈歡迎。

十五日，宋副處長首先前往桃園忠烈祠參拜抗日烈士，「瞻望凝思久之」，然後由新竹縣（包括今桃竹苗三縣市）教育科長鄭明祿（《人民導報》創刊發行人）等人陪同，先後視察桃園第一國民學校，省立桃園農業職業學校，縣立初級中學，以及鄭明祿創辦擬為模範國民學校的桃園鎮中心國民學校。在農校，他詳細垂詢了該校校風、人事及設備等諸多情況，但該校教務及訓導兩主任「所答多非所問」。他於是召集全體教職員與學生講話，首先強調新竹縣下產業應以農業（尤其是山地農業）為重，該校負有建設新台灣的重責大任；接著勉勵教職員應各守本分克盡職責，學生要遵守校規、努力學習，準備建設新竹新農業區的學問和技能；最後指示學校當局，利用廣大的校有田地建設模範農場，並協助農民建設合作農場。在縣立初級中學，因為時間短促，他沒有應校長之請對全校師生講話，但對辦學有方的該校校長給予諸多讚許與建議。中午，他應地方人士之請共用午餐，並舉行教育座談會，會中有人提到女子教育不能與男子完全相同的問題，由於它與員林台中各地人士保留家政科目的主張一致，他除了詳述中國的教育宗旨及立國精神外，並允諾將在過渡時期的現在設法酌予增設。座談會至下午三點盡歡而散。[32]他也結束了這次的南下視察活動而歸返台北。

十二月二日，新竹縣各校校長又推派八名代表晉見教育處范壽康處長與宋斐如副處長，陳述新竹縣下教職員薪資已積欠四個月，家中大小均不得溫飽，生活困難的苦況，並籲請教育處設法解決。范壽康處長與宋斐如副處長向他們解釋了地方財政困難的實際情況，希望大家忍耐一時，並答應與劉啟光縣長謀求解決之道。代表們聽了後滿意而退。[33]

十一月廿八日，為了即將召開的邊區教育會議，教育部特派專門委員程時奎等一行三人來台視察。當天早晨，宋斐如與范壽康處長同到機場歡迎。廿九日晚上又出席教育處辦的歡迎宴請。[34]十二月五日，為了讓教育部視察團成員更深入瞭解台灣的教育情況，教育處特別邀請省縣市參議員、大中小學校長、教育團體代表，連同教育處同人，與視察團一行三人一起召開教育座談會。程專門委員報告來台視察的四大任務之後，接著由與會的各方代表發表改進國民教育的意見與建議，氣氛熱烈。九日，《人民導報》以題為〈台灣教育集大成〉的「特寫」重點報導了這場座談會的發言紀錄，並且以宋斐如於本年三、四月間公開講演時提出的「教育第一，生產第一」口號，歸納為教育的「省政原則」，並把「實施辦法」具體為「先察實情充實財才」。

五、校園演講

台灣光復之後，中等學校依照我國的學制分為中學、職業、師範三類。日據時代原有的各公立中等學校一律改為省立中學，高等女學校改為省立女子中學，各實業學校依其設科性質分別改為某某科職業學校。至於中等學校校長的選派則根據下列幾個原則：在重慶、福建兩處約定並已到台者，原校資歷較深的教職員，在台北登報徵求的教員中資歷較深者，各方介紹經審查合格者。[35]與此同時，日據時期主要招收日人學生（後來亦曾招收極少數台灣學生）的台北第一、第三、第四中學校合併為建國中學，台北第二中學校改名為成功中學，原台北第三高等女學校改為省立台北第二女子中學。

從一九四六年下半年起，宋斐如也以教育處副處長的身分應邀到台北市的各中學講話。

---

32 一九四六年十一月十五、十六日《人民導報》。
33 一九四六年十二月三日《人民導報》。
34 一九四六年十一月廿九、三十日《人民導報》。
35 前引汪知亭《台灣教育史》，頁一七五、一七七。

六月十七日，宋斐如首先應台灣省立台北第二女中鄭校長之請，於該校紀念周，向全體教職員及學生千餘人訓講〈三民主義中的婦女地位〉。他首先解說三民主義的自由、平等、博愛總原則及其與婦女的關聯性，接著批評日本婦女受制於封建的道德觀念，地位極不平等也極不自由，而中國婦女的社會地位已顯著改進，最後勉勵學生努力於學問及德性的修養，為將來從事正當而適宜的工作服務社會做準備，同時強調女人必須經濟獨立，而後法律及政治上始可獲得真正的自由平等。[36]十二月八日早晨，他再次蒞臨省立第二女中成立周年紀念，並向全體師生一千二百餘名致訓詞。[37]

八月，大同鐵公所所長林挺生創辦的大同初級職業學校（舊名大同實業學校），「為廣集人才，以磨練學生之身心，養成質實剛健之風氣，授以國家產業上必要之學術及實務」，而招考了二十名第四期新生。九月十日，注重生產教育的教育處副處長宋斐如，應邀參加該校第一期畢業生畢業典禮及第四期新生入學典禮，並致祝詞。[38]

八月十八日，陳文彬被派任建國中學校長，隨即積極推展校務，並於新學期增收六班外地來台工作人員子弟，同時首先打破本省男女學生界線，男女兼收，因而報考踴躍。九月廿二日，宋斐如應邀出席指導該校父兄會。十月二日，再應陳校長之邀，給該校學生專題講演〈讀書與救國〉。他首先介紹該校的歷史，然後從就讀北大時蔡元培校長「讀書不忘救國」的口號，談到鴉片戰爭以來中國所受的帝國主義侵略，以及前仆後繼的學生救國運動。他指出，現在抗戰勝利了，同學們新的使命就是「建國」，但因內戰發生，民不聊生，所以往後必須努力學習，參加建設，力求實現和平。他強調，光復後我們要走的路和日本殖民統治時代是不同的，只要同學們在學生時代養成自治的精神，努力充實自己的能力，放大眼光，以後參加建國的工作，我們的前途是很光明的。[39]

十月七日，宋斐如一早即蒞臨省立成功中學巡視，並對向來極為熱心教育文化的何敬燁校長的辛勞，以及紀律嚴明的該校學生，備致嘉勉，然後於紀念周向學生演講〈青年成功之道〉。他首先指出，日據時期，在殖民當局採取日台人差別待遇的歧視教育政策下，該校前身的台北第二中學校是收納台灣學生的中學校，具有抵抗日人同化野心，保存漢族民族思想意識的光榮歷史，光復之初，學生家長因此要求改名為一中並引起兩次爭執，最後教育處決定不以數字為校名，改以成功中學命名，以免引起不必要的校名次序排列之爭，也平息了爭執。他強調，學校的社會地位必須以實際成績來決定，學生努力讀書，遵守校規，現在做個好學生，將來做個好國民，才是提高學校社會地位的切實方式。他認為，該校有一萬零兩百五十名學生，可說是台北各中學中人數最多、設備最完整的學校，只要一本過去精神，貫徹始終，必定能和陳文彬先生接掌以後的建國中學並駕齊驅，共相媲美，成為本省中等學校的雙璧。他接著講述說，「青年成功之道」在於遵循孫總理「革命尚未成功」的遺訓，努力不懈，追求上進，若能如此，個人的事業終將成功，社會、國家與全人類也能賴以發展。他同時強調，凡人做事欲求其成功，簡單說起來，不外乎身體力行智、仁、勇；也就是說，要以科學的方法學習智識，並以實踐相輔而進，要以仁義博愛的精神真誠待人，要有辨明是非曲直、當仁不讓的勇氣。最後，他期勉同學們能辨明智、仁、勇三者息息相關相互為用的道理，切實奉行，好好運用，建立心胸寬廣的人格，做個健全的國民，將來成為優秀的國家主人，才不負校名。紀念周後，他又與該校教員

---

36 一九四六年六月十九日《人民導報》。

37 一九四六年十二月九日《人民導報》。

38 一九四六年九月十一日《人民導報》。

39 一九四六年九月廿一、廿二日與十月三日《人民導報》。

座談，熱烈討論一切有關學校行政的問題，一直到中午十二點半才離開。[40]第二天，也就是十月八日，《人民導報》除了新聞報導之外，同時以極大篇幅「特載」宋斐如〈成功之道——在成功中學訓話紀錄〉。十二月十五日，何敬燁校長為了紀念鄭成功，響應推動新台灣的新文化運動，鼓勵學生寫作及養成閱讀習慣而特別發起創辦的綜合性刊物《成功月刊》創刊，封面是吳忠翰的巨型木刻「大動脈在復員中」，內文包括：葉桐的〈學習延平王〉、吳忠翰的〈青年學習修養問題〉、巴特（陳文彬？）的〈中國語言文字的起源與發展〉與刃峰的〈女兵〉等多幀木刻插圖，同時也轉載了教育處副處長宋斐如的〈成功之道〉一文。[41]

十月三十日，宋斐如親赴台北第一女子中學校參加紀念周並致詞說，現在本省女權已經提高了，比日本殖民統治時代的女性地位還高，希望大家明白時代給予的任務，立志做一個為家庭、為社會、為國家出力的模範女性。[42]

十一月四日，宋斐如在泰山馮玉祥處的舊識，本省培養師資最高學府省立師範學院李季谷院長，特請他赴該校紀念周，給全體師生六百餘人訓話。行禮如儀後，李季谷首先致詞介紹宋斐如二十幾年來致力於推翻帝國主義、台灣解放運動與參加抗戰的經歷，接著由宋斐如講述〈台灣今昔教育宗旨的比較觀〉。他指出，日本殖民統治實施個人本位教育，結果反而壓迫個人不能獨立存在與自由發展，其毒害及於台胞為：講求個人利害本位，地方性色彩濃厚，雖然奉公守法，卻養成只知其然不知其所以然的呆滯人生觀。但中國的教育宗旨講求社會化、普遍化，根據三民主義而以社會國家為本位。他舉例說，台灣的藝術程度雖高，但社會性則甚淡薄；一般台胞偏重私德卻忽略公德。他因此建議，今後台胞應浸透於社會化的宗旨，充分體現智仁勇的原則，養成忠於國家社會的高潔人格，勿局限於個人利益的追求，例如選擇職業時，不再只是以利益多寡為標準而趨向商業界，而應以對於人類社會有無利益為最高決定的原則，這樣，我國社會才能進步發展。最後，他與全體師範學生共勉說，教育文化工作雖然辛苦，但卻是高尚清高的。[43]

十一月六日，本省社會賢達劉明、朱昭陽等籌創，並於月前招生千餘名，轉借高級商工學校為校舍而開學的延平學院，敦請宋斐如蒞校講述〈學生深造的第一步〉。他首先分析時局及青年學生對國家所負重責大任，勉勵同學們努力進修，好好學習，並指出在現代國家，修完國民學校及中等學校，只算完成充當一個國民應具常識的學習而已，進入大學，才算學生深造的開始，而「學生深造的第一步」就在於先對各種學科有所認識，再據此選擇最適合自己興趣及特長的學科，這樣才不會造成所謂「學非所用」或「用非所學」的時間和精神浪費。他列舉了學醫的中國大文豪魯迅、郭沫若、郁達夫，學地質的現任行政院副院長翁文灝，以及學礦學的前任教育部長陳立夫等人為例，說假使他們學用一致，相信可以節省很多時間和精力，而其效率也可以特別高。他接著又以自己當年在北大選讀政治經濟學（Political Economy）的例子，說要選擇正確的學科並不是容易的事，前提必須對所選學科有正確的認識，因此就要從三方面來考慮：第一要考慮自己的志向與趣味，第二要考慮自己的特長和個性，第三還要考慮未來的勞力市場及一國一地方的情勢。但是，趣味和志向有時會變化，最初認為最合適的學科，到實地學習或應用時，有時也會和初志相違反，所以還要實習一下，充當決定深造學問選擇上的準備工作。他進一步指出，深造學問的實實在在的第一步，更須先準備選擇學科的基本學識，其中，就科學系統言，可以求得科學方法的哲學，在各學科上的地位就如不可不先讀的一本書的緒論，無論是選讀自然科學或人文科學，都應該列為最基本的學識。其他各學科，如政治、經濟、

---

40 一九四六年十月八日《人民導報》。

41 一九四六年十二月二日，《人民導報》第三版。

42 一九四六年十月卅一日《人民導報》。

43 一九四六年十一月五日《人民導報》。

法律、社會、教育、歷史、心理等等，可列為科學系統中的分論，由各人的志趣去擇定。但各科系之間彼此皆有相互關係，欲獲得正確的分論學問，必須通過哲學，學習正確的方法論，應用於各種學科。如果再就社會現象分析而言，則經濟學又為各科的基礎。一切社會現象的發生和變化，皆依存或決定於經濟關係，所以各科系的學問，例如政治動向、法律的判定和運用、教育、衛生設備等等，都要以經濟學為基礎。他強調，學得正確的科學方法論，而後才可以學得各種正確的學識；各科系均需以經濟學識為基礎，分析一切社會現象始不致錯誤，才可以確立正確的人生觀、世界觀。當然，他也指出，「經濟固為各種社會現象的基礎構造，但是上層構造也可以影響基層構造的經濟」。「正如經濟學上生產關係本來左右或限制生產力的發展，而生產力的發展到某程度時也可以突破生產關係的限制。不過，前者為原則，後者為變則；前者為常態，後者為變態。變態之發生，一般稱為革命，是求學上值得特加注意的。」[44]

《人民導報》「聞其內容指引學生深造之路至為正確，其分析舉例詳盡而恰合，其敘述深入而淺出，不但對於延平學院一處學生有大裨助，即對於全省乃至全國的大學一、二年級學生，亦可為求學之指針。特請講者口述其大概」，並於同月十日，以「星期論文」「刊出以為大學師生之參考」。

十一月十八日，教育處升學內地專科以上學校公費生九十二名前往大陸各主要大學前夕，在省訓團舉行「台灣省升學內地大學公費生同學會」成立大會。與會來賓包括：教育處副處長宋斐如、省參議會議長黃朝琴、省訓練團教育長韓逋仙、台北市長游彌堅和教育處第一科長褚應端等人。台灣省教育處對外宣稱，這批即將前往廈門、上海、杭州、南京、北平和武漢等大學升學的公費生，是「本省最優秀青年，將來可以肩負新中國新台灣建設重任，其前途則為中國之前途，台灣之前途。」因此，宋斐如在首先致詞時，除了指出在光復後的台灣組織學生會、鍛鍊自治自主生活的重要性，並提出兩點建議，勉勵學生遵守：其一，到內地求學首要虛心客觀收納有益學識，豐富見聞，返台應用。其二，拿定正確目標，準備改進台灣及整個中國。他強調，這些學生負有代表台胞溝通文化的重大使命和任務，必須以此態度面向目標，再運用科學方法（參考〈學生深造的第一步〉），始能獲得正確合用的學識。[45]

另外，教育處接收日據時期的台北經濟專門學校後，改組為台灣省立台北商業專科學校，其後又再改為台灣省立法商學院，一九四六年六月中旬開始授業。八月一日，該院院長周憲文聘宋斐如為專修科兼任教授（任期至一九四七年七月卅一日止）。十月，教育處准予留日返台文法科學生編入法商學院。該學院也決定另設政治經濟學系，收容這批學生，同時積極趕修教室。[46]十一月三十日，省立法商學院分院留日文法科學生補行開學典禮。宋斐如應邀蒞臨致詞，指出過去日本政府阻礙台胞深造文法科，現在，在日本不能繼續求學的留日學生能返台安心讀書，實足慶幸。他又勉勵同學們，要負起實行憲政民主政治的大使命，將學校生活社會化、普遍化，擴大民眾的訓練，以為一般台胞政治涵養及政治訓練的導師，並保持一向的好習慣，應用於三民主義的合理建設上。[47]

十二月八日下午，宋斐如以畢業生身分出席台灣高級商工職業學校首次校董會。[48]十四日，該校舉行珠算比賽大會。他以兼任名譽會長之身分致訓詞，敘述計算技術的進步程序，勉勵學生革除舊觀念，把珠算、會計學、統計學、經濟學等學問及技術應用於國家社會之上。比賽之後，他又分別給予成績特優的模範傳票

44 一九四六年十一月八日《人民導報》。
45 一九四六年十一月十九日《人民導報》。
46 一九四六年十月十四日《人民導報》。
47 一九四六年十二月一日《人民導報》。
48 一九四六年十二月九日《人民導報》。

算比賽的前三名一千元、八百元及七百元的獎金，共貳千伍百元。[49]

六、社團活動與紀念文章

在一九四六年期間，除了教育處副處長與人民導報社長，以及前面提過的幾篇文章之外，宋斐如也參與了幾個人民團體的活動，並發表了幾篇重要節日的紀念文章。

根據目前可見的材料，返台以後，宋斐如最早涉及參加的人民團體，應該是台灣民眾聯盟的籌備工作。一九四五年十一月七日《民報》報導，日據時期台灣文化協會、台灣民眾黨、台灣農民組合、台灣革命（共產）黨等抗日團體的主要幹部，「鑑及台灣雖已光復，對於三民主義的實現，及新台灣的建設，尚要相當努力推進」，所以，十月三十日在台北新中華九樓召開各團體磋商會，決定團結各團體的同志，創設台灣民眾聯盟，並選出起草委員七名。十一月四日，起草委員會決定團體名稱和宗旨：「擁護蔣主席，實現三民主義，研究政治經濟社會諸問題，推進新生活運動，協力建設模範新台灣」。同時決定籌備委員：張邦傑、宋蕉農、呂伯雄、陳旺成、張信義、李曉芳、韓石泉、劉啟光、吳海水、鄭明祿、黃朝生、簡吉、廖進平、王萬德、潘欽信、連溫卿、楊金虎、黃周、莊孟侯、蔣渭川等人，開始籌備事宜，歡迎全島同志參加。

從這份名單及該團體後來的發展來看，此一聯盟應該是張邦傑牽頭的，而宋斐如因為具有官員身分，所以是以筆名「宋蕉農」公告。

一九四六年一月六日，該聯盟經過一段時日的籌備之後，在台北蓬萊閣酒樓舉行第一次代表大會，並改組為台灣民眾協會，全省同志一百四十九名出席。但根據一月八日《民報》報導，無論是出席來賓或各地選出的執監委名單，都沒有出現宋蕉農（斐如）的名字。顯然，宋斐如並沒有實際參與這個組織。其後，該會於三月十日的第二次執監委聯席會議提案，將會名再改為台灣省政治建設協會，並於四月七日的第二次會員代表大會立案。[50]

八月十九日，原台灣革命同盟會假台北中山堂舉行改組為台灣憲政協進會的第二次籌備委員會。宋斐如與丘念台、林忠、劉啟光、李萬居等原重要幹部出席。會議修改了會章草案，並訂於雙十節舉行成立大會。[51]

十一月廿八日，為了取得工作步調的聯繫，以資應付社會環境的變化，適合民主的要求，台灣憲政協進會與台灣省政治建設協會特假台北中山堂舉行聯誼會，議決：兩會各推五位代表成立聯絡委員會。然而，宋斐如並沒有參與其中。[52]

在此之前，三月六日，國民黨中央宣傳部長吳國楨（一九〇三—一九八四）於中外記者招待會上公開宣布：新聞自由為政府既定方針及中國國民黨一貫主張……現政府已依照其原訂政策，電飭各收復區，自電到之日起，即將所有新聞檢查，予以取消。[53]消息揭露之後，台灣新聞界便以中央社主任葉明勳牽頭，展開了籌組新聞記者公會的活動。

三月廿一日，各報記者廿二人在台北中山堂舉行首次發起人會議，選舉李萬居、林忠、葉明勳、宋斐如等九人為籌備人，進行籌備事宜。[54]四月二十日，在台北中山堂舉行成立大會，行政長官陳儀、國民黨省黨

---

49 一九四六年十二月十五日《人民導報》。
50 一九四六年三月十一日、四月八日《民報》。
51 一九四六年八月廿一日《人民導報》。
52 一九四六年八月廿一日《人民導報》。
53 一九四六年三月八日《民報》。
54 一九四六年三月廿二日《民報》。

部主委李翼中、宣委會主委夏濤聲、台北市長游彌堅、美國新聞處主任、警備司令部副參謀長、民政處指導員等來賓暨會員一百八十名到會，審議章程，選舉理事葉明勳等十七名、監事吳春霖等五名、候補理事楊雲萍等七名、候補監事兩名。宋斐如以第二高票當選理事。[55]廿三日在中央社召開首次理監事會議，選舉葉明勳、宋斐如、陳旺成、盧冠群、林紫貴五人為常務理事，葉明勳為理事長，林忠為常務監事，並決定祕書、各部主任，討論會務進行事宜。[56]

台灣省記者公會雖然是官方中央社發起，響應國民政府政策的報人組織，但從會員名單來看，也包括了省內省外的進步記者，如蘇新、陳文彬、王白淵、呂赫若、龍瑛宗、許乃昌、馬銳籌、白克、黎烈文、倪師壇等等，而宋斐如顯然就是民間報人的領頭人。

九月一日記者節。為此紀念，八月卅一日與九月一日，《人民導報》「星期特稿」分上下兩次刊出宋斐如〈報人的使命——為紀念記者節而作〉。他認為，報業的發展，正如革命的發展，過去一代報人犧牲的血汗生命充當後代報人的踏腳石，造成今日言論自由的地基。報人切不可忘記過去犧牲的前輩，更不能忘記肅清為自己權位而摧殘報業、破壞言論自由的報界害蟲。所以，今日報人最重大而正當的使命，第一在於不帶主觀意氣的忠實報導，反映民情。第二在於公正而善意的批評，最要避忌的是意氣的偏見。第三在於積極而具體的建議，避忌空洞、抽象的說法。最後，他強調，在民主潮流澎湃的時代，報人也要自重，才能不辱報人的神聖使命。

另外，四月十九日，宋斐如又兼任正氣出版社幹事。

據云，台灣省警備總司令部參謀長柯遠芬中將為了發揚民族正氣、培養建國人才，而於三月三日正式成立正氣學社及正氣出版社，並派曾今可任總幹事，主持社務。該社的最高組織是幹事會，有幹事五十餘人。成立以來，「各地青年學生踴躍參加，社員遍布台灣全島及澎湖的黨政憲警工商學各階層」。四月一日，《正氣月刊》（半月刊）創刊；第五期之後改為月刊。其後又相繼出版《正氣畫報》、《正氣叢書》等，並設辦事處於京、滬、港、閩、皖及美國等地，「暢銷全台及國內各省市」。該社並設置「正氣獎學金」，請台大代辦；並先後承包編印台灣省警備總司令部「軍事接收總報告書」正續篇二巨冊、台灣省第一屆青年夏令營「訓練集」及「通訊錄」、台灣省第一屆全省運動大會「告民眾書」與大會標語畫、台灣省糧食調劑委員會「工作報告書」、兵學月刊社「兵學月刊」、台灣省警備總司令部勞動訓導營「勞動週報」。此外還主辦了國語補習班與函授班，以及實驗小劇團的國語及台語的話劇演出等等。[57]

十二月廿八日，正氣學社在警備總部中山俱樂部舉行第一屆社員大會，同時邀請林茂生（台大教授）、周憲文（省立法商學院院長）、李季谷（省立師範學院院長）、林紫貴（中國國民黨台灣省黨部宣傳處長）、張慕陶（憲兵團少將團長）、葉明勳（中央通訊社社長）、宋斐如等幹事出席。[58]然而，根據《正氣月刊》第一卷第四期「九如」所撰〈正氣學社第一屆社員大會速寫〉，當天，實際到會並致詞的有林茂生、李季谷、林紫貴、張慕陶、葉明勳等多名幹事；周憲文等幹事來函請假。宋斐如既未出席，也沒有請假。由於資訊不多，我們對這個組成怪異的出版社與學社所知不多，因而也就無法瞭解，宋斐如為什麼會加入這個出版社並擔任幹事了。

五月廿五日，是台灣民主國建「國」紀念日。台北市參議會及國民黨台灣省黨部「為發揚民主精神，提

---

55 一九四六年四月廿一日《民報》。
56 一九四六年四月廿四日《民報》。
57 曾今可〈本社第壹年的工作報告〉，《正氣月刊》第一卷第四期（一九四七年新年特大號），頁八六—八七。
58 一九四六年十二月廿八日《人民導報》。

高本省同胞對於民主政治的認識」，假中山堂召開「台灣民主政治發軔紀念大會」。《人民導報》編輯部有感於台灣的民主政治發展，從民主國下種到今日已經開始發芽，此後正是開花、結果的時期，故特向前戰時日本研究社社長宋斐如先生借得五年前撰寫的珍貴資料性論文〈台灣民主國對日抗戰〉，於廿六、廿七日揭載，以供青年「慎終追遠」、「繼往開來」之用。該報「編者」進一步認為：台灣民主國「胚胎於鄭成功反清復明的民族精神，此種精神即在台灣被滿清征服後仍然繼續存在，所以說滿清的武力並沒有征服台灣人心，今日台胞的心理建設特別重要，值得同胞研究。」因此於廿九日「再揭載」宋斐如的〈反抗滿清統治的暴動〉，「以為參考」。

八月廿七日，孔子聖誕紀念日。宋斐如應邀在省署《新生報》紀念專刊發表〈孔夫子的偉大〉。他首先指出：「萬世千秋得一人，只顧公益不行私利，只謀社會之福利，不貪個人之榮譽，不怕環境之惡劣，迎困難而勇往直前，其理想即不能實現於當前，亦期影響於後世者，就是孔夫子了。」然後反駁非難「孔子的學說思想不適合現世」的時論說：「社會環境之變化與進展，乃社會進化必然的歸宿。數千年前任何大聖大賢，都無法保其主張能通行於萬世之後而不逾越。因為真理沒有絕對的，只有『近真』而已，世界任何大科學家卻不敢保其學說永久不變，『相對論』的價值也即在此。時人之有『以變衡定』非難孔夫子，無乃太過乎？」他更指稱那些以孔夫子的「出生私德」搬弄是非者，「若非別有用心，即為喪心病狂」。他強調孔夫子「不為威武所屈，不為權力所誘，不染於阿附諛承，不會拍馬吹牛」的人格，「今日當仍值其所值，而非其所非，不怕無聊的任何中傷吧！」並意有所指警惕說：「今日台灣世景漸變，人心不古，慣造謠言中傷，密告升官，亂戴帽子以謀獨占權位的風氣，逐漸侵入，逐漸分布，老奸巨猾，精於『官場之游泳術』者，應捫心自問其惡影響的責任，更應知百年之後必有『春秋』出以問世。」他進而期待「一般人民尤須『知廉恥，明禮義』，勿為卑鄙寡廉者流所蠱惑，努力充當忠實的新台灣建設者，凡有誣衊忠實建設者出現，必須『鳴鼓而攻之』，舉凡有利於台灣合理建設的工作，必須勇往直前。凡有溝通官民感情使得實際協力融化者，應多尊崇。凡有貌似忠於政府而實為政府摒絕人民者，政府固不易覺察，人民亦應知檢舉。」他總結說，這就是「春秋之義」，而「孔夫子精神之偉大，即在於斯」。

十月十日，台灣光復後的第一次「國慶」。為了「慶祝國慶」，《人民導報》在第四版製作「國慶紀念特刊」，刊發了幾個黨軍有力人士的祝文，其中包括柯遠芬〈怎樣紀念我們的國慶〉、李翼中〈慶祝國慶寄望台胞〉、林紫貴〈確保統一加緊建設——紀念三十五年國慶應有的努力〉。宋斐如除了以社長的身分暨《人民導報》全體職員題字祝賀，並在第三版發表〈國父與國慶〉一文「與國人共勉」。他強調：「我們紀念國慶不能忘記國父，尤不能忘記國父（解救四萬萬五千萬生民）的理想，及其（解放世界被壓迫民族的）事業。現在抗戰雖已勝利，帝國主義所加於我國的枷鎖雖已掙脫，但建國頭緒萬端，還有待於革命同志及一般國民繼續努力。先烈鮮血未乾，同志不應健忘，我們尚須『和平、奮鬥、救中國』，勿負國父遺志。」

十月廿一日，台灣省行政長官公署為培養本省藝術研究興趣，提高藝術文化水準，並紀念光復一周年，特於台北市中山堂舉行為期十日的首次全省美術展覽會，會長陳儀特聘全省著名美術家郭雪湖（國畫部）、楊三郎（西畫部）、陳夏雨（雕塑部）等十六名，以及宋斐如等十一名社會重要人士為審查委員。[59]

十月廿五日是台灣光復周年。《人民導報》除了發表社論〈紀念光復周年——並為本報擴版之詞〉，並連續兩天在第四版製作「台灣光復周年紀念特刊」，刊載李友邦、林紫貴、范壽康、李翼中、李純青、陳文彬等人的祝文。宋斐如則以本報社長之名在第二版題詞「慶祝光復周年」，並發表〈回顧與希望〉一文與「各界共勉共勵」。他寫道，「大戰之後必有荒年」。台灣光復一年來，也發生過「數十年來未曾有的大颱風」

59 一九四六年九月十一日《人民導報》。

而減少了農作收成。又加上「戰後復員的紊亂」。但「比之其他各省兵禍災連，哀黎遍地」，平心而論，「各種推進成績尚稱良好」，值得慶祝。尤其，蔣介石主席偕夫人蒞臨台灣紀念光復，「台灣萬民得仰瞻尊儀，或且得以聲訴日本軍閥的壓迫、淪陷時期的苦楚，及現在生活的困難，又是榮幸中的榮幸。」他同時具體指出政府各部門在「建設新台灣」上需要「嚴肅詳密的檢討，並研究、討論適當辦法來補救」的幾點意見：一是在政治上，人民的參議、參政是否已經健全合理發展？二是依照民生主義推進經濟建設的公營事業，有無不合經濟法則的情事？有無摻雜政治的阻力？三是各機關均已接收接辦的教育施設，是否有不正確，不合台灣實情的地方？四是朝向現代中華國民化的道路邁進的社會發展，是否受到某些原因阻礙而致遲滯？最後，他強調，這些問題的「補救辦法尤應多多領會陳長官指示放與守適度，可放則放的原則」。同時，政府方面必須多加尊重體貼輿論反映的人民要求；人民也應支持、擁護政府，並尊重與合理合法運用輿論。

同日，該報也於頭版刊登「本社緊要啟事」云：創刊將近一年來，「叨蒙各界愛護協助，各方面得以日臻健全，銷行日廣，茲為響應讀者要求及紀念吾台光復周年，決於本廿五日，擴大為對開一大張」，並設立通訊室、資料室，積極充實內容；改進編輯：增設英文、現代教育、經濟、法律常識、文史、藝文等七種週刊，敦聘著名作家及學者主編，以及綜合刊發各種文章的人民副刊，園地公開；力求使印刷美觀、清晰；加強發行組織，力求傳達迅速；籌設電務室，報導中外重要新聞；同時改訂報費為每月台幣六十元，零售每份台幣二元。十二月二至十日，該報頭版又一連登了九天「招聘派報員啟事」云：「本報近因報份激增，原有報童，不敷分配，茲為迅速配達，便利讀者起見，特於十二月份起增雇派報員若干名，不分男女，……」。該報所需經費都由民間籌集，條件十分艱苦。當經費緊張時，台籍員工往往只能發半薪。但全體員工仍然共同努力，使發行量突破一萬份並行銷全省。這也具體說明它的確是真正得到民眾擁護的。

十月卅一日是國民政府主席蔣介石六十歲生日。十二日，國民黨台灣省黨部首先發起徵印三民主義與主席言論選集十萬部的祝壽運動。基隆市國民黨員顏世昌也以獨自出資六十五萬元興建中正醫院的方式響應。十三日，台灣名紳林獻堂、李友邦、黃純青、陳旺成、李萬居、黃朝琴、連震東等以國民政府主席蔣介石「領導抗戰，光復台灣，豐功偉績，本省同胞允宜熱烈祝嘏，以表崇高之敬意。故以發動全省人民及各社團、各機關學校等獻金台幣一億元，將前台灣總督府舊地改為介石館，俾倡導文化事業永垂紀念」，而「發出〈籌建介石館緣起〉」，並「草擬台灣各界慶祝　蔣主席六秩壽誕籌建介石館獻金委員會組織規則及獻金計畫等草案」。十四日，宋斐如奉召與各社團、各機關學校，以及地方人士等百餘人，齊聚長官公署二樓會議廳，由林獻堂任主席，開會商討進行事宜，議決：組織獻金委員會，推舉林獻堂、李友邦、李翼中、黃朝琴、柯遠芬、周一鶚、游彌堅、黃純青、林熊徵、羅萬俥、李萬居等十一人為常務委員，並公舉林獻堂為主任委員、連震東為祕書長，設獻金、總務兩部，及獻金隊三十隊，每隊設正副隊長各一人，辦理獻金分配的發動、召集諸任務，必要時得設分隊等等。林獻堂並在現場宣稱獨捐五十萬元。十五日，台灣省籌建介石館獻金委員會在省參議會召開第一次常務委員會，決定如下估配獻金額：省黨政軍團及公營事業機關，提獻員工一個月薪津的十分之一，共約四千萬元。全省學生，自國民學校至大學，約可獻二百萬元。各縣市方面，預定約六千萬元，以戶稅為標準比例分配推動。同時決定由黃朝琴擔任副主任委員，羅萬俥擔任獻金部主任。月薪四百九十元的教育處副處長宋斐如被委員會函聘為「第二十二隊隊長」，負責向學生界勸募二百萬元。[60]

眾意難違。宋斐如只得「著手組織分隊及小隊，以省立各學校校長、各市政府教育科長，及各縣所轄區長為分隊長，以省立各學校家長會長、市府教育局科總務股長，及各區署教育課股長為副分隊長，以國民學校校長為小隊長，以各國民學校家長會會長為小隊副隊長，並敦聘該處范處長壽康為名譽隊長，即日展開工

60 一九四六年十月十三—十六日《人民導報》。

作。」三十日起至十一月四日，該第二十二隊除了「擬定台灣籌建介石館祝壽獻金委員會學生隊組織辦法大綱，學生隊獻金手續，收款日報表及收據格式，分發各隊應用，誠恐通知未周」，又以隊長宋斐如之名，在《人民導報》附〈辦法大綱〉連續公告，「希全省各縣市科（局）長、各學校（自國民學校至大學）校長鼎力協助，並希我全省同學踴躍捐獻，共襄盛舉」。據〈辦法大綱〉所載，學生捐款的分配比例規定是：國民學校每人最少三元，中等以上學校每人最少十元。[61]

同月三十日，台灣省籌建介石館獻金委員會第二次常務委員會議決「介石館」改稱「介壽館」。[62]到了一九四七年二月十一日，《人民導報》刊出一則消息云：「介壽館募捐學生隊，經隊長宋斐如領導，努力勸募，原定額二百萬元，現已達到二百二十二萬餘元，預計總額可達二百五十萬，聞為各隊之第一成績。」

十一月九日，宋斐如親臨《人民導報》發行人王井泉經營的山水亭，主持「天才文學少女」陳蕙貞（一九三二—二〇〇五）處女作《飄浪的小羊》出版紀念會。他首先向與會的四十餘名本省文化界、政界人士介紹陳蕙貞的簡歷，說陳蕙貞出生於上海，四歲時隨父親陳文彬到日本東京，六歲起先後就讀自由丘學園、經堂國民學校、山梨高等女學校，一九四六年二月隨家人歸台，並在等候輪船的一個月期間，寫了日文小說《飄浪的小羊》。接著，陳蕙貞在滿場的鼓掌聲裡登場，發表出版感言。然後，陳文彬應在座人士之熱情要求，發表如何養育這個天才少女的方法。各界人士隨即相繼致詞並一致認為，應該好好培育這樣的天才，使她盡量發展，並議決組織「英才保育會」，推舉宋斐如、謝東閔、林桂端、陳旺成、李友三、蘇新、王白淵等人為籌組委員，即日開始活動。廿四日，陳文彬假中山堂舉行《飄浪的小羊》批評茶會。宋斐如與台北市長游彌堅、省參議員王添灯、台北市參議會議長周延壽等各界先輩六十餘人出席。茶會首先由陳文彬與陳蕙貞父女致謝詞，接著由陳蕙貞朗讀《飄浪的小羊》的「空襲」一章，然後王白淵、雷石楡、宋斐如、蘇維熊、游彌堅、王添灯、蕭友山（老台共、社會評論家）、周延壽、王育霖（前檢察官）、白揚采（文藝作家）、賴文進等人先後致詞。[63]

七、經建言論

除了教育處與人民導報的相關言論之外，專業是政治經濟學的宋斐如，偶爾還是會「跨界」，發表一些有關現實經建問題的看法。

一九四六年四月廿四日，專賣局板橋酒工廠廠長鄧文心於紀念週邀請教育處副處長兼人民導報社長宋斐如蒞廠，給全體員工訓講〈教育第一，生產第一〉。他指出，建設新台灣，建設台灣模範省，必須首重教育及生產。就長遠考慮，教育重於生產。就解決當前問題著想，則生產又重於教育。尤其在精神文化改造時期的今日，台胞尤須依賴此後的教育變成中國人，變成主人。但是目前的治安、失業、金融、物價、糧食、必需品、衛生，乃至教育等問題，又非依賴增加生產不能解決。生產增加，則工人有工做，物價跌落，糧食及生活必需品充裕，衛生設備，治安及子弟就學等問題，自然解決。就金融資本問題而言，生產增加，更可消納游資於生產過程，並消弭流通過程上的泛濫；即便因此而增發幾許通貨，尚不為病，何況可以增加稅收而減少增發通貨的必要。今日的經濟問題正如治河，與其堵塞不如疏通，與其封口不如善導。最後，他強調，該廠在鄧廠長領導台胞，經營有方之下，生產突破預定指標，成績超過日本殖民統治時代，甚盼繼續努力，以為其他生產工廠，特別是生活必需品的生產工廠的示範。他同時期望向來非常重視員工福利與工廠學校化

---

61 一九四六年十月三十日《人民導報》。

62 一九四六年十月卅一日《人民導報》。

63 一九四六年十一月十一、廿五日《人民導報》。

的鄒廠長，能夠把生產與教育更加聯為一體，讓全廠員工在生產中學習，在學習中增加生產。[64]

九月廿九日，宋斐如在《人民導報》發表〈談談台灣農業的改進——祝中華農學會成立〉一文。

中華農學會，創設於一九一七年一月，以闡揚農學、革新農業為職志，設會所於南京，為我國歷史最久的農業學術團體，會員遍及全國各行省。一九三七年因對日抗戰西遷重慶。一九四五年抗戰勝利後再遷回南京原址。[65]一九四六年九月，中華農學會理事長、中美農業技術合作團中國團團長鄒炳文來台訪問。十八日晚，省農林界人士在台北中山堂光復廳舉行歡迎餐會，行政長官陳儀及三十幾個機關團體，共計一百五十餘人到會。宋斐如應該也出席了這場歡迎宴會。餐後，鄒炳文報告出席聯合國農業會議的經過，以及中華農學會最近的工作概況。陳儀最後致詞，闡述了本省農林建設的方針，並發動籌組中華農學會台灣分會。當場隨即推舉農林處長趙連芳等十一人為籌備委員，召開籌備會，並預定於同月三十日成立。[66]廿八日，中華農學會台灣分會提前成立。

宋斐如藉著〈談談台灣農業的改進——祝中華農學會成立〉這篇祝文，針對台灣的三農問題「略抒意見，以貢獻農業諸專家」。他首先指出，農學會的組織以省農林處為主幹，為首腦部，所以研究所得的辦法更能夠應用於實際農政。農學會應該特加留意慎重從事的是：相對國內，台灣農業較具特別的基礎條件，並有它的特殊性，如果農政實施得法，則台灣農業經濟一定可以大獲成效，成為實行民生主義的模範。但若實施辦法及人事問題不能圓滿配合，儘管原則良善，在實施初期就難免出現離題愈遠，甚至背道而馳的弊病。所以，首先應多著重於台灣農業現在的實情，精密研究制訂吻合民生主義及現代農業趨勢的實際農政辦法，才不致妨礙其他農業部門的發展，而重犯過去日本殖民統治時期農業偏重政策所造成的畸形發展弊病。他認為，處理農業問題及農政施設，應該同時考慮到，改進農業經營與改善農村經濟兩者的互相因果與效應。假使農業經營進步了，卻只有少數人獲利，而不能改善農村經濟，這樣的社會發展勢必是畸型的。假使單求農民生活改善，而不改進農業經營，則其農村經濟必定落後於世界水平，農民所得福利也極有限。他進一步分析說，單就農業經營言，台灣具備較好的土地生產關係，廣大的農林及耕地歸政府公有，利於經營大規模示範農場，從而進一步鼓勵農民協力經營合作農場，讓台灣農耕成果普遍達到世界水平以上。但大規模的生產方式費用龐大，如果沒有進步的農業經營，勢必如一般公營事業那樣，不能避免冗員與浪費，以致徒有改進農民經濟的良好動機及為民示範的德意，卻因成效不彰而無從普及。所以，改進農業經營尚須革新政治，使得人事管理相配，與息息相關的各產業部門互相聯繫，合理解決勞動人口、工資、農耕機械化與大規模化，以及諸如電費昂貴、新式農具的製造採購與農業資金的運用等等問題。最後，他借用「台南某縣長」對其所說「現在台灣人民生活若不能改善，則台灣光復自無意義」之言，強調農業經營改進的目的是為了改變農村經濟，從而改善農民生活。假使農民生活不能改善，農村經濟不能普遍好轉，那麼，農業經濟建設就失卻根本的意義。此點，不獨關係農業經營的問題，而且是農業改進成敗的關鍵。他指出，就光復後的台灣而言，如何落實土地制度合理化、土地利用經濟化，乃至田賦負擔及徵收公平化等等農業經濟問題，從而避免台灣農民再次感到日本殖民統治的「經濟外的剝削」，也就決定了接收當局的經建原則是否正確的檢驗標準了。

另據九月廿六日《人民導報》報導，省合作事業管理委員會第一次委員會通過的「合作事業工作綱要」業經行政長官核准實施。十月五日，中國合作事業協會台灣分會在長官公署二樓會議廳成立，到會會員一百二十餘人，通過章程，討論工作綱領；選舉理事：高良佐、顏欽賢、莊孟侯等二十九名，監事：黃純青、

64 一九四六年四月廿五日《人民導報》。
65 社團法人台灣農學會簡介。
66 一九四六年九月廿一日《人民導報》。

劉明朝、游彌堅、林獻堂等十七名；推舉名譽會長陳儀，副名譽會長葛敬恩（長官公署祕書長）、李翼中、李友邦，名譽理事：周一鶚、趙連芳、嚴家淦、范壽康、包可永、任顯群、黃朝琴、丘念台；最後臨時動議以該會名義向陳儀長官、蔣介石主席發致敬電，並致國內合作界同仁書。[67]顯然，這是一個完全由長官公署推動成立的官方機構。

第二天，也就是十月六日，宋斐如在《人民導報》發表〈推行合作事業的檢討——並祝台灣合作事業健全發展〉一文指出，建設合作事業的目的在於增進各部門產業的發展，改善人民的生活。合作事業的興衰，反映一個國家的現代化程度，及其政府是否關心人民，尤其是中下層人民的福利。日據時期，台灣合作事業已經相當發達，包括農會、漁業會、信用組合等五百個以上事業單位，遍布各縣區鄉鎮，不能說沒有相當成績。但是，殖民政府社會經濟政策的重心在保護中堅階層，又因民族歧視而經常出軌，以致對台灣的合作事業只偏於產業的推展，完全沒有照顧到一般人民生活的改善。他強調，發展合作事業，是總理遺教民生主義解決民生問題的主要辦法之一，信奉三民主義的人們更應督促政府獎勵推進合作事業合理健全的發展。最近，省公署陳長官為了在台灣推行民生主義，也特別注意改進合作事業而成立合作事業管理委員會，銜接過去與現在的合作事業，並謀配合台灣五年經濟建設計畫，發展合作金融，增加生產，加強物資供給，改善一般人民的生活，用意至善。因此，他針對台灣合作事業的管理提出幾點建議：第一，應注意各部門產業的健全發展和人民生活的合理改進，特別要獎勵中下級產業發展和改善中下層人民的生活。第二，揚棄殖民統治民族差別待遇的歧視，完全遵從民生主義，將合作事業的利益普及於中下層民眾。第三，國家銀行出力支持信用合作事業，設法改革合作金庫與農民銀行的放款規定，讓一般中下層小實業家、小資本商人與小農取得貸款資格，免受高利貸剝削，以謀改進農業經營及農民生活。第四，生產合作部門的經營，例如合作工廠或合作農場，尤須注意公開化、民主化的原則，以免流於官僚化的弊病。第五，政府先開辦模範事業，例如大規模農場，採用最經濟而合於農耕潮流的經營管理方式，以卓著的業績對一般人民產生示範作用，進而組織扶植人民舉辦生產合作事業，並在資金運用、生產工具（如新式農具）、生產運輸等等方面，給予相當便利與補助，以資獎勵。第六，公營事業要為人民設法解決經營困難，避免各省各種公營事業所犯的毛病。第七，希望民政處多多舉辦合作人員講習班，培訓各企業單位工作人員有關合作事業的管理、經營技術、政治意識、經濟意義等等課程，深入養成專門的合作人員。

十月七日，《人民導報》又發表題為〈護人民的真正利益〉的社論，支持台灣的合作事業。

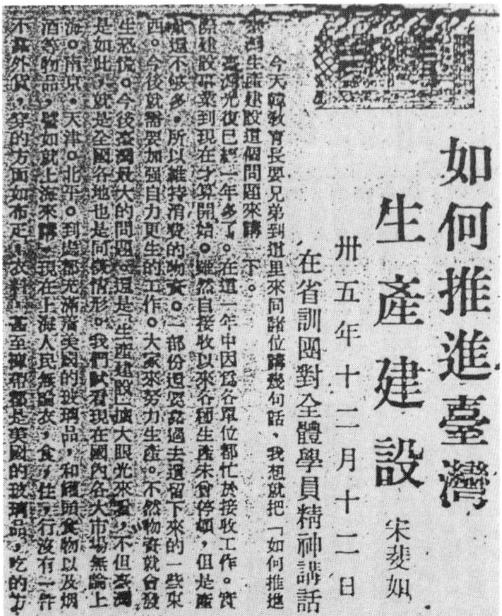
如何推進臺灣生產建設　宋斐如
在省訓團對全體學員精神講話
卅五年十二月十二日

一九四七年一月九、十日《人民導報》連載宋斐如〈如何推進台灣生產建設〉講稿。

十二月十二日，宋斐如應省訓團教育長韓逋仙之邀，以〈如何推進台灣生產建設〉為題，對全體學員精神講話。他首先指出，台灣光復一年多來，各單位都忙於接收工作，實際建設事業到現在才算開始。自接收以來，雖然各種生產未曾停頓，但是維持消費的物資，產量還不夠多，一部分還要靠過去的庫存，今後需要大家更加自力更生，努力生產，不然就會發生物資恐慌。他認為，今後台灣與全國各地面臨的最大問題還是「生產建設」。因為現在國內各大市場，無論上海、南京、天津、北平，到處都充滿著美國的舶來品；外貨

67 一九四六年十月七日《人民導報》。

充斥，我國無形中變為人家的銷貨場，入超數目非常驚人。而台灣的輸出物產，例如，過去在國際市場上很有地位的茶葉，外銷停滯，茶市蕭條；樟腦和蔗糖，也因種種原因，無法和外貨競爭；台灣專賣局本地製造的香菸也乏人問津；各種工廠紛紛倒閉，民族工業陷入嚴重危機，國家前途不堪設想。陳長官為了挽救這種危機，想把台灣經濟復興起來，以減少外貨的輸入，所以定明年為「生產年」，集中各方力量，從事生產建設。因此，他建議，第一，要讓工廠開工，由政府合理經營，配合全國所需，增加生產，使今後一切日用品能自給自足，並減少社會因失業而起的恐慌。第二，要改善大地主剝削小農的生產關係，依照國父遺教「耕者有其田」的原則，通過土地調查，合理分配使用權，使得地盡其力。第三，台灣的食米、水果和蔗糖，除本省消費使用外，還可以把剩餘的運往華中、華北，換取棉花或銷售；或去外國換取其他各種必需的工業機器，開發本省各種工業。第四，加強農業及工業職業學校的教育，培養生產建設所需的各部門人才，促進生產效率。最後，他希望來自各方面的全體學員，體認自己負有非常重大的使命和責任，深切瞭解目前國家經濟嚴重的危機，認清各自在生產工作上努力的方向，群策群力，把台灣建設為全國各省的模範，再把整個國家建設起來。[68]

八、如何恢復台灣話的方言地位

為了消除日本殖民統治造成的語言隔閡，一九四六年四月二日，教育處成立了專門的台灣省國語推行委員會，由魏建功任主委，宋斐如在泰山講學與重慶抗戰時期的舊識何容擔任副主委；另在每個縣市設國語推行所，編訂加注中文拼音的教材，推廣讀音規範，隨即在全島掀起了國語學習的熱潮，為實行學校教育和社會教育奠定基礎。宋斐如也通過人民導報附設業餘學校推廣國語文（詳前）。

因應台灣特殊的語言環境，台灣省國語推行委員會訂立了六條「台灣國語運動綱領」，其中第一條就是

「實行台語復原，從方言比較學習國語」。

四月七日，何容在《新生報》發表專論〈恢復台灣話應有的方言地位〉，隨即引來一連串相關問題的討論。首先是四月十二、十四日《新生報》所刊李武忠的回應文章〈關於「恢復台灣話」問題〉。四月廿一日，陳文彬在《人民導報》發表〈國語與台語〉。五月五日，李武忠又在《人民導報》發表〈關於「國語與台語」〉。陳文彬於是寫了〈利用台語推行國語〉，在五月十與十一日的《人民導報》，分上下兩篇刊出。陳文彬認為，李武忠的〈關於「恢復台灣話」問題〉與〈關於「國語與台語」〉，有「許多前後矛盾的地方」，「找不出他立論的中心」，而且因為「年歲及其學術的論爭經驗」所限，「文章火氣太大」，其實沒有「登載價值」。但是，作為《人民導報》總主筆與論爭當事人的陳文彬解釋說，「只因本省關於語言文字方面的問題，似乎還不大有人從事研究，論爭更不常看見，故不惜紙幅的犧牲，把它（〈關於「國語與台語」〉）全部登載於五月五日的星期專論欄上」，提供大家「共同研究研究。藉以鼓勵學術論爭的風氣，同時亦可以『藉免混淆讀者耳目』。」

八月十日，旅居北平的「台灣革新同志會」主任委員王文義，率領該會訓練的第一批來台服務文教人員六十餘人，安抵基隆，協助政府推行國語文、重建台灣新文化。十三日，教育處在台北中山堂舉行盛大的歡迎會，宋斐如出席並致詞。[69]

十一月廿九日，教育處處務會議決議組織台籍公務員國語文訓練委員會，宋斐如被推舉為主任委員。[70]

---

68 一九四七年一月九、十日《人民導報》。

69 一九四六年八月十五日《人民導報》。

70 一九四六年十一月三十日《人民導報》。

十二月二日，宋斐如未署職銜，在《人民導報》「專載」了〈如何恢復台灣話的方言地位〉一文。

關於「台灣國語運動綱領」第一條「實行台語復原，從方言比較學習國語」，以及何容在《新生報》發表的專論〈恢復台灣話應有的方言地位〉，宋斐如在學術上抱持有條件贊同的態度。然而，有一天，何容在某個宴會席上大談「恢復台灣話的方言地位的問題」時，最後作結論卻說「反對者均為陳文彬先生鎮壓下去，而宋副處長為第一個反對者。」他剛說完，主人就宣告宴會結束，以致其他人，尤其是被點名的宋斐如，不能就此問題展開討論。事後，宋斐如恐怕現場的「聽者只相信何先生片面之詞，信以為是絕妙的結論了」，於是寫了〈如何恢復台灣話的方言地位〉，辯明自己對這個問題的看法。

宋斐如首先指出，負責推行國語的何容先生似乎應該多注意的是，「今日的問題並不在於應否恢復（台灣話的方言地位），而在於如何恢復」，並勸其「不必斤斤於哀訴和表功」。因為他相信，「凡略通台灣事情和語言關係的人」，「應該沒有反對恢復台灣話的方言地位的」。他指出，「何先生的主張雖曾遭《人民導報》來論（李武忠〈關於「國語與台語」〉）之反對，但為何先生辯解、贊助的，何先生只知其為陳文彬先生而不知陳文彬先生之為導報之總主筆。所以何先生大聲疾呼宋副處長為反對的第一人，未免太『神經』。」他接著申論說，他「曾經口頭反對過，在國語文的兩邊，一面注國音，一面注台灣字音，而主張索性單注國音。」理由有四點：第一，「國語文所注台灣字音並不是台灣話」。例如，「不懂的地方」，閩南台灣話應該是「不識的所在」，而且，「這還不正確」，所以，「正如廣東話一樣」，「根本無法注出台灣話」。第二，「台灣話也不統一，有閩南話，有客話，也有高山話」；甚且，「在閩南話當中還有漳泉、南北部之別」，例如，「念書」，南部為「讀冊」，北部為「讀書」，而且，「書」的字音也各不同。第三，「讀書記字在專不在分，分則亂而無效，故與其叫學習的人同時記兩種音，不如先記一種音，較容易記得」。他強調，「我們不能以語言學者的態度叫學習的人開始就跟我們學語言的比較」。第四，「據熟悉國音的台

專載

如何恢復台灣話的方言地位

宋斐如

一九四六年十二月二日《人民導報》「專載」宋斐如〈如何恢復台灣話的方言地位〉。

胞言，用國音不能精確注台灣話」。對此，他認為自己「是外行人」，但「也姑認以為理由之一」。他強調，他從未反對過「恢復台灣話的方言地位」，而是認為重點「不在應否恢復的理論」，而是「如何恢復的具體辦法」。他相信，「負責推行國語的何先生，諒也痛感及此。」他因此建議「熱心的外省語言專家」，關於「在國語文旁邊加注台灣話，是否可能、是否合理、能否辦得通？乃至如何恢復台灣話的具體辦法」等種種問題，「還該多與本省懂得國音的人交換意見」。所以，他同時「提議國語推行委員會應多採用本省人，或閩南人，或熟悉台灣話的國音家。」他又自我反省說，在重慶時，他以為，台灣一光復，有漢文根底的台胞，一下子就可以恢復使用我們的文字，但是他沒想到，經過最近十幾年日本政府嚴禁漢文與獎勵日語的結果，「台胞大部分只知日語而不識漢文，甚至只知日語的意思，不知漢字的意思，有很多人看漢字不懂意思，聽日語音始能瞭解漢字的意思，如日本人一樣。」他看到「許多台胞竟然變成了文盲」的現實。並痛感到問題的嚴重性與危險性。因此認為，現在普及國語的問題，已經進入要同時普及國文、救濟文盲的新階段了，必須使學習國音的人知其音同時也知其義才好。為此，他又建議推行國文的當局，要「多採用識漢字的台胞，或者先訓練一批台胞教員，由一而十，而百，而千，而萬。則問題就較易解決，目的也可達到。」最後，他再次強調，「問題已十分嚴重」，深切希望社會賢達與專家，共同討論「恢復台語的方言地位」與「推行國語文」的「具體解決的辦法」。

十二月十日，省立編譯館館長許壽裳為博採眾議，編訂各級學校教科書，召開教材編訂座談會。宋斐如出席，並提出五點編輯原則：顧到全局、以建國為中心、寓化於教、統一教本由淺入深、分科規定淺深程度等。他同時建議：教材著手編訂前，應聽取各校校長及台籍教育人士的意見，草稿完成後，再請大家批評。[71]

九、聲援王添灯筆禍事件

五月八日，宋斐如辭去《人民導報》社長職務改由王添灯接任之後，仍以「顧問」之名，繼續在幕後扮演「為民喉舌」的文化鬥士。十五日，台灣省參議會第一屆大會閉幕。宋斐如與王添灯以共同發起籌備的台灣文化企業社名義，在中山堂招待省參議員，並舉行文化座談會。[72]

然而，接任《人民導報》社長剛滿一個月的王添灯，就因為站在人民立場的辦報態度而惹上一場「筆禍事件」。

六月九日，《人民導報》刊登高雄灣子內農民反抗大地主剝削而遭到警察鎮壓的報導。十一日，高雄市警察局長童葆昭在《台灣新生報》刊登「駁斥人民導報之荒謬言論」的啟事，並控告王添灯誹謗名譽。《人民導報》直面迎戰。十七日，刊登短評〈駁斥童葆昭〉；二十日又發表社論〈童局長暴舉與暴言〉；廿二日再刊短評〈謙遜與暴吏〉。廿五日，「人民園地」欄，續刊高雄市民姜維美等十七人題為〈我們做你們後盾〉的讀者投書：

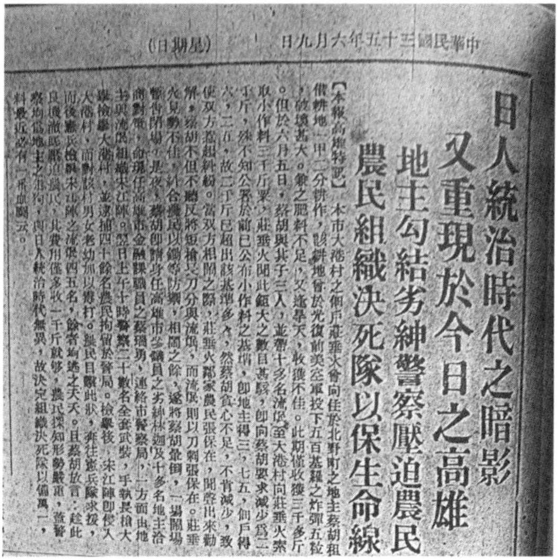
中華民國三十五年六月九日（星期日）

日人統治時代之暗影
又重現於今日之高雄
地主勾結劣紳警察壓迫農民
農民組織決死隊以保生命線

【本報高雄特訊】本市大港村之佃戶莊垂火曾向住於北野町之地主蔡胡租借耕地一甲二分耕作，該耕地曾於光復前美空軍投下五百基羅之炸彈五粒，破壞甚大。兼之肥料不足，又逢旱天，收獲不佳。此期僅收穫三千多斤。但於六月五日，蔡胡與其子三人，並帶十多名流氓，至大港村向莊垂火索取小作料三千斤，莊垂火聞此鉅大之數目甚駭，即向蔡胡要求減少爲二千斤，殊不知公署於前已公布小作料之基準，即地主得三七五，佃戶得六二五，故二千斤已超出該基準多多，然蔡胡貪心不足，不肯減少，致使双方惹起糾紛。當双方相鬧之際，莊垂火鄰家農民張保在，聞聲出來勸解，蔡胡不但不聽，反將短槍及刀分與流氓，而流氓則以刀刺張保在。莊垂火見勢不佳，糾合農民以鋤等防衛，相鬧之餘，遂將蔡胡毆倒，一場鬧場暫告閉場。是夜，蔡胡即將身任高雄市參議員之劣紳林迦及十多名地主洽商對策，命現任高雄市金融課職員之蔡瑞勇，連絡市警察局，一方面由地主與流氓組織宋江陣。翌日上午十時警察二十數名全套武裝，手執長槍大舉檢舉大港村，並逮捕四十餘名農民拘留於警局。檢舉後，宋江陣即侵入大港村，而對該村男女老幼施以毆打。農民目擊此狀，奔往憲兵隊求援，而後憲兵檢舉宋江陣之流氓四五名，餘者均逃之夭夭。且蔡胡放言：趁此良機滅農民，其費用僅多收一千斤就夠，農民探知形勢嚴重，蓋警察均爲地主之走狗，與日人統治時代無異，故決定組織決死隊以備萬一，料最近必有一番血鬥云。

一九四六年六月九日《人民導報》報導高雄灣子內農民反抗大地主剝削而遭到警察鎮壓。

敬愛的《人民導報》諸位先生：我們自《人民導報》發刊以來，每期都讀著它。我們每天讀了《人民導報》之後，愈覺得《人民導報》言論之精闢，本省報紙很多，真正受我們愛讀和愛戴的，究竟又幾個呢？只有《人民導報》，不但有勇敢鬥爭的精神，而且有正確公正的理論。據說《人民導報》銷路已增加多份，正是因為這個緣故吧！《人民導報》具有理論性的有原則的鬥爭，這是建設新台灣需要的，不可少的，

71 一九四六年十二月十一日《人民導報》。

72 一九四六年五月十六日《人民導報》。

大家認為你們的態度是正當的！你們擁護陳長官，但不放鬆對惡質汙吏的批評，這是需要的，我們深信：《人民導報》的主張和呼聲，就是廣大台灣民眾的主張和呼聲。你們勇氣愈大膽，言論愈公正，將愈會博得民眾的擁護，我們一大群民眾作你們後盾，為正義健鬥吧！

當然，我們不能簡單地據此斷定，這是該報取得人民強烈支持的最有力的注腳；也不能不懷疑，這篇投書其實是該報編輯自己操刀執筆之作。但是，我們卻不能不肯定他們敢於鬥爭的勇氣與擅於鬥爭的智慧吧。

八月卅一日，宋斐如通過《人民導報》「星期特稿」發表了有針對性的批判文章〈報人的使命——為紀念記者節而作〉（詳前），最後意有所指地強調，「在此民主潮流澎湃全世界的現代，政府要洞悉民意所在，而報紙就是民意表露的最好的機關。政府要重視報紙的報導，尊重報紙的批評」。

在報社，宋斐如常常對同仁宣傳「存在決定意識」的哲學，並且勉勵年輕的記者說：「新聞從業者的耳朵要靈一點，要多報導民間不受注意的反應和要求。」因此，儘管官司纏身，他和王添灯社長仍然秉著一貫重視農民的精神，十分注重有關農民運動的報導。九月，台灣農民運動的濫觴——二林事件的領導人李偉光（應章）醫師（一八九七—一九五四），以旅滬台灣同鄉會理事長之名返台。具有中共地下黨人身分的《人民導報》記者致遠（吳克泰）奉組織之命前往專訪，並寫了一篇〈莫忘「二林蔗農事

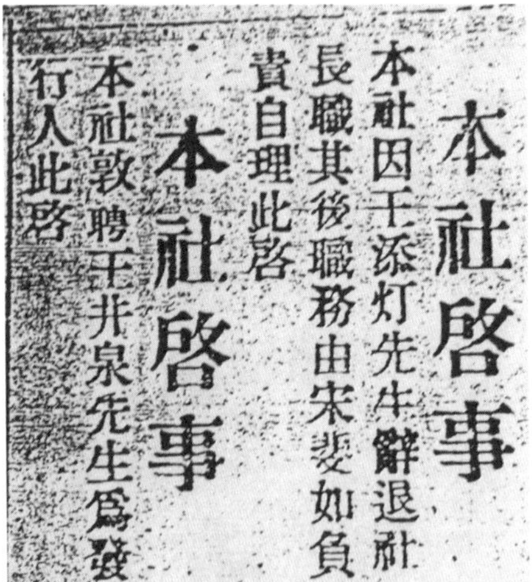

本社啓事

本社因王添灯先生辭退社長職其後職務由宋斐如負責自理此啓

本社啓事

本社敦聘王井泉先生爲發行人此啓

一九四六年九月十九日《人民導報》刊載的兩則「本社啓事」。

件」〉的特稿，分上、下兩次，於廿九、三十兩日刊載。宋斐如還因此大大讚賞了吳克泰。

然而，《人民導報》面臨的壓力應該是大得外人無法想像吧。九月十九日，該報又刊載了兩則「本社啟事」。一云：「本社因王添灯先生辭退社長職其後職務由宋斐如負責自理」。另一則云：「本社敦聘王井泉先生為發行人」。

王井泉（一九〇五—一九六五），台北大稻埕人，一九三九年開設山水亭料理店，並以此為據點，創建文藝社團啟文社，支持出版《台灣文學》與組織厚生演劇研究會，抵抗日本殖民當局的皇民化文藝。一九四六年六月，《人民導報》同人為建設新台灣的文化運動，繼辦業餘學校之後又再籌組話劇團，並聘請王井泉為顧問，於七月中旬公演二幕悲劇《魚》。現在，王井泉進一步加入《人民導報》擔任發行人，也意謂著作為所謂「半山」的宋斐如及其《人民導報》，已經完全與日據時期本土的進步文化人建立了統一戰線，同時也自覺扛起了日據以來台灣進步運動傳承的重責大任。

十月廿四日，台北地方法院宣判：王添灯「以文字公然煽惑他人犯罪」，處刑六個月，褫奪公權一年，罰金六百元。王添灯不服上訴，並致函台灣省新聞記者公會，希望主持公道，予以聲援。

王添灯上訴案
昨開首次審查庭
旁聽人數頗衆法院增設臨時座位
證人指出流氓毆打農民經過詳情

本市三線道路
接力賽跑
下月十五舉行

市警局記者
陳局長報告

一九四六年十一月廿六日《人民導報》關於王添灯上訴案首次審查庭的報導。

十一月五日，宋斐如與台灣省新聞記者公會理監事葉明勳等人連袂往訪高等法院、地方法院，要求合理判決王添灯一案。第二天，也就是十一月六日，他又與葉明勳等人由省記者公會推舉為代表，前往高等法院，希望高院「考慮王添灯判決案，維護言論自由」。[73] 廿五日，高等法院開王添灯上訴案的第一次審查庭。[74] 廿八日，政治建設協會、人民自由保障委員會、記者公會及律師公會等四團體，在台北中山堂開「守法護法大講演會」，到會聽眾五百多人，講演者包括：人民自由保障委員會代表陳旺成（《民報》主筆）、律師公會理事長蔡伯汾、政治建設協會代表廖進平和蔣渭川。宋斐如以記者公會代表的身分第二個講演說：「我在北平讀書的時候，有二個記者被槍斃，那時正是北洋軍閥的時代，原因很簡單，就是因為那二個記者批評張作霖政權，其後北伐雖然成功，但封建勢力依然存在，封建殘餘一直到現在還沒有徹底消滅，今天所有不好的現象，正是由此而來的。我們不但要求政治上的平等，還得要求經濟上的平等，所謂男女的不平等，就是男女在經濟上的不平等，今天如何來革除這些封建勢力呢？其出路在於政治，我們大家團結起來，結成一種力量，爭取真正的民主政治。這樣我們才能變為國家的主人翁，才能不受惡風的傳染，兄弟們！繼續保存守法的美風，繼續努力爭取政治的民主化！」[75]

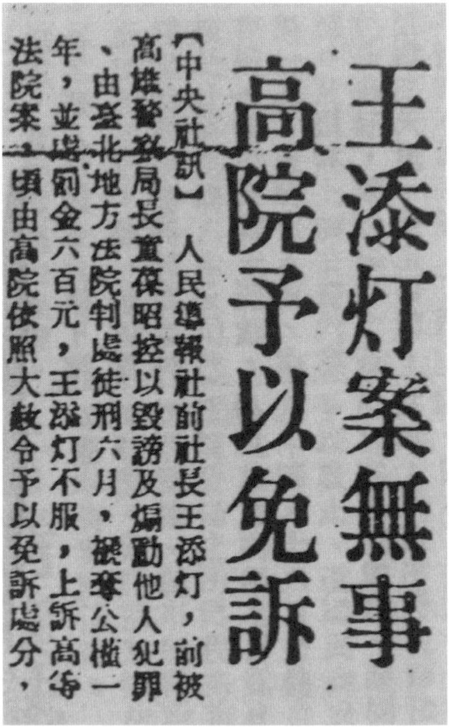
王添灯案無事
高院予以免訴
【中央社訊】人民導報社前社長王添灯，前被高雄警察局長童葆昭控以毀謗及煽動他人犯罪、由台北地方法院判處徒刑六月，褫奪公權一年，並處罰金六百元，王添灯不服，上訴高等法院案，頃由高院依照大赦令予以免訴處分，

一九四七年二月六日《人民導報》報導高院予以王添灯免訴。

十二月三十日，台北高等法院開王添灯上訴案第二次審查庭。[76]一九四七年一月廿八日，再開第三次審（偵）查庭，王添灯提出四點反證後，檢察官聲明撤回告訴。[77]

這樣，《人民導報》的報導惹起的王添灯筆禍案，獲得完全的勝利。然而，這場勝利，帶給王添灯和宋斐如的，卻是另一場未能預知而無可挽回的歷史與個人的悲劇。

73 一九四六年十一月七日《人民導報》。

74 一九四六年十一月廿六日《人民導報》。

75 一九四六年十二月一日《人民導報》，記者詹致遠（吳克泰）報導。

76 一九四六年十二月卅一日《民報》。

77 一九四七年一月廿九日《人民導報》。

第十一章

誰知英烈竟沉屍

（一九四七年一月—一九四七年六月）

歷史的腳步走到了一九四七年。

宋斐如的生命也隨著時光流逝而步入中壯年巔峰的四十五歲。只是，動亂的時代卻讓他的人生有了預料不到的厄運。

一、一九四七年元旦感言

一九四七年元旦。中華民國開國三十六年紀念日。國民政府公布《中華民國憲法》。《人民導報》也在風雨聲中屆滿周歲了。

在這數重紀念慶祝當中，宋斐如「不免感想紛紜」，於是正式署名，在《人民導報》發表〈本報創刊周年紀念感言〉指出，「憲法公布後，國家已是要進入憲政時期，而人民已是國家的主人，今後憲政的成績如何，須視人民的力量如何為斷。本報於此彌感職責之重大，因為報紙是人民的喉舌，民意之伸張，有輿論（賴）於輿論力量之加強，本報顧名思義，則所以為人民服務者，亦即為國家盡一分之貢獻。尤其是光復後的台灣，如何使人民成為國家的主人，以配合憲政的開展，更是一件艱辛的工作。」他認為，「台灣粗具的經濟規模和人民的守法精神，是為憲政之基礎，可是還須加緊溝通祖國文化，積極推進政治訓練，這樣才能夠發揮巨大的人民力量，從事國家建設。」然而，「時代的巨輪是在不斷推進之中，中華民國由軍閥專制進而為民主憲政，由被壓迫民族而躋於五強之列，今後前途方興未艾……中國的建設有待於人民之奮鬥」。他同時回顧說，一年來，《人民導報》「在不斷生長之中」，由草創時的小型報而擴版，雖尚未達成熟期，但總是「站在人民的立場，為文化教育而努力」。在工作上，不敢自誇有何成就，卻「可捫心無愧」。最後，他期勉該報所有同人，不要「故步自封」，應當把握「一年之計在於春」，「力求進步，再接再厲，為民前鋒」；同時期望社會「各界，繼續愛護扶持，指導批評」。

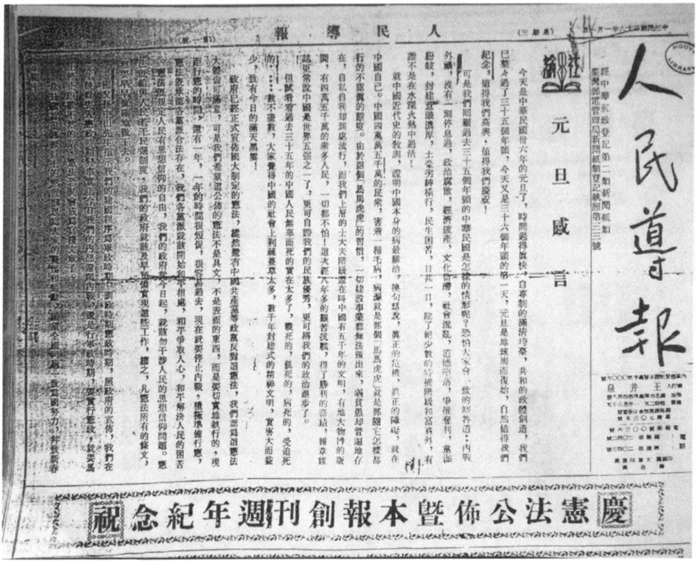

人民導報

經中華郵政登記第二類新聞紙類 臺灣郵電管理局新聞紙類登記執照第三三號

發行人 王井泉

社論

元旦感言

今天是中華民國卅六年的元旦了，時間過得真快，自專制的滿清垮臺，共和的政體創造，我們已整々過了三十五個年頭，今天又是三十六個年頭的第一天，元旦是地球周而復始，自然值得我們紀念，值得我們高興，值得我們慶祝！

可是我們回顧過去三十五個年頭的中華民國是怎樣的情形呢？恐怕大家會一致的回答道：內戰外禍，沒有一刻停息過，政治腐敗，經濟破產，文化停滯，社會混亂，道德淪落，爭權奪利，黨派紛歧，封建意識濃厚，土豪劣紳橫行，民生困苦，日甚一日，除了絕少數的特權階級和富翁外，有誰不是在水深火熱中過活！

就中國近代史的教訓，證明中國本身的病最難治，換句話說，真正的危機，真正的障礙，就在中國自己。中國四萬萬五千萬的民衆，害着一種毛病，病源就是那個「馬馬虎虎」就是那麼它怎樣都行的不認真的態度。由於這個「馬馬虎虎」的習慣，一切建設事業都無法做出來，窮貧愚却普遍地存在，自私自利却到處流行，而我們上層的士大夫階級還在叫中國有五千年的文明，有地大物博的版圖，有四萬五千萬的衆多人民，一切都不怕！這次經八年多的艱苦抗戰，得了勝利的結果，報章雜誌更常說中國是世界五强之一了，更可自誇我們的民族優秀，更可稱我們的政治進步了。

但試看看過去三十五年的中國人民無辜而死的實在太多了，戰死的，餓死的，病死的，受迫死的……數不盡數，大家覺得中國的社會上荊棘蔓草太多，數千年封建式的精神文明，實害大而益少，致有今日的滿天黑雲！

政府已經正式實佈國大制定的憲法，縱然還有中國共產黨等政黨反對這憲法，我們認為這憲法大體尚可滿意，可是我們希望這公佈的憲法不是具文，不是表面的東西，而是要切實地執行的，現距行憲的時間，還有一年，一年的時間很短促，很容易過去，現在就要停止內戰，積極準備行憲，憲法既承認各黨派合法存在，我們各黨派就該開始和平相處，和平爭取人心，和平解決人民的困苦。憲法須規定人民有思想信仰的自由，我們的政府從今日起，就該勿干涉人民的思想信仰問題。憲法既給與人民若干民權制度，我們的政府就該及早準備實現這些工作，總之，凡憲法所有的條文，都要早日[illegible]做工夫。

國父孫中山先生指示我們的建國程序為軍政時期，訓政時期，憲政時期，照政府的宣佈，我們在[illegible]

[illegible]

慶祝憲法公佈暨本報創刊週年紀念

一九四七年元旦《人民導報》社論。

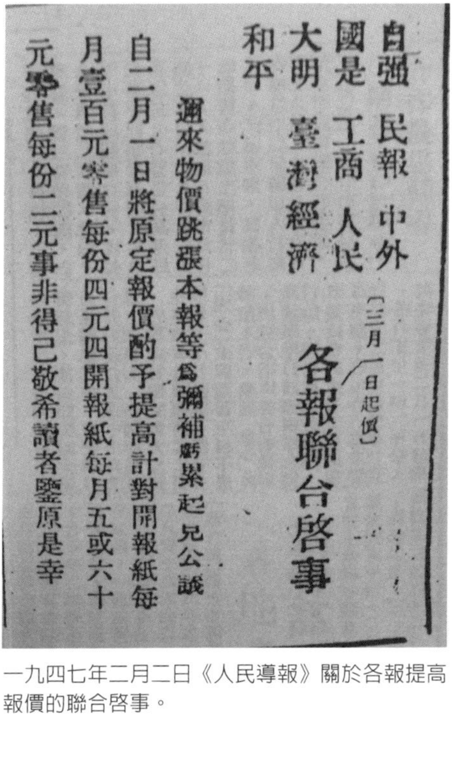

自強 民報 中外

國是 工商 人民

大明 臺灣經濟

和平

各報聯合啓事

（二月一日起價）

邇來物價跳漲本報等爲彌補虧累起見公議自二月一日將原定報價酌予提高計對開報紙每月壹百元零售每份四元四開報紙每月五或六十元零售每份二三元事非得已敬希讀者鑒原是幸

一九四七年二月二日《人民導報》關於各報提高報價的聯合啓事。

除了宋斐如個人的〈本報創刊周年紀念感言〉，《人民導報》同時通過題為〈元旦感言〉的社論呼籲國民政府：停止內戰，積極準備一年後切實執行憲法，並從今日起不要「干涉人民的思想信仰問題」，及早預備實現憲法給與人民的「若干民選制度」，「早早真確地」落實「憲法所有的條文」。

其實，站在要求人民基本生存權的立場，這樣的呼籲，調子還是溫和的，一點也不過分。而且，宋斐如還考慮周到地製作了「元旦特刊」，邀請李翼中、范壽康、周一鶚、范誦堯、林紫貴、李友邦等黨、政、團主要領導人撰文，再加上李萬居與黃朝琴的賀詞。儘管如此，國民黨當局還是不能再接受《人民導報》與宋斐如的諄諄建言了。

危機在看不到的地方潛伏著。

宋斐如依然像平常一樣，奔波忙碌於處理教育處與《人民導報》的大小業務。

一月六日，台灣省第一次全省行政會議在長官公署會議室開幕（十日閉幕），宋斐如以教育處副處長的身分出席，並被指定擔任教育組審查委員。

二十日下午，宋斐如與台灣日報、國是日報、經濟日報、自強日報及大明報等台北市各報同業代表，在人民導報社召開談話會，首先議決：廿五日下午，在人民導報二樓召開報業同業公會發起人會議，並公推人民導報社長宋斐如為召集人，接著討論有關報紙漲價、紙的配給與春節（廿二至廿五日）放假兩天等問題。

廿五日下午，報業同業公會發起人會議在《人民導報》二樓如期召開，各報代表七人出席。宋斐如報告說組織報業同業公會的宗旨在於加強同業之間的聯繫，一旦遇到節日是否停刊、紙源及如何漲價等問題發生時才可以共商解決辦法。其後，會議一致通過：組織台北市報業同業公會；會員入會資格依照政府公布的新聞法規辦理；推定《台灣日報》社長張兆煥、《人民導報》社長宋斐如、《大明報》副社長艾璐生三人為籌備委員；定於二月一日假人民導報社召開第二次籌備會議；二月十五日召開成立大會；以及有關調整報紙售價與解決紙張問題的處理方法等八項議案。[1]

同樣是在一月，省立法商學院奉令併入國立台灣大學法學院。台大校長陸志鴻續聘宋斐如為該院兼任教授，「所有待遇及任期概照原約辦理」。

二、台灣心理建設問題

二月七日，宋斐如接到台灣行政幹部訓練團韓逋仙教育長的通知，要他和李友邦領導的三民主義青年團幹部訓練班的學員講講「心理建設問題」。第二天，他就以〈台灣心理建設問題〉為題，進行了這場專題演講。他首先闡明之所以要談這個問題的原因在於：「做一個民主時代的國民，要認清時代的要求，知道做主人的道理才好」。他強調，行政長官陳儀常常說「公務員是人民的公僕」，如果人民自己沒有主意，應該為人民做事的公務員又不知道告訴他們如何去做，那麼民主政治就不會實現了。至於「心理建設」，因為經過日本殖民統治五十年的台灣和內地各省的處境不同，所以應該加上「台灣」兩個字。而台灣民眾要把日據時代錯誤的觀念改變過來，就要談到心理建設的問題。他認為，台灣的心理建設應當遵照孫總理「造成一個民族的原因，是血統和言語、風俗、習慣」的遺教，先讓台胞認識到自己純粹是中華民族的血統，然後都能瞭解我國幾千年來的歷史，尤其是近五十年來繼續不斷在進步中的歷史演變。與此同時，更要知道我國地廣人多、資源豐富的實際地理。他又說，為了台灣光復，他在內地二十五年，走遍各地，尤其是在北大求學時，曾經組織東方問題研究會，聯合東方被壓迫民族反對帝國主義的壓迫，並且注意到台灣心理建設的問題。在重慶發動台灣光復宣傳時，他又經常呼籲將來該做好台灣心理建設，以免影響一切建設，深得各界熱烈稱讚，

1 一九四七年一月廿二、廿六日《人民導報》。

《新民報》還特別發表一篇題為〈歡迎台胞內向〉的社論。他強調，「台胞內向」的問題也可以說是台灣心理建設的問題。客觀的講，台胞內向原沒問題，所以才有內地各處未曾出現的熱烈歡迎祖國的盛況。但是，現在這種情緒已經漸漸冷淡下來了，今後就要靠大家一起努力加強這種內向的心理了。他進而指出，台胞歡迎祖國的情緒轉變是因為存在著光復後「台灣便會變成天堂」的錯誤心理，要知道，人民幸福的樂園絕對不會從天上掉下來的，民主時代就是要人民自己來管理政治，決不能存有絲毫依賴的心理。他希望學員能夠徹底瞭解，在教育、文化學術及政治工作上，日據時期的嚴厲壓制與光復後的自由發展，本質上是絕不相同的，並希望大家能讓一般台胞也認識到這個事實。他也希望全體學員，一方面要革除日據時代遺留的壞的現象，同時也要保留諸如守法、守秩序、愛清潔等好的習慣。最後，他總結說，目前台灣社會值得檢討而加以改正的種種心理上的缺點很多，希望大家今後不要盲目歡喜，或過度悲觀，要盡量發揮自動、自覺、自治、自立的精神，效法一向苦幹、實幹的台灣青年團領導人李友邦先生，把全台灣的正確心理建設起來，這樣，台灣建設才有希望，才有前途。[2]

三、教育處副處長之職被撤

二月十九日，只當了一年零四個月「官」的宋斐如，終因「反政府」言行甚多，與政府「離心離德」，而被撤去了教育處副處長之職。[3]廿二日，他在《人民導報》刊登了一則啟事云：「本人因協辦人民導報，對於教育處工作，或有遺誤矛盾之處，昨接『免職另候任用』之命令，經即辦理移交，介壽館學生獻金事宜，亦經募足金額，正由統計組及文書組會辦結報手續，此後親友通訊，請暫寄本報社為荷！」

宋斐如被免職後並沒有乖乖在家閉門思「過」，反而知難而上，一面在台大法學院授課，一面集中全部精力，放手搞好《人民導報》。也許是為了以防萬一吧，廿三日，他趕緊在《人民導報》第二、三兩版，一

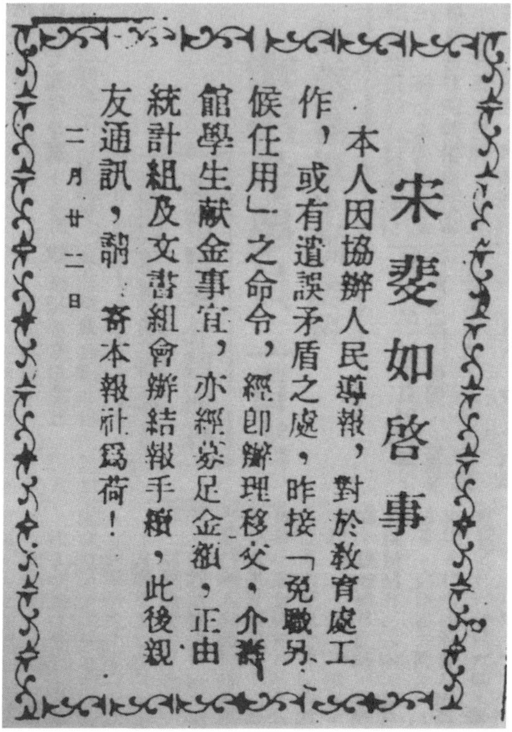

宋斐如啟事

本人因協辦人民導報，對於教育處工作，或有遺誤矛盾之處，昨接「免職另候任用」之命令，經即辦理移交，介壽館學生獻金事宜，亦經簽足金額，正由統計組及文書組會辦結報手續，此後親友通訊，請　寄本報社爲荷！

二月廿二日

一九四七年二月廿二日宋斐如在《人民導報》刊登被免職教育處副處長後的通信地址啟事。

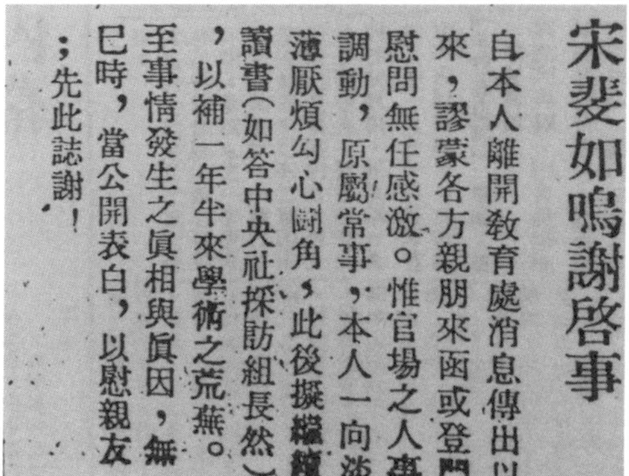

宋斐如鳴謝啟事

自本人離開教育處消息傳出以來，謬蒙各方親朋來函或登門慰問無任感激。惟官場之人事調動，原屬常事，本人一向淡薄厭煩勾心鬪角，此後擬繼續讀書（如答中央社採訪組長然），以補一年半來學術之荒蕪。至事情發生之眞相與眞因，無已時，當公開表白，以慰親友；先此誌謝！

一九四七年廿六與廿七日宋斐如又在《人民導報》連續刊登〈銘謝啟事〉。

2 一九四七年二月廿三日《人民導報》。

3 前引宋區嚴華：〈為氏丈夫突被扣押二月餘不明下落陳明一切請查明開釋由〉，頁一。

次刊完〈台灣心理建設問題〉講稿。

然而，從宋亮的外公外婆幫他保存的父親遺物中的兩份命卦，應該可以感受得到，彼時，宋斐如的家人還是因為他的免職處分而對未來有所疑慮，於是就到台南大媽祖廟邊一家名為泉州中正堂林得福的祖傳命卜擇日館，根據八字算命排運以解疑。在此之前，二月十八、十九兩日，《人民導報》連續登載了「福建泉州白雲子推命演課啟事」的商業廣告，內云：「鄙人此次由滇湘經滬來台素研奇異相術來賓不開口能知問什麼事能知姓什麼……凡各界仕女有疑難不決之事可得準確方針請臨敝寓一談方知吾言不謬」。因此，我們可以判斷，宋斐如的家人於是又前往延平路「福建白雲子」寓居的四川旅社，替他算命。

宋斐如的「八字」（「命」）是：壬寅、戊申、丙寅、丙申；命造「丙火」。福建白雲子云其命途「應該詩書發展，一生志氣忠直……福祿壽盈。雁塔題名。定國安邦。威聲照曜。馬立天門。國之柱石。馳騁中原。黨國奇勳。直上青雲也。玉人二氏。桂子三枝二香。八十四歲入辰。」可以說，這個自號「福建白雲子」的算命仙的預測還是準確的。彼時，四十五歲的宋斐如，的確曾經「雁塔題名」、「馳騁中原」，而且也有「兩位正式的夫人，三個兒子，兩個女兒」。然而，兩位算命師都批算宋斐如在四十四至四十八歲行「子」運；「子運屬水，來剋丙火」，不好，要注意謹守。林得福說：「現行子運暗淡，守之為上」。福建白雲子云：「今歲丁亥，遇丙火是仇神」。但是，白雲子又云：「司馬遇谷口，幸天降雨淋，自必危丙有救，雖入虎口，安如泰山。明歲祥光照宇宙，瑞氣盈盈入華堂。四十八歲己丑年，天上麒麟先露角，人間英物喜聞香……」。林得福也說他「癸地漸佳，老景更妙」。

總之，兩位算命師都預測宋斐如今年有難，但只要過了這道命坎，就能漸入佳境，甚至「威攝中原，祿位穩固」。只是，時代的動盪，卻提早結束了他應有的天年。

廿六與廿七日，連續兩天，宋斐如又在《人民導報》刊登一則〈銘謝啟事〉，內云：「自本人離開教育處消息傳出以來，謬蒙各方親朋來函或登門慰問無任感激。惟官場之人事調動，原屬常事，本人一向淡薄厭煩勾心鬥角，此後擬繼續讀書（如答中央社採訪組長然），以補一年半來學術之荒蕪。至事情發生之真相與真因，無已時，當公開表白，以慰親友；先此致謝！」

宋斐如的這則銘謝啟事透露了幾個訊息：第一，這是官場「勾心鬥角」的結果。第二，他本人清楚「事情發生之真相與真因」。第三，目前不方便公布。當時的國民黨台灣省黨部主委李翼中，一九五二年九月二十五日在陽明山帽簷別業敘述的〈台事親歷記〉提到，宋斐如「卸職」之因是「藉導報為不利於處長范壽康之宣傳，為陳儀不滿」[4]。彼時，陳儀已被槍決，事實是否如此，就只能姑妄聽之了。

二月廿八日，宋斐如的老戰友李純青任職的上海《大公報》，根據該報「台北通信」，揭載了「台教育處副處長宋斐如被免」的消息。

然而，事情並沒有因為宋斐如被免除教育處副處長之職而結束。看不見的敵人還躲在暗處，伺機對他加以致命一擊。二二八事件的爆發就是對方下手的時機了。

四、屍沉二二八

二月廿七日晚上七點左右，台北市專賣分局緝私隊查緝員六人在延平路天馬茶房附近查緝私菸時與女菸販發生爭執，並以槍筒毆擊，引起圍觀民眾公憤而反擊。在混亂中，民眾陳文溪遭查緝員誤射死亡。台灣人民鬱結胸中的怒火立即燒向了貪官汙吏，並且起來為爭取生存的尊嚴而鬥爭。宋斐如隨即將私人座車撥交《人

---

4 李翼中《帽簷述事》，轉引《二二八事件資料選輯（二）》（台北：中央研究院近代史研究所，一九九二年五月），頁四〇五。

中華民國三十六年三月八日（星期六）

人民導報

經中華郵政登記第二類新聞紙類
臺灣郵電管理局新聞紙類登記執照第三三號

內政部登記證京警臺字第〇〇六號
發行人 王井泉
社址 臺北市撫臺街第四段八號
報費 每份四元 每個月壹百元
郵局劃撥儲金口座番號 臺預七〇三五號
電報掛號 〇〇三六號
電話 編輯部 二〇四二號
電話 經理部 二〇四三號
印刷廠 大華印書局

二二八事件演進

市民被擊斃事爲導火線
蔓延各地提出自治要求

軍隊撤後 秩序恢復

事件擴大

二月廿七日晚七點半鐘，太平町發生事件後民衆在憤恨之餘，擁到憲兵隊和臺北市警察局請願，廿八日上午九點餘鐘、民衆沿街打鑼通告，全市騷動、大批民衆紛向本町專賣局臺北分局前進，各處民衆洶湧，衝進局裡，毆斃該局職員二名，傷四名，把局裡存貨火柴，香煙，酒，汽車，脚踏車，拋出路中、焚毀，圍觀的民衆不下二、三千人，憲警趕到亦無法維持，南門的專賣局總局亦被包圍，下午一點餘鐘群衆趨向長官公署被衛兵舉槍阻止旋而槍聲卜卜二十餘響，市民死傷數人，情勢愈形複雜，學生全部停課，各機關團體員工，盡逃走一空，正蘭旅社，虎標永安堂，店面玻璃均被搗毀，外省人公務人員，被毆打者，爲數不少，其中毆有名的爲新竹縣長，省地政局長等。民衆會於上午十一時 長官廣播 生，工人、商人等都有死傷，被捕的亦不少，民衆的反抗、有加無減。二日下午三時，陳

點處置辦法。

（一）凡是參加此次事件之人民，政府念其出於衝動、缺乏理智，準予從寬。一律不加追究。

（二）因參加此次事件已被憲警拘捕之人民，准予釋放，均送集憲兵團部，由其父兄或家族領回，不必由鄰里長保釋，以免手續麻煩。

（三）此次傷亡的人，不論公教人員與人民，不分本省人與外省人，傷者給以治療，死者優予撫卹。

（四）此次事件如善後，特設一處理委員會，這個委員會，除政府人員及參政員，參議員等外，並參加各界人民代表，俾可容納多數人民的意見。

三日上午十一時在中山堂開會之二二八事件處理委員會派出代表民衆五人、工人二人、學生三人，青年四人，婦人一人，國大代表，參政員，省參議員各一人，及蔣渭川，林梧村等二十餘人到長官公署要求撤退市上巡邏軍隊及憲兵，討論善後 解決結果：

一，軍隊三月下午六時撤回軍營集結。

二，地方治安由憲兵，警察與學生青年組織治安服務維持。

三，交通亦于六時全部恢復。民衆要保護交通員工。

四、米糧問題、撥出

一九四七年三月八日《人民導報》頭版。

民導報》記者，趕往出事現場，採訪民眾，進行瞭解。[5]

廿八日，台北市民集結抗議。警備司令部發布台北市區臨時戒嚴令。作為台灣人民喉舌的《人民導報》也從今日起被迫暫停出報。

三月一日，行政長官陳儀宣布解除台北市區戒嚴令。宋斐如與陳文彬等人在《人民導報》社長室召開緊急會議，集中討論非常時期如何才能及時把真實的情況報導出去。陳文彬認為敵人已經盯上宋斐如了，因此憂心忡忡地提議他應到香港暫時避一避。但是，宋斐如決心留下來。他說在這關鍵時刻，怎能離開台灣，離開人民，離開鬥爭呢？[6]他的座車司機劉昌智仍然隨報社記者奔波於台北、基隆兩地，採訪相關記事。每當採訪結束，司機將車駛回時，他總是慰勉有加，關懷之情溢於言表。[7]

三月八日，停刊多日之後，《人民導報》第四百廿六號重新出刊[8]，頭版頭條以「二・二八事件演進／市民被擊斃事為導火線／蔓延各地提出自治要求」為標題，詳細報導了二月廿七日晚上到三月七日的事件發展經過，並在二版刊發了處理委員會的〈告全國同胞書〉與〈三十二項要求〉，同時發表題為〈二・二八事件感想〉的社論，強調這次事件是「中國的不幸」，但是，「如果當局回憶初來台時，台灣同胞簞食壺漿的歡迎盛況」，「當可恍然自省」此乃「平時的積憤所致」，從而「尋取合理解決」的政治途徑，「在不違背

---

5 黃富三〈劉昌智先生訪問紀錄〉，收錄於中央研究院近代史研究所「口述歷史」編輯委員會編輯《口述歷史》第四期（台北：中央研究院近代史研究所，一九九三年二月一日），頁一二五。

6 前引宋亮〈台灣《人民導報》社長宋斐如〉，頁四〇六—四〇七。

7 前引黃富三〈劉昌智先生訪問紀錄〉，頁一二五。

8 二月廿七日的《人民導報》序號是四百十六號。如果正常出報，按序，三月八日應該是四百廿五號才對。但目前筆者未見二月廿八日至三月七日的該報。證諸三月八日的內容，應該可以斷定是當天才重新出刊，只是序號的誤差有可能是手民誤植所致。

國家民族利益之下」，導引台灣走上「行憲自治」的光明道路，那麼，這次事件「也是台灣的轉機」。

然而，同一天，行政長官陳儀拒絕接受二二八事件處理委員會的三十二條要求。憲兵二營已由福州運抵基隆。警備司令部終以「挑撥政府與民眾間的感情」、「煽動暴動」等罪名，封閉了《人民導報》。這時候，宋斐如的處境已經非常險惡了。逮捕的風聲已經傳來。許多親朋好友又再勸他趕快離開台灣，暫時躲一躲。但他還是說，現在還有事情要做怎能離去，而堅持留下來。[9]

三月九日，憲兵二營開入台北。警備總司令部再度宣布台北市戒嚴。國軍第二十一師先遣的一個團也到達基隆。

三月十日，國軍第二十一師先遣團進抵台北，基隆台北間之交通由政府恢復控制。軍憲警會同開始徹底搜索「暴亂首要分子」。

三月十一日，陳儀收到情治人員葛滋韜九日發出的密報，內云：「自台北暴動事件發生後，台灣共黨首要宋斐如（前省署副教育處長），失意政客蔣渭川，及台灣大學中共黨分子等，乘機挑撥煽惑，使事態變質成為政治陰謀，除非法組織二二八處理委員會外，並公開組織民主聯盟……」[10]

於是，宋斐如也在這場鎮壓風暴中消失了。

目前為止，關於宋斐如的最後行蹤有幾種略為不同的說法。

首先是宋斐如北大經濟系同屆同學李曉芳（嘉義人）轉述另一同窗吳敦禮的說法。三月中旬，吳敦禮坐三輪車來到中山堂前，看到七、八名援軍毫無預警就對路人開槍亂射，趕緊避入中山堂。透過窗玻璃，他看見無辜的行人被打死了六人，那些軍人還在死者身上搜刮手表等財物。他難忍悲傷，於是去拜訪宋斐如，告知親眼目睹的情況，請宋斐如急速通知警備總司令部參謀長柯遠芬，絕不可放縱軍人殘殺百姓。宋斐如聽了也很難過，隨即向柯遠芬如實轉達。四小時後，一位上尉軍官來訪宋斐如，說柯遠芬要請他去詳細瞭解實際情況。宋斐如於是隨上尉軍官出去，坐上車。從此一去無蹤。[11]

宋斐如夫人區嚴華的說法則略有出入。她在〈為氏丈夫突被扣押二月餘不明下落陳明一切請查明開釋由〉陳情書寫道：宋斐如「自被免職後，即居家思過，於事變中除應柯參謀長遠芬召見，及拜訪大安區區長外，並於十日晚與連（震東）祕書長（省參議會）通電話外，餘並未出家門半步。」

然而，柯遠芬在一九八九年七月三日脫稿於美國加州洛杉磯市的〈台灣二二八事變之真相〉[12]一文，卻完全沒有提到宋斐如的名字。至於連震東，更未見相關的回憶記事。因此，宋斐如當時與柯遠芬及連震東談了些什麼，就無從得知了。

區嚴華又說，「三月十一日下午二時左右」，突然有「便衣六人乘坐〇二〇三九及特別通行證七三號汽車到宅，將斐拘捕。」

根據《大溪檔案：台灣二二八事件》附件〈陳儀呈蔣主席三月十三日函〉，陳儀向蔣介石報告時指稱，二二八事件的發生不外七大原因，其中第二項是：「一年以來，因新聞、言論過於自由，反動分子得以任意詆毀政府，離間官民，挑撥本省人與外省人之情感。」並附上「辦理人犯姓名調查表」，宋斐如被認定是「奸偽要角」而名列第七位，所列「罪名」包括：「一、陰謀叛亂首要，組織台灣民主聯盟。二、利用報紙抨擊

9 前引宋亮〈台灣《人民導報》社長宋斐如〉，頁四〇七。

10 轉引檔案管理局編印《二二八事件與青年學生》（台北：檔案管理局，二〇〇五年十二月），頁四五。

11 許雪姬訪問、蔡說麗整理〈李曉芳先生訪問紀錄〉，收錄於中央研究院近代史研究所「口述歷史」編輯委員會編輯：《口述歷史》第3期（台北：中央研究院近代史研究所，一九九二年二月一日），頁三〇。

12 收錄於前引中央研究院近代史研究所《二二八事件資料選輯（一）》，頁二一—卅六。

政府施政，竭力暴露政令弱點。」[13]

區嚴華女士續說，宋斐如被捕後，她便四處奔走打聽，但歷經「二月餘」，仍「不明下落」。

對此，不同的人，後來也有略所不同的說法。一九五二年八月廿八日，國民黨台灣省黨部主委李翼中在陽明山帽簷別業敘述的〈台灣二二八事件日錄〉提到：「宋斐如擅文藝，抗戰時有聲渝桂間，陳儀任為教育處副處長，以事去職，至是與林茂生均被（地方政府）祕密殺害」。同年九月廿五日〈台事親歷記〉再述：「林茂生、宋斐如、劉啟光則未見圭角，然而生死異塗（途），榮辱異數，順逆異名，何哉？」[14]丘念台在一九六二年十二月三十日出版的《嶺海微飆》書中也說道：「台北的林茂生、陳炘、宋斐如和其他六、七位地方有力紳士，在事變幾天後，忽告下落不明，據說已被拘捕……因此，我應地方人士的要求，親向陳長官保釋林茂生、陳炘、宋斐如等，他卻答說：『我不知道這回事，所有拘捕的名單已送交白（崇禧）部長了，你可去查！』看來似無誠意，只好轉談其他問題。事後打聽內情才知道林氏等七、八位紳士已經莫名其妙的失蹤了，連屍首都無法找到，罪名也始終不明白。」[15]多年以後，前長官公署民政處長周一鶚在晚年所寫的〈陳儀在台灣〉一文卻說道：「例如宋斐如和林茂生的被殺害，陳儀就很痛心地告訴我：『他們事先不請示，事後還要求補辦手續，真是無法無天！』」[16]

區嚴華女士後來也請監察委員白鵬飛幫忙向陳儀打聽宋斐如的下落。四月八日十六點，陳儀給白鵬飛發出電報答覆說：「並未予以拘捕。」

五月二十日，區嚴華又以長官公署法制委員及家屬的身分，向當時的省主席魏道明提出〈為氏丈夫突被扣押二月餘不明下落陳明一切請查明開釋由〉陳情書。但當局面對她的詢問都矢口否認。

六月三十日，警備司令部在電復監察院福建台灣監察使署要求調查宋斐如案的公函中，甚至還煞有介事地說：「查宋斐如於三十六年二月十九日令免長官公署教育處副處長職，另候任用，本部並無予以逮捕，且通緝禍首名單亦無該員姓名。又查該呈所稱第〇二〇三九號小型汽車，經向公路局查詢，係台北市中山路二〇九號商人林某用車，並未向本總部請領特別通行證，查本部所發第七三號特別通行證係土地銀行申請領用，所報之車為哈德遜廠牌，牌照號碼為〇〇〇一六號。」

同日，區嚴華又向台灣省參議會提出〈為氏丈夫突被扣押三月餘乞請援助查明生死由〉的「人民請願書」，提出三點要求：「一、查明釋放，二、查明生死及扣押地，三、如已遭受意外，查明受害地點、時日。」但是，省參議會顯然也無能為力。

後來，區嚴華才聽說，宋斐如被綁不久就被憲兵團塞入裝了石灰的麻袋，運到基隆港，繫上石頭，屍沉大海了。[17]

---

13 轉前引《二二八事件資料選輯（二）》，頁一六七—一六八、一七五。
14 李翼中《帽簷述事》，轉前引《二二八事件資料選輯（二）》，頁三八九、四〇八。
15 丘念台《嶺海微飆》（台北：中華日報叢書，一九七六年十二月三十日再版），頁二八五。
16 轉引李敖編著《二二八研究三集》（台北：李敖出版社，一九八九年二月廿八日），頁一五九—一六〇。
17 前引宋亮〈台灣《人民導報》社長宋斐如〉，頁四〇七。

尾聲　奈何志貞成白骨

宋斐如遇難之後，區嚴華繼續留在省政府法制室工作。《人民導報》總主筆，同時也是建中校長的陳文彬，因為義救參與事變而入獄的學生，自己卻被警備司令部監禁，一直到五月中旬才從牢裡走出來。後來，區嚴華就把已經無屋可棲的陳文彬及其妻女一家四口，接到家裡來同住。陳文彬隨即在區家開辦了一個讀書會。區嚴華也以身分之便給予掩護。

一九四九年五月二十日，台灣地區開始實施戒嚴令。區嚴華獲悉陳文彬已被列入即將展開的「肅清」黑名單，立即通知並幫助他迅速離台。九月，她再幫助陳文彬的妻女三人逃離台灣。然而，她自己也因此而被捕入獄。[1]

一九四七年五月十二日區嚴華（第三排右三）與法制委員會同仁合影。

區嚴華在保密局連續五天五夜的疲勞偵訊後才被關進押房。在那裡，她恰恰與已經被關押了兩個月之久的基隆中學校長鍾浩東的夫人蔣碧玉同房。區嚴華被送進押房時，蔣碧玉看到她全身已經發紫了。押房的守衛還特地叮嚀同房難友，不要讓她一直昏睡下去，否則會這樣死掉。面對「疲勞偵訊」，一般人通常頂個二天二夜就差不多了。後來，蔣碧玉還問過區嚴華怎麼能撐那麼久呢？區嚴華說她也不知道，想想又說，她被捕的時候，在口袋裡放了一包人蔘片，偵訊時，熬不住了，就掏一片來吃，也許就因為這樣，才能五天五夜沒睡。一個月後，蔣碧玉被調到軍法處，並且在涉案不深與丘念台的活動下被釋出獄。她後來聽其他難友說，就在她出去的第二天，區嚴華也被調到軍法處了。一到軍法處，她就向那些女難友打聽校長太太蔣碧玉的下落。[2]

一九五〇年一月十一日，區嚴華與原教育處督學楊毅，以「先後由匪要宋斐如介紹，加入匪黨組織，均充匪黨台灣工作委員會文化組組員，曾潛入政府機關活動，及以『人民導報』為掩護工作，從事匪黨宣傳，後受匪要陳文彬指使，在台採取情報，吸收黨員，且指揮台灣大學祕密活動，企圖策動台大學生自治會，擴大學潮，造成叛亂，並捏造宋斐如髮妻陳燡為奸匪，以圖掩護自己身分，積極進行叛亂工作」的罪名，一同被槍斃了。

從此以後，二二八發生時就讀建中初一，事變後轉學基隆水產學校的長子宋洪濤開始四處流浪。[3]年僅

1 何灼華女士（陳文彬夫人）口述，一九九〇年四月，北京。
2 蔣碧玉女士口述，一九八七年五月，台北。
3 宋洪濤先生口述，一九九二年九月一日，台北。

四歲的三子宋洪亮也頓時成為無父無母的孤兒，後來才在外公區季謀的活動下被接到廣州。[4]

二月廿八日，上海《大公報》刊載了李純青「抑不住悲哀泉湧」而寫的〈悼宋斐如〉一文，內云：「人誰無死，你死得光榮，求仁得仁。」[5]

一九七三年九月廿三日，晚年臥病的陳文彬則在寫給宋亮作為紀念的〈懷念二烈士宋斐如、區嚴華同志〉的詩寫道：

病床心事有誰知？
二十餘年未息時。
華姐志貞成白骨，
斐兄英烈竟沉屍。

區嚴華與宋亮在台北新生南路家門前。

4 前引宋亮〈台灣《人民導報》社長宋斐如〉，頁四〇七。
5 李純青《望台灣》（北京：經濟日報出版社，一九九一年六月），頁一一三。

宋斐如大事年表（1902–1947）

一九〇二

・八月十一日（農曆七月初八）生於日據台南廳文賢里大甲庄。祖籍福建同安。原名文瑞。

一九二二

・三月，畢業於台灣商工學校（現台北開南高級商工職業學校）第二屆。

一九二三

・七月，與洪炎秋同時考取北大預科。

一九二四

・就讀北大的台灣學生一共十二人。

一九二六

・九月，升學北大經濟系。

一九二七

・三月，與張我軍、蘇維霖（薌雨）、洪櫆（炎秋）、吳敦禮等留學北京的台灣同鄉創辦《少年台灣》月刊，擔任主編。前後發行約一年之久。

一九三〇

・一月，與劉思慕、呂振羽等進步學者創立「新東方學社」（東方問題研究會），主編《新東方》，並開設相關書店。

・七月，擔任北大教授。

・九月二十日，北大校長蔣夢麟簽發畢業證書。

一九三一

- 六月，離職北大教授。
- 七月，擔任泰山社會科學研究室主任。
- 第一位夫人傅琳彬北京女子師範大學中文系畢業。

一九三二

- 六月，辭任《新東方》主編。擔任立法院「專員」。
- 七月，通過陳豹隱推薦上泰山為主張「抗日救國」的馮玉祥將軍講學。
- 八月，接夫人上泰山。
- 十月，隨馮玉祥前往張家口。參加國聯調查團報告書討論會。
- 十一月與張勃川、徐某同馮玉祥研討〈反調查團報告書〉。

一九三三

- 一月，為研究室的辦法前往北平向陳豹隱討教。
- 二月，回北平為馮玉祥找政治、經濟、法律、白話文的老師，帶陳豹隱介紹的白若水、粟寄滄、陳君平等人面見馮玉祥。
- 八月，與馮玉祥談現代世界潮流與我等今後應負之責任，講日文與經濟學。
- 九月，與馮玉祥講《資本論》、白話文、世界經濟會議之始末，討論研究室的設置辦法。馮玉祥認為「宋先生如能辦一通俗白話報，是很有意思的事。」
- 十月，寫完「關於研究室辦法」的報告書。擔任研究室主任，與馮玉祥等討論以後努力的計畫，報告羅斯福之復興計畫、西木拉會議，講貨幣。
- 十一月，講經濟學。
- 十二月，講《資本論》。

一九三四

- 一月，講《資本論》，報告通貨膨脹、一九三三年之世界經濟回顧。陪馮玉祥往接講歷史的李季谷。
- 二月，同馮玉祥討論並規定講書辦法另擬一表、談編書的事。馮書贈「格超梅以上，品在竹之間」對聯一副。

・三月，報告世界經濟、講《資本論》、談一九三三年的中國政治。
・四月，傅琳彬生子宋洪濤（母子一直住北京娘家）。與馮玉祥報告計畫經濟，談生物進化之道，談台灣人之不自由的情形、經濟學的綱目與寫法、以及請心理學先生等事。
・五月，結束泰山社會科學研究室工作。前往北平。
・六月，回泰山，談馮擬寫的經濟學之事，講經濟學，並贈歌一首。擔任國民新報社長（至七月底）。
・七月，同馮玉祥修訂《膠東遊記》，商討功課辦法，報告意大利的種種情形。
・八月，擔任南京中山文化教育館研究員（至一九三七年十一月）。
・十二月，研究班解散。前往北平。

一九三五

・一月，回泰山與馮玉祥談研究室的組織辦法。
・二月，馮玉祥為宋寫五封介紹信分別給李石曾、孫科、簡、梁寒操、馬超俊。
・三月，同南京中山文化教育館訂二年合同，月支一百五十元，聘為日本政治經濟研究員。
・五月，義救東方問題研究會同仁劉思慕。
・六月，中華民國留日學生會驗訖「教育部發給自費生留學證書第三八〇四號」。
・九月，自日本歸國，上泰山見馮玉祥，定規講書。
・十月，入東京帝大研究院研究日本國情。

一九三七

・二月，歸國後在南京面見馮玉祥，報告在東京的近來情形。
・三月，與馮玉祥談日本社會之困難情形及日本軍閥之罪惡、以後工作的辦法，商議關於馮出去走走及劉思慕回來的事情。又到安徽巢縣向馮玉祥報告研究室的進行情形、在日本的見聞，以及抗日救國的實施辦法；建議馮努力抗日、同情青年、促成政府抗日與人民感情日親、與學者有些交通、有一研究團體及刊物等五點意見。
・四月，馮為其找事而給孫科寫一封介紹信。與賴亞力同回南京。在馮玉祥召開的討論會報告日本「二二六」事件。
・五月，中山文化教育館理事長孫科聘為該館研究部研究員，月薪貳百元整，有效期間自民國二十六年七月一日起至二十七年六月三十日止。

• 六月，與薛德煜（五月三日馮玉祥曾與其談「中學本國史的事」）陪同馮玉祥到國立編譯館見前館長辛樹之與現任館長陳可忠，再到正中書局參觀。月底到北平一趟。

• 十一月，偕同信社的司徒德面見馮玉祥談信社「創辦『抗戰』刊物之經過」。馮玉祥請其斧正致韓向方等之函稿；贈《新大學》十本，請其寫一跋辭，並將書內二要點舉以告之。

• 十二月，刪改馮玉祥制定的「軍人問答」二十七條，並作引言一篇，以敘其動機及目的。受馮玉祥邀請與李烈鈞，「七君子事件」中的沈鈞儒、鄒韜奮、李公樸、王造時、沙千里等五人，以及范長江、張仲實、舒舍予、何容等二十餘名文化界人士出席「李烈鈞先生雲南起義二十二周年紀念」聚餐。馮玉祥面請編一《民眾問答》，使人民知發動民眾究為何因，所作究為何事。請馮玉祥為黎明書店編輯陳文傑所著《抗日戰爭之將領》題字，馮留與王冠同、李協和同進午餐，席間詢及軍事失敗之原因與今後抗戰之意見。與劉思慕面見馮玉祥，談抗戰問題久之。

一九三八

• 一月，代替馮玉祥出席於漢口商會召開的國際和平會成立大會並發表演說。

• 三月，應馮玉祥等人之請教讀牆上的應用抗戰日語。參加中華全國文藝界抗敵協會（簡稱文協）成立大會。

• 四月，在馮玉祥的討論會致開會詞，並介紹羅卓英軍長部之戰地服務團團長胡蘭畦女士報告其抗戰以來在東戰場艱苦工作經過。

• 七月，籌辦《戰時日本》半月刊並擔任主編。

• 八月底，《戰時日本》決計移廣州出版。

• 十月，《戰時日本》編輯總部遷至香港九龍區季謀處。認識區的長女區嚴華及李純青、李萬居，並介紹李純青與李萬居認識。

• 十二月，戰時日本研究會華南分會成立，分會會址設於桂林，通訊處設於香港、昆明及重慶各地。

一九三九

• 二月，立法院長孫科發給由港來渝證明書。

• 四月，於赴馬尼拉中途寫〈勞動節寄日本勞工〉。

• 五月，《戰時日本》編輯部招待二十二名留港文化工作人員，主持茶會又針對「德意軍事同盟與日本」問題進行座談，並交換對該刊編輯方針的意見。

・本年，夫人傅琳彬病逝北京。

一九四〇

・一月，軍委會朋友陳乃昌來信肯定《戰時日本》。

・二月，與李炘、趙普炬到重慶巴縣中學訪馮玉祥。

・六月，以《戰時日本》月刊發行人身分向重慶東川郵政管理局提出「第一類新聞紙類登記聲請書」。

・九月，出席韓國光復軍總司令部成立典禮。內政部依法發給《戰時日本》月刊警字第七九五一號雜誌登記證。

・十月，陪同朝鮮義勇隊金若山與韓志誠到重慶巴中拜訪馮玉祥。

一九四一

・一月，擔任三文出版社社長。

・二月，當選台灣革命同盟會執行委員。

・六月，任軍事委員會戰地黨政委員會設計委員。

・十二月，戰時日本社在總社舉辦中日韓台革命團體聯席會議，討論東方被壓迫民族及民眾如何協力共除日本法西斯暴徒，主持會議並和朱楚莘共同起草宣言。

・本年，「韓國臨時政府」要員受孫科之命發起「中韓文化協會」。孫科擔任會長。宋斐如也是發起人之一。

一九四二

・一月，暫時任職「中蘇友好協會」。

・四月，在「復台宣傳大會」代表台灣革命同盟會報告。與李友邦、謝南光，以台灣革命同盟會常務委員身分，聯名呈請中國國民黨總裁蔣中正「設立台灣省政府以利台灣光復革命工作」。

・六月，擔任「台灣黨部宣傳科科長」。獲贈蔣介石玉照一幀。

・七月，國民政府軍事委員會戰地黨政委員會主任委員程潛發給「因公往福建經過川黔桂湘粵等省沿途各地」的「軍用證明書」及代理本會同上校專任設計委員派令。擔任中央訓練團指導員。

・九月，擔任台灣黨部幹部訓練班教育長。

・十一月，結束台灣黨部幹部訓練班教育長之職。

• 十二月，蔣中正發國民政府軍事委員會黨政委員會上校設計委員任職令。

一九四三

• 二月，結束台灣黨部宣傳科科長之職。
• 四月，軍事委員會戰地黨政委員會設計委員卸任。
• 六月，與李友邦、謝南光，以台灣革命同盟會常務委員身分聯名函呈中國國民黨中央執行委員會祕書長吳鐵城「台灣革命同盟會工作報告書」。
• 七月，中國國民黨直屬台灣黨部編印出版「台灣問題參考資料」第二輯（油印件）。
• 八月，《廣西日報》社長黎蒙簽發該社日報主筆委任狀。
• 九月，與李友邦、謝南光，以台灣革命同盟會常務委員身分聯名，函請中國國民黨中央執行委員會祕書長吳鐵城轉呈中央訓練委員會與蔣委員長：在福建省訓團設立「台灣行政幹部訓練班」。
• 十一月，與李友邦、謝南光，以台灣革命同盟會常務委員身分聯名，呈送中國國民黨中央執行委員會祕書長吳鐵城〈台灣收復運動改進辦法要綱〉，並分呈中國國民黨中央組織部。缺席在重慶召開的台灣革命同盟會第三屆代表大會，但當選監察委員。
• 十二月，在桂林與陳碧笙、莊希泉、吳石等組織「閩台協會」。

一九四四

• 六月底，結束《廣西日報》主筆一職。
• 九月，受聘中央設計局台灣調查委員會兼任專門委員。
• 十二月，兼任中央訓練團台灣行政幹部訓練班導師。與區嚴華結婚。

一九四五

• 一月，改任中央設計局台灣調查委員會專任專門委員。
• 二月，中央設計局台灣調查委員會設土地問題研究會十二名會員之一。
• 四月，中央訓練團台灣行政幹部訓練班第一期結業。
• 八月，台灣革命同盟會「協助收復台灣工作委員會」第一次會議被推舉為文化組組長。
• 九月，宋亮出生。

•十月，隨同台灣省長官公署前進指揮所人員及重慶各報紙派出的首批記者飛抵台北。
•十一月，派任長官公署教育處副處長。
•十二月，與蘇新、白克、馬銳籌、夏邦俊、鄭明、鄭明祿、謝爽秋等進步人士籌辦《人民導報》。在韓籍官兵集訓隊日語講演〈中韓兩民族的關聯性〉。陳儀核定暫支月薪四百三十元。

一九四六

•一月，《人民導報》創刊，擔任社長。以長官公署教育處副處長之名於台北廣播電台播講〈如何改進台灣文化教育〉。
•三月，兼人民導報社附設業餘學校校長（副校長陳文彬，講師魏建功等）。
•四月，兼任正氣出版社幹事。第二高票當選台灣省記者公會理事。
•五月，在《人民導報》創刊一百天紀念時刊登辭任社長（改聘王添灯）改任顧問啟事。與王添灯發起籌備台灣文化企業社，招待省參議員在中山堂舉行文化座談會。在省幹訓團師資訓練班第二期結業典禮勉勵台胞要成為現代之中國人。
•六月，應省立第二女中之請講〈三民主義中的婦女地位〉，參加中等教育座談會，出席台灣省第一屆全省教育行政會議閉幕式與台灣省黨部舉行的教育行政會議出席人員茶敘會。南下視察。
•七月，在台中第一女子中學召開各中等以上學校教師座談會，台中《和平日報》第二版刊載記者丁文治專訪，發表視察中南部教育實況歸來觀感。
•八月，在小學教員訓練班訓話，在《人民導報》刊登購小包車啟事，在訓導營講〈如何做個良好國民〉，出席台灣革命同盟會改組「台灣憲政協進會」第二次籌備委員會。
•九月，出席大同初級職業學校第一期畢業生畢業典禮並致祝詞，獲聘擔任全省美術展覽會審查委員，主持縣市立中學校長座談會與校長會議閉幕後的座談會。《人民導報》刊載「王添灯辭社長職，其後職務由宋斐如負責自理。敦聘王井泉先生為發行人」的「本社啟事」。假台灣廣播電台廣播〈對於省立中等以上學校校長會議感言〉，應建國中學校長陳文彬之邀出席該校父兄會。
•十月，前往建中、成功中學與台北第一女子中學校講演。台灣籌建介石館祝壽獻金委員會聘任第二十二隊隊長。
•十一月，前往省立師範學院、延平學院講演。與記者公會理監事葉明勳等人連袂訪高等法院、地方法院，要求合理判決王添灯一案，維護言論自由。在山水亭主持陳蕙貞處女作《飄浪的小羊》紀念會並被推舉為「英才保育會」籌組委員。南下員林、新竹等地視察。出席升學內地同學會成立大會並致詞勉勵。代表記者公會在政治建設協會、人民自由保障委員會、記者公會及律師公會等四團體召開的「守法護法大講演會」講話。蒞臨省立法商學院分院留日文法科學生補行開學典禮並致訓勉勵學生實行民主憲政。

- 十二月，與范壽康處長接見新竹教育界代表並允為設法解決教職員薪資問題，蒞臨省立第二女中（原第三高等女學校）成立週年紀念會致訓。出席省立編譯館教材編訂座談會，提出五點編輯原則，並建議召集中學校當局聽取意見。在省訓團對全體學員講〈如何推進台灣生產建設〉。以兼任名譽會長之身分在台灣省立商業職業學校珠算比賽大會致訓詞。

一九四七

- 一月，出席台北市北報業同業公會發起人會並報告組織主旨。
- 二月，對青年團幹部訓練班學員講〈台灣心理建設問題〉。教育處副處長之職被撤。
- 三月，八日《人民導報》被封。十一日下午二時左右被捕後失蹤。十三日陳儀呈函蔣介石，報告二二八事件的七大原因，並附上「辦理人犯姓名調查表」；名列第七位。

宋斐如著作年表

梁汝雄・張雅芳整理／藍博洲增補

年	月	題目	報刊名稱	備註
1925	11月	〈王悅之氏之謬談與北大台灣同人〉	《台灣民報》第77號	
1927	3月	〈敬神嗎?民族自殺!〉	《少年台灣》創刊號	
1928	11、12月	崛江歸一〈日本的滿蒙經濟政策〉	《三民半月刊》第1卷第6、7期	譯文
1929	3月	高橋龜一〈日本資本主義的現狀及其歸趣〉	《三民半月刊》第2卷第2期	譯文
	5月	〈「精工業化」救不了日本的產業病〉	《三民半月刊》第2卷第6期	
	7月	〈高畠素之的資本主義功過論〉	《東方雜誌》第26卷第14期	譯文，原作者未署名
	9月	〈生產的意義及其轉變過程〉	《三民半月刊》第3卷第1期	譯自社會政策時報〈生產費遞增及遞減的法則與保護貿易主義〉
		堺利彥〈家族、私有財產及國家的起源〉	《北新》第3卷第16期	譯文
	10月	安部磯雄〈美國的繁榮及其原因〉。	《三民半月刊》第3卷第3期	譯文
		〈太平洋會議的世界性〉	《三民半月刊》第3卷第4期	
	11月	〈民國以來中國經濟的概況〉	《三民半月刊》第3卷第5期	
		〈日本政黨的股份公司化〉	《三民半月刊》第3卷第6期	

1929	12月	〈現代需要供給的調節（上）〉	《東省經濟月刊》一九二九年第12期	
		〈政治思想中的理想主義和理智主義的陷阱〉	《三民半月刊》第3卷第7、8期	與鄭應瑞合譯自大山郁夫《政治的社會基礎》
		E.Varga〈一九二九年第一季的世界經濟概要〉	《三民半月刊》第3卷第8期	譯文
	本年	〈現代經濟組織的基本制度〉	《東省經濟月刊》第5卷第8期。	譯自《經濟學的實際知識》
1930	1月	〈日本金解禁與中國〉	《新東方》創刊號	
		〈東方各民族的轉動及其現狀〉	《新東方》創刊號	
		〈現代需要供給的調節（下）〉	《東省經濟月刊》一九三〇年第1期	
		〈日本近世農業經濟的發展〉	《三民半月刊》第3卷第9、10期	
	2月	山川均〈日本帝國主義鐵蹄下的台灣〉	《新東方》第1卷第2期	譯文
		〈勞動立法與勞工團結的關係〉	《三民半月刊》第3卷第11期	
		〈資本主義與農村問題〉	《三民半月刊》第3卷第12期	
	3月	〈印度問題之史的考察與印度解放運動〉	《新東方》第1卷第3、4期合刊號	
		猪俣津南雄〈日本現代的土地問題（上）〉	《三民半月刊》第4卷第2期	譯文
	4月	猪俣津南雄〈日本現代的土地問題（下）〉	《三民半月刊》第4卷第4期	譯文
	5月	〈古代社會的經濟史論概要〉	《三民半月刊》第4卷第5、6期	
	6月	北村女士〈國際婦女的和平主義〉	《三民半月刊》第4卷第8期	譯文
	7月	〈日本帝國在遠東的情勢及其前途〉	《新東方》第1卷第5、6、7期合刊「殖民問題專號」	

年	月	篇名	刊物	備註
1930	7月	〈社會進化與政治現象〉	《三民半月刊》第4卷第9、10期	
	8月	平尾彌五郎〈歐洲聯邦計畫及其經濟的背景〉	《三民半月刊》第4卷第12期	譯文
		滿川歸太郎〈安南獨立運動的研究〉	《新東方》第1卷第8期	譯文
		〈社會進化與政治現象〉	《三民半月刊》第4卷第12期	
	9月	山川均《台灣民眾的悲哀》	北京新亞洲書局「東方問題研究會叢書」之八	譯著，原名《殖民政策下之台灣》。
		泉哲〈阿拉伯人和猶太人的衝突〉	《新東方》第1卷第9期	譯文
		安部磯雄〈土地國有論〉	《三民半月刊》第5卷第1、2期合刊	譯文
	10月	〈評《帝國主義下的台灣》〉	《新東方》第1卷第10期	
	11月	〈日本帝國主義支配下滿廿年的朝鮮〉	《新東方》第1卷第11期	
		〈「德化政策」下的台蕃暴動〉		
		〈日本無產政黨研究〉（上）		編譯
		〈日本資本在台灣的發展〉（上）		編譯
	12月	〈日本資本在台灣的發展〉（下）	《新東方》第1卷第12期	編譯
		〈日本無產政黨研究〉（下）		編譯
	本年	〈交通事業競爭的研究〉	《東三省官銀號經濟月刊》第2卷第3號	
1931	1月	〈日本新內閣前途的暗淡〉	《新東方》第2卷「周年紀念特刊」	
		〈日本帝國主義的危機〉		
	3、4月	澤川康〈美國佃種問題的研究（上、下）〉	《新北方》第1卷第3、4期	譯文

1931	6月	河野密與河上丈太郎〈霧社事件的真相〉	《新東方》「周年紀念特刊」	譯文，原名〈台番暴動的真因〉。
		〈地方財務檢查制度論〉	《三民半月刊》第6卷第7、8期	
	7月	〈愛爾蘭的佃種制度改革政策〉	《新北方》第2卷第1、2期	譯文，原著者未署名。
	8月	〈東省鐵路權喪失經過及其恢復政策〉	《三民半月刊》第6卷第11、12期	
	12月	〈東北事件的經濟解釋——日本經濟的衰落與東北事件〉	《新東方》第2卷「最近遠東問題專號」	
		〈東北事件與帝國主義戰爭〉		
		〈東北事件與日本社會革命〉		
		〈主權學說與國際主義〉	《政治學叢刊》創刊號	節譯
	本年	澤村康〈羅馬尼亞的土地政策〉	《朝大季刊》	譯文
1932	2月	澤川康〈普魯士的國內殖民政策〉	《三民半月刊》第7卷第7期	譯文
	4月	〈上海事變的檢討〉	《新東方》第3卷「二周年紀念特刊」	
		〈日本侵略下東省的農業生產〉		
	7月	〈中俄復交問題〉	《新東方》第3卷第7期	
		〈東方民族運動與中國西北開發——帝國主義侵略的新轉變與東方民族運動的新階段（上）〉		
		高橋正雄〈日本帝國主義論——滿蒙問題之一考察〉		譯文

1932	8月	〈東方民族運動與中國西北開發——帝國主義侵略的新轉變與東方民族運動的新階段（下）〉	《新東方》第3卷第8期	
		薩巴瓦魯〈印度革命新趨勢之片影——未來印度的指導者芮魯〉		譯文
	11月	〈國聯調查團報告書的批判〉	《新東方》第3卷附錄「國聯調查團報告書批判特刊」	《新東方》因此被禁。
		《土地政策研究》	北平西北書局刊行	
	本年	〈普魯士的國內殖民政策〉	《三民半月刊》第7卷第5、6期	
1933	7月	〈中國貿易的虧損與各國在華之傾銷〉	《求實》第1卷第1期	
	10月	《統制經濟的基礎知識》	上海民智書局出版發行「民智百科叢書」	與盛導吾合譯
	12月	〈世界經濟恐慌的新階段及其新動向〉	《中法大學月刊》第4卷第2期	
1934	2月	〈日本帝國主義的危機〉	《中法大學月刊》第4卷第4期	
		〈日本農業興衰之史的考察〉	《法學專刊》第2期	
	5月	〈世界經濟總論（上）〉	《中法大學月刊》第5卷第2期	
	6月	〈世界經濟總論（下）〉	《中法大學月刊》第5卷第3期	
		〈世界經濟現狀及其將來〉	《東方雜誌》第31卷第11期	
	11月	〈白銀出口課稅政策的批判〉	《東方雜誌》第31卷第22號	
1935	1月	〈計畫經濟之理論的檢討〉	《東方雜誌》第32卷第1號	
		〈生活大轉變時期的片段回憶〉		

1935	3月	〈海軍軍備競賽與世界經濟的關聯〉	《中法大學月刊》第6卷第5期	
	9月	記錄大內兵衛〈日本大學生生活及其社會的反映〉	《中法大學月刊》第7卷第4期	
	10月	〈現代獨裁政治的分析〉	《中山文化教育館季刊》冬季號（第2卷第4期）	
	11月	〈日本重臣集團論〉	《中法大學月刊》第8卷第1期	
1936	3月	〈最近世界貿易動向與各國的貿易政策〉	《中法大學月刊》第8卷第5期	
	6月	記〈日本國家機構及其動向〉	《中法大學月刊》第9卷第2、3期	
	11、12月	賴阿佐夫〈日本社會教育的批判（上、下）〉	《時事類編》第4卷第20、21期	譯文
1937	1月	〈日本戰時經濟編制中的原料問題及其政策的動向〉	《中山文化教育館季刊》春季號	
	2月	戶坂潤〈三木清論〉 瀧本英雄〈日本憲法論（上）〉	《時事類編》第5卷第4期	譯文
	3月	瀧本英雄〈日本憲法論（下）〉	《時事類編》第5卷第5期	譯文
	6月	〈日本侵略戰爭所造成的社會經濟危機〉	《時事類編》第5卷第11期	
		戶坂潤〈日本思想界及思想家〉		譯文
	10月	〈九・一八六周年〉	《時事類編》特刊第5卷第2期	
		〈日本鐵蹄下東北同胞的生活慘狀——為紀念九・一八而作（上、下）〉	《時事類編》特刊第5卷第2、3期	
		《戰時日本工業的危機》初版	中山文化教育館編印「抗戰叢刊」	

1937	11月	〈抗日必勝的理論根據——《〈封建的軍事性的日本帝國》自序〉	《時事類編》特刊第5卷第4期	
	12月	《九國公約會議與我們應有的鬥爭》初版。	中山文化教育館編印	「抗戰叢刊」第十二種
		日本政治研究 《日本國家機構略解》	上海中華書局印行	譯著
		《日本工業經濟危機論》	祖國書店出版	
1938	1月	〈新年・新階段・新覺悟〉	《抗到底》第1期	
		〈日本軍事法西斯論〉	《世界知識》第7卷第2期	
		〈一年來的日本〉	《時事月報》（抗戰半月刊）第18卷第1期	
		〈中國抗戰與日本民眾反戰〉	《抗到底》第6期	
		〈日寇在東北的殘殺與暴行〉	《民族戰線》第8期	
		《日本鐵蹄下的東北》	戰時讀物編譯社出版	
	2月	〈最近日寇的外交動向〉	《時事月報》第18卷第3期	
	3月	〈中國抗戰與日本民眾反戰〉	《抗到底》第6期	
		〈日寇對我侵略戰爭中的勞動問題〉	《世界知識》第7卷第7期	
	4月	〈日本人民的反戰運動〉	《世界知識》第7卷第8期	
		〈冀南豫北游擊隊英勇抗戰的一斑〉	《抗戰》三日刊第67號	
		勞動調查部《日本人民統一戰線的發展》	上海雜誌公司發行	譯著
	5月	〈第二期抗戰勝利的剖述〉	《中蘇文化》抗戰特刊第1卷第12期	

1938			
5月	〈日本右翼運動最近的狂態〉	《中蘇文化》抗戰特刊第2卷第1期	
	〈日蘇最近的糾紛〉	《時事月報》第18卷第10期	
6月	〈日本侵略戰爭中工業危機的發展〉	《中蘇文化》抗戰特刊第2卷第2期	
	〈日本近衛內閣改組與軍部法西斯政府的確立〉	《中蘇文化》抗戰特刊第2卷第3期	
	〈近衛內閣改組與今後動向〉	《時事月報》第18卷第11期	
	〈美國新經濟恐慌對於日本的影響〉	《世界知識》第7卷第11期	
	《日本人民的反戰運動》	生活書店發行「世界知識戰時叢刊」	
7月	〈日本「革新」派的人物〉	《世界知識》第8卷第2期	
	〈抗戰以來日本問題書籍總評〉	《戰時文化》第1卷第4期	
8月	《戰時日本》創刊詞	《戰時日本》第1卷第1期	
	〈日本反戰運動的國際化〉		
	〈戰時日本社會危機的發展〉		
10月	〈七年來的教訓與進步〉	《戰時日本》第1卷第2、3期合刊	
	〈日寇七年來在東北的經濟掠奪〉		
	〈東北義勇軍的母親——趙老太太〉		
	〈日寇西攻與南侵〉		
	〈日本侵略戰爭與其資本主義的發展〉		
	〈戰時日本內外政策變化的基調〉	《世界知識》第8卷第7期	
	〈勝利情勢的開展與軍人的努力〉	《抗戰半月刊》第2卷第2期	

年	月	篇名	刊物	備註
1938	11月	〈漢口戰後日寇的對華策略〉	《世界知識》第8卷第9期	
	12月	〈日本軍隊的莫斯科〉	《戰時日本》第1卷第4期	
		〈第四期抗戰的敵我情勢〉		
1939	1月	〈日台韓反戰與《香港日報》〉	《戰時日本》第1卷第5期	
		〈日本帝國本質論——一、軍閥官僚統治的經濟基礎（一）〉		
	2月	內田穰吉《日本資本主義論戰》	上海雜誌公司刊行	譯著
		〈日本進攻英國嗎？〉	《戰時日本》第1卷第6期	
		〈日本帝國本質論——軍閥官僚統治的經濟基礎（二）〉		
	3月	〈日本再度向蘇聯屈膝〉	《戰時日本》第2卷第1期	
		〈日本排英運動〉		
		〈蘇日漁約糾紛的前前後後〉		
		〈勞動節寄日本勞工〉		
		〈日本帝國本質論——軍閥官僚統治的經濟基礎（三）〉		
		〈戰時日本研究會財務報告〉		
	4月	〈日本工潮新階段的開始〉	《戰時日本》第2卷第2期	
		〈介紹《日本資本主義論戰》〉		
	6月	〈德意軍事同盟與日本〉	《廣西日報》	

年份	月份	篇名	刊物	
1939	6月	〈日本對第三國政策的二元性〉	《戰時日本》第2卷第3期	
		〈日本為什麼沒有參加德意同盟〉		
		〈日本農業經濟的特質〉		
	7月	〈莫洛托夫的演說與遠東〉	《戰時日本》第2卷第4期	
		〈日本貨幣政策的新攻勢〉		
		〈「德意軍事同盟與日本」座談會〉（編輯部）	《戰時日本》第2卷第5期	
		〈美蘇親善與遠東的關係〉		
		〈日本南侵北攻下的新出醜〉		
		〈日本帝國本質論——二、軍事機構促現的日本資本主義（四）〉		
	8月	〈美國廢除美日商約的壯舉〉	《戰時日本》第2卷第6期	
		〈日本軍事代表團赴德意〉		
		〈二年來沒落過程上的日本內政〉	《戰時日本》第3卷第1期	
		〈美國不能坐失制裁日本的機會〉		
		〈美蘇關係的進展與遠東〉		
	9月	〈歐戰與中國〉	《戰時日本》第3卷第2期	
		〈美日鬥爭的新開展〉		
		〈蘇德協定與日本〉		
		〈美國排日運動的概況〉		

年	月	篇名	出處	備註
1939	9月	〈日本設置「支那派遣軍總司令部」的意義〉	《戰時日本》第3卷第3期	
		〈日本對美軟硬並施〉		
		〈歐洲大戰與日本〉		
		〈日本帝國本質論（完）〉		
	11月	〈美日談判的前途〉	《戰時日本》第3卷第4、5期合刊號	
		〈日本外交往何處去——親英美可能嗎？〉		
		〈日本外務省派閥鬥爭及其背景——戰時鬥爭激烈化的祕密〉		
	12月	〈日本最近對美外交的剖述〉	《世界知識》第10卷第5期	
		〈日蘇談判及其問題〉	《世界知識》第10卷第6期	
		〈汪逆兆銘的悲哀〉	《戰時日本》第3卷第6期	
		〈美國孤立派波拉先生的錯覺〉		
		〈日本急於與蘇聯談判的認識〉		
		〈日本軍部行動派最近的外交主張〉		編譯
1940	1月	〈泥塘中的日本內政〉	《世界知識》第10卷第7期	
		〈汪逆賣國與我們的覺悟〉	《戰時日本》第4卷第1期「春季特大號」	
		〈提防日閥製造「東方慕尼黑」的陰謀〉		
		〈戰爭第四年日本政治總檢討〉		

1940	4月	《日本戰時外交內幕》初版	時代書局出版	
	10月	〈調和點上的日本政治新動向〉	《日本評論》第20卷第2、3期合刊號	
	11月	〈渝版發刊詞〉	《戰時日本》第4卷第2期（重慶）	
		〈論太平洋集體安全問題〉		
		〈美英不能再姑息日本〉		
		〈評日人「世界四分論」〉		
		〈日寇南進與對華策略——日寇結束中日戰爭三部曲〉		
	12月	〈日寇承認汪逆的自己暴露〉	《反攻》第9卷第5期	
	本年	〈敵寇對「滿」的經濟掠奪〉	《日本評論》第16卷第14期	
1941	1月	〈日本半封建的農業經濟——解開日本帝國特質之謎的一把鑰匙〉	《戰時日本》第4卷第3、4期合刊號	
	2月	〈歡迎居里先生與中美合作〉	《戰時日本》第4卷第5期	
		〈日本半封建的農業經濟（續）〉		
	3月	〈日寇南進呢？西進呢？〉	《戰時日本》第4卷第6期	
		〈日寇東西圈外的圈圈〉		
		〈日寇南進的財政狀況〉		
	5月	1.〈卷頭語〉	《戰時日本》第5卷第1期	
		2.〈日本半封建的農業經濟（續）〉		

1941	6月	〈再論日寇南進呢？西進呢？〉	《戰時日本》第5卷第2期	
		〈日寇欲勾結德國平分世界〉		
		〈日本半封建的農業經濟（完）〉		
	7月	〈我們的回顧〉（本刊）	《戰時日本》第5卷第3期	
		〈德國侵蘇與遠東前途〉		
		〈本多與汪逆的魔舞〉		
		〈日寇通貨膨脹的新發展〉		
		〈日寇的物產及動力總剖述〉		
	8月	〈歡迎拉鐵摩爾先生〉	《戰時日本》第5卷第4期	
		〈中蘇美英的共運與協力〉		
	9月	〈日寇戰時的死亡問題〉	《戰地黨政月刊》創刊號	
		〈正義的和平與勝利的和平〉	《戰時日本》第5卷第5期	
		〈福建新政與抗戰建國〉		
		〈日寇特殊經濟基礎上的政治和社會〉		
	11月	〈美日談判的展望〉	《戰時日本》第5卷第6期與第6卷第1期合刊號	
		〈日本新動向中的舊動向〉		
		〈日本的欽定憲法與陰性議會〉		
1942	1月	〈太平洋戰爭與中國的新使命〉	《中蘇文化》月刊第10卷第1期	

1942	1月	〈讀丘吉爾首相的演說〉	《戰時日本》第6卷第2期	
		〈英美戰略上當務之急〉		
		〈論東方民族聯盟組織〉		
		〈日本特殊選舉制與官僚政黨〉		
		〈保衛新加坡〉	《中蘇文化》月刊第10卷第2期	
		池崎忠孝〈日寇攻略新加坡和統治遠東的狂妄幻想〉		譯文
	2月	〈日本內閣制度的檢討〉	《改進》第5卷第12期	
	3月	〈日寇劫掠我東北經濟的總帳〉	《改進》第6卷第1期	
	4月	〈台灣農民的慘痛〉	《益世報》（重慶）「台灣光復運動專刊」	
		〈台灣的慘狀與祖國的責任〉	《新華日報》	
	6月	〈毋忘台灣〉	《廣西日報》	
	7月	池欹崎孝、伊藤正德等《太平洋戰略論》	五十年代出版社發行	編譯
	9月	〈東條內閣內外動向的檢討〉	《廣西日報》	
	12月	〈台灣農民的慘痛〉	《台灣先鋒》第10期「台灣光復運動特輯」轉載	福建龍岩台灣義勇隊機關刊物
1943	1月	〈日本戰時外交及其動向〉	《廣西日報》	
	2月	〈日本的軍事動向與我們的警惕〉		
		〈論太平洋集體安全與中國的關係〉		
	3月	〈日本戰時政治的衰落及其展望〉		

1943			
3月	〈如何收復失地台灣——血濃於水台灣必須收復（上）〉	《大公報》	
4月	〈如何收復失地台灣——血濃於水台灣必須收復（下）〉		
5月	〈太平洋戰爭中的台灣〉	《半月文萃》（桂林）第1卷第11、12期合刊	
	〈日本人口問題與移民政策〉	《中國農村》第8卷第11期「戰時特刊」	
6月	〈日本最近軍事動向〉	《廣西日報》	
	〈日本六年來財務狀況的剖述——財政金融破局與人民重負〉	《時代中國》第7卷第六期	
7月	〈對日集中進攻罷！〉	《廣西日報》	
	〈蘇日關係的展望〉	《新建設》第4卷第5期	
	〈揭穿日寇獨霸亞洲的政治陰謀〉	《新建設》第4卷第6期	
	〈如何收復失地台灣——血濃於水台灣必須收復〉	中國國民黨直屬台灣黨部編印「台灣問題參考資料」第二輯（油印件）	
8月	〈日本勞力資源的悲哀〉	《廣西日報》	
	〈汪偽「參戰」前後的乖謬〉	《大公報》	
	〈蘇日會馬上爆發戰爭嗎？〉	《半月文萃》（桂林）第2卷第2期	
9月	〈日本產業統制的三種制度〉	《廣西日報》	
	〈日寇的「超重點」產業〉		
	〈日本戰時中小工業的沒落〉		

1943			
9月	〈從馬卡斯到台灣〉（社論）	《廣西日報》	
	〈日本糧食增產政策的批判〉	《大公報》	
	〈戰爭財政論〉	《廣東省銀行季刊》第3卷第3期	編譯
10月	〈日本戰時金融統制的剖述〉	《廣西日報》	
	〈美國戰時勞動力政策〉		
	〈日本「勞力新編制」的暗礁〉	《東方雜誌》第39卷第16號	
	〈日本國家管理與統制會制度的爭論〉	《文化建設》第1卷第4期	
11月	〈日寇空軍現勢研究〉	《廣西日報》	
	〈日寇的悲鳴——所謂「一億國民走向第一線」〉		
	〈德國如何搜括勞動力〉	《力報》	
12月	〈台灣在急激演變中〉	《廣西日報》	
	〈太平洋戰爭兩年的日寇動向〉		
	〈從太平洋中路進攻日寇——先射日本的阿溪里足踵的台灣〉		
	〈日寇國民政治的沒落——國民政治組織的糾紛〉	《半月文萃》（桂林）第2卷第5期	
	〈近年蘇日關係的研究〉	《建設研究》第9卷第3期	
	〈日本生產行政特權下的產業統制〉	《廣東省銀行季刊》第3卷第4期	

1944	1月	〈美國雄厚生產威脅下——日本船運的苦難〉	《廣西日報》	
1944	1月	〈日本戰時議會本質的檢討〉	《廣西日報》	
1944	1月	〈各國勞動力統制政策〉	《新中華》復刊第二卷第一期	
1944	2月	〈太平洋戰局的暗流——趕快擊退日軍罷〉	《聯合週報》	
1944	3月	《日本亞洲獨霸戰》	桂林三文出版社發行	
1944	3月	〈日寇一年來的決戰設施〉	《新中華》復刊第2卷第3期	
1944	4月	〈論台灣的革命戰略〉	《大公報》	
1944	4月	〈略論日本亞洲獨霸戰〉	《聯合週報》	
1944	5月	〈泛論台灣革命現階段的戰略〉	《日本評論》第5期	
1944	6月	〈日寇最近的鋼鐵業與造船業〉	《廣西日報》	
1944	6月	〈日本最近飛機生產的檢討〉	《大公報》	
1944	7月	《日本如何決戰》	戰時日本研究社出版	
1944	7月	〈美國海軍的大擴充〉	《聯合週報》	
1945	2月	〈日本在華北的農業設施〉	《新中國》第2期	
1945	11月	〈日本失敗的實況〉（含日文版）	《新生報》「星期專論」	
1945	12月	〈民族主義在台灣〉	《政經報》第1卷第4期	〈如何收復失地台灣——血濃於水台灣必須收復〉略修重刊
1946	1月	〈如何剷除日本軍權政治〉	《人民導報》「專論」	8、9日

1946			
1月	〈如何改進台灣文化教育〉	《人民導報》	11、12日
	〈如何改進台灣文化教育〉	《新生報》	14日
	〈中韓兩民族的關聯性〉	《人民導報》日文版	20—24日
	〈日本軍權政治終結與日本人民應有之努力〉	《人民導報》「星期論文」	27日
3月	〈論台灣基本人權——並祝人民自由保障委員會〉	《人民導報》	17日
	〈國家為什麼要保障人民自由〉廣播詞		19日
	〈國家為什麼要保障人民自由〉	《新生報》	25、26日
	〈台胞應踴躍參加師範教育——為台灣師範教育宣傳周而作〉	《人民導報》	29日
4月	〈「台灣日」的回憶〉	《人民導報》	6日
5月	〈台灣民主國對日抗戰〉	《人民導報》	26、27日
	〈反抗滿清統治的暴動〉		29日
	〈我們要溶化在一起——5月12日在省訓團精神講話〉		31日
8月	〈日本失敗的教訓——8月15日對（訓練團）全體學員精神講話紀錄〉	《人民導報》	25日
	〈孔夫子的偉大〉	《新生報》	27日
	〈報人的使命——為紀念記者節而作（上）〉	《人民導報》星期特稿	31日

	9月	〈報人的使命——紀念記者節（下）〉	《人民導報》星期特稿	1日
		〈台灣教育設施的現階段——全省省立中等以上學校校長會議閉幕感言〉	《人民導報》	22日
		〈談談台灣農業的改進——祝中華農學會成立〉		29日
	10月	〈推行合作事業的檢討——並祝台灣合作事業健全發展〉	《人民導報》星期特載	6日
		〈成功之道——在成功中學訓話紀錄〉。	《人民導報》	8、9日
		〈國父與國慶〉	《人民導報》「國慶紀念特刊」	10日
		〈回顧與希望〉	《人民導報》「台灣光復周年紀念特刊」	25日
	11月	〈學生深造的第一步——延平學院訓話紀錄〉	《人民導報》	8、10日
	12月	〈如何恢復台灣話的方言地位〉	《人民導報》	2日
		〈成功之道〉	省立成功中學《成功月刊》創刊號	15日
1947	1月	〈本報創刊周年紀念感言〉	《人民導報》	元旦
		〈如何推進台灣生產建設——35年12月12日在省訓團對全體學員精神講話〉		9、10日
	2月	〈台灣心理建設問題——36年2月8日對青年團幹部訓練班學員演講〉	《人民導報》	23日
刊載年份不詳		李雅矢謙克《馬克思主義農業經濟學》		譯著

		〈戰爭財政論——如何籌畫戰費〉	《廣東省銀行季刊》	編譯
		〈敵寇軍事南進的陰謀〉	《西南青年》第12期	
		〈日本果非侵外則不能存立嗎？〉		
		〈反抗日本帝國主義的根本方法〉		
		〈美日戰爭論〉		譯文
		《台灣民眾運動史論》		許地山作序
		〈封建的軍事的日本帝國〉		
		〈日本帝國主義研究〉		
		〈日本戰時政治內幕〉		
		〈台灣問題與台灣革命〉		
		〈日本帝國本質論〉		
		〈工業經濟危機論〉		
		〈日本近世產業史論〉		
		〈日本的台灣土地政策〉		
		〈世界經濟會議及其後世界經濟的動向〉		

印刻文學 630

尋找二二八失蹤的宋斐如

作　　者	藍博洲
總 編 輯	初安民
責任編輯	林家鵬
美術編輯	林麗華
圖片提供	藍博洲
校　　對	藍博洲 孫家琦 林家鵬
發 行 人	張書銘
出　　版	INK 印刻文學生活雜誌出版股份有限公司 新北市中和區建一路 249 號 8 樓 電話：02-22281626 傳真：02-22281598 e-mail：ink.book@msa.hinet.net
網　　址	舒讀網 http：//www.inksudu.com.tw
法律顧問	巨鼎博達法律事務所 施竣中律師
總 經 銷	成陽出版股份有限公司
電　　話	03-3589000（代表號）
傳　　真	03-3556521
郵政劃撥	19785090 印刻文學生活雜誌出版股份有限公司
印　　刷	海王印刷事業股份有限公司
港澳總經銷	泛華發行代理有限公司
地　　址	香港新界將軍澳工業邨駿昌街 7 號 2 樓
電　　話	852-27982220
傳　　真	852-31813973
網　　址	www.gccd.com.hk
出版日期	2020 年 7 月　初版
ISBN	978-986-387-337-2
定　　價	420 元

國家圖書館出版品預行編目資料

尋找二二八失蹤的宋斐如／藍博洲 著.
--初版. –新北市中和區：INK印刻文學，
2020. 07 面；14.8 × 21公分.公分. --（文學叢書；630）
ISBN 978-986-387-337-2 （平裝）
1.宋斐如 2.台灣傳記 3.二二八事件
783.3886　　109003926